本丛书得到韬奋基金会资金资助
“十一五”国家重点图书出版规划项目

王维玲

书林守望丛书

岁月传真
——我和当代作家

王维玲 著

首都师范大学出版社

图书在版编目(CIP)数据

岁月传真:我和当代作家/王维玲著.—北京:首都师范大学出版社,2009.9

(书林守望丛书/吴道弘主编)

ISBN 978-7-81119-534-7

Ⅰ.岁… Ⅱ.王… Ⅲ.编辑工作—文集 Ⅳ.G232-53

中国版本图书馆 CIP 数据核字(2009)第 125442 号

书林守望丛书

SUIYUE CHUANZHEN——WO HE DANGDAI ZUOJIA

岁月传真——我和当代作家

王维玲 著

项目统筹:张 巍

责任编辑:杨鸿霄　　责任设计:张 朋

责任校对:王亚利　　责任印制:沈 露

首都师范大学出版社出版发行

地 址 北京西三环北路 105 号

邮 编 100048

电 话 68418523(总编室) 68982468(发行部)

网 址 www.cnupn.com.cn

北京嘉实印刷有限公司印刷

全国新华书店发行

版 次 2009 年 9 月第 1 版

印 次 2009 年 9 月第 1 次印刷

开 本 787mm×1 092mm 1/16

印 张 22.5

字 数 331 千

定 价 49.00 元

做文化的守望者

——《书林守望丛书》总序

柳斌杰

文化是每一个民族赖以生存的根基和灵魂，而出版事业和出版物，是民族文化的结晶，是民族精神的物质承载者，是衡量一个国家和民族文明程度的重要标志。从事这项伟大事业的出版人，不仅是出版活动的实践者，而且是人类文化创造、积累、交流、传播的组织者和参与者，是文化产品的生产者、民族精神的护卫者和时代精神的弘扬者。任何时代，治书修史者都肩负着神圣的历史责任、文化责任、社会责任，在我国，这种传统一直延续了几千年。但是，目前受名利诱导和网络快餐文化的影响，出版界跟风炒作、追求市场效应一夜成名而不顾文化品位等现象时有耳闻。在种种浮躁的背后，反映出来的是出版从业者文化品格的缺失。唯其如此，为繁荣学术和民族文化而坚守文化天职、恪守社会责任的职业精神和文化追求，尤其值得在出版界大力弘扬。

出版人是文化薪火的传承者，具有坚守文化自信的历史责任。众所周知，出版是人类文明薪火相传的重要依托，一个国家民族科学文化的传播和传承，有赖于它的出版事业。中华文明之所以历经五千年而一脉不绝，就在于中国历代政治家、著作家、出版家、藏书家接续几千年文明发展进程中形成的尊崇历史、珍惜古籍、编修文献、善待图书、重视典藏的优良传统，他们将中华文化的精髓融入历代出版物之中，一代一代地传之后世，肩负起了将一个时代的科学文化及思想智慧真实地记录下来、传承下去的历史责任，使中华民族的文化根基与时俱丰、愈加巩固。作为新时期文化创新和文化传播的主体，当代出版工作者更加需要继承传统、关注时代，一方面自觉承担起对民族文化传统的保存、整理、批判、传承的责任，保持中华文化的统一性、延续性；另一方面推动文化创新和发展，弘扬和培育符合时代要求的民族精神，在增强民族的凝聚力、创造力以及同世界其他文明进行对话的文化自信力方面作出贡献，使中华民族独立于世界民族之林的文化根基更加坚韧。

出版人是文化创新的推动者，具有坚守文化本性的特殊责任。作为一种文化生产的基本业态，出版既有产业的属性，又有意识形态的属性，必须通过创新来保持文化的独特品质和内容的先进性。从这个意义上说，创新是出版工作者的不竭动力和显著特征，不仅是文化积累和产品制造的组织者，而且也是文化内容的选择者和把关者，当然应当是新知识领域的开拓者和新成果的发现者、催生者。一方面，知识的保存、生产和应用，文化和技术的传承、生产和原创，都是以出版活动为基础的。历史上重要的思想创新、科学发现和技术进步主要是通过出版物得以传承和发展的。另一方面，从造纸术、印刷术到当代激光照排系统、计算机王码汉字处理系统以及数字技术的应用，出版人率先将新成果引进出版业，引发出版形式和内容的不断创新。在文化传播过程中，出版人通过传承优秀民族文化、吸收外国文化精华、把握时代需要，促进着社会文化的不断进步。而现代出版史上鲁迅发现大批文学青年、叶圣陶对巴金处女作的慧眼识珠、巴金对曹禺作品的琢璞为玉的佳话，也反映了出版人所必备的发现新人新作的创新品质。在当前的创新型时代、创新型国家建设的过程中，人民群众的伟大创造，已然成为文化创新取之不尽、用之不竭的源泉，迫切需要出版工作者发现、认识、扶持、推广，进而铺垫中华民族元气深厚的文化创新的阶石，培育中华民族根深叶茂、神韵独具的文化创新的活力。

出版人是时代思潮的引领者，具有坚守文化领土与文化阵地的社会责任。出版的本质不仅在于积累文化、创造新知，不断推出更优秀的文明成果，而且还在于按照一定的价值目标对社会现实文化作出评价，通过选择、把关实现对社会风气、学术思潮、文化倾向的引导。古代中国知识分子正是借助“竹帛长存”所构成的社会认知体系和社会规范体系，才唤起了“见贤而思齐”的文化自觉和道德自律。“五四”时期以《新青年》为中心凝聚的一大批知识青年的出版传播活动，将“科学”与“民主”汇聚成了思想解放的伟大潮流。在当今政治多极化、经济全球化、文化多元化、新技术日新月异的国际背景下，在经济社会急剧转型、社会文化事业和文化产业发展不平衡的国内背景下，承担着建构社会主义和谐社会及传播先进文化的神圣使命的出版工作者，其选择、把关进而引导大众的责任更加重大，需要通过对精神生产加以规划与组织，对精神产品进行鉴别与加工，对文化遗产作出选择和整理，对社会信息予以筛选和传递，打造传承主流文化和主流价值观的精品力作，不断巩固主流文化阵地。这就要求当代出版工作者必须深深植根于中国特色社会主义伟大实践，敏锐把握时代变革的风气之先，不随波逐流，不跟风炒作，不断提高辨别真善美和引导大众文化、传播主流文化和主流价值观的能力，致力于弘扬民族精神和时代精神，为中国的改革开放和现代化建设事业提供有力的思想保证、精神动力和智力支持。

历史已经证明，出版业作为文化传承和文化创新的核心，如果没有文化理想和文化追求，便失去了发展的根基。而出版工作者的文化价值取向、人文素养、文化责任、文化运作能力和学术品评能力，又直接影响到出版物的文化含量。从这个意义上说，对于文化的坚守，不仅是一种出版理念，也是一项出版实践。在竞争日益激烈的世界文化市场中，能否坚持文化本位，能否坚守文化责任，对新时期的出版从业者来说，无疑是一种严峻的考验。《书林守望丛书》的问世，为我们提供了一部关于新中国出版人的精神文化启示录。其中反映出的经过沉淀而彰显的文化品格，尤其应该成为新时期出版工作者的精神支柱。这套丛书的作者，是一群深深地钟情于出版事业的文化守望者，他们在“书荒”时代辛勤耕耘，在“书海”时代坚持方向，恪守文化的尊严，组织、规划、策划、编辑、出版过一大批反映时代精神、民族精神及具有学术价值、文化品位的标志性工程，主持、主编过一大批科学、人文、经济、教育等方面为广大读者喜闻乐见的知识读物，为全社会提供优秀的精神食粮作出过重要贡献。在他们身上体现出来的勇于开拓、后启来者的创新精神和坚守精神家园、淡泊名利的文化风骨，堪称典范。希望通过这套丛书的出版，使新时期的出版工作者形成一种更加清醒的文化自觉，在文化与产业协调发展的道路上走得更加坚定，产生更多让世界为之惊喜的拥有自主知识产权的民族文化品牌，再现中华民族宏大的文化气魄。

当前，出版业的发展同政治、经济、社会、文化的发展一样，要在世界范围内的大对话、大交流、大竞争、大角逐中，把握机遇，迎接挑战，创造新的辉煌，需要一大批具有真才实学且能开阔视野、崇尚科学、追求真理、尊重创造、包容多样的新型复合型出版人才，来担当中国特色社会主义文化建设的推动者。《书林守望丛书》汇集的新中国成立六十年来成长起来的十几位出版家在长期为人作嫁的职业生涯中的思想火花、书坛掌故，集中反映了新时期出版工作者的精神风貌，不仅抓住了时代的新变化，也深刻把握了出版职业的新要求。这套丛书的作者，或者长于出版规划，或者长于鉴赏加工，或者长于经营管理，但都有将丰富的实践经验升华为理论的深沉思考。将这些经过实践检验的理论总结汇集起来，转化为鲜活的历史智慧和生命依托，对于未来的新型出版人才，无疑具有深远的精神哺育作用。我希望这套丛书的出版，能够吸引更多才华横溢、富有创造力的新军投身我们的出版事业，使中国出版人的文化守望薪火相传，为推动社会主义文化大发展大繁荣建功立业。

2009 年 7 月

目 录

柳青洒在《创业史》上的生死情

追忆往事是有意义的，但有时也是痛苦的。我正是怀着这样一种矛盾的心情，追忆我和柳青近二十年的交往。

一九五九年，我担任了《创业史》的责任编辑，开始了与柳青长达二十年的友谊。除了经常的书信往来，我几乎每年都要去一次柳青的住地陕西省长安县皇甫村，直至“文化大革命”。在我们的交往中，他的思想、品格、为人、作风、修养、文学造诣……都是令我十分敬佩的。

没有皇甫村的生活，就没有《创业史》。皇甫村和《创业史》都是柳青心上的肉

新中国建立后，柳青担任《中国青年报》文艺部的第一任主编，与团中央书记同住在机关大院内的一栋小洋楼里。本来他可以安心地在北京住下去，谁也不会说他一句怪话。但是大城市的生活，没有吸引住他。在新中国成立，百废待兴的这个时期，他无比怀念家乡的人民，无比向往那里刚刚开始的新生活。他不甘心做一名旁观者，力图要在这个新时期有所作为。他决心到人民中去！到新生活中去！为新生活的诞生贡献自己的力量。对柳青来说，他能做的、最重要的贡献——就是写作——把新生活的意义和为新生活而奋斗的新人形象，告诉人们。就这样，柳青告别了北京，于一九五二年和他的妻子马葳一起，离开了北京，来到了陕西省长安县皇甫村，在这里建立起了新的生活基地。向农民靠拢，和他们一同过艰苦的劳动生活，又恢复了一九四二年延安文艺整风以后，

他在陕北米脂县农村的生活方式。

在这里，柳青和马葳一住十四年，如果不是“文化大革命”，柳青至死也不会离开皇甫村。他的五个孩子，在皇甫村生，在皇甫村长，散文集《皇甫村三年》，中篇小说《狠透铁》，以及驰名中外的《创业史》第一部、第二部，全都是在皇甫村写出来的。皇甫村的一段生活，有艰难，有忧愁；但也有收获，有欢乐。他毕生不忘，怀念至死。让他万万没有想到的是在“文化大革命”中，造反派竟捣毁了他在皇甫村的住处，逼死了他的爱人，把他押回西安市……这意外打击使他家破妻亡，自己九死一生。就这样，他也没有忘记长安县，忘记皇甫村，而且怀念之情越来越强烈！

捣毁了柳青在皇甫村的住处，使他失去了在长安县的落脚之地，这是“文化大革命”给他精神上的致命一击，是长留在他心灵上的最深的创伤。他在长安县十四年啊！这十四年，把他的生命和血液和长安县的一切一切都融合在了一起。长安县的田野和河流，山川和小路，高坡和大道，房屋和河岸……皇甫村的早晨和夜晚、干部和社员、老人和小孩……全都在他的怀念之中，他对它们怀有无限的深情。无论他的心情多么忧郁，病情多么沉重，只要是和长安县的人民，长安县的干部，长安县的大自然一接触；只要是讲起了长安县，讲起了皇甫村，他便眉开眼笑，有声有色地讲述着这里的一切一切。每每在这个时候，他便忘掉了一切不愉快的人和事，心里感到那么宽畅舒适，真有几分孩子的天真，让人看了又敬佩、又心痛！特别是他忍受着难以忍受的病痛，让孩子们用自行车推着他，悄悄地回到告别了多年的长安县，看到长安县的土路变成了柏油马路；十字路口，盖起了好几幢大楼，他振奋极了，高兴地说：“这时，我便摆脱了一切烦恼。”他渴望着回长安县，回皇甫村，重整家业，过习惯了的生活。他不止一次地说：“在西安这几年，一切都觉得陌生、不习惯。”直到他逝世前不久，也没有丧失重返皇甫村的勇气和决心。当时他的病已经很重了，我劝他安心在北京住下去，暂时先打消回陕西的念头。他摇摇头，睁大了一双诚挚的眼睛，用对待亲近的人的眼光望着我，充满了自豪感地说道：“那是我的家，好了，我还是要回去的！”“文化大革命”硬是把这个与长安县的天、长安县的地、长安县的人民，有着血肉联系的人，强行分开了，给了他心灵上致命的一击！

柳青离不开皇甫村的人民，皇甫村的人民也离不开柳青。遵照柳青生前的遗愿，在他去世以后，把他的骨灰分为两处，一部分寄放在北京八宝山革命烈士公墓，一部分与他的妻子马葳的骨灰合葬在皇甫村的神禾塬的崖畔上。当我洒着热泪，将他的骨灰一捧捧地分放在两个骨灰盒里时，我的心在绞痛，在哭泣，我知道，这是我遵从柳青生前的嘱托，尽一个知心朋友最后的一次义务，做我一生中为他做的最后一件事！

柳青和王家斌（左二）等农民在皇甫村地头交谈

《创业史》第一部诞生于皇甫村。他写任何一部作品，都没有像写《创业史》这样艰难。这是因为，皇甫村的这段生活，使他越来越对自己过去写的小说不满意，他下决心要在艺术上闯出一条新路。《创业史》第一部出版后，在一次和我谈心时，他说："在创作上，我还没有过这样的恒心，感到过这么艰难，这么激动过！"他经常和反复阅读中外有名的文学名著，一遍又一遍地学习、研究；他用心地领会中央对农村的有关政策；他不知疲倦地在周围的人群中，寻找对他创作这部小说有帮助的人。无论是在田间小路上散步，还是在和乡亲们说话谈天；无论是在场院上劳动，还是在茅草房里开会讨论，他都没有放过对现实生活一切能够观察、分析、研究、思考的机会。新的丰富的生活，使柳青无比激动，他决心要在艺术上闯出一条有自己风格的新路来，掌握一种新的与他所描写的生活和对象相适应的艺术手法和艺术形式。他用了六年时间创作《创业史》第一部，从头到尾，写了四遍，主要是以人物为中心，从《创业史》的整体出发，使它在典型化、整体结构、情节展开和艺术描写等方面协调一致，做到全面安排，层次分明，布局恰当，从容不迫。为了达到这个目的，从一九五四年开始，他整整爬了三年坡。这是探索的三年，奋斗的三年，创新的三年！最苦的是一九五六年，这是他创作上最关键的一年。这一年，他忘记了妻子，忘记了儿女，忘记了家庭，忘记了欢乐和痛苦，忘记了一切。他食不香，睡不宁，变得又黄又瘦，由于身体的极度衰弱，长了一身黄水疮。讲起了这一年，他笑着说："那才真是'脱胎换骨'，狼狈极了，这是我创作上最艰难的一年！到了一九五七年就转机了，终于在创作上找到突破口，进入了自己创造的小说天地，闯过了这一关。"用他的话说："解决了以人物为中心来构思和描写小说，结构中心位置的选择与设置定下来了，结构的轴承转动起来了。从这时开始，吃饭，饭香了；喝茶，有味了；人也胖了。"一九七五年柳青给我的信里有一句这样的话："从五十年代到六十年代的这十年，在死亡的边缘上挣扎过来，没有死，我胜利了。"这就是柳青对这一段难忘岁月的概括。

柳青是个坚强的人，他有一股完成自己事业的韧劲。关于他的这种韧劲，柳青曾形象地打过一个比喻："一个人要有一个主攻方向，比如从绥德到米脂，你就要一个劲地走下去，不要走十里停一停，看看热闹，为人家劝架，忘记了主攻方向，这样就永远达不到目的地。"柳青就是这样，为了实现自己的奋斗目标，他有惊人的毅力和韧性。这毅力和韧性表现在他能吃大苦，能受大罪，面对磨难，不叹息、不退却。柳青一生经历了几场大的磨难。十几岁时，他刚刚踏上革命征途，就赶上西安"一二·九"学生运动，他没日没夜地全身心地投入，累得大口咯血，他没下火线，没退却。一九四二年延安文艺座谈会以后，他是最早下到农村基层生活的一个。他在陕甘宁边区米脂县农村基层政权中，当了三年乡政府文书，当时的物质生活极端贫困和艰苦，工作任务又重又累，加上他体质又差，积劳成疾，大病一场，孤单单地躺在窑洞的冷炕上。他哥哥知道了，跑来动员他回家养病，他没走；县委书记冯文彬要他回县上调养，他不去。咬着牙，就这么挺过来了。生活没有亏待他，扎实深厚的农村生活赋予他丰富的积累和感受，让他写出了第一部长篇小说《种谷记》。一九五二年他告别首都，到陕西省长安县皇甫村安家落户，重新过起了他在米脂县熟悉的农村基层生活。不理解他的人，冷嘲热讽地说："要写出伟大作品，要读万卷书，走万里路，守着皇甫村一个窠，就能写出伟大作品?!"好心的人，劝他搬回西安去住，用非常有说服力的事实对他说："作家都机关化，你何苦带头社会化，不要自找苦吃。"但柳青只要决心一下，就坚如磐石，任何人的动员，也动摇不了他，改变不了他。一九五六年柳青在给文学爱好者写的一篇题为《答习作者》的文章中，有这样一段话："每一部作品都是对一个作家的考验，考验他的劳动坚韧性。自然，也考验他的生活基础、文学才能和思想修养。这三方面如果是不及格的，甚至只有一个方面不及格，那在他来说就是打一个没把握的仗，随时都有对困难放下武器的可能。我的意思是说，在三个方面都及格的情况下，仅仅对劳动的坚韧性，也是严重的考验。处在这种困难中，我是很痛苦的。但我认为没有一个向人诉说困难的人会做成一件有困难的事。我的经验就是自我克制，就是忍耐，就是坚持工作。不要着急，哪怕进展得慢，也不停息。不要计算钟点写作。只要你是有条件写这个东西的，困难总是可以克服的，更不要气馁，如果谁怀疑到自己的努力是否会有效果，那是很危险的。"这就是柳青对待创作遵循的原则和切身的体会。没有这种成败不移、背水一战的坚韧性和顽强性，他是写不出《创业史》的。

柳青把人生感悟，学识智慧，生活积累，全都献给梁生宝、献给《创业史》

柳青聪明绝顶,他的记忆力之强,令人吃惊。我比他小十五岁,同读一本书,他不仅能将书的内容,记得清清楚楚,而且书中的一些精彩片断,重要的对话,他几乎都能把大意较完整地背下来。他喜欢看书,特别是那些使他感兴趣的书,读起来便忘记了吃饭,忘记了睡觉,忘记了一切,忍受着疾病的折磨和自身的痛苦,爱不释手,求知欲之强,令我吃惊。

柳青爱书，拚命地读书，但他却没有什么藏书。《创业史》第一部出版以后，我写信给他，问他要不要添置一批图书。柳青回信中说："书籍将来可能时，只买少数必要的；不可能时，绝不勉强。用大量的书籍把自己的环境装饰成大学者的样子，这和实际有学问，完全是两回事。将来可买，也在相当时间以后……”这封信写于一九六〇年四月二十一日，直到“文化大革命”开始，也没有实现这一计划。但我在和他闲谈中，却发现中外古今的一些文学名著他几乎都浏览过，而这一切却不曾为外人所了解，因为从他朴素简单的书房陈设上，简直是完全看不出的。

与柳青在一起时，我们谈形势，谈历史，更多的是谈文学。他常常都是有感而发，虽是只言片语，却都是他科学的艺术观的流露。在与他交谈中，最系统的一次，就是一九六三年十二月十八日到二十日我在皇甫村的日子。虽然这是四十多年前的事了，至今回忆起来，还历历在目，仿佛柳青就坐在我的面前，微笑着、娓娓动听地、像谈家常一样，和我谈《创业史》的构思和写作。

这三天，我们谈得很多，白天谈，晚上谈，出去散步时也谈。他告诉我，来到皇甫村以后，已经有了一个适应于自己工作和生活的作息制度；通常上午用来读书、休息；午饭后，开始写作；晚上读书、看报、处理家务。写作的时候，马葳把他住的那个小跨院儿的院门反锁着，让他不受干扰，全力以赴地进行创作。“人家都是坐着写书，我是站着写的。”说这话时，他站在那间书房兼会客室的中央，露出了一副令人惊讶的神气。后来我才搞清楚，原来柳青写小说的时候，总是在房子里，从一个角落到另一个角落，踱来踱去，他想好了，觉得满意了，停下来，站在桌边，拿起笔刷刷地滑过稿纸。之后，又踱来踱去……就这样，他把自己沸腾的心血，带着特有的激情和诚意，进入了创作境地。几十万字的书稿，就是这么写出来的，表现了多么充沛的精力，多么顽强的意志啊！他创作上的毅力和勇气，一旦被人们了解，都惊叹不已。我在了解了这一切之后，曾感慨地对柳青说：“你把全部精力，都献给了这部小说。”也许我这句话说中了，他很少有地对我说了这样一段话：“《创业史》也是我自身的经历，我把自己体验的一部分和我经历过的一部分，都写进去了。生宝的性格，以及他对党、对周围事物、对待各种各样人的态度，就有我自身的写照。”

我让他给我谈谈第二部的构思。他告诉我，第二部分上下卷，写互助合作初建阶段的矛盾。上卷已写完，下卷计划在一九六五年完成，开始在刊物上发表，听取读者的意见，一九六六年出版。上卷是写土改后

互助组建立后，许多矛盾都在酝酿、准备，埋下了许多伏线，但郭振山的这颗定时炸弹的爆炸，要在下卷展开。小说里充满这样那样的矛盾冲突。比如，梁三老汉在第一部已经解决了要不要走合作化道路问题，但是他把灯塔社看成是梁家的事业，生宝一个人的事业。不准别人说灯塔社一句坏话……郭振山、姚士杰、郭世富各有各的想法……总之，第一部提出的问题，存在的矛盾，在第二部都存在，都在发展，到了第二部结尾，矛盾激化，小说中的几个主要人物进行了合作化以来的第一次大较量。

柳青在书房

听了他的介绍，我感到《创业史》第二部的布局和结构是很不寻常的。但他的构思和考虑，却不为外人所了解。在这期间我看了一篇谈矛盾冲突的文章，文中指责《创业史》第一部没有写梁生宝与郭振山面对面的斗争，把这个作为小说没有深化矛盾冲突的例子举出。我不同意这种看法，但一时又不能讲清道理。想到此，我便告诉他，第一部出版后，评论界对梁生宝有些反映，认为梁生宝作为合作化的带头人，太软弱了。特别是表现在与郭振山的关系上，不敢进行面对面的斗争……不知你是怎么想的？柳青微笑着听我介绍，似早已深思熟虑，非常系统地向我阐述了他的观点。可惜当时我只是在每天晚上记日记时，记个大纲，没作详细的记载。尽管这样，这本提纲挈领的日记，却帮助我回忆起了几十年前的这次谈话的主要内容。

柳青告诉我，讲矛盾冲突，首先要闹清楚，什么是社会冲突？什么是艺术冲突？社会冲突与艺术冲突又是什么关系？一下子我便被他提出的问题吸引住了。他说：社会冲突是从社会发展的历史规律来认识的，奴隶社会不同于封建社会，封建社会既不同于资本主义社会，也不同于社会主义社会。不同的社会，有不同的矛盾冲突。根据不同性质的矛盾冲突，进行不同形式的斗争，不能什么矛盾冲突，都要面对面地斗争，那样势必就在我们生活里规定了一种公式，一个框框，用这个要求一切，衡量一切，其结果不仅把社会生活简单化，庸俗化了，而且还会造成文学的公式化、概念化。面对面的斗争，具有三个特征：①没有历史界限；②没有阶级界限；③是社会主义社会对待人民内部矛盾的最高斗争形式。由于社会主义社会存在着大量的、非对抗性质的人民内部矛盾，所以面对面的斗争，绝不是解决问题的唯一形式。

柳青接着指出：文学是艺术冲突。现实生活中愿望和意志的矛盾，新生事物和衰亡事物的交替，善与恶、美与丑、真与假的冲突，全都是通过人物的思想和行为表现出来的。从哲学、社会学、政治经济学的角度来说，这是社会冲突；从文学的角度来说，则是艺术冲突。艺术冲突是社会冲突的反映，但不等于就是社会冲突。社会包罗万象，一部小说如何能包罗万象呢？作家要对生活进行选择、集中、提炼、虚构、夸张等不同的艺术手法，使文学成为是写个性的，个性的心理学，个性的社会学。艺术主要是反映人的感情，把感情个性化、形象化；把不同的阶级、阶层，不同经历，不同职业的人的感情，用声音、线条、图像、色彩、动作再现出来，成为一种艺术品。通过感情的交流和变化，表现不同人的个性，表现人与人性格上的起伏变化，矛盾冲突，这叫艺术冲突。艺术冲突表现得越尖锐、越激烈、越深刻、越有看头。反之，就会平淡、乏味、肤浅。我国古典文学的传统手法，是采用对比的手法，展开艺术冲突。如诸葛亮和曹操，宋江和高俅，《红楼梦》里的封建贵族家庭中的新的一代和当权派……通过这两方面对立的形象，在情节的进展中逐步提示冲突，深化冲突，激化冲突，在冲突中推进，展示和发展双方人物的性格。所以说，性格冲突是艺术冲突的核心，抓不住性格冲突，不仅反映不出艺术冲突的激烈程度，而且人物形象也立不起来，更不要说真实深刻、生动感人了。

所以我们既要看到社会冲突与艺术冲突有联系的一面，同时也要清楚地看到它们有区别的一面。如果只看到有联系的一面，或把它们混为一谈，就会一味追求热闹的场面，而忽略情节是人物性格发展的历史，最后写出的很可能是结构上支离破碎，艺术上粗制滥造，可能热闹一时，最后什么也没有留下。如果只看到它们的区别性，或者把两者割裂开来，就会和社会的主要矛盾脱节，离开时代精神，在一些鸡毛蒜皮的矛盾中刻画性格冲突，自然这样的艺术冲突是贫乏的，肤浅的，甚至是虚假的，毫无意义的。而艺术形象自然也是苍白无力的。

所以我们一定要把这两者的因果辩证关系摆正，才有可能写出恩格思所说的“典型环境中的典型性格”和毛泽东说的“把其中的矛盾和斗争典型化”的作品来。

讲到此，柳青又回到《创业史》上来，他说：至于《创业史》的艺术冲突的形式，那是作家长期对社会生活的观察、体验、思考之后，总结、提炼出来的。作品源于生活，谁也否定不了这一点，不要说本世纪，就是再过若干世纪，也是这样。来源于生活的作品，才能使人感到生活气息，得到启示。《创业史》第一部反映的艺术冲突，是围绕走互助合作道路，还是走老路单干而展开的，一切都围绕这个，服从这个，面对面的斗争也好，背靠背的斗争也好，全都是形式，形式服从内容。我必须从生活的现实和生活的逻辑出发，从不同人物的个性出发。至于选择什么斗争形式，是面对面的，还是背靠背的，我只能按照客观事物发展的规律写我的人物，我不能违背生活，随意地加上去，那样的作品如何能经受得住社会和历史的检验！《创业史》第一部没有写面对面的斗争，下一部也没有写。新旧事物，两种势力的较量，并没有因为没写面对面的斗争而停止。相反，矛盾冲突在深入，在发展，在变化……违反了这样的生活现实，艺术就没有了生命。文学应当是坚强的和不朽的。现实主义的作品，不能只写是什么，还要写为什么，要把人物行动表现的社会的和心理的基础写出来。说社会基础，是指客观环境对他的影响；说心理基础，是指客观环境对他发生影响之后，在他精神、思想、情绪、心理上所引起的一些变化。只写人物的活动表现而不注意写他的活动表现的根据，这样的作品是站不住的！

柳青说：《创业史》表现的，不是事件发展的过程，不是工作和生产的过程，不是故事和情节发展的过程，而是人物发展的过程。是人物思想感情的变化过程，是作品中要胜利的人物和要失败的人物，他们之间关系的变化过程。写失败人物，由有影响变成没有影响的人，退出了这个位置，让新的人物占据这个位置。简单地说，就是写新旧事物的矛盾。

蛤蟆滩过去没有影响的人有影响了，过去有影响的人没有影响了。旧的让位了，新的占领了历史舞台。我塑造的梁生宝，不是表面的模仿、仿效合作化中的带头人，而是想概括这一类人的内心世界、心理活动、精神品质和作风特点。梁生宝是一个在合作化运动中，刚刚诞生，初露头角，正在成长、发展中的新的力量、新的形象。梁生宝的阶级特征和个性特征是统一的、一致的。由一个自发的、朴实的、贫苦的青年农民的品格，到一个自觉的、先进的无产阶级先进战士的品格。围绕他的个性塑造，我把握着四个特征。

第一，听话。生宝随着母亲来到异乡，和继父生活在一起，过着贫穷艰难的生活，使生宝从小就养成听话的特点。首先是听父母亲的话。他一懂事，娘对他说："要不受人家气，就得创家立业，自家喂牛，种自家地。"爹对他说："先喂牛，种财东家的地，后就是你妈说的那话。"这些话在生宝心里留下了深刻的印象。他二十岁那年，要实现创家立业的抱负了，用五块大洋买了一头牛犊，一下子就租下了二十八亩稻地。他按爹妈指引的路走，但这条路没有走通。沉重的地租，把一年收下来的粮食全部装走了；为了不被抓去当壮丁，大黄牛也卖了。苦难的生活，伤心的经历，使梁生宝觉醒了，对旧的创业道路，彻底绝望了。

土改后，分到手的大黄牛和十多亩好地，没有吸引他，吸引他的是庄稼人当时说起来还拗口的"社会主义"！为什么庄稼人都在发家创业时，梁生宝对过去梦寐以求的个人发家创业的理想"淡漠"了呢？为什么在郭振山退坡的时候,他挺身而出,担起走互助合作的担子呢……这都与他"听话"这个特征分不开。小时听父母亲的话,长大了听共产党的话。这是生宝在经历了新旧社会不同的切身感受之后,从内心得出的结论——党无比伟大,无比正确。"党指到东,咱向东,党指到西,咱向西,""一片真心革命,""海枯石烂,咱心不变。"这些都是用来反映他听话这个特征的。

第二,用心。生宝是个男孩子,十一二岁时便担起了家庭的生活重担。生活与劳动,迫使他懂事早。小时用心思考父母亲说的话,十八岁,他就在考虑如何使熬长工的人养上一条大黄牛……土改后,他用心观察着,用心思考着社会上的一切变化,最后他选择了互助合作的道路。梁三老汉要他走旧时创业的道路,他理直气壮地说:"你那是没有出息的过法!"这不是一句随便说的话,是生宝日日夜夜用心思考、观察之后的结论。

小时候用心思考父母亲的话，入党以后，他就用心琢磨共产党说的每一句话。生宝用心之处在于他联系时代变化，联系实际生活，联系党的方针、政策，用来衡量、判断、解释他身边发生的每一件事。从农民要稻种的行动，他想到“党就是根据这一点，提出了互助合作道路来的吧!”走在渭河岸边，看到这里的河床窄而深时，他立即想到，上游地势高，水急，河床淘得深；下游地势平，水缓，淤起了很宽的沙滩。由此联想到，地势高，暖得晚，冷得早，稻子成熟期短；到了蛤蟆滩，地势不同了，气候不同了，会不会长呢？从梁三老汉和他闹别扭，从两兄弟不相亲，从郭振山不积极工作，从蛤蟆滩上的土地不能尽量发挥作用……联想到：传统的私有观念，是一切矛盾现象的根源。从进山刈竹子的行动，联想到：显示集体力量就是比一家一户的个人力量大的道理……所有这些都反映了生宝用心的这个特点。

第三，有耐性。苦难的生活对他的磨炼，母亲的品格对他的影响，现实生活对他的教育，使生宝从小就有耐性。他朴实内敛，谦虚持重，能忍让，不外露。有人讥笑他，有人为难他，他不憋气，不在乎。操劳着，忍让着，压力下不屈服，不附和。个人的恩怨得失不计较，坚定沉着，宽厚正直，冷静处世，顾全大局，坚定地走互助合作集体化道路，用他的话说：“八根绳也曳不转。”这正是他从自发到自觉的革命耐性。

第四，务实。生宝讲究实际，从不对现实抱有幻想和空想。小时，他埋头学技术，十八岁时就精通了庄稼人的样样活路。当了互助组组长以后，他从不空谈，总是用实际行动，达到多打粮食，使社员多增加收入的目的，以自己的实际行动，体现自己的力量，显示互助合作的优越性，证明自己是正确的。从买稻种，分稻种，组织进山刈竹子，处理拴拴退组，接受白占魁入组，以及对待姚士杰、郭世富、郭振山、梁三老汉等人的态度上，都可以看出，生宝是非常讲究实际的，他从实际出发，又能根据不同的对象，不同的矛盾冲突，采取不同的、实事求是的对策，达到解决问题的目的。

生宝性格上的这四个特征，是以听党的话为核心的。把这四个特征，贯穿在生宝的形象之中，使他从一个不被人注意的人物，成了各方面注意的中心，成了矛盾的主导方面，成了蛤蟆滩上的举足轻重的新生人物，成了农村先进生产力的代表。但这一切又都是在他具有上面说的四个个性特征这样的前提下，他的形象才逐步清晰起来。不这样，就会使人感到作者强加在这个农民出身的年轻人身上的重量，太重了，不真实了。柳青说："我描写的是一批几千年来受剥削受压迫的贫苦农民的形象，在他们每一个人的身上都蕴藏着走社会主义道路的积极性和党对他们的教育、改造。而抵制改造的在蛤蟆滩上只有几个人。"所以我把"学习党的政策、方针，经常回忆党的教导和领导人的讲话，当做梁生宝的优秀品质来描写的。我在农村生活了二十多年，理所当然地要把这些处理成梁生宝性格的核心。你想想，一个孤儿跟着母亲流落到陌生的异乡，从小就是很听话的孩子；穷孩子懂事早，一开始为生活操劳，就不得不开始用心想事情了；童年出卖劳动和企图创家立业的失败惨景，赋予了他不存在任何幻想的务实精神；受剥削受压迫的切身经历，又养成了他对贫苦农民弟兄的同情心和在困难中不急不躁的坚韧性格。梁生宝性格中的这些特征，是在他过去的经历和现实生活的基础上合乎逻辑的发展，使他最终成为一个党的好儿女所具有的优秀品质。""作家在社会实践的过程中，获得了对社会的认识。在认识里，总有一部分是作家反对的，还有一部分是作家赞美的。作家把他所反对的事物概括到一部分人的形象里，又把他所赞美的事物概括到另一部分人的形象里，作家把自己认为最先进的世界观，最美好的愿望，以及最高尚的道德伦理观念，贯注到一个人的身上，这就是他心目中的理想人物。""当然形象不是孤立的、孤独的，要同周围的形象和对立的形象放在一块儿，才能显出强大的生命力。""作家塑造一个站得住的理想的人物形象，并不是那么容易的。不仅要深入理解各种复杂的社会矛盾，还要解决艺术结构上的种种问题，不能套用别人的作品代替自己的创造。"这里柳青讲的这一切，全都是他在艺术实践中的真实感受和理论概括。

我曾经问过柳青，作家如何能够使自己的小说吸引住读者，让读者真正在艺术中忘我地享受，以致忘记自己，以致把自己的喜怒哀乐，通通都交给作者？柳青说，这也不难，如果小说逼真到读者好像是自身投入了所描写的生活那样感觉，那么小说就是不要过程的介绍和描写，读者也会对它产生莫大的兴趣，以致完全被小说中的人和事所吸引。艺术的魅力就在这里。达到这样的水平，才能称之为真正的艺术作品，才能使读者真正在享受生活，而不是享受技巧。文学大师所以称之为大师，就是因为他们常常总是把艺术技巧隐藏在生活里面,这是真正的艺术技巧。为什么有些小说,随便你从什么地方看起,都能够读下去,而且放不下。而另一些小说,怎么努力想把它读完,也读不下去,其原因就在这里。

讲到这里，柳青进一步说，小说中的情节发展，不要违反客观事物发展的规律，要经得起历史、社会和人民群众的检验。这是一。第二，小说中的人物行动，行动的场合，以及不同的场合引起人物的感觉、思维、语言、情绪等等表现，都应该使读者的感情受到感染，让读者的感情很容易进入。这就要求作家笔下的人物，一定具有社会生活的特征和人物个性的心理特征。第三，小说的细节，是通过这个或那个人物的行动、语言、感觉、思维和情绪表现出来的，不仅是属于人物自己独有的，而且要有人物自己独有的描写角度，而不是作者直接地对一个人物或众多人物进行对面的、平列的、混乱的叙述。叙述不是描写，描写是有个性特征的，叙述是没有的，而掌握这样的技巧，首要的就是要有丰富的、厚实的生活积累。其次还要有很高的艺术修养和与作家所要反映的生活相协调一致的艺术结构和艺术手法，而完成这样的结构和手法的是技巧。这中间哪一个环节衔接不上，都达不到理想的艺术效果。达到了，才会产生强大的艺术魅力，才会震撼读者的心弦。

柳青的这些话,让我感到,他是把自己全部的人生感悟、学识智慧、艺术技巧献给梁生宝,献给了《创业史》。他不愧是一位文学家,但又不是一般的文学家,还是一位集哲学、社会学、教育学、心理学于一身的文学家!

柳青与我多次谈《创业史》，每次我都仿佛进入了一个新的天地。他的想法，新鲜丰富，细密周到，又含义深刻，耐人回味，对于理解他的生活道路和艺术实践，他的艺术见解和他写下的作品，是十分有益的。正因此，尽管我记得零零碎碎，极不完整，但我还是把它整理出来，提供给一切关心柳青和他的作品的读者们参考。

作品无论有多高水平，应当照顾到一般情况，万不可自视特殊

柳青对事，是很认真的；对自己，是很严格的。他在皇甫村落户后，

到一九五八年，已深入生活六年多。当时，我们预感到，他可能在酝酿什么大的作品，于是便在这年的五月，给他去信，向他约稿，并要求确定出版的关系。时隔一个月，柳青回信写道："我的小说第三遍稿，还远没有写完。写完后，还要发表，发表后才能谈到出版的问题。我的想法是在离出书还很遥远的时候，不作任何过早的协议，给自己增添了心思。过去，我在这方面有不好的经验。我打定主意要在发表以后，再谈这个问题，那时候再联系吧。"柳青婉言谢绝了签订约稿合同，绝不是谦虚二字所能解释的，而是反映了他在文学创作上严肃认真又锲而不舍的精神，和对读者极端负责的写作态度。柳青从事文学创作以来，一直是把自己的创作成果和整个文学事业的建设和发展联系在一起的。他对自己写出的每一部书稿，每一篇文章，在拿出去发表之前，都是反复斟酌推敲，反复掂量考虑，可能给读者带来什么？给文学事业带来什么？他把自己作品的生活含量、艺术质量，和问世以后的社会效果、存在价值，联系在一起来考虑，这就是柳青写作、发表、出版作品的出发点。

一九五九年为了配合建国十周年的宣传，我们提出要发个新书出版的预告消息，向读者介绍将要出版的《创业史》第一部。柳青是不愿意在书未出版之前，过早地宣传，但又考虑到出版社对内对外发行工作的需要，不好过多干涉，勉强同意。但要求我们只作"简单的介绍或公开的宣布"就可以了，由此也可以看出柳青为人和作风的一个侧面。柳青在皇甫村十四年，很注意这一点，他给自己规定：不介绍经验，不接见记者，不拍照，如果演讲也不要录音。我记得，一九五九年北京的某个报社，把一篇访问柳青的清样寄给他过目，文中提到他是长安县的县委副书记。柳青看过清样后，很不高兴，十分严肃地给我写来了一封信，要我通知报社，将这篇访问记抽下来，不要发表。并要我转告写文章的人："我已不是县委副书记几年了，不可言过其实。一个作家永远住在农村，他是不是副书记，是不要紧的，重要的是生活。"这是四十多年前的事了，每每想起这件事，我就对他感到无比敬佩，他一生坚持实事求是，反对言过其实，这是他身上无比可贵的品质和作风。

一九五九年四月，《创业史》正以《稻地风波》的名字在《延河》上连载时，柳青忽然发现有若干章要改写或重写，他毫不犹豫，立即决定推迟交稿的时间。在给我的信中写道："故事的第一部，如果草率从事，出书后发现遗憾很多，我如何能写好以后的主要部分，心情如何能好，对读者也是不负责任，不尊重的。至于‘献礼’，在刊物上发表，已经够了。如果从更确切的意义上讲，认真严肃的工作，是较好的献礼。我是一个有病的人，工作慢，请你们不要试图改变我的想法。作者认真，对出版者绝无坏处，绝不是与出版社为难。请你们从第三季度的出版计划里抹掉，改在明年第一季度。请原谅：这是不得已的事情，怪我预见不到。”

这封信，无论是在当时，还是在今天，都是很有价值的。道出了一个严肃认真，对自己、对读者负责任的作家所应有的素质。我们从事文学创作的也好，从事编辑出版工作的也好，只要是从繁荣文学创作，发展文学事业和提高文学书籍的出版质量的角度考虑问题，有什么理由对这样的信，不点头，不称赞呢？编辑部研究后，完全赞同柳青的考虑，并对他这种严肃认真、一丝不苟的写作精神表示钦佩。柳青收到我们的信后，回信时说：“如释重负，谢谢你们的协作精神。”同时指出：“请编辑部同志把小说中不恰当的词汇；难解的句子和太长的句子；不好的描写和不充分的描写；还可以改善的地方……一一标出来，等小说在《延河》上全部发表完了之后，一次交给我，请一个同志对我说明意见和希望，供我修改时参考。”

随着《创业史》第一部在《延河》上一期期连载，我按照柳青的要求，作了应该做的、能够做的一些工作。一九六〇年，我带着这个稿本，来到皇甫村，亲手交给他。他翻了翻，脸上表现出难以抑制的兴奋，他真的高兴极了，不断地说：“好极了，好极了，你们这是对作者的最大关心！对作品的最大爱护！尽管你们的意见，我不一定都接受，但这种工作态度，我是很欣赏的！”

此后，柳青将《创业史》第一部的定稿本寄给我们。这个本子已经是很完美了，我们立即发到工厂，就在排字的时候，柳青又给我来信，信中说：“我还要在清样上改一改，主要增添两三处关于改霞的情节，使这个人物更加清楚一点。这个人物在这一部基本上算是完成她的任务了。”

《创业史》第一部付印前，我拟了个“内容提要”，打算印在书的正文前面，便于读者了解书的内容。写好后，我寄给柳青过目，他看过后，重新拟了一个，把“提要”中的形容词和肯定的话全部删去，变成了一个客观的介绍。然而读起来，却比“提要”明确，也有味道。他在给我的信中写道：“我把‘内容提要’，变为‘出版说明’，这样好。你看如何?”

为了便于人们了解柳青，我把这两篇短文，一并附录如下：

内容提要

此书着重叙述中国农村社会主义革命中社会的、思想的和心理的变化过程，从互助组、农业生产合作社，写到农村人民公社的建立。全书将由本社分部分卷出版。

在第一部里，作者热情地讴歌了以梁生宝、高增福、有万、欢喜等为代表的具有社会主义高尚品质的新人；同时，作者又非常深刻地塑造了富农姚士杰、富裕中农郭世富的形象和具有严重自发思想的中农郭振山的形象。对于波澜壮阔的农村生活，作者作了极为深刻、极为生动的描述。这是一部具有高度思想内容和较完美的艺术形式的优秀作品。

出版说明

《创业史》是描写中国农村社会主义革命的长篇小说，着重表现这一革命中社会的、思想的和心理的变化过程。全书共四部。第一部写互助组阶段；第二部写农业生产合作社的巩固和发展阶段；第三部写合作化运动高潮；第四部写全民整风和大跃进，至农村人民公社建立。现在出版的第一部是全书的开头的部分，而不是一部完整独立的小说。贯穿全书代表各方面的主要人物，紧紧围绕着社会主义革命这一中心，大部分已经出现或提到了，但矛盾冲突还在酝酿阶段，有待于逐步展开。全书将由本社分部分卷陆续出版。

《创业史》发稿时，我曾打算在扉页、内封的后面，加排一面目次，即每一章自多少页始，便于读者翻章查页。我把这个考虑告诉柳青后，他不同意。他在信中写道：“目次，如各章加以提要性质的标题，对读者很有好处。否则，只为了找页码便利，别无作用。原拟仿《复活》编内容提要，附在后边，作为附录。对于头绪繁杂，人物众多的大型小说，在没有小标题的情况下，内容提要对有些读者有作用。一、可以吸引他看和看下去；二、可以帮助记忆。提要性质和章回标题一样，只是散文而非对称韵文。有两个想法，一是现在搞，二是将来搞。如不搞分章提要，目次可不要。”柳青这个考虑，我觉得实在好，如果真按章编写出内容提要，无疑是在长篇小说的创作上和出版上的一个创举，遗憾的是当时亟待付梓，时间来不及，只好建议他“将来再搞”，万没想到，这“将来再搞”却落空了。

柳青做事，认真细致是出名的。就是在许多细小的问题上，他的决定也是经过深思熟虑的。比如，关于“部”和“卷”的问题，我们提出在《创业史》的封面和内封上，有两种排法：一是“第一部上卷”；一是“第一部·上卷”。柳青知道后，立即来信，说明他的想法，“我认为排一行好看，隔开了难看。一行，字号要小，用长宋，要秀气一些的。‘册’和‘卷’外国文是一个字，因为是文艺作品，卷较习惯，‘部’和‘卷’不可混淆。一个是内容上的，一个是形式上的。”

我们原计划《创业史》第一部在一九六〇年春节时问世，到了三月还没有出版，我就给柳青去信表示歉意。他看过信后，知道我为此事不安，回信说：“时间上不必强求，稳当、切实，而不做消极分子就行了，出版工作是有些和其他工作不完全相同的。”

《创业史》第一部的内文印出后，我和出版部门研究打算出版少量精装本，考虑到封面设计过于简单，计划在封面上烫一块金，衬托《创业史》三个字。我把这个考虑告诉了柳青，他回信表示：“布面精装，我看不大好，”“烫金字，太豪华了，会给人家不好的印象。”“千万不要搞得突出，这将不会给作者和出版者带来好处，可能相反。作品无论有多高水平，应当照顾到一般情况，万不可自视特殊，务请今后仔细慎重。”六十年代，不是本本长篇小说都能够出版精装本的。布面精装，又烫金字，说明出版者对作品的重视，对许多作家来说，都是非常乐意接受的。但柳青不同，看过这封信，我怀着敬佩的心情，赶忙去和出版部门联系。可惜木已成舟，布面烫金的精装本，正在装订之中，事已至此，无法挽回，只好从中汲取教训。

尽管《创业史》第一部出版后不久，就再版一次，但是由于正赶上三年经济困难时期，纸张供应十分紧张，再版印数很少。广大读者因为买不到书，纷纷写信给柳青，请他帮助解决。柳青面对众多的读者来信，没有无动于衷，而是怀着一腔热情，整理了一份材料，寄给我们，并附了一封信，信中写道：“我想这不是我个人的事情，而是群众的事情。纸张困难是客观限制，任何事情不能超越客观限制，提出不合理的要求。但在这个前提之下，加强调查研究，从实际出发，根据轻重缓急，妥善地安排用纸比例，是可能的。”既考虑群众的需要，又体谅客观实际的困难，这就是柳青考虑问题时的立足点。正因为他凡事注意调查研究，又能辩证地分析情况，研究问题，寻找解决办法。所以，就是老大难的问题，在他的手里，也变得不难了。纸张供应问题，终于得到妥善解决。我们专门为《创业史》的再版需要，给文化部出版局写了个报告，并附上柳青整理的材料。很快，领导机关就给予照顾，专门拨给我社一批纸张，《创业史》得以再版，重印了五万册。

随着《创业史》第一部的出版，柳青的声誉一天比一天高了。但是他对待自已，对待自已的作品，却越来越严格了。他对自己走的道路，写出的作品，很自信，但不自满。我与他相识二十年，从没见他自满过，这是他性格上的一个基本特征。他十分珍视来自群众中的批评和表扬，每一封读者来信，他都要亲自过目，根据读者来信的内容，分门别类地整理好，为今后他写作和修改作品时参考。《创业史》第一部出版后，柳青问我听到什么反映。我把听到、看到的“意见”，归纳六点，告诉了柳青。柳青看过后，觉得大部分“意见”可取，但现在不忙着去说明，全书写完之后，有些“意见”不说自解了。但关于文字、标点上的问题，他都在再版时改正了。

一九六〇年《创业史》第一部出版后，柳青只赠送了二十余部，我觉得他送的人太少了。在他来京开政协会时，我便向他提出：“文学界的很多朋友，都很关心这部书的出版，特别是与你很熟的朋友，不送不好吧!”听了我的话，柳青睁大了眼睛，问我：“主动送去好吗？人家高兴，不讨厌吗?”我说：“你也不是没有选择的送，那些关心你、熟悉你的朋友，只会高兴，怎会讨厌!”柳青接受了我的建议，扩大了赠书名单。但在赠书时，他不签名，常常对方还以为是出版社赠送的。我问他，为什么不签名？他笑了，说道：“写上请××同志指正，这实际上是句客套话，通知人家，我已经出书了。”正因此，他送给巴金的书，也没有签名。开会时，巴老拿来让柳青签名。这件事让柳青非常不安，觉得很对不起巴老。这种不安的心情，在给我的信中流露了：“给巴金送的书，未写名字，人家又叫我写，显得不尊敬长辈。一个人常常有这样的情况，在重大问题上，总是谨谨慎慎的，而在日常的琐事上，特别是在事务性强的程序性的事情上，有时并不那么细心，应引起注意。”

当时社会上对《创业史》的重视和好评，是十分强烈的。但柳青却很注意听取不同的反映和意见，而对赞扬和肯定的话，倒不像对待不同意见那样关心。他在写给我们的信中，说道：“什么意见都欢迎，什么意见也不会得罪我，希望丝毫不要顾虑，可以把什么不赞成的意见都转来。不接受，对我也有好处。你们过去提的农民两面性的意见，我也未接受，反而更强调了，结果更明确了，阐述得更深了一层。这难道不值得感谢吗？……放开把意见转来，有什么情况，也应给寺中人‘通风报信’。小说并不是一个不可捉摸的人写出来的，不会引起太大的震动。”

关于农民两面性问题，还是我看《延河》连载稿时提出的意见。不要把梁三老汉写得太落后，应该看到，他有两面性：既有要走社会主义道路的积极性一面，又有走富裕中农个人发家的道路一面，而且后一条道路，在一段时间内，可能比走集体化道路更具有吸引力。柳青对梁三老汉的塑造，有他自己的准确而深刻的考虑和生动别致的艺术构思，只从一般的现象原则、条条框框出发，是感受不到这一点的。但就是这样，柳青也还是十分感兴趣地研究了我的意见。经过考虑，他更加坚定了自己的判断和认识，反而在作品中更加强调私有观念沉重负担的一面，从而使梁三老汉这个人物更深刻、更形象、更典型化。

对浅薄的卖弄和无原则的吹捧，柳青是十分反感和厌恶的。遇有这种情况，他常常是不加任何掩饰、不留一点情面，直率地表示自己的见解和看法，进行抵制和批评。但是对同志之间的真诚鼓励、信赖和希望，则完全是另一种态度。他能够推心置腹，和你畅谈他想谈的一切。有一次我们谈起生活和创作的关系。他认为最重要的是实践，生活的实践和创作的实践。他说：他开始创作时，在塑造人物上，也很不准确。哪些方面是主要的，哪些方面是次要的，哪些方面是不必要的，也把握不住。而是在经过了长期深入生活和刻苦的创作实践之后，才慢慢地把握得比较准确了。但是在人物的心理描写上，却很差。他长期为此苦恼，也很痛苦。怎样才能克服这样的缺点和不足呢？最后决定到皇甫村落户，在生活中和创作中磨炼自己。一切归根于实践。对文学创作来说也不例外，仍然是一切归根于实践——生活的实践和创作的实践。柳青的这些话，是耐人回味的，他是这么说的，也是这么做的。他对自己和自己的作品，要求很严。真实，准确，洗练，深刻，这是他一贯追求的。在创作中，他不怕推翻，不怕反复，不怕重写，不怕修改。一九六一年五月他去四川躲病，原计划在此期间写出二部的一章，结果不但一字未写，反而把在动身之前写的半章也推翻了。他给我的信中，讲到这一点时，写道："按推翻比推进更难这个说法想，倒还聊以自慰，否则真会寝食不安的。深思熟虑这是一方面，劳动潜力没有发挥尽是另一方面。这中间有条界限，模糊了这条界限，就是过糊涂日子。"无论是在日常的言谈中，还是在他的文章里，都不止一次地讲道："不能写就不要写，一直生活到能写时再写；写坏了，也不要气馁，重新生活了再写。这是最妥实的路子。"柳青的艺术技巧，所以能够越来越趋于娴熟，是他以顽强创作实践和付出巨大心血取得的。《创业史》每次再版，他都要精心地看一遍，改一遍，正是这样，《创业史》的语言才越来越精练，多余的文字越来越少，结构越来越紧凑严谨，生活内容和思想内涵越来越深刻、厚实、丰富。恐怕正因为这样，他才在人们的心目之中，成了一位既令人尊敬，又令人钦佩，有胆、有识、有为的严肃作家！

只要自己还能出汗出血，就不要靠别人。靠收容队的思想，要不得

从二十世纪四十年代柳青到米脂县担任乡文书开始，他就已经开始过着农民一样的生活了，到皇甫村时，他已经完全农民化了。他剃着光头，戴一顶瓜皮小帽，常年穿着对襟袄，中式裤，一双家做布鞋，站在农民中间，是一个标准的关中庄稼汉。就是在《创业史》出版后，柳青的名字享誉全国之时，他也是这身打扮：到北京、到外省市，到祖国的南方和北方，从不认为自己穿着打扮简陋土气，正因此，也闹出了不少笑话。一九六一年五月他在北京时，一天中午我约他去一家饭店吃西餐，临时我有急事不能脱身，便要一位与柳青熟识，经常接送他的老司机陪他去就餐。回来后，老司机委屈地说："以后再不陪柳青一道去吃饭了，这顿饭吃得好窝火，从进门到就餐到出门，一直受歧视、受冷遇。"后来我才搞明白，原来问题就出在柳青这身打扮上。是的，与大饭店西餐厅就餐的中外宾客的服饰相比，柳青这身打扮实在是太不协调，差距太大

了。从柳青进门，服务员就开始注意他们，好像他随时会把什么东西拿走似的。我知道，在这之前，柳青乘火车去四川，拿的是软卧票，可乘务员就是不让他上软卧车厢，所以听了这些也就不感到奇怪了。当天晚上，我到柳青住处去看他，讲起白天吃西餐的遭遇，柳青不仅不恼不怒，反而哈哈大笑。他说："这就对了，一个现代化的大城市的大饭店，走进去一个从贫困落后地区来的农民老汉，你想想整天接待衣冠楚楚中外宾客的服务员能不惊讶吗?!如果我到这种环境里，没让人感到这么大的差距，那才见鬼了。我有这个思想准备，我就不紧张，只感到新鲜、兴奋，吃的、用的都这么高级，这么讲究，这么气派，农村哪有?!我就想趁这个机会，多摸摸、多看看、多走走、多问问，我越这样，服务员就越紧张、越害怕，紧紧地盯着我，老毕(老司机)就沉不住气了，觉得对我不尊敬，他说：'你们看什么?!这是作家柳青！柳青，知道吗?!'搞得餐厅里的客人、服务员大吃一惊。我的心虽很平静，但也感到一阵颤抖，好不自在啊！我想到，在当今城市和农村差距这么大的情况下，还是少去这些地方好!"听了柳青这席话，我的心好不是滋味，我说："你是著名作家，你到首都来谁不欢迎，谁不高兴？谁都想接待你，看看你。你的行动所引起的反响，不完全属于你个人，你要想到你是中国当代作家的代表，一代成名作家的代表，所以你的服饰举止为人关注。俗话说入乡随俗，在家时无所谓，外出时你还是应该注意一下穿着打扮。你想想，你进京来，这么老的作家，这么老的干部，连一身中山服都没有，就这身中式布料衣裤，连个公文包都没有，走到哪里胳膊上还挎着个白布小包袱，你让别人怎么想呢?!"听过我的话，柳青收起笑脸，严肃地说："我只想讲究内容，从不讲究形式，若讲形式，也是与内容一致的。你知道吗，去年我去鞍山，一下火车，省市一级领导人和文学界的新老朋友，穿着整整齐齐，在站台上迎接我，我就穿这身衣服，胳膊上也是挎着个白布包袱，里面放着洗漱用具，我站在这些有地位、有影响的人群中，我没有一点丢人现眼的感觉；相反，我觉得很自在，在大家的簇拥中走出站台，我对我的农村生活充满了自豪感，如果我也穿上你们穿的那些衣服，我倒真的会感到不自在了。你说我是著名作家，我只是作家，著名不著名看作品，如同农民种粮食一样，看收成，看产量，看对国家的贡献。我现在不会，将来也不会追求表面形式，追求华丽的外表，至死也不会……”

这就是柳青，无法改变的柳青，一直到死。他在皇甫村落户后，身体那么不好，写作任务又那么繁重，大家都劝他安排好自己的生活，照顾好自己的身体。但他却不以为然，很不重视。他在农村，一直过着最简朴的生活。手杖断了，他用一根铁丝穿连上继续使用；他没有手表，二十多年以来，随身携带的还是他一九五〇年访苏时带回来的小座钟。我曾劝他买块手表，使用起来也方便，他指指座钟，诙谐地说：“它还没有尽完义务呢!”最大限度地使用身边的物品，直到完全不能使用为止，这就是他的特点。他用的哮喘喷雾器，是二十世纪五十年代的产品，一直用到病逝，我曾多次要给他买一个新的、好用的，他都坚决地拒绝了。柳青在皇甫村，生活上俭朴在农民中是出名的。他逝世时，连一件新的衬衣都没有。他戴的小帽头，因为年头太久，顶上和边上都磨破了，以致他病逝后，护士竟当成垃圾扔了出去。他逝世前用的小茶碗，还是刚到皇甫村时买的。他没有储蓄存款，没有古玩字画，没有金银首饰，就是藏书，也都是他经常翻用的，仅仅一小书橱。每逢集日，柳青推着自行车，马葳挎着菜篮子，和农民们一路走，一路说，从集市上买回油盐酱醋。平时皇甫村婚丧嫁娶，架屋上梁，农民们都要通知柳青夫妇参加；干部群众，大人小孩，打架斗嘴，发生纠葛矛盾，也要找柳青夫妇去论理。哪家杀猪、哪家宰羊，也要割上一块好肉，送给柳青夫妇尝鲜。遇上农民下棋娱乐场面，柳青也会赶热闹地凑上去杀上两盘，兴奋时他也大喊大叫，笑个开怀，乐个够，这时你分辨不出来谁是作家，谁是农民。正是这样的生活，把柳青和他的家人与皇甫村的庄稼人融为一体，结成亲如一家的鱼水关系。

尽管柳青和他的家人生活十分俭朴，但他落户在农村，生活上的开支，要比住在城里机关宿舍大得多。他困难得很啊！但不管遇到什么样的困难，他从不向县委，向公社，向大队提出，全靠自己的工资支付维持。他有句名言：“只要我自己还能出汗出血，绝不靠别人。靠收容队的思想，要不得。”一九六四年十月四日一场通宵大雨，给他全家带来了意外的灾难，他住处的后崖虚土倒下，同时倒下的还有几棵大柏树，将他家的大、小窑洞的簷棚、井棚、厕所，全部砸毁了。院子里的东西围墙，全部倒塌，所幸是一家大小平安。在遭到这样的重灾之后，他没有惊慌，

柳青和马葳在菜园劳动

没有悲观，没有向大队、向公社、向县委，更没有向西安作协，伸手张口，提出任何要求。他给我的信里写道："现在，从下边担水吃，稀泥堆了半院，直到葡萄架附近，秋收后，才有劳力拾掇。吃水和围墙问题燃眉，正在设法解决，也不难解决。准备用篷布盖水车，用包谷秆扎围墙，以后永远再不垒墙了。灾难和干扰，只能挫败缺乏自信的意志薄弱者。"我知道他手边没有存款，而清土、围墙都需要劳力拾掇，需要"钱"！因此我主动向他提出，预支一部分稿费，以解燃眉之急。柳青拒绝了，回信时说："我的意志力，足够对付一切挫折和打击的，但同志们的关心，对有足够意志力的人，也是鼓舞，绝非多余，请你们不必悬念。"是的，如果不是柳青，如果没有柳青这样坚强的意志力，早就离开了皇甫村，转移到大城市中去了。

三年困难时期，他是只靠自己的工资收入维持一家人的生活开支的。生活在农村，吃的、用的，都得去自由市场买，费用高于过去好几倍，他的生活立时变得十分窘迫。见此情景，我曾责怪他不该把《创业史》第一部的稿费全部捐献给公社，本来可以使自己的生活过得宽裕一些，不必为生活问题而操心，由于太"彻底"了，弄得生活这么窘迫。我当时劝告他，以后做事，再不要这么"绝"了。听过我的话，柳青全不以为然，以果断而坚定的口气说："我写《创业史》，是宣传人们和私有制、私有观念彻底决裂，用共产主义思想，创社会主义大业，我是这样写的，也应该这样要求自己！"当时柳青的生活实在困难，常常入不敷出，周转不开。我们研究后，便主动预支给他一部分稿费。柳青收到这笔稿费后，立即给我来了一封信，信是这么写的：“我现在不是，将来也不是挥金如土、生活糜烂的灰鬼。但是我的生活把我置于一种不得已的处境中。我坚持作家生活社会化，这和作家生活机关化是有距离的。我充分认识到这一点，所以出版社借钞给我，并不感到羞耻。我相信，我不会成为大骗子，将来向社会无法交代。”

柳青一直主张作家生活社会化，他说这和作家生活机关化是根本不同的。有条件的作家，都应该做到生活社会化。生活社会化，能使作家接触实际生活，不仅有利于自己，而且了解人民群众的生活状况和他们的疾苦艰难，有利于作家接近人民，为人民的生活和自己的生活改善而奋发工作。当时正是这样的生活道路，把柳青置于一种十分艰难的处境之中。但是柳青从没有动摇过、后悔过，如果不是“文化大革命”，他是永远不会离开皇甫村，改变他的生活方式和生活道路的。

走过的路不算冤枉，要不怎么知道行不通呢？还不能保证以后再不走冤枉路

柳青是无比热爱生活的，他最怕脱离生活实际，做一名袖手旁观、无动于衷的人。同样，他也是无比热爱人民的，最怕脱离人民群众。一九六二年九月，我下放河北唐县做基层工作一年。下放一个月以后，我把初到农村之后的一些感受写信告诉了柳青，很快就收到了他的回信。信中说：“我祝贺你有这样一个好机会。你刚到县里一个月，就开始感到实际工作的复杂性，这是很大进步。这样，你就可以想象得到，那些始终感觉不到实际生活的复杂性的编辑，是多么令人惋惜的事！什么时候才能使全国所有有影响的编辑都有机会去嗅一嗅实际工作的复杂性呢？我说的是嗅一嗅，还不是参加实际工作哩。在这方面，真是令人不胜感慨。祝你在这一年有很大的收获。”

没多久，他又给我来了一封信，信不长，字不多，但坦率的意见和真挚的感情给了我很大的启示。“人总是在前后左右上下关系中具体存在，即使是伟大人物，也不是抽象的神仙。我在实际工作中总是牢牢地记住两点：一是在任何情况下，都要做到有事和群众商量；二是在任何

情况下，尤其是在受表扬的时候，一定要坚持实事求是的精神。记住了这两条，我就敢于放手大胆地去工作，不知这个体会对你可有用?”这可能就是柳青在基层深入生活和参加实际工作的座右铭。

柳青在基层深入生活时，总是严格要求自己，以一个共产党员的标准，一个革命作家的标准，一个基层干部的标准要求自己，负起他应负的责任。而在错误和谬论面前，他从没有缄默过。无论是《在延安文艺座谈会上的讲话》之后，他在米脂县深入生活时，还是解放后他在长安县，在皇甫村；无论是在“社教”运动时，还是在“文化大革命”中，他都是这么说的、做的！对他来说，没有任何一种精神比赤诚坦率、实事求是、无私无畏的精神更高尚的了。

但是他也有过苦恼。柳青原计划一九六四年将《创业史》第二部写出，先在刊物上陆续发表，听取意见，然后修改，一九六五年出书。没想到组织上决定让他参加“社教”工作团，他在参加完第一期“社教”后，又让他参加第二期“社教”，为此他的心情很矛盾，一九六四年十月九日给我的信里透露出他的难言之苦。“今冬长安县全面展开‘社教’，我还要参加，听说明年四月才结束。结束后，将集中进行文艺整风，时间多长，尚难预料。听口气斗争将是尖锐、激烈的。这样，我的小说二部更没有时日了。各样凑合在一起，真够受。可惜的是现在已成二十二章，余十余章，工作趋向结束的时候，打断年余，奈何？最近身体很坏，情绪不佳，不多写了，以后再说。你们知道，我对世界要求不大，写完这部书，孩子们成好人、对社会有用就对了。我夫妻二人，能够度过时艰，无远虑。”实际上到一九六五年底“社教”才结束。一九六五年十二月二十七日柳青给我的信里写道：“《创业史》第二部由于放下的时间太长了，重新拿起来进不去，我这种写法，进不去就一行也写不出，只好慢慢爬行吧！”就在这封信里，他还写道：“最近看到一篇通讯，描写骨肉重逢的经过，很吸引人，很感动人。由此想起北京和全国各地报纸上，这类通讯故事很多，假如能搜集起来，编成一本书，一定是一本好书。通过这些曲折复杂的故事，新旧社会的面貌很清楚、很生动地表现出来了，直到现在，我国还没有作家在这方面做什么工作，出这样一本书，肯定受欢迎。请你们考虑。”时间已经过去几十年了，当我重读这封信时，还是那么激动！想想柳青当时写这封信时是什么心情?！什么心境?！《创业史》第二部一扔两年，一个字也没有写，这要有多么强的党性，多么大的决心和毅力才行呀！他有不平、不安，却没有不满。我曾经忿忿不平地对他说过这样的话：“对你来说，失去的时间多宝贵，机不可失，时不再来，二部没能按时完成，多冤枉。”柳青却不这么看，他说：“走过的路不算冤枉，要不怎么知道行不通呢？还不能保证以后再不走冤枉路，不过尽可能不要像这次走得这么长。”真让柳青言中了，一年后开始的“文化大革命”，不仅走得更长，而且走得更远。

一九六四年十二月柳青来京参加政协会，住民族饭店，我去看他时，谈起姚文元在一篇评论《创业史》的文章中，在分析姚士杰与素芳通奸的情节时，指责柳青使用“生理上的男人而精神上是阳性的动物”以及“生理上的男人和生理上的女人”这几句话，批评柳青没有阶级观念，没有揭示出社会的阶级根源。我问柳青对这个问题怎么看？他笑着说：“他没看懂，我用‘生理上的男人和生理上的女人’，不正是表现作家对姚士杰和素芳之间关系的厌恶和反感吗！无论是从社会学的角度，还是从心理学的角度，都是不难理解的。”对于柳青的解释我是赞同的，但我也提出，在描写姚士杰在磨坊与素芳通奸时，姚士杰把手伸进素芳的裤裆里，你用了“一双劳动的大手”，这“劳动”两个字欠推敲。柳青瞪大了眼睛，默默地深思了一会儿，刚好手边有一本刚刚出版的英文版《创业史》，“看看英文版怎么翻译的？”柳青的英文很好，他看《安娜·卡列尼娜》、《静静的顿河》等名著时，看的都是英文版。很快他就找到了这一面。英文版的翻译是沙博里先生，他没有使用“劳动”二字，但他用的这个英文单词，柳青一时翻译不出来。我立时拨通了家里的电话，请教我父亲。父亲听完英文字母，告诉我是“干瘪”的意思。柳青又一次瞪大了眼睛，“好，改得好，下一版就改过来，用‘干瘪’二字。”

柳青对自己要求很严，特别是在他发现了不该做的事情后，那种懊悔的心情，让旁观者都感到无比沉重。也是在这次交谈中，他讲了一件令他后悔不已的事。他说：在皇甫村十年，从不随便介绍经验，如果组织上决定他在什么创作会议上讲话，一定进行认真准备，绝不轻率讲话。也不随便接见记者，不拍照。没想到，北京新闻电影制片厂的同志来了，说是出于宣传工作的需要，选了几位长期生活在农村，并在创作上有成果的作家拍专题片。当时只考虑宣传工作的需要，就让他们拍了。我在皇甫村除了写作，参加基层工作外，没有参加过体力劳动，群众对此也谅解。但这次却叫我拍了一个参加劳动的场面，当时我就感到别扭，但还是拍了。事后越想越后悔，十年没作假，这次作了假，好悔呀！今后再不干这样的蠢事了。

这就是柳青，对做错的事，绝不掩饰。

不要看柳青生活在这远离北京消息闭塞的皇甫村中，不要看柳青整日构思小说，伏案写作，生活在狭小的斗室里，可他的眼界却不小，他关注和思考的却是大千世界。他以自己的机敏和警觉，对复杂的事物作出的判断，反映他思想上的成熟和政治上的老练。

一九六四年“文艺整风”开始，柳青预感到这场政治风暴来头不善，他写信向我了解京城动向。我当时把一些复杂问题看得简单，想得单纯，表现出一种不以为然的心理。柳青立即来信批评我：“你总是偏重把事情看得比较简单。其实不简单。十号有篇文章，正在放冷箭哩。我不怕，革命家从来是光明磊落，不搞阴谋，不放冷箭。如果不是革命家，在斗争中暴露了丑陋面目，将自己碰碎，活该!”看过这封信，我像是吞下个铅球，心中沉甸甸的。果不出柳青所料，不久林彪、江青一伙，便向文艺界开刀了。中国文艺界遭了大殃。如今四十多年过去了，颠倒的历史早已纠正过来了，但柳青这封信，我永远也忘不了。他在信里说的：“光明磊落，不搞阴谋，不放冷箭，”不就是后来“文化大革命”中他的自我写照吗?! 不正是我敬如师长、亲如手足的柳青送给我的座右铭吗!

一九六五年他为了躲避过敏性哮喘病发作，准备去新疆。四月十二日给我的信里写道：“月底或五月初，我去新疆，不知你去不去，如果恰逢同路，可真能说不少话。不过世上的事哪能碰这么巧呢?”他本来计划和马葳一起去新疆，“几年来的经验，使得我对一个人无事旅行，深感无味。现在还矛盾着……”所以“矛盾着”，就是因为要多花钞，“如果不去新疆，花钞可能性小些，但也不得不超出一般生活费用。最好的办法，是我一个人出行。”我收到这封信，立时去信动员他和马葳一起去新疆，钱如不够，我们可以先汇一点钱给他。五月十六日柳青来信告诉我，他改变计划，去延安。“到延安而不去新疆，是从各方面考虑的，并非全是为了省钞，这里可以写作，就是优越性之一。”我知道马葳是一位贤慧、理智，又十分克己、实际的人。她总是掰着手指头过日子，怎么舍得花一大笔钱到新疆去旅行呢？一定是她主动放弃了这一切，作出这样的决定。对马葳来说，入情入理，但我的心却很不平静。十多年来，马葳在皇甫村生活、工作，在这个艰苦的、缺少文化娱乐的山村里，每天都是紧张地从事着基层工作和操劳着日常的家庭生活，主持一个八口之家，就这样，一年又一年的度过了她的青春年华，她的生活天地太小了……我暗暗考虑，一定争取在一、二年内，促成他夫妻两人一起出去旅行的愿望。没想到“文化大革命”来临了，我的这个心愿，一直也没有实现，最后终于落空了。想起这件事，那感情的波涛就痛苦地噬着我的心！

在延安，柳青住了二十多天，回到皇甫村以后，他又给我来了一封信，“我在延安写了一章，的确注意力集中以后，工作效果好，不到二十天写了二部上卷最难写的一章，第九章比这一章好写，用了两个月。”

在这期间，他可能听到了一些闲言，又想起了一九六四年我们在皇甫村的谈话，在信里，他写了一大段关于他主动将《创业史》第一部稿费全部捐献的事。

我必须坦白地说，在当今我国最轻视钞票的人们中，我也是一个相当积极的分子。你们知道我从未算过稿费的账，多了，少了，各种算法我都不管它。我把这本书的第一次印刷的全部基本稿酬和印数稿酬，给公社办机械厂，绝不是刮共产风。如果有人这样看，以为我自己的错误招致了自己的困难，那才真是见鬼！我捐钞与共产风绝对无关。在合作化以前，我已决定这样做了。第一，我为了取得周围群众原谅我吃得好一点，体力劳动少一点；让他们相信我，工作不仅在精神上不是为了自己，而且在物质上，也不是为了自己。第二，为了避免家中存款过多，可能引起的不良后果和各种麻烦，影响我的工作。如果今后条件允许，我仍将像现在一样帮助周围的生产队和公社的公益事业。这是人类进步文学人士的优良传统，并不是哪个作家特别，开始有的一种优秀品质。作家除了自己营养好一点，以便支付重脑力劳动所需的热量；子女教育不成问题，以便使自己减少人情上的烦恼；工作条件过得去，以便使自己不必进城去跑图书馆；或发生住宅坍塌以外……应该过简朴的生活。这种生活培养出来的感情和作家创作劳动的感情以及作家要唤起读者的感情，才是一致的。奢侈生活，必然断送作家，败坏作家的感情和情绪，使作家成为言行不一的家伙，写出矫揉造作的虚伪作品，只有技巧而无真情。鼓励作家将多余的劳动报酬帮助社会事业，在我看来这是正常的、健康的历史道路。不尊敬作家的劳动；不承认作家生活和机关干部生活的差别性；无视作家生活社会化的各种实际困难；或者，在劳动报酬和政治待遇的实际措施上助长作家生活机关化，使作家深入生活的口号，执行起来软弱无力；而真正在群众中安家落户，遇到许多无法克服的实际困难，又无人问津。对我来说，无论前一个时期，以高额稿酬也罢；还是近二、三年说作家靠自己的稿费生活和教育子女是“自留地思想”也罢，我绝不从阵地上后退一步。

柳青在这封信里谈到的问题和看法，就是在今天，对于我们党如何领导文学创作，如何处理作家与人民的关系，如何制定与社会主义制度相适应的规章制度，如何促进和发展文学创作事业等问题上，都是很有参考价值的。柳青给我的许多信件，都在“文化大革命”中丢失了，但这封信，我一直收藏着，这是因为我觉得在这封信里，值得回味、咀嚼、深思的问题太多了，所以我全文照录，与文学界的朋友们共飨。

把我的住处捣毁了，把我的妻子逼死了，把我的身体搞垮了，除此，他们什么也没有得到

“文化大革命”开始后，我和柳青虽失去了联系，但是我对他一直放心不下。当我听说，他被揪到西安市游斗，特别是他在皇甫村的住处被捣毁时，我非常不安！我想到这可能是对柳青最最致命的一击！一九六九年我下放到“五七”干校，半年后心脏病复发，濒临死亡的边缘，被批准回京治疗。这一个时期，我断断续续地听到了一些关于柳青的消息，特别是传说他自杀未遂和他的妻子马葳的死……我的心情十分沉重。我不知道柳青的现状怎么样？孩子们怎么样？恰恰就在这个时候，他的大女儿可风突然来到我的家，告诉我柳青悄悄来到北京，住在南苑亲戚家里，很想和我见见面。一听到历经迫害、酷受折磨的柳青来了，我再也抑制不住内心的激动，立时表示：明天就去！第二天一清早，我去看柳青，刚在南苑汽车站下车，可风就跑过来接我，原来柳青早早就派她到这里来等我了。当时柳青还没有“解放”，对于患有过敏性哮喘病的柳青，

每年小麦扬花的时候，都要离开陕西，到外省去躲病。当时，虽准许他离陕躲病，却规定下不准他到北京来。中国的天地虽大，对于还没有“解放”的柳青来说，除了北京这门亲戚外，他还真的没有任何一处可以落脚！他只好口头上说去东北，悄悄地秘密来京。他不敢公开露面，不敢进城随意走动，整天躲在南苑的亲戚家里，时时处处都怕被人发现。

我们已经五年没有见面了，这是揪心的五年啊！我加快步子，恨不得一步迈到柳青的身边……柳青他现在是什么样子？一见面，让我大吃一惊，他病得很重，瘦得皮包骨头，两只眼睛深深地陷了下去，显得更大了，在他那原来机敏和智慧的眼睛中，流露出一种疲惫，一种隐秘的痛苦……他躺在木板床上，动一动都很困难。当时，他才五十五岁，可是从外貌上看，比七十岁的老人还显得苍老。林彪、“四人帮”竟把这位有着旺盛的精力，整日活动在农村田野之中、无比热爱生活的人，摧残成这个样子……我的心突然紧缩起来，感情的波涛使我无法抑制，禁不住地落下了泪。出乎我的意料，柳青见到我，迅速从床上坐起来，立时变成了另外一个人，他兴奋得脸颊泛起红光，用一双刚毅有神的眼光凝视着我……为了不再使我激动，他控制着自己的感情，装出一副和往年见面时那样，和我握手，拉我坐在他的身边。我还处在激动之中，找不到一句合适的话来安慰他。他却有意岔开话题，询问我的病，我的身体，我的家人和孩子们的状况，还要我向他谈谈这几年的遭遇……

这一天，我们谈了许多。他告诉我，“文化大革命”开始后，他虽感受到了狂风暴雨降临前的窒息气压，使他有点喘不过气来的感觉，他也预感到这场运动不同一般，来势不善。但他怎么也没有估计到，他会被卷到恶浪中去，经受残暴的折磨。开始时，他也曾一度认真仔细地回顾了解放后自己走过的道路。十四年啊！他生活在农村，工作在农村，写作在农村，和农民同甘苦、共患难，他觉得自己走过的道路，与“修正主义”不搭一点边。他还想到，他虽是中国作家协会西安分会的副主席，可他“不是驻会作家”，“不是执行副主席”，他落户皇甫村，很少进城，很少参加主席团会议，对作协机关的情况了解甚少。他觉得自己既没有什么可揭发的，也没有什么可交代的，自信不会成为运动的重点，于是安下心来，准备把《创业史》第二部收了尾，迅速投入第三部的写作。他对形势作了完全错误的估计，就在他毫无思想准备之时，一股灭顶之灾朝他袭来了。他苦心经营了十四年的皇甫村的家被抄了，他的房屋庭院被彻底捣毁了，他和他的家人统统被揪回西安市，于是，游街，批斗，弯腰，殴打开始了……

经过这次长谈，我才了解到，“四人帮”是怎么样残酷地打击他、迫害他，使他家破妻亡，自己九死一生，身体搞得这样衰弱，病情发展这样严重……尽管这样，柳青没有悲伤，没有失望，更没有灰心丧气。他的革命意志，依然是那样坚定，毫不动摇；他的革命激情，依然是那样旺盛，不减当年；他的心地，依然是那样纯洁善良，一尘不染。他以更大的毅力，睁大了一双无比愤怒的眼睛，注视着“四人帮”的所作所为。

这天，我带去了一些我们西山农场刚刚摘下的桃子，柳青靠在床上，一边吃着桃子，一边说：“我在皇甫村时，院内种了桃树、梨树、苹果、葡萄，整个夏秋水果不断，我就一筐一筐地送给老乡吃。乡亲们说：‘这老汉多有心计，把个小院经营得多好！’那时候，我是把自己的劳动成果送给别人去享受，现在是我享受你们的劳动成果。”他虽是笑着说，但我知道，他的内心是很痛苦的。捣毁了他经营了十四年的皇甫村住处，是在他心上留下的最深的、最大的、最难以平复的创伤！

接着他又说：“这几年我想得很多，经过‘牛棚’一段的考验，我观察了，分析了，我们党的老干部、老党员，绝大多数是不错的，这是我们党的财富。他们爱祖国、爱社会主义制度、爱我们党奋斗的历史，同时，也爱自己的历史。因此，他们为真理，不怕牺牲，敢于牺牲。他们有原则，不出卖原则，也不拿原则作交易。你想想，有这么一大批有威望，有影响，有号召力的老党员、老干部，能对眼前这样的现实袖手旁观吗？能不挺身而出吗?!”说到这里，他沉默了好长一段时间，很有信心地说道：“在我们的国家，社会主义制度是深入人心的，只要这个制度不变，国家就垮不了，党和国家的颜色就变不了。这是关键所在。在当今的世界上，社会主义制度是最先进的社会制度。没有任何一种社会制度能比得上我们这个社会制度！科学共产主义任何人对它也没有办法！何况我国社会主义制度的建立，是千百万共产党人的生命和鲜血换来的，不是那么轻易就能够改变的！只要这个不被破坏，就有希望。我始终相信，那些人的日子不长了！你相信不相信？我多么希望能让我看到胜利的那一天，哪怕只有一天，然后再让我去见马克思，该多好啊！”说这话时，我们都掉了泪，柳青那一双干瘦的手，在不停地颤抖，显示出他内心是十分痛苦和激动的。

当时，我对他说的这些话，还理解得不那么透彻。我说："现在比你在'牛棚'时的形势如何？那时你要自杀。现在比那时能好多少呢?！你怎么倒有起信心来了?"柳青抬起头，眼睛里闪出了深沉刚毅的目光，他说道："那时，我确实想自杀，那是经过深思熟虑的，那是我在非常情况下，为了坚持党性原则和革命者的气节，唯一能够采取的反抗和自卫的手段。善恶原则和人的气节，不容你在不许申辩、又遭万般折磨的情况下背叛自己的人格和良心，屈服于恶人的压力和折磨，所以我在触电时，心里很坦然，很从容，很清醒，电把我的手心击黑了，烧焦了，我昏死过去，什么也不知道了。这是真的！肉体上是很痛苦的……当时，我的对手，想干什么？要干什么？等待我的是什么？我清清楚楚！我主动采取自己处置自己的手段，这是我对付他们和改变我的处境唯一能够采取的手段。我这样做，是他们万万也没有料到的！他们惊慌了！害怕了！不知所措，害怕承担历史的罪责！正是这样，我生还了。你不要从现象上看问题，尽管我主动采取自己处置自己的手段，但我可以告诉你，我对自己的信仰没有动摇，我的精神支柱没有垮！我在任何情况下，也不会消沉的！尽管我自己，我的亲人，我的孩子，都付出了巨大代价，但是，我们都有一颗纯洁的革命良心，都有一颗随时准备为我们的信仰牺牲的决心！你想想，给我戴上了好几顶反革命帽子，强迫我下跪弯腰，无休止地游斗；让我挨饿受冻，不准我外出躲病……这一切为了什么？不都是为了让我屈服吗？我不屈服，他们最终只能毁灭我的身体，却毁灭不了我的思想，我的精神，我的信仰！所以我没有悲观、没有感伤，没有卑贱的举动，没有损害别人的行为！我一桩桩，一件件回忆了我在'牛棚'的所作所为，我问心无愧，没有任何可以指责的！这几年，我是站着走过来的，不是爬过来的。我在各种场合，从不信口编造，胡乱上纲，就是在身体越来越坏的情况下，我也没有屈服让步。我虽然拄着手杖，佝偻着身子，但我迈出去的每一步都是沉稳的、不慌不乱的！我始终面色严肃，昂首面对那些'审查'我的人。你想想，我一生写下了好几部书，人民从来没有否定过它，我能违心地把自己臭骂一顿，全部否定吗?！我不能！宁肯壮烈地死，也要尊重自己的人格和历史，尊重自己的作品和良心，只要我还活着，我绝不糟蹋自己和自己的作品，绝不人云亦云，绝不出卖灵魂！我对我从事的事业，从来没有怀疑过、动摇过，没有这样一个信念，我的精神支柱就垮了。有了这样一个信念，我就敢于牺牲自己的一切！”听他的这些话，我激动了，但心中却是不平的。我说：“你对革命，对人民，对文学事业是忠贞的，勇敢的！你舍命维护着党的声誉、党的原则，与一切有损党的形象的行为作斗争，结果又如何呢？在这个不公正的现实面前，你的生活处境越来越恶劣，你的身体越来越衰弱，招引来的是无情的围斗、示众、揪打，越来越残酷的迫害……对这些，你不觉得伤心吗？委屈吗？令人失望吗？”柳青不赞成我的看法，他自信地说：“我对自己，只能坚持实事求是的原则；我对党，只能坚持党性原则。别的我不考虑，也没有必要考虑。有人说，我手持拐杖，昂首挺胸，在揭批我的大字报中走来走去，是在向群众抗议示威。我为什么要向群众抗议，向群众示威呢?！我没有，连想都没有想过！我只觉得我是一个革命者，在恶势力面前，我不应该低头屈服！应该不屈不挠地斗争！‘文化大革命’把我的住处捣毁了，把我的妻子逼死了，把我的身体搞垮了，我失去的仅仅是这些。除此，从我的嘴里，从我的身上，他们又得到了什么呢？什么也没有得到！如果说他们有所得的话，那便是愤怒和蔑视的目光，无情的痛斥和揭露！至于对我的中伤、诽谤、污蔑、逼供……不都是在暴露历史一角的黑暗和残暴吗？对于我和我的声誉，没有一点损害！”说到这里，柳青激动了，两眼闪着兴奋而又愤怒，自豪而又不平的目光。他是以自己的信念和气质、决心和勇气，甩掉了精神上和肉体上的一切令他难以忍受的折磨和痛苦。这就是“文化大革命”中的柳青！一个说得到，做得到，言行一致的人，一个在恶势力面前，遭受各种狂风暴雨袭击始终不屈的人，一个在激烈的生死搏斗之中，看得清，站得稳，顶得住的老作家、老党员、老干部的形象。

柳青热爱长安县，热爱皇甫村，同样他也是一个十分热爱祖国大地，热爱生活的人。就是在这次我们会面时，他问我，这几年北京的建设有什么变化吗？我告诉他，地铁建成了。他听了很高兴，对我说：十多年前，访问苏联参观他们的地铁时，就曾想过我们什么时候也能建成？现在有了，真想去看看。我约他第二天去参观，然后到北京餐厅吃西餐。

第二天是个大晴天，我准时赶到北京站地铁的入口处，却不见柳青的影子。我知道，对于柳青这样的人，从南苑乘车到这里，是很不容易的！我不安地走来走去。忽然，我在地铁入口处的后面，发现了柳青！他席地而坐，地上铺着一块棉垫子，垫子上放着我熟悉的小瓷碗和暖水瓶，他安详地坐在那里，腿旁放着手杖，手里拿着喷雾器，身上依然穿着那件中式的布上衣……见这情景，我的心一阵绞痛，这不活脱脱像个乞丐！谁能想到这个席地而坐，异常憔悴的老叟，就是写了半尺多高的书的名作家柳青呢？我紧走几步，赶到柳青的身边，蹲下身来，激动地问他："你是什么时候到的?"听到我的声音，看到我，柳青的脸上显出异常高兴的样子："你怎么也来得这么早？我赶早来，车不挤。""可风呢?"我急迫地问。"她去长风那儿看看。"我知道，长风就住在北京站附近。当时我真是百感交集，有说不出的痛楚。我帮他收拾起地上的一切，搀扶他站起来。这时，可风来了，我们一起向地铁的入口处走去。当时，地铁开放不久，人山人海，挤得不行。原来我还想给他找个座位，最后，不但没找到座位，登车时，竟被拥挤的人群把他口袋里的哮喘宁药水瓶子也给挤碎了。没这药水，柳青是一刻也过不去的！空气不够，药又没了，他的脸憋得黑紫，吃力地呼吸着，痛苦异常。好不容易坐到工会大楼一站，我们十分狼狈地爬了上来，走出地铁的出口处，阵阵凉风，迎面吹来，柳青显出喜悦的神色，狠狠地吸了几口气，气色好了一些。可风买来了药，我们又乘车去北京餐厅。这是柳青从"牛棚"中解脱出来以后，对生活最自由的一次享受。这一个上午，他虽然很累，却显得格外的兴奋、满意。吃饭中间，他问我："你出来了，孩子怎么办?"(他知道我的家人也去了干校，身边只有一个上小学的女儿。)我说："她锻炼出来了，自己会弄饭吃。"柳青指着餐桌上的面包，"带点面包回去，夹上果子酱，孩子准爱吃。"我点点头。他又说："你身体也不好，陪我一个上午了，回去休息吧!"我问："你呢?"他笑笑，神秘而风趣地说："我还有事……"说着，用手指了指隔壁的动物园，"先找个树阴下的长椅子，睡上一个觉，然后再去看看老朋友，多好!"我笑了。往年，柳青每次来京，只要有时间，总要到动物园走走。可这时，我的心里真是酸、甜、苦、辣、咸五味俱全了，说不出是什么滋味。如果，我们都健康，又是在正常时期，这一天我会为他提供许多便利的条件，让他玩得又开心又愉快！

“文革”中柳青的影响反而越来越大，人们关心着他，惦念着他，想方设法保护他

“四人帮”从柳青的身上什么也没有得到，相反，柳青的声誉和影响，却在频繁的批斗之中，日益增长，人们谈论着他，关心着他，惦念着他，想方设法保护他、照顾他，甚至准备为他作出牺牲。《创业史》第二部手稿被抄走后，柳青、马葳十分着急。这事被当时的一位“红卫兵小将”知道了。他怀着对柳青的敬仰和崇拜的心情，四处奔波，终于在抄家的物资中发现这只存放着第二部手稿的小皮箱，他冒着危险，把它转移了，然后悄悄地送还给柳青。

柳青在“文化大革命”前的社会影响和“文化大革命”中的表现，引起西北大学、西安交通大学的同学们的注意。他们不相信这个从一九五二年秋就在长安县安家落户，一住十四年的柳青会是反革命“修正主义”分子，于是他们组成联合调查组，从县、区、社直到生产队，对柳青进行了为期十五天的调查。结果他们发现，从干部到农民，人们关心柳青，热爱柳青，柳青在农民的心中有很高的威望。在这十四年中，柳青做了不少实事、好事，干部和农民都记得清清楚楚，而柳青却从没有对人们讲过。同学们激动了，愤怒了，他们挺身而出，写了一份“柳青在长安县十四年”的调查报告，四处张贴散发，公开打出保柳青的鲜明旗帜。这是一份值得纪念的调查报告，当年执笔者之一，也是将这份调查报告寄给我的这位大学生——张长仓同学，后来成了柳青的学生和挚友，不幸的是，他与柳青一样，也因病过早地离开人世。在这里，让我怀着对柳青的怀念之情和对当年那些充满正义感的大学生们的敬佩之心，把调查报告中写到的几件事，原原本本地抄录如下，也算是对两位逝者的追怀与纪念。

①治理滈河。每年雨季来临，河水上涨，滈河经常河床改道，淹没大片庄稼、庄户，泛滥成灾，几乎年年都成了王曲大队一大自然灾害。柳青来到王曲后，在听取群众、干部的意见后，提出治理滈河方案，把河道掏深，岸边垒起大堤，固定水路，这个治理方案立即被群众接受了。治理滈河使王曲两个受灾最重的生产队，不仅不再受灾，反而扩大了二百多亩耕地。

②在田间建立生产点。王曲一带，农民居住集中，但耕地与村庄距离较远，且又多在高原上，每年送肥、收割、打场都很不方便，造成劳力的浪费和收割运输粮食时大量流失。有的人从拉麦路上，扫回来的麦粒就有三四斗之多。经过一番调查研究，柳青建议把饲养室、打麦场搬到田间，在田间建立生产点，既送肥方便，又节省了劳力，夏收秋收时还减少了运输量，也防止因收割运输造成的粮食损失。柳青的建议被采纳后，成效显著，农民满意，长安县委还在皇甫村召开了现场会，向全县推广。

③打井浇地。胜利大队有九十多亩旱地，浇水非常困难，不能保证稳产。柳青积极建议，在耕地旁打机井，安水泵，抽水浇地。大队采纳了柳青的意见，在打井期间柳青每天都来井边几次，有时还亲自下井，出现了泥浆喷射、流沙时，柳青和干部、社员一起研究，寻找克服办法，最后终于把井打成，九十多亩旱地年年稳产高产。

④改变旧的居住格局。王家斌(即《创业史》中梁生宝的原型)所在的胜利大队，祖祖辈辈形成的格局，农民居住十分分散，一家一块宅基地，占地两亩多，打一圈围墙，墙外再种一圈树，占去大片集体土地。柳青建议：改变旧的居住格局，大家居住在一起，每家只占四五分地，一街两行，整齐划一，既有利于生产，又有利于照顾群众的生活。这个方案实施后，几十户农民的住房改善了，周围的环境整齐了，出工、开会也方便了。

⑤抵制“浮夸风”。一九五八年长安县刮“浮夸风”，搞过度密植，过度深翻地，虚报产量。柳青很不同意，同当地的区、社、队干部在实际工作中进行抵制，使皇甫公社减少了浮夸风造成的损失。

⑥纠正瞎指挥，反对大兵团作战。一九五九年夏收时，县委布置各公社，把所属大队的劳力、畜力，集中使用，搞大兵团作战。这样来回调动，浪费时间，浪费劳力，人畜都受罪，严重影响生产，农民很有意见。当时柳青正在修改《创业史》第一部第三稿，当他了解到这个情况后，放下小说的修改工作，立即向县委反映，指出这样做，给社员、干部带来不少困难，应停止推行。县委听取柳青的建议，放弃了这个做法。

⑦“四清”运动时，工作组的干部把农村看得一团漆黑，把农村干部整得死去活来，抬不起头来。柳青对此很反感。当他听说胜利大队的党

支部书记王家斌也被拉出来斗争，还被人打了一个耳光。他实在忍不下去了，他把工作组的干部找来，对他们说："建国十几年来，成绩是主要的，农村干部百分之八十是合作化运动中出来的，大多数是好的，当然，有错误要承认，有缺点要改正，但不能把农村干部看成一团漆黑，不问青红皂白一齐整！"柳青坚定而鲜明的政治态度，给那些头脑发胀的整社干部的人泼了冷水。

我记得，在柳青给我的信中，也曾经谈到过"社教"运动，他对当时把农村和农村干部说得漆黑一团，要打倒一大片"四不清"基层干部的做法，是很有意见的。他运用自己在长安县的影响，千方百计地扭转局面，试图使长安县的工作少受一些损失，少一些后遗症。但他后来发现，他能发挥的作用，很小很小。他也是"社教"工作团的一员，他不仅被指定参加了第一期"社教"，还参加了第二期"社教"，他无法改变现实，心情是沉重的。他只好坚守一条，绝不随波逐流，绝不推波助浪，坚守实事求是的原则。他勇敢地抵制了错误的说法和做法，力所能及地保护了长安县和皇甫村的一些基层干部。"文化大革命"中有人就因此指责他是"四不清干部"的"黑后台"。一九六四年一月柳青来京参加政协会时，周扬到他下榻的民族饭店看他时，问他："下边的'社教'运动怎么样？"柳青明确地回答："全国出现的事，皇甫村都有。"就因为这话，"文化大革命"中他被说成是"埋藏得很深的老反革命分子"。

在柳青还没有被造反派揪回西安时，他每天都要进城去参加"运动"。这时西安作协已不再派车接他送他，他拖着个病身子，每天乘公共汽车往返。公道自在人间，在公共汽车上，一当人们认出了他就是柳青时，都会起来给他让座，久而久之，反而让柳青很过意不去。

后来柳青的家被抄，他们一家人被揪回了西安，从这时开始，皇甫大队、罗湾大队、胜利大队的农民们就为柳青的安危和命运而担心，而柳青也时时刻刻想念着他们。每次皇甫公社有人来西安时都要想方设法去看看柳青。每次他都捎话过去，说他"很好"，"不要紧"，"没啥事情"，"要大家放心"。可谁又能想到，柳青这一片好心，换来的是无情的批判，说他在贫下中农中"大放烟幕弹"，"蛊惑人心"，"封口焊眼，捂阶级斗争的盖子"。

在柳青还没有被公开揪出来批斗时，他还可以自由行动，他怀念皇甫村的生活，又担心农民的生活生产，生怕“文化大革命”的野火，烧到农村，烧到皇甫公社。一九六七年麦收前，他和马葳相偕悄悄地来到皇甫村，来到他俩操劳了十四年的住所，让他万万没有想到的是，这里已经成了造反派的指挥部，房屋、院落被糟踏得一片狼藉。柳青看罢心如刀绞，泣不成声：“唉呀！完了，全完了，什么都完了。”村里造反组织林立，武斗此起彼伏，大批村干部被揪被斗；一些奉公守法、出身不好的农民被抄被打，甚至死于非命……那混乱残暴的局面，让柳青无比气愤，又痛心不已。一些亲近柳青的干部，满怀忧虑地问他：“城里也这样吗?!”这时的柳青已经不是往日那个沉着、冷静、谨慎的柳青了，他激动了，气愤地说：“唉！哪里都是鸡叫狗咬，农村是鸡叫狗咬，城里也是鸡叫狗咬!”这话后来传到城里被扣上“咒骂无产阶级文化大革命!”“反动透顶，罪该万死!”等罪名。让柳青在精神上和肉体上都付出了沉重的代价。

造反派对柳青恨之入骨，决心把他彻底打倒，一些别有用心的人整他的“黑材料”，把柳青在皇甫村的住处说成是“地主庄园”，把柳青说成是“凌驾于党和群众之上的走资派”，把柳青和他的一家人过的庄稼人一样的生活说成是“过着资产阶级的腐朽生活”……他们拿着这样的材料，跑到皇甫公社盖章。公社的干部看过这些“材料”，立时火了，指着那伙人的鼻子愤愤地说：“这儿是皇甫公社，由不得你们胡来！就是这话，你们再给柳青胡编乱造，栽赃诬陷，看我们不发动群众打你狗日的!”接着皇甫公社就通知皇甫、王曲、胜利等大队，“今后对于派来调查柳青材料的人，没有公社的介绍信，可以一概拒绝”。

马葳自杀后，柳青经常犯病，身体十分衰弱，工宣队的一位女医生，看到重病在身、濒临于死亡线上的柳青，不仅得不到应有的治疗和起码的照顾和护理，反而被无休止地拉出去批斗。她愤愤不平，挺身而出，仗义执言，为柳青辩护，痛斥那些惨无人道的人，因而被从工宣队中清洗出去。柳青逝世后，我在筹办他的丧事时，在他的儿女提出的柳青生前友好的名单中，有一位只知其姓、不知其名的阿姨。后来我一了解，原来就是这位当年为柳青说过话的女医生。她的刚直、正义、不畏强暴、不怕迫害，敢于主持正义的品格，赢得了柳青和他的子女们的无比崇敬。特别感动人的是长安县的干部和社员。在马葳去世后，他们站出来，安排柳青的家庭生活，照顾柳青的子女。在柳青病重，无依无靠的时候，他们来了，一次又一次地背着柳青去医院；听说狼油可以治疗肺气肿，又冒险进山去打狼，给柳青送来了一块块狼油；春节的时候，他们送来了白面和猪肉，让柳青和他的儿女们都能吃上饺子……他们和柳青心连着心！“文化大革命”中的柳青就是这样一个为人们崇敬和惦念、关心和爱戴的人民作家。他以自己的胆略、气节、行动，塑造了一个真正的人民作家的光辉形象。

重压之下针锋相对，逆境中宁愿挨批挨斗，也绝不同流合污

“文化大革命”中林彪、“四人帮”不分老弱病残，把作家们统统从城市赶到农村，赶到农场，赶到“五七”干校，进行劳动改造。恐怕全国就是一个柳青，从农村中把他揪回城市，接受监督改造，进行批判斗争，这在当时也算是一种“倒流”现象了。

柳青是在一九六七年一月，一个寒风刺骨的日子，遭到西安来的造反派的袭击，把他一家老小八口人，强行揪回西安市的。

在他刚刚被揪回作家协会西安分会时，群众组织派他到传达室去当传达，负责分发报纸、信件，按照作息时间表拉电铃。对柳青来说，当传达、分报纸，还算得心应手，可按时拉电铃就成了他的大难题。他长期生活在农村，没有严格的时间观念，在酝酿构思小说，伏案写作时，常常把吃饭睡觉，打针吃药都忘记得一干二净，他从不把时针运转当一回事，现在要他按照时针的运转，掌管整个机关的作息时间，可就难为了他。任务交给了柳青，担子却落在他的妻子马葳身上。马葳整日提心吊胆，一刻都不敢大意，不时地看着手表，提醒柳青按时拉铃。她生怕柳青忘记了拉铃，影响大家的学习、劳动、开会、起居，给他扣上什么大帽子而遭灾受罪。柳青常常夜间犯病，清晨正是他睡得最香甜、最安稳的时候，这时，马葳便悄悄起床，摸黑去拉早上五点半的起床铃。就这样，柳青总算比较平稳地度过了这段“改造”生活。马葳对柳青的爱，从来不是表现在语言上，常常都是体现在她的行动上，她默默地为柳青做着这一切，既减轻了柳青精神上的苦闷和压力，也减轻了她心灵上的

痛苦和不安。

但好景不长，不久柳青就作为“走资派”、“黑作家”被揪出来了。但柳青始终不承认自己是“走资派”、“黑作家”。柳青这人永远不会失去自我，做别人的影子。他就是他，永远保持鲜明强烈的个性特征和感情色彩，特别是实事求是的作风，表里一致的品德，是绝对不掺一点杂色的。当时有人说，柳青把自己“装扮成好人”，“洗得一身清”。其实柳青就是好人，就是一身清。如果他会耍两面手法，就不会在“文化大革命”中受那么大的苦，遭那么大的罪。他开始被揪时，一天要被拉出去“示众”十多次，批斗时，叫他“自报家门”，他总是高高地扬起头，大声地说：

“柳青，受审查的共产党员！”

“你是什么人？”

“我是受审查的共产党员。”

“你是不是牛鬼蛇神、黑作家、走资派？”

“我是受审查的干部。”

他就是不承认自己是“走资派”、“黑作家”、“牛鬼蛇神”。有人批判《创业史》是大毒草时，柳青瞪圆眼睛说：“《创业史》没啥问题，有问题还能翻译成外文，翻译七八种文字，向国外介绍！”有人攻击他的皇甫村的住处是“别墅”，过的是资产阶级腐朽生活时，他立时反驳，“那是座没人要的破庙。皇甫村是‘别墅’，‘正墅’在哪里？”有人说，“他那儿比常宁宫疗养院还好。”他生气地说：“常宁宫是砖墙，我那儿是破土墙！”造反派说他顽固不化，态度恶劣。柳青不服气地说：“说不定将来证明我的态度是最好的！”在省委遭到群众的冲击，省委领导一个个被揪出来批斗示众时，正赶上他到省委大院看大字报，回来后他非常痛心，对身边的同志说：“省委怎么成了这个样子？！”他难过得落下了眼泪，他要作协机关的同志给省委领导同志写慰问信。有的老同志在挨批挨斗时，忍受不了粗暴的行动和侮辱的语言开始冲动时，柳青知心地提醒道：“冷静、冷静、再冷静，冷静主宰人的理智，冲动主宰人的感情。”常常当事人就因为他的提醒而冷静下来，避免事态的恶性发展。但柳青自己却有时很不冷静，当造反派通知他，“有人对你有意见，要隔离审查你。”柳青笑笑，不以为然地说：“毛主席那么好，美帝、苏修还反对哩，何况我柳青！”

柳青有很重的过敏性哮喘病，每年一到小麦扬花时，他就要离开关中，到内地去躲病。“文化大革命”中造反派说他没病装病，小病大养，不准他外出躲病，还让他下乡去收麦子。柳青最憎恨不实事求是的人，常常因此激动起来，这时他是不顾一切的。他手指造反派：“说我装病，天下人都死绝了，就剩你一个，坏种！”

柳青有记日记的习惯，把每天发生的事，遇到的人，以及他读书读报时的心得体会随手记下来，以免日后遗忘。这在平时无疑是个好习惯，但在“文化大革命”中就不同了。从一九六六年底柳青被造反派拉出去示众、游街、抄家、批斗、挨打，一直到一九六八年上半年才停止，柳青把这一个时期，发生在他身上的这些事，也都一一地记了下来。请看下面这几行日记：

一九六六年十二月二十四日　靠边站。
一九六六年十二月二十八日　在机关示众。
一九六七年一月六日　抄家、挨斗。
一九六七年一月十七日　第一次游街示众。
一九六七年一月二十四日　第二次游街示众。
一九六七年一月二十八日　第三次游街示众。
一九六七年一月二十九日　押回皇甫村(王曲)示众。
一九六七年二月十一日　被西安工农兵文艺总部揪去。
一九六七年三月八日　长安兵团来斗。
一九六七年七月二十一日　长安兵团第二次来斗。
一九六八年一月十二日　为检查事，×一拳。
一九六八年一月十五日　为不上早操，背老三篇事，×一耳光。
一九六八年二月十六日　×打。

柳青对打人、骂人、侮辱人，抄家、游街等做法是非常反感的，凡这样的事他都用笔在日记上重重地画上道道，这还不够，还在后面写上一句英文 Terrible！(可怕!)有人说：柳青还是单纯，经验不够丰富，对当时险恶的政治形势估计不足！他就不想想，万一这本日记被造反派弄到手中，他不是就苦了吗！他那病秧秧的身子，承受得了“无产阶级铁拳的打击”吗？果然，这本日记被造反派发现，一下子就给他上到“记变天账”，对“文化大革命”“百倍的疯狂”、“万倍的仇恨”、“最恶毒的诅咒”，“是面临灭顶之灾的阶级敌人的哀鸣”的纲上，面对造反派凶狠的批斗，柳青却很坦然，毫无惧色，在批斗大会上他毫不掩饰地说："这些是我个人经历中的重大事件，记下它是为了以后看到这些就会回忆起当时的情景，心情就会激动，永远不会忘记!"可以想见，如此回答的柳青，面临的是怎样的一场暴风雨啊!

其实，柳青从"文化大革命"一开始，就对"极左"的做法十分反感，特别是对那些胡作非为、自以为"最革命"的造反派，他总是嗤之以鼻，不屑一顾的。"文化大革命"中，在作协这样的机关，不分老党员、老作家、老编辑统统称之为资产阶级知识分子，人们心中不满，嘴上却不敢说。柳青就不同了，他是心里怎么想的，嘴上就怎么说。他忿忿不平地对别人说："我一九二八年入团，一九三六年入党，参加革命四十年了，倒成了资产阶级，臭老九！有人才革命几天，就成了无产阶级，红五类！乱套了。"所以从一九六七年一月他被造反派从皇甫村揪回西安后，有两年多的时间，他既不向造反派组织和专案小组作检讨，写检查，还对与他一起受"审查"的老党员、老干部、老作家们说："不能别人说什么，我们就检查什么，人家批斗你，也不能胡承认，承认了，就成你的了。""文化大革命"中，在他没有被揪出来时，他采取冷漠的态度，在他被揪出来以后，便完全采取针锋相对的强硬态度了。自然造反派也不会放过他，用最残暴的手段折磨他，用最狠毒的语言诽谤他。批斗时，造反派凶残地把他的头按在桌子下，强行让这个刚正不阿、患有肺气肿、哮喘病的老人弯腰低头，坐"喷气式"。一场批斗会就是几个小时，有一次从上午九时开始，一直开到下午七时，结束时，柳青的两条腿完全麻木了，连路都不会走，好不容易蹭到食堂，好心的炊事员把饭菜端到他的手中，可他这时，眼巴巴地望着饭菜，连吃饭的力气也没有了。一位目击者气愤地说："那凶狠残暴的场面，才真叫令人发指哩!"柳青的身体越来越坏了，好心人担心，坏心人称快，这时柳青已经离不开手杖了，走到哪里都得拄着手杖，身子也越来越佝偻了。但对那些审查他的造反派们，他总是昂首面对，直视对方，一脸严肃，一身正气。就是在他去交指定他必须写的材料时，也不例外。造反派看过他写的材料后火了，指着柳青怒冲冲地质问："你这几天都在想什么?!"柳青面无一点惧色，镇定地说："我在想《创业史》还要写下去!"

毕竟柳青是在毛泽东"延安文艺座谈会上讲话"之后就下乡，并写出

《种谷记》、《铜墙铁壁》的作家；建国后，又在长安县皇甫村落户十四年，写出了影响始终不衰的《创业史》。柳青的政治资本，让造反派忌恨；柳青在人民群众中的声威和影响，又叫造反派动心。当造反派放出要解放和结合柳青的气球时，柳青断然拒绝，斩钉截铁地说："我宁愿挨斗，也不和他们结合！"在冷酷残暴的狂涛恶浪之中，柳青这些赤裸裸的表现似乎过于鲁莽和幼稚，如果这么看，可就错了。这正是柳青的人格和党性，个性和作风。他在任何情况下，包括生死面前，也是爱憎分明，对假恶丑决不宽容。

如果为了总结经验教训，把以后的事情办好，那是有意义的；如果反复咀嚼痛苦来折磨自己，那又何必呢

柳青一家被强行揪回西安后，安置在大学东路七十二号院内两间破旧狭小的平房里，对柳青和他的妻子儿女来说，他们不怕住房差、住房小，只要能蜷身而卧就行了。最担心的就是住房周围的环境，恰恰就是在这一点上是最致命的。在柳青住房的前后各有一个公共厕所，住房的两边，又一边有个牲口棚，一边有个醋厂，无论白天黑夜，都有一股难闻的气味刺激着柳青。这种恶劣的环境，对患有严重过敏性气味哮喘病的柳青来说，如同日日夜夜都生活在酷刑和地狱之中，他被这气味折磨得死去活来，经常在夜间犯病。这一年的夏天，他被送进医院抢救了十一次，每次都是从死亡之中又挣扎着回来的！每当他的儿女们回忆起这段苦难的生活时，还感叹地说："那才真是一段不堪回首的岁月啊！"一九六九年马葳跳井自杀后，他身边的儿女，除了长女可风外，都是十来岁的孩子，夜间，柳青一犯病，儿女们就从沉睡中惊醒，迅速行动起来，有的去借架子车，有的拿被子，有的背柳青，就连当时刚刚十岁的小儿子，也在朦朦胧胧之中，抱个枕头跟在后面跑。在漆黑的道路上，向医院疾奔。讲起这一段父女、父子相依为命的苦日子时，真是叫人悲愤、叫人心酸！可也有叫人哭笑不得的事。一次柳青半夜发病，淤痰拥塞喉咙，呼吸异常艰难，面色铁青，脉搏跳动也快，神情出现异常，处在十分危险的状况下，儿女们赶快把他扶上架子车向医院奔去，赶到医院门

口时，被传达室的人拦住，问："病人是什么人?"孩子们说："是作协的。"传达误听是"做鞋的。"又见柳青穿对襟衣衫，中式布裤，圆口布鞋，戴着瓜皮帽，就说："做鞋的，那是工人，可以急诊。"柳青这才顺利地住进急诊室，经过抢救，转危为安。

那时候，对柳青来说，只要能有一间无异味的住房，就是天堂了。经过几年的交涉，一直到一九七三年的春节，柳青才逃出了大学东路的住处，和儿女们一起搬到莲湖路一套简易楼房里。柳青这人有时非常机敏，警觉性也很高，常常能在几分钟内就能对事物的好坏作出判断。但他性格的另一面，是不说违心的话，不做违心的事，不向恶势力低头，想说什么就说，想写什么就写，没有畏葸，没有恐惧，没有踌躇，没有犹疑。就在他刚刚有了一个稍许安定的家的时候，他写了一首诗，高高悬挂在墙上。

落户皇甫志如铁，
谋事在人成在天。
灾祸累累无望时，
草藁还我有生机。
堆中三载显气节，
棚里满年试真金。
儿女待翁登楼栖，
晚秋精耕创业田。

这条幅，搞得儿女们惶惶不安，日夜为他担心。但无论怎么劝说，柳青就是不肯摘下来，还睁大了一双诚实的眼睛，望着儿女们问道："我写的都是事实，不对吗?!"儿女们给他指出："'灾祸累累'，人家会说你诬蔑'文化大革命'!""'堆中显气节'、'棚里试真金'，人家会说你攻击无产阶级专政!""'精耕创业田'，人家会说你念念不忘复辟，写黑书!"听过儿女们的话，柳青没有一点恐惧，天真地像个孩子，不在意地说："不碍事，不碍事，这都是事实嘛!"他越不当回事，儿女们越紧张，最后儿女们不得不严厉地向他指出："你写这样的诗，无产阶级的铁拳，随时都会落到你的头上，人家正发愁找不到你的碴儿，你倒提供起材料来了。大狱里有的是空地儿，你还想到那里面去吗?!"儿女们越说越激动，越说越生气，柳青却笑了，把眼睛睁得大大的，问道："有那么严重吗？你们可不要吓唬我。”就这样这幅条幅挂了一个多月，后来还是他的一位老战友，郑重地向他指出：“就凭这首诗，你就可以做个合格的现行反革命分子。”他这才默许，让孩子们把条幅摘下来。

人们都说，母爱是最神圣的，因为母亲爱孩子是从心里爱，从血液里爱，从神经里爱，可父亲又何尝不是这样呢？柳青对他的儿女之爱，其爱之深，可以说与母爱一样，也是一种天性。当时对柳青的儿女来说，父亲挨批挨斗，朝不保夕。母亲跳井自杀，家破人亡。全家每人每月发十二元生活费，悲惨的遭遇，让儿女们看不到一点光明，沉重的精神负担和伤心失望的情绪，让儿女们对未来不抱一点希望。但柳青却不是这样，病情一缓解，他就聚精会神地看书，做读书笔记。他以自身的行动影响儿女们，劝说儿女们不要反复回忆那些不幸的过去，要乐观，要坚强。他平静而从容地对儿女们说：“回忆过去的东西，如果是为了总结经验和教训，为了把以后的事情办好，那是有意义的；如果陷入个人得失之中而不能自拔，那就太不应该了；如果仅仅是为了反复地咀嚼痛苦来折磨自己，那又何必呢?”他向儿女们讲述“文化大革命”以前他的写作计划，由于这场“革命”，他的计划已经不能如期完成，他满怀悲愤又饱含感情地说：“如果我的病严重发作时，我悄悄地不告诉你们，也可以结束我的病痛，不再受这种折磨。可是，我想了，不行啊！读者在期待着我，就是现在，也还有那么多人捎话来，希望我把作品写完，我怎么能……”“对任何一个人来说，特别是对作家来说，他经历过的生活没有多余的，包括刚刚过去的苦难日子。如果现在再让我写一个人在受审的时候的心情，垂危时候的心情，死亡时的感受，我会比过去写得深刻得多。我活着就是为了把这个工程做完。个人算得了什么？一个人活在世上，不能看到更远的将来，算啥呢？我不会改变自己的意志、信念和追求的……一切都是暂时的，只有人民是永恒的。”为了鼓励儿女们振作起来，为了打动儿女们的心，为了扫除重压在儿女们心头上的灰暗心理和失望情绪，柳青给长女可风写了一首诗：

襟怀纳百川，
志越万仞山。
极目千年事，
心地一平原。

这是柳青对儿女们发自内心的倾诉，既是他对儿女们的希望和祝愿，也是他自己的精神境界的写照。

马葳一走，好比抽了我的筋！我是损失最大最大，已经家破人亡了

与柳青几次相见，我都不想提起马葳去世的事，但又压抑不住对马葳的怀念。一九七三年柳青来京时，我看他个人的生活实在太艰难了，便问起："马葳什么时候去世的?"他沉默了一会儿，低声说道："一九六九年。"说这话时，他是痛苦的。望着孱弱的柳青，忧虑和不安越来越沉重地压在我的心上，我说："为什么要自杀呢?！就是为了你，为了孩子，也不应该走这条绝路啊!"柳青的眼睛红了，泪水在眼眶里游动着。他告诉我："我被揪出来以后，马葳最怕参加批斗我的会，但每次批斗我的会她又都参加，她是不放心我呀！她坐在会场的一角，手足无措，紫糖色的脸变得蜡黄。平日总是闪着亲切、质朴、黑幽幽光的眼睛，此刻变得目光呆滞，惶恐不安。眼看着亲人酷受折磨，她忍受不了这种疯狂的、野蛮的批斗场面，可她又不知道该怎么办?！她就是这样带着无数疑问、无限痛苦、无比忧虑，含着一腔泪水，承受心灵的摧残，精神的蹂躏。马葳在精神上承受了来自各方面她所不能承受的压力，她受到比我更大的痛苦和折磨，她是在丈夫、儿女们的生命全无保障，衣食住行全无着落，一家人已经到了走投无路的状况下，痛苦达到了极限，才选择了这条她不情愿走的路。她是想以自己的死，揭露残暴，唤起人们的同情，让我得以生存，让儿女们得以活下去！她走这条路，是当时一个善良女性，一个贤妻良母进行反抗唯一能使用的武器！她是以生命为代价，向恶势力挑战！向人世间呼唤！向人世间呐喊！她的死包含了她的悲愤和痛苦，热爱和憎恨，留恋和怒吼。"

听柳青这席话，我恍然明白，马葳走了，她绝不是在重压之下支撑不住走上绝路的。如果这么看，九泉之下的马葳也不会接受的。马葳无比信任柳青，她相信柳青的为人、品质、意志、节操；相信柳青是忠诚于党和人民的作家，是把全身心都献给文学事业的作家。她永远也不会

相信柳青是“黑作家”，《创业史》是“大毒草”；把一万六千多元稿费无条件地捐献给农村的公益事业，是吃小亏占大便宜的投机行为，是捞取政治资本。她十分了解柳青，要柳青在恶势力面前出卖人格，简直是梦想！她清楚眼前对柳青的这种残暴的批斗、凶狠的折磨意味着什么！等待柳青的最后结局又是什么！她看到对柳青批斗的声势还在不断地升级加温，她感到柳青的生命已经到了危在旦夕的紧急时刻，为了柳青的生还，为了儿女们不失去父亲，她从容地不露一点痕迹、一点声色，毅然决然地走向死亡。马葳选择这条抛儿女、弃丈夫的绝路，决不是为了解脱自己精神上的重压和心灵上的折磨，她是以自己的牺牲，营救柳青，营救她的儿女、她的家庭！

马葳被迫害致死后，柳青的身体迅速衰弱下去，五个月竟被抢救了十三次。这不仅因为马葳的死，太突然，太意外了；还因为，他们夫妻的感情太深、太深了。十四年来，马葳不仅是柳青工作上的助手，生活上的伴侣，而且还是他精神上的知心人。白天，马葳料理家务，教育子女，替柳青应酬来自各方面的客人，还要参加村里的各种活动，做一些力所能及的工作。而柳青呢，通常午饭后，便开始写作。每到这个时候，马葳便把他住的那个小跨院儿的院门反锁起来，让柳青不受外界干扰，全力以赴地进入最佳的创作状态。晚上，马葳坐在写字台旁，帮助柳青抄稿子，复信，整理资料。有时他们夫妇一起参加社会调查，有时又一起谈天说地，议古论今，探讨文学，研究现实，就这样马葳成了柳青创作上的得力助手。在那远离城市的皇甫村里，听不到戏，看不到电影，穿的是农民的服装，吃的是农民的饭菜，但他们夫妇在偏僻的山村里，却过着和谐、幸福的生活。马葳在这里为柳青的写作，为家庭的建设，为子女的成长，操劳了十四年！她是一个平凡的女性，一个贤慧善良的女性，同时，她也是一个为夫为子能够牺牲一切的刚烈女性。

马葳去世后，我一直想弄明白马葳去世的情况，但又怕柳青伤情，许多次话到嘴边又咽回去了。这次是我俩第一次谈起马葳的死。我说：“你说得对，可眼下没有马葳你困难多了，今后怎么生活呀？”柳青点点头，默默地拿起那只哮喘喷雾器，不停地、颤抖地、狠狠地向喉咙里打了几下，沉重地说：“有马葳在，夜里哮喘憋醒了，她给我倒上一碗水，捶几下后背，我就可以睡了，现在我要自己起来，倒水咳痰，一折腾就两三个小时过去了。以往我写作时，感到冷了，马葳便把一件旧呢外套轻轻披在我的身上。口渴了，马葳又把一杯热茶放在我的案头。有马葳在和没有马葳在大不一样了。过去，生活上我总觉得有依靠，不要我操心费力，现在不行了，生活上哪件事都要我来想我来做！人们说老来丧子，万分痛苦，可我觉得，老来丧妻更痛苦。马葳一走，好比抽了我的筋！我怎么也想不到刚刚四十一岁，比我小十二岁，有着那么健康的身体的马葳，竟会先我而去?!”他说这话，我听这话，我俩的心里都涌起一种难以忍受的凄凉之感，眼眶都变得湿漉漉的。

在交谈中，柳青不止一次地说，他觉得很对不起马葳。马葳原来也是干部，二十四岁时跟随他在皇甫村落户，当他的助手。是柳青让她放弃干部待遇的。没想到在农村几年，又遇上三年经济困难时期，马葳没有工资，没有公费医疗，没有一切干部应享受的待遇，生活变得十分艰难，柳青和马葳都有点挺不住了。这时柳青才找到省委，要求恢复马葳的编制。马葳被安排在西安作协，每月工资六十五元。当时驻会作家的家属哪个没有编制?！都享受干部待遇。作家深入基层生活本应该受到照顾，哪有越和人民群众贴近，生活越来越艰难的道理呢?！恢复马葳的待遇，本来是合情合理的事，没想到“文化大革命”中也成了柳青玩弄“反革命两手”的一条“罪行”，给马葳精神上、心理上，乃至生活上都产生了难以忍受的压力和沉重的打击。

柳青深爱着马葳，在体察、理解马葳的心理变化、情绪波动上是十分敏锐的。这种心灵上的感应，是他俩十多年来夫妻生活培育出来的。他既能在平时与妻子共享愉快，也能在关键的时刻，减轻妻子的痛苦，分担妻子的忧愁。当柳青得知马葳跳井自杀时，他悲痛欲绝，他好悔呀！清癯的脸，变得更加憔悴；有神的眼睛，变得木呆呆的。他悔恨地说：“在那失去自由的年月，我想到了，马葳没有经受过这么大的挫折，怕她走绝路。所以每次把我揪到台上批斗时，我都抬起头来四面观望，搜寻马葳，只要在会场上看到她，我就朝她笑笑，给她一个有力的眼神，一个明显的暗示，就可能温暖她的心，给她心灵上一点安慰，唤起她的勇气和希望，帮她渡过难关。马葳跳井自杀后，我虽然不知道，但我在几次批斗我的会上找不见她的身影，我就产生了疑虑，心头非常不安。我就在心里对马葳说：‘马葳呀，你可要想开点，可不要丢下我们呀！’当时我曾向工宣队提出，要求见马葳一面，他们用派马葳外调的话搪塞过去了。没几天，工宣队把我叫到他们的办公室准备正式通知我马葳的死讯，我一进屋就什么都明白了，马葳去世了。我只觉得眼前一片空白，满脑子都麻木了，只有满脸泪光，那才真是老泪纵横。”说到此，我们俩都泣不成声。柳青说：“有人说‘文化大革命’收获最大最大，损失最小最小，可我呢？是损失最大最大，已经家破人亡了！”

提起马葳，我便想起一九六一年我去皇甫村时的情景。那次，她给我留下的印象太深了。柳青在皇甫村的住房，原是农村中的一座古旧破寺，略加修葺，便搬了进去。寺内一大一小并排两个庭院，柳青住在靠里边的院子里，有三间正房。我去时正是深秋季节，柳青、马葳见我来了，从正房里迎出来。柳青穿一件中式对襟小褂、布鞋，马葳穿一身灰布制服。生活在农村，看到远方的来客，都表现出意外的高兴。柳青把我引进正房，马葳招呼我洗脸、喝水……天黑了，马葳端上饭菜，我见只有两双筷子，便要马葳和孩子们也一起过来吃饭。马葳笑着说：“我们家有两个灶。小灶，专门给柳青的；大灶，我和孩子们的。客人们来了，都和柳青吃小灶……”吃完饭，我到院中散步，无意中走到厨房，正赶上马葳和孩子们吃饭……她们团团围在一个大锅旁，满满一锅菜粥，没有干粮，也没有炒菜，每人捧个碗，蹲在地上，吃着喝着……我立时呆了，这就是著名作家柳青的妻子、儿女吃的饭菜！过的生活！我知道柳青的生活并不宽裕，甚至有些窘迫，但我怎么也没有想到过的竟是这样水平的日子！我——一个从事文学编辑的人，到过许多作家的家里，我熟悉、了解他们的生活水平。我敢说，就我接触过的作家之中，还没有一户人家过的是这样的生活！

回到屋里，我再也克制不住自己的情绪。我问柳青：“你生活这样窘迫，为什么还要将《创业史》的全部稿费，都捐献给皇甫村人民公社呢？一万六千多元，你留下一部分改善家庭的生活不好吗？你做得太过分了！”

柳青睁大了眼睛，一动不动地望着我，深沉而缓慢地说道：“我这一生再不想有什么变动，只想在皇甫村生活下去。我在这里，只想做好三件事：一是同基层干部和群众搞好关系；二是写好《创业史》；三是教育好子女。你想想，我身在农村，生活在人民群众之中，谁都知道我写书，宣传和私有观念决裂。今天我出书了，拿了巨额稿费，全部揣进自己的腰包，改善个人的生活，农民会怎么看我呢？他们会说：‘这老汉住在这里写我们，原来也是为他个人发家呀！’如果这样，我还怎么在皇甫村住下去！《创业史》还能写下去吗！”我听了，无话可说，心服地说：“你说得对！但是你和你的家人都生活在农村，除了粮店每月供应定量的口粮外，吃菜和用具都得去自由市场上买，费用高于过去好几倍。你也要考虑一下目前你们的生活环境和实际状况呀！”柳青说：“我是从实际出发的，面对这样的现实，我和我的家庭，只能吃苦、节俭，不能向生活在城市的作家看齐。如果顾虑多端，只图眼前利益，为自己打算，势必影响我今后的生活和写作，将来后果一明显，懊悔不及。我以为凡是从实际出发的事情，即使我做的时候，不那么令人愉快，也不得不做；相反的，不从实际出发的后果，可能更不愉快！”我呆了，呆呆地站在柳青的面前，像上了一堂难忘的课，我的精神境界一下子被提高了许多。望着柳青，我在想，这就是我还不十分了解的、令我十分崇敬和感叹的柳青！他的风格，他的为人，他的气魄，全包含在这感人至深的言语之中！我不由得想起了他的中篇小说《狠透铁》中的一句话：“如果世界上有享受和奋斗的分工，他负责奋斗！”这不就是他自己的写照吗！

晚年孤独寂寞的精神生活，让他更加怀念马葳，他写了一首“新木兰词”

马葳逝世后，柳青晚年的生活变得很孤独、很寂寞，而他这个人，是不能过这样生活的。

一九七四年柳青又从西安市搬回长安县韦曲东村老干部干休楼宿舍居住，由于马葳不在了，儿女们又不常回家，他精神上感到很寂寞。一九七五年十月给我的信里写道：“雨季过后，三个农民最忙，两个学生去上学(指他身边的三儿两女)。独住空房，感到寂寞。昨天进城转转，回来时颇难。公共车如此难乘，以后进城去的想法也打消了。”一九七六年二月的信里写道：“我这里只听见驴叫、狗咬、鸡啼，真闷人。西安也没有人来。”到了一九七七年，子女们的情况发生了很大的变化，柳青更加感到孤独和寂寞了。他告诉我，“在很短的时间里，我的家庭起了不小的变化。可风已结婚，现在上海；三年来跟我做饭的竹风，大约要离开西安到外地上大学；晓风在交大；梅风在工厂；家里只有两个上学的男孩，形势发展了的话，也不能不考虑他们的前程。白天楼上我住，楼下一个老婆儿做饭，感到十分寂寞，大家愿意我有个伴儿。”这一年的夏天，他来北京，和我谈起难以忍受的孤独感，我听了很难过，便对他说：“儿女们都大了，又有自己的事业和家庭，不可能总和你生活在一起，而你身边总要有个亲近的人，既能照顾你的起居饮食，又能说话谈天，不使自己晚年的生活过于孤独和寂寞，还是找个新人吧！”当时我还劝他，“现实一点，再找个像马葳那样合适的人，绝无可能，但找个脾气好，合得来，能和你说话谈天，能照顾好你生活的人，还是可以找到的。”柳青望着我，说了一席让我无比激动，又异常痛苦的话：“有同志劝我再次喜事，给我介绍新人。我听了心里好难受。找新人这件事，对我，对我的儿女，对我们这个家庭，都不是件喜事！儿女们通情达理，他们知道不能跟我一辈子，又有自己的事业、家庭、孩子……也劝我找个伴儿。到了我这个年龄，重新组织一个家庭，要复杂得多！难得多！我也知道再找马葳那么合适的人是不可能了，但我也不能马马虎虎找一个凑合起来过日子。打打闹闹的家庭悲剧，时有所闻，我这样身体的人，再经不起折腾，与其再折腾不如不成家。所以我在找新人的时候，要花很大的精力，我要把一切能够想到的问题，包括意料之内和意料之外可能发生的问题都想到，才有可能过上平稳安定的幸福生活，如果我不想这么多，结局就不一定会好。我成家，首先我要为对方着想，才有可能换来对方的真诚和亲情，享受幸福的婚姻。所以对有好感的人，我就建议她先到长安县来看看，让她进一步了解我，了解我的儿女，了解我的家庭，了解长安县和这里的一切，让她了解各方面的情况，心里踏实了，觉得合适，再进一步谈。尽管儿女们都同意我这么做，但是当对方走进我的家门的时候，孩子们是非常痛苦的，小竹、小梅哭着去上学，小正、小风躲起来不见，儿女们的心情是沉重的，悲伤的。在我们这个家庭里，增加一名新的成员，这种滋味，对儿女们是很不好受的！但我们家的这种心情，这种气氛，很难为对方理解！每次我都要把这一切，毫无保留地讲给对方，让对方体谅、理解，明白我说的、做的一切都是为对方在作出最后抉择时考虑的。”

听柳青说这些话，我的心在不停地翻腾。我问他：“现在进行得怎么样了？"他说："对方嫌我年纪大，身体太坏，孩子又多，我如几年下世，岂不坑了她！有很多顾虑……表明这样的女同志对待个人生活问题实在、认真，这样的同志才好。我们全家研究了，尊重对方的现实感，不再进行下去。我这把年纪的人，谈问题，不能躲躲闪闪，不能拖拖拉拉，开门见山，真诚相待，成则夫妻，不成是朋友。"柳青很有好感地说："这是合情合理的要求，出于自愿彼此才能谅解，以后生活在一起才能不后悔，不抱怨，不怄气。此三者如没考虑到，可能引起难以预料的恶果。只有防止了恶果，才谈得上和谐。对那些毫无顾虑的、并把自己说成是我未来的忠实奴仆的人，我就连理也不理。"也是在这次，他告诉我，他的一位友人，给他介绍了一位女同志，通了几回信，柳青有好感，孩子们也支持。他和我商量，仍想约请这位女同志到长安县来看看。我不大赞成，我说："你约人家来，成还好，不成多被动！要慎重考虑。"柳青不赞成我的看法，他说："你只想成或不成，却没有想到我对对方要采取认真负责的态度。来与不来大不一样，我约她来，并不都是为我自己，你如果这么看，就错了。有为我的因素，但更多的是为对方着想，让她亲眼目睹长安县的一切，充分地了解我和我的家庭，包括她想到的困难和没有想到的困难，便于她最后作出抉择。我不能自己有意，就讲甜言蜜语，那是害人的东西。只有在充分了解，志同道合，一心一意过日子时，甜言蜜语才能起点积极的作用！"听过柳青的话，我很感慨地说："你想问题和处理问题的方式方法，使我很受教育，人们常常在想解决问题的时候，总是为自己想得多，为对方想得少。你不同，总是处处为对方着想，不像有些人那样，开始时对方什么都好，一旦不成，满眼满嘴都是毛病缺点，一无是处。你这样好，成与不成，都不会伤情。"柳青说："也许我经历的事情多了，也许我年纪大了，对任何事情，我都不会高兴太早，成了才算，这样就是发现了什么不如意的，不称心的事情，也不意外。我这样的生活环境，身体条件，不能只考虑自己，首先要考虑对方，这样成了才牢固；谈不成，我的情绪也波动不大。人总是受磨炼的，不受磨不成佛，人要变得情绪比较稳定些，才算达到知命之年。"

经过这样一段曲折的历程，柳青更加怀念马葳，他在给我的信中写道："只做生活的伙伴而不做工作的伙伴，是不现实的，只好拖下去了。最近写了几句话，怀念故人，寄给你看看：

结发未得知，相偕皇甫居。
汝在村三年，虽苦志犹坚。
四年忽思迁，非为恩爱浅。
我鏖背水战，成败皆不移。
权威有歧见，远近流谗言。
夫妻同庭院，口角朝与夕。
汝怨我固执，我嫌汝幼稚。
五年汝离职，攻读在我侧。
古今中外篇，马列与巴托。
八年我初成，汝已是同行。
寸步形影随，体贴则入微。
风声略草动，嘱我唯谨慎。
人讥我小人，汝知我路遥。
谁料一场乱，庞涓陷孙膑。
牛棚非猪圈，宁死树党性。
棚外汝重义，煎逼即轻生。
呜呼共有灵，如何得安息。

看过这封信，我的手在抖，心在哭，这一百七十个字，没有激昂慷慨之词，没有缠绵悱恻之句，可字字是血，句句是泪，哪里是在记录他们夫妻十几年的田夫村妇的乡间生活啊！是一篇追怀思念马葳的新木兰词！这首词，既震撼着人们的心，又燃烧着人们的心。包含了多少深情，多少挚爱，多少悲伤，多少思念！谁不为这一对夫妻悲惨遭遇、悲惨命运、悲惨结局而悲伤，而遗憾，而不平，而愤慨！马葳把她的一切全都给了柳青，柳青又把她的这一切化为深情，深深地藏在自己的心中，一直怀念至死。

人民的眼睛是雪亮的，人民的力量是可以推倒一切的，任何朝代的兴衰，决定其命运的是人民

柳青对于林彪、康生、“四人帮”一伙是深恶痛绝的。在“文化大革

命”期间，我们的谈话，无论是谈古，还是论今，都离不开他们。他从不隐瞒自己的观点，就是在他身体最衰弱的时候，也是这样。一九七二年他在陕西省出版局召开的业余作者创作座谈会上作报告，当时正是江青专横跋扈，不可一世，在文艺界实行法西斯文化专制的时期，柳青才不把这一切放在眼里，完全按照自己的思路去讲话，什么“样板戏”，什么“三突出”，他一字不提，一字不理。他告诉我，当时有人递条子问他为什么不谈谈对“样板戏”的看法？柳青爽快地说：“我没看!”三个大字，顶了回去！他就是这样直言不讳，一针见血，没有恐惧，没有动摇，没有顾虑，不为自己担心，也不为自己考虑。

这一个时期，他对党、对国家面临的最大灾难，忧心忡忡，他想的问题很多，但那许许多多问题，在当时是不能够明明白白地说出来的。一九七四年六月十二日下午，我去看他时，正是他哮喘病发作期，为不增加他的痛苦，我扯东扯西，讲了不少“社会新闻”和有关批文艺黑线回潮的“笑话”。当我告诉他江青、姚文元质问文艺界：为什么“卖花姑娘”轰动一时？为什么不宣传“样板戏”的经验？为什么总说电影、戏剧、图书少了？听了我讲的这些“小道消息”，他流露出一种痛苦的活跃。于是他给我讲了一个卖蛋糕的故事：有个人自制蛋糕，开始时，鸡蛋放得很少，油也不多，制成蛋糕，提心吊胆，可是拿到市场去卖，出乎他的预料，蛋糕被一抢而光，很受欢迎。回来后，他的胆子大了，下次制作蛋糕时，油和鸡蛋放得更少了，水分也增加了，拿到市场上去，比第一次还受欢迎。第三次，制作者的胆子更大了，根本不放油和鸡蛋了，只是面和水，糖也很少，结果与以前一样，还是都买光了。他奇怪了，这是为什么呢？一了解，原来市场上根本就没有蛋糕卖，而他是唯一的制作者。

我听了后，笑弯了腰，但心中却唤起了一种痛楚的呻吟。我们历尽文化浩劫的祖国，如今能有多少有益的精神食粮，在滋养着我们聪明智慧、可亲可爱的人民呢？恐怕这正是柳青讲故事的本意吧!

一九六九年，被康生污蔑为“修”到家的团中央，连锅端到干校去接受劳动改造。十月，我心脏病复发，在医生的奋力抢救下，从死亡的边缘，把我拉了回来。十一月，我被送回北京，接受治疗。到了一九七一年，又叫我返回干校继续接受改造。当时，我的病还不稳定，时好时坏，思想上顾虑很大，但校部的决定谁敢违抗！只好硬着头皮成行，但心情却很不好。不知柳青怎么知道了，接连收到他的几封来信。他在信里写道："久病的人，总是想把病从身上拿掉，但实际治疗很慢，如不小心，还会反复。我对此顽固的敌人，很熟悉，所以不敢轻敌。倘能恢复独立生活能力，就能重新工作。能写多少算多少，准备了十几年的东西，怎能不想写呢？你在那里要注意，你身上的敌人比我的不同，更阴险，更毒辣，时刻不能放松警惕。""生气着急、不愉快，会生很多病，要学辩证法，想得开，想得宽，想得远一些，就不生气了。"捧着这封信，我反复地读，激动得流泪了。为了我，不知他在重病之中，花了多少时间和精力，才了解到我的病情和心情，给我写了这封语重情深的信。

回到干校，我又不能参加体力劳动，便从图书馆借来一些当时出版的小说，翻来翻去，实在难以看下去，但为了消磨时间，又只好硬着头皮往下看……我把自己的这种痛苦的心情，告诉了柳青。回信时，他写道："如果没有什么好书，一般的可以不必费心思去看它。看水平，不须看完。如可能，借几本古典作品，每天看一点，日积月累，就可观。平时没有这样充裕的时间，像你们这样的工作，更难得有看大部头书的机会。看不好的书，犹如吃腐坏东西，伤胃口，更谈不上营养价值。有许多书，我只看几章，就是怕看完伤胃口，我尽挑好的吃，这是无可指责的，因为我没有吃坏东西的义务。浅尝辄止，用在这里很准确。如果是好吃的东西浅尝，不吃饱，这就不对了。"这封信启示了我，立即托人将家中的几部中国古典小说和古代诗词捎了来。

一九七三年，我从干校调回北京，他听人说核桃对软化血管有好处，便托人给我捎来一口袋。每次我给他写信，从不把自己的病情告诉他，以免让他挂念，增加他的精神负担。他便要孩子们来看我，并要他们将我的情况写信告诉他。

一九七四年五月柳青来京躲病，那天我把他接到住处后，他放下东西，连脸都顾不得洗，便问我："最近看什么书？"没等我回答，他接着说："我给你带来了一本书。"说着，他便打开手提箱，从里边拿出一本并不算厚的，已被翻得没有了书皮的书。"就是它！《赫鲁晓夫发迹史》，美国人写的，'文化大革命'前出版的，内部读物。看看赫鲁晓夫是怎样发迹上台的吧！再想想林彪、康生这些人，是怎么上台的！都说历史不会重演，这是不完全确切的，历史是会重演的！只是重演的方式、方法、对象、时间不同而已！林彪、康生、江青这伙人，使多少老干部被关押，受审查，遭毒打，受折磨，伤亡有多少？历史是不会忘记这些为建设社会主义江山，而献出生命和鲜血的烈士们的！历史最终是要清算林彪、康生、江青这伙人的罪恶的！”

一九七五年六月柳青与王维玲在北京合影

柳青说得慷慨，说得激动，我把这本书拿回去之后，连夜读完。在“四人帮”横行无忌的日子里，我一方面无比钦佩柳青的胆略见识，一方面又为他的刚直正义的坦率性格和忧国忧民的义愤心理而担心。我想到，柳青家破妻亡，又身染重病，再也经受不了任何风浪的摧残！我怀着沉重不安的心情，和柳青交流了对这本书的读后感。同时，我一而再，再而三地嘱咐他，要他克制自己，万不可大意，柳青看我为他着急担心的样子，连连点头说道：“我明白！我明白！”然后笑笑，表示出挚友之间是很知心的。

这一年柳青在北京住了两个多月，七月上旬离京回陕。那天特别热，我把他送上车厢，一切都安顿好了之后，已经浑身大汗了。柳青拉着我的手，又恋恋不舍地走下车厢，在月台上说笑着。送走柳青，回到宿舍，感到很累，我就睡了一觉。醒来正准备洗洗被汗水浸透的衬衫时，忽然发现柳青的火车票，还在我的口袋里。恍然想到，当时因为忙于往行李架上放东西，准是把车票给乘务员看了一下，又随手放进口袋里去了。我立时着了慌，想到开车后，柳青找不见车票，不知该多么着急！不知会发生什么样的麻烦！我赶忙找到北京站，客运调度室的同志一面批评我粗心，一面给火车行进的前一站打电话，通知列车长，要他向西安站说明情况，放柳青出站。办完这一切，天已经大黑了，我赶忙伏在桌上给柳青写信。

很快，我收到了柳青的回信，他不仅没有责怪我，反而一再地作自我批评，说本应他想的事，就因为养成事事依赖我的习惯，才发生了这件不应该发生的事，叫我又受累又着急。还特别提到，上车后小梅告诉他，我拿了最重的行李，并且把行李全部放在行李架上。“听了这话，心里十分不安，对你这样的病人，可能损害不小。”

这是二十多年前的事了，每每回忆起来，我就感到柳青是那么善于体察别人的心理，善于以心相见，知人律己。他的这种品格和作风，在某些事的处理上，也是感人至深的。

一九七三年周总理提出，要加强青少年读物的出版工作。当时我们估计，可能很快就会恢复中国青年出版社的出书业务。于是，我便给柳青去信，告诉他，只要中青社一恢复出书业务，第一批就再版《创业史》第一部。这时柳青病得很重，收到我们的信很高兴。他忍受着剧烈的哮喘，靠在床头上，一字一句地修改作品。他对待自己的作品，要求很严，毫不怜惜地把一切他认为不称心的段落，全部删去了，一下减少了三四十面。我当编辑几十年，很少遇到这样的作者，一般说来，都是编辑动员作者删减作品中的多余部分。但柳青不同，他删去的东西，常常令我感到实在可惜。于是我又把他删去的不少段落恢复了。一天晚上，我去看他，谈了我的看法。他笑笑，没有肯定我的看法，也没有否定我的做法。他告诉我，《创业史》第一部他最满意的是“题序”，现在身体不行了，如果体力可以支持的话，真想重写一遍，把那些坑坑洼洼的地方都解决了，争取全书都达到“题序”的水平。而这次修改，只是为了求得艺术手法的一致，才作这样的删节。缺点只是注意删，没有把空白补上。他表示删什么，不删什么，由我来定。这次他妥协了，对于我坚持不删的段落，他笑着说："你太偏激了。"我说："不，是偏爱，不是偏激！"说完我们俩都笑了。

我把形势估计得太乐观了，"四人帮"对于恢复中国青年出版社的出书业务，根本不予考虑。想到柳青带病修改作品，很过意不去，便给他去了一封信，一面说明情况，一面安慰他。柳青收到信后，知道我为此事不安，立即写了回信。信中说："一部出书也不忙，人已老，不思腾达。只求死前留一定稿，足矣。从炉口看，火已灭；但炉内燃烧甚旺。眼看着夕阳西下，赶路心急，可惜诸事不宜……虽如此，心志不灰……"在这期间，柳青应人民文学出版社之约，将《铜墙铁壁》作了一番修改，他在病中，以顽强的毅力，下了很大工夫，完成了《铜墙铁壁》的修改。修改稿交给人民文学出版社时，他颇为自信地对我说："这次修改有提高，尤其是开头部分，近似重写，现在是可以看下去了，读者可能不会失望。"但交稿一年多，没一点音信，后来听说，韦君宜因为提出要再版一批"文化大革命"前出版的读物，被列为复辟回潮的典型，受到了批判。可能因此缘故，《铜》书也被压下来了。后来又听说新华书店把订货数字也撤消了，又传说纸型也销毁了。这些小道消息都陆续传到了柳青的耳朵里，他十分感慨，于一九七四年十二月十七日给我来的信中写道："《铜》书可能通知书店原先订售数字撤消吧，不会是销毁纸型。我对此书不再版的可能早有所料，一是修改稿不能让领导满意，二是作者是不宜突出的那些作家之列，所以听到消息，并不意外。我对此书并不满意，甚至觉得不再版还好。不过销毁纸型的处置，大约不至于吧！你是否通过熟人了解一下细节，信中告知。你怕此事对我的身体有影响，你该理解我的心情吧！精神境界绝不局限于个人一时的利害得失，而总是努力想从更加广阔长远的范围内考虑问题，数十年都如此。望我们能互相更深切地理解。我一贯不赞成'士为知己者死'这句没有原则性的话。后汉时李固的学生郭亮到洛阳去收老师的尸时，说过一句话，'亮秉阴阳以生，戴乾履坤，义之所动，岂知性命?'我很赞成这种说法。这里关键在于义与不义，叫做'义气'。从皇甫村见面以来，十几年了，不知你是否感到，我努力想做个'义士'。我看你也是这样，与人交往，首重原则性，所以关系很早就超出工作范围，一直是互相依赖的。你和我说什么事，不要顾虑，不管是否同意，都不会伤情，这点你是知道的。"捧着这封信，仿佛他佝偻着身子，就坐在我的面前。我的心，有着难言的苦痛。柳青被疾病折磨得瘦小孱弱，奄奄一息，但他永远是热情洋溢、襟怀坦荡的人，永远是胸中烈火燃烧甚旺的人。夕阳西下，赶路心急，诸事不宜，心志不灰，这不正是当时许许多多坚强的老党员、老干部、老作家内心世界的真实写照吗！

一九七五年底，被窒息了十年的中国青年出版社，终于复苏了。我当时很激动，觉得可以大干一场了。在这样的心情下，我给柳青写信，一面向他报告中青社复业的消息，一面催他尽快将二部改成，争取一二部同时出版。当时我光凭着一股热情，完全没有考虑柳青的实际可能。柳青冷静地、知心地回了我一封信："我也想最好两部同时出版，如果社会上要求迫切，先出一部，也无所谓……我想无论何种做法总是先为读者着想，数十年来努力约束自己这样做。总的说来做得不好，拼命精神不是十年前可比了。这是基本的。总想弄得平平稳稳，舒舒服服再上马，而其实好事都是苦斗结果。我的头两本东西都是单身时写的，不过那时年轻，火力旺盛，也没大病。从五十年代到六十年代的这十年，在死亡边缘上挣扎过来，没有死，我胜利了。一事无成，将我这次行程中最好的一段扣除，别人胜利了。留这把干柴，还能燃起熊熊大火吗？我是愿意把火烧旺一点，特别爱惜这把干柴，不愿浪费掉。大约由于我多活了些年头，经历了一些艰险，我是不容易被临时的现象鼓舞起来。我看不出好的趋势，我就乐观不起来。譬如说，不把已经脏了的凹皿洗涤干净，就往里面装新东西，行吗？望你不要过于兴奋、忙乱，多想想，发言留有余地，我对你的心动过速，一直念叨。我自己几十年来的总主意是不引人注意，这是事业的要求，今后仍将如此。"

柳青这封信，如同给我服了一服清凉剂，头脑立时冷静了许多，工作步子也放慢了。果不出柳青所料，不到一个月，周总理逝世了。"四人帮"猖獗地活动起来，疯狂地攻击主持中央工作的邓小平，加速了篡党夺权的阴谋活动。在这个时候，不仅我们出版社的工作搞不下去了，柳青也写不下去了。

柳青的冷静和多思、观察和预言，不是靠什么灵感和推算，而是因为他有着相当扎实的理论水平，加上丰富的革命阅历和生活实践经验，使他对形势发展，政治动向，未来趋势，感觉敏锐，判断准确。这说明他在政治上、思想上的成熟。一九七六年二月，他给我一封信，使我对他的这个认识更加坚定。他在信里说："原来说，希望你今年三月来小住，现在是否有望，我看难说。也许你那里到时走不开，也许会有新的发展。我给你说过，无论如何新的东西，装在旧凹皿里，就会失去活力。我曾告诉你，我不轻信，就是这个原因。目前的状况，我简直进不了小说，要是在皇甫村时期，这时不定写了多少。"此后不久，柳青的病情骤然恶化起来，当时他简直都不想去住院治疗，心情和病情都沉重得不行。但在一九七六年四月悼念周恩来总理逝世，在天安门广场的纪念活动发生后，他的情绪立时不同了。一九七六年五月，他在北京躲病期间，我们谈起了"天安门广场的悼念活动"，他的精神立刻振奋起来，从他那双灼灼闪光的眼神中，看得出那难以压抑的兴奋和激动。他说："'天安门悼念活动'可了不起，向全世界证明在中国拥护邓小平的正义力量大得不得了。人民的眼睛是雪亮的，人民的力量是可以推倒一切的，任何朝代的兴衰，决定其命运的是人民的心向！你想想，人民能忘记了'天安门悼念活动'吗？会容忍这样的现实继续下去吗？矛盾是不可调和的，压是压不下去的！尽管斗争和形势的发展，现在还难以预料，难以判定，但斗争会越来越激化，形势会越来越明朗，这是肯定的。很可能这是中国革命史上又一次重大的历史转折。"

柳青最后的两年，是最舒畅、最愉快的两年，他对未来充满希望，对写作憋足了劲，但又事事不如人意

柳青估计对了，这年十月，平地一声雷，党中央粉碎了"四人帮"。对这一震惊中外的事件，柳青振奋不已，他给予了极高的评价。他在一九七六年十一月八日给我的信中写道："如果对于这次骤变估计过低，说轻点是政治庸人，说重点是党性问题。事实已经向全世界证明：毛泽东临终前放心不下其前途的这个党比列宁临终前放心不下其前途的那个党成熟和强大多少倍。难道你不以此为自豪吗？仅仅一个月，阴谋集团束手就擒，而对领袖的热爱，不减当年。我们又回到了充满希望的年代，清醒的理智而不是冲动的感情，将主宰我们的行动。你记得李固那句话吗‘后之青史，岂有所私’？再过五十年，一百年，对当今的任何历史人物，都会有恰如其分的评价。现在，你只能从行动到行动看事情，不要只从言词到言词看事情。中国的事情使西方世界目瞪口呆，他们以为要出现长期的混乱，而发生的是过去局部混乱的结束。全国一片新气象。我特别赞赏党中央这条方针，对‘四人帮’的一般追随者不要太苛求，给他们提高觉悟的时间，这是毛泽东当年对待王明、张国焘的一般追随者的方针。那以后，我们有十年极其光辉灿烂的时期，提前了全国解放。最近十年，我们党经受了历史上空前的考验，证明我们党在三次战争年代成长起来的骨干稳如泰山。我说是基本力量，不稳和欠稳的都已陆续淘汰了。”这是柳青留给我的一封充满激情、又含意深刻、颇有一点远见卓识的信。当时柳青住在医院里，兴奋之极，欣然执笔，写了一首诗，抒发自己的感情，也随这封信一起寄给我：

遥传京中除四害，
未悉曲折泪满腮。
儿女拍手竞相告，
病夫下床走去来。
忧愤经年无吉日，
欢聚一夕新春开。
问讯医师期何远？
创业史稿久在怀。

三十多年过去了，今天当我重抄这首诗的时候，心情依然起伏难平，让我说不清，也道不出是一种什么滋味。想起柳青的晚年生活和他的苦难遭遇，像是喝下了一杯难以下咽又回味无尽的苦酒，既给我留下了难以忍受的苦味，也给我留下了满口的醇香；既让我有几分凄楚，几分悲凉，又让我醺醺然，陶陶然。与柳青相识达二十年，他是不大写诗的。但这首诗可不同，它不是一首普通的诗，字里行间，凝聚着渴望真理、渴望胜利、渴望生活、渴望写作的火一般的热情和对“四人帮”的憎恶和愤慨。柳青是作家，不是诗人。但他不仅具有作家的崇高心灵和机敏的头脑，而且具有诗人宽阔的胸怀和宏大的气魄。

从粉碎“四人帮”到柳青逝世前这两年，他的心情是舒畅的、欢快的，对未来充满了希望和信心，对文学创作憋足了劲头，但他的居住和医疗条件，却没有什么改善，而他的病情又一天一天在恶化。严重的咯血现象，虽然控制住了，但痰中仍有血丝和血块，胸腔有积液，很难吸收。尽管在精神上，柳青是坚强的、乐观的，一声不响地忍受着这一切，但病魔随时都可能夺走他的生命。新闻界、文学界、出版界的朋友们，都为此着急不安！为他的处境抱不平，呼唤"抢救柳青！""抢救《创业史》！"积极地向有关方面反映情况。尽管中宣部、中组部、文化部等中央有关部门和有关领导得知这一情况后，极端重视，很快就作了批示，但一下达到省里，一遇到具体问题，便阻力重重，迟迟不见结果，所以事情的进展很不理想。面对这样的现实，柳青不同，他很冷静，不急不躁，仿佛发生在他身上的这一切，全都在他的意料之中。在给我的信中他写道："我们的党，粉碎了'四人帮'，如同大病一场以后的人一样，有这样那样的创伤，有这样那样的困难，国家要进入一个新的常规，还不是那么快，那么容易，要有个时间，有个过程。仔细想想，一个几千年家长制社会的东方农业大国，不被一群恶棍搞得血流成河，就算幸运。我很满足。说明我们的党，我们的民族，大有希望。今天我们十亿人民有吃有穿，无辜的共产党人不再受迫害就好了。太好了。我很满意！我相信，起码有这么几年、十几年、几十年，中国会变得了不起的！使世界上一切看不起我们的人，目瞪口呆。我这是对历史逻辑的分析，可能是现实的。我大概还能享受几年，你不是希望我这样吗？为我庆幸吧！"这就是柳青逝世前的精神、境界、理想和情操。

从一九七八年柳青逝世，至今三十年了，中国取得的举世瞩目的发展和进步，综合国力的提高和人民生活水准的大幅度的变化，不正是像柳青预言的那样，已经在全世界的面前展示了我们伟大祖国"变得了不起"了吗?！不是也"使世界上一切看不起我们的人，目瞪口呆"了吗?！如果柳青能活到今天，他会发自内心地拥护党的改革开放政策的！他会举双手赞成经济体制改革和实行市场经济的！我并且相信，他还会十分积极和认真地提出许多符合我国国情的建议。三十多年前，他就提出：中国地大物博，现在省的建制太大，不便于领导，更不便于发挥地方的积极性，他建议划分五十个省。关于陕北如何脱贫致富，如何改善陕北的土地经营方针，他也曾向中央写过一个详细的建议。关于干部的工资制度，如何变得更合理，更有利于提高工作效率，改进工作作风，他在总结苏联的经验教训和根据列宁的一些论述，也曾写过一个工资改革方案，送给中央领导同志。关于建立健全法制问题，关于废除干部的终身制问题，他都有自己的想法和建议。这一切都是他在重病期间思考的内容。在与柳青的交往中，我常有这样的想法：如果说他是个作家，不如说他是个思想家更准确。柳青从来都是，不仅仅关心文学创作，更关心人民的生活和疾苦，国家的命运和前途……在他逝世的前几年，他记下了许多可回忆、可思考、可研究的事件和问题，记下了自己对这些问题的分析、认识和观点，这里面有许多闪光的亮点和新鲜的思想，他原来打算以他的经历与感受为内容，写一本回忆录，但绝不是他个人沧桑荣辱，功名利禄的记录，而是凝聚着一个农民的儿子，一个人民的作家，一个忠诚的共产党员，对党和国家的无限热爱，对“四人帮”的鞭挞和愤慨，对从二十世纪三十年代到七十年代这段历史的沉思和感受，分析和理解，经验和教训。他对这本回忆录，怀有极大的热情，抱有极大的希望，倾注了他生命最后的全部热情和心血。他当时已在思想上预感到，如能把这本回忆录写成，对社会、对历史的意义和价值，会比他的《创业史》重要得多，也深刻得多。遗憾的是他终因早逝，未能如愿，想起这些，我就觉得我们失去的东西太多了、太大了、太可惜了。

其实柳青对自己的病情是十分清楚的。一九七六年十月十五日给我的信里，就有这样的话：“看来今后就得拖拖拉拉地活着了。原想今冬争取将二部上卷发到工厂，现在看来已经无望了。形势大好，自己倒更差了。估计得比实际慢，这种情况不多，这就叫做形势逼人，不得已时请考虑先出一部。我的健康只要有好的生活条件和得力药物，事实表明是可以做几年工作的，不至于像今年这样狼狈，事败垂成。起码二部肯定可以搞出来，还可以写点别的更重要的东西。我想，如果能将我的工作算做是党和人民的事业，那么如何对待疾病的问题就好说了。要达到这一步，先出一部是适当的。在当前文艺景气中，它所起的反响，是足以不使你失望的。”直到这时，柳青还很自信，可以把二部写完。

一九七六年十一月十九日他又写信给我，提出“先排一部，一部出书后，如果反映强烈，二部上卷可以考虑先出。我原来说先印征求意见本，是唯恐‘四人帮’上台，怕心血白费。现在‘四人帮’倒台，局势趋向稳定，就得按常规办事。我此生不追求形式效果，是死心塌地的务实派，步子要踩得实，不勉强从事。”

我不大同意先出一部，便写信告诉他，“文化大革命”前一部已经印了七十多万册，至今还在流传，这足以证明一部小说的寿命。但今天，国内外广大读者关心的是二部。我提出先出二部上卷，再重印一部。柳青接受我们的建议，来信表示：“七十余万册也不少了，至于书的寿命，确实只取决于它内在的思想力量和艺术功夫。某个时期的评价、销量和其他，随着时过境迁，肯定会失去影响，我已经不是一个青年，懂得一些道理。短暂的名利是一条无情的绊马索，许多有才能的作家被它绊倒了。革命家只有抓住真理，站稳立场，认清方向，一心一意地走下去就对了。”

收到这封信时，正是秋冬交替的时节，柳青的病情又趋向恶化，赶忙住进了西安第四军医大学附属医院。住院期间，他抱病把二部上卷的前十二章修改出来，由于他考虑可能写不成三四部，修改时，就很注意人物思想发展的完整性和段落感。修改的工程是很大的，有的章节近似重写，有的局部改动也很大。四医大的领导、医生和护士，都尊敬地称他柳书记(柳青在五十年代曾经一度担任过中共长安县委副书记)，对他非常同情和照顾。但是当柳青了解到病房紧张时，他考虑到自己患的是慢性病，长住医院，修改作品，影响不好，便坚决要求转院。恰在这时，我去西安，劝他安心在四医大住下去，无论是我的劝说，还是他的儿女们的反对，都无济于事。最后还是由着他的性子，从四医大转到长安县第六医院。六院由于对他的病情了解不够，加上条件较差，柳青进去不久，病情便有反复。我回京一个月后，收到他的来信，“我进六院，但看来诸事不宜……事情总是难以如愿。”我知道“难以如愿”这四个字是不寻常的，其中不知他要作多大的难，受多大的罪！就是在这样的情况下，他也没有放下二部上卷的修改。他让我把前十二章先发排，“二部上卷望加速进行，争取五月前搞出来。十几万字的小册子，将来出下卷时还要修改，所以现在不需要怎么讲究，只要搞成一本书的样子就行了。十三章写成后，即寄上，不会影响出版。”一直到四月中旬柳青才把十三章改成，比预定计划拖后了一个多月。他在信中写道：“直到现在才完成一章……主要因为前一个时期生活不安定，身体不大好。后来两个条件都改变了，很快就写出来了。望你们很快发工厂，补排上去。我最近开始给改霞擦点红，完了。如果有时间，如果赶得上，前十二章字数如太少，我想把十四章也添上去。不过，十四章放在下卷开头最好。十三章的结尾，特别带劲，加上这一章有点模糊这个结尾，望考虑，愿听你的意见。望认真抓紧，争取先出二部上卷。但也不能太急，总要搞好。这上卷写于一九六〇至一九六二年，放了十五年，重新拿起，一九七三年改了一次，一九七七年又改了一次，文学史上的小说，哪里有这样雕刻的。”这封信写于一九七七年四月十四日。对于第二部上卷收不收入第十四章，我也有点拿不定主意，便去信希望他尽快改出来再说。收到我的信后，他于一九七七年四月二十七日回信，信中说：“十四章未改写，主要考虑目前的十三章结尾有力。十四章写姚士杰的破坏活动，放在下卷开头较好；放在上卷，冲淡了结尾。……还是不削足适履。目前我的身体和心情也不适于突击。不过，我来京时，准备将十四、十五、十六三章带着。第一部正在改，关于改霞，改得还不少。排好后，恐怕要给工厂增加麻烦。一部上卷已改好，是否先寄，望告。……身体情况大有进步，很有希望延年，这样能多做点工作。”

不久柳青来京躲病，这时他对于写不写三四两部一直拿不定主意，对我说：“如果不写了，则把二部下卷的‘口子’留小一点，人物的思想、面貌，争取基本上完成。如果写下去，留的“口子”就要大一些，二部下卷的修改工程就小多了。”我劝他不要大改，在长安县生活了十四年，四部的构思都已完成，还是要下决心写下去。即使精力不够，自已动手有困难，也要用录音机把三四部的构思录下来，柳青听了，很动心。告诉我，长安县委有好几部录音机，回去就借一部，先录起来。

柳青在京期间，身体恢复得很不错。每天上午不是看《创业史》一部的清样，就是修改二部下卷。下午和晚上用来会客。这中间，北影的张水华来看过他，并约他去北影看《王子复仇记》。他答应了。当时我真担心，万一在剧场犯病，出个差错，如何是好？但柳青信心十足，坚持要去。去的那天，我和水华一左一右陪着他。我嘱咐他，只要一感到不舒服，立时告诉我，我扶你出去，千万别硬撑着。没想到这两个小时，他竟然安安稳稳地看下来了。这说明柳青当时的身体已经恢复得很不错了。在京这一段时间，生活过得愉快，精神上也很舒畅，他住在我们出版社的宿舍楼里，经常出来走来走去，和大人聊天，和小孩说笑。没事他就到传达室坐坐，和我们传达室的张大爷说话谈天，向张大爷介绍他当年从皇甫村被造反派揪回西安后，让他在传达室分发报纸、拉电铃的经历，他以自身的体会，向张大爷介绍分发报纸的经验。当柳青了解到张大爷是革命烈属，也是一个孤独的、有文化的老人时，他很同情，两位老人谈得非常投机。张大爷说："柳青是个大学问家，好人。"柳青说："张大爷实在、负责，这样的人，难找。"一九七八年柳青逝世，张大爷拖着病腿，赶到八宝山，参加追悼会。而今张大爷也已经作古，但愿两位相知相近的老人，在另一个世界还能相聚。这一段时间，我和柳青的接触比较多，一次，他和我谈起第三部的构思：正当生宝准备和刘淑良进一步明确关系的时候，改霞来了信，近日要回村探亲……由此，在蛤蟆滩上掀起了一场新的风浪，有的为生宝高兴，有的为生宝担心，有的为生宝惋惜，有的准备看生宝笑话，有的散布生宝的流言蜚语，而生宝也有点惶惶然，就在闹得满城风雨的时候，改霞又来了信，由于工厂开展劳动竞赛活动，暂时不回来了。好心人松了口气，看哈哈的人却觉得十分遗憾……我能估计到这一起一伏，在柳青的笔下，不知要出多少人物，有多少生动的细节和难忘的场面。我表现出极大的兴趣，柳青见我这么激动，便提出要我给他录三四部的构思。我当时虽没有拒绝，但也没有爽口答应，这是因为根据他当时身体恢复的状况，我觉得他自己完全有能力写完，不必录一个构思的框架；同时，在他活着好好的时候，就为后事作准备，尤其是为我尊敬的柳青，无论如何我在感情上也接受不了。事隔一年，我便对这件事的简单的理解和草率的处理，十分痛悔！当时，为了使他的身体恢复得更好，我坚持他留京长住一年，不要回陕过冬。我说："在京的一切，我们都可以安排。"柳青不听我的劝阻，到了七月，他执意要走。后来我才知道，原来他对生活在西安市的几个无人照料的儿女放心不下。柳青回陕后的最初两个月，身体是好的。给我的信，都是令人看了十分愉快的。有一封信，他写道："回陕后，整个七月较好，虽有轻度感染，注射数次即愈。有一个时期，可以到塬上散步，饭量和在京时一样，觉得饭香。当即振奋起来，开始写二部下卷。"可是好景不长，两个月后，我写信问他二部下卷进展情况。他来信说："只写了千把字，做饭的老婆儿家中出事，回去了。另请一个老婆儿做得不可口，不久体力就衰竭了。工作条件太差，二部下卷至今基本未动，但想了不少，准备在二部内基本上完成主题思想。农民自愿放弃小私有制,共产党如何正确地组织这次革命。下卷出书可能要多拖几年。”仅仅两个月的时间,他就下决心不写三四部了。看来他在各方面都遇到了困难。终于在下肢严重浮肿的情况下,又一次住进了四医大。这时柳青给我写信的口气就完全不同了,“看来今冬又出不了院了。”我的心,从这时开始便沉重起来。

十月,《创业史》二部上卷出版了,我立即托人将样书捎给他,为的是让病中的柳青高兴高兴,没想到效果并不好。他看了样书后,来信说:“看了并不那么高兴,太单薄了。当然,以质取胜,不比当今一册厚书有愧。但个人内心中不是滋味,自知晚景不佳。这也许与心情有关系吧。一部要抓紧印,不宜拖久。主要是忘记一部情节或未看过一部的读者,看二部上卷没意思。我们一定要为读者着想。”

此后,柳青的病情不断加重。四医大建议柳青添置一台雾化器,使药物可以直达肺间,对于控制感染、润肺、辅助咳痰,都有好处。柳青写信给我,让我帮助购置。“所需款项,由《创业史》二部上卷的稿费中支付。”我一了解,这台雾化器将要用去稿费的三分之一。因此,我向柳青提出报销的事。我想,既然有医生开的诊断书,又有医院开的建议购置雾化器的证明信,没有理由不报销。没想到,柳青坚决不同意,回信时婉转地批评了我,“关于报销的事,你是好心提出不合情理的要求。我不能这样做……我们经常要有这样一种精神,准备从自己身上出汗,不要指望外援。只要自己还能出汗,就背行李,等收容队的心理不好。”捧着这封信,我的心在哭泣,心在绞痛。在和柳青交往中,有两件事对我震动最大,一是他在并不宽裕的生活之中,把《创业史》第一部的稿费全部捐献给了皇甫村公社;二是在他病情恶化,生活极度困难的时候,也不肯增加组织上的负担。这使我想起,他去世前的一个月,李先念副总理派人到朝阳医院来看他,问他有什么困难?他只是表示感谢,什么要求也没有提。

他就是在这么困难的条件下,也没有放下《创业史》第二部下卷的修改。在给我的信里,谈了他今后的打算,“为了给自己加点压力,从明年一月起,在《延河》连载二部下卷,每期登一章或二章不等。计划一二年登完。然后大修改,出书。”我觉得他这是拿生命当儿戏,很不赞成他这么做。他写信告诉我,“从目前的健康水平来看,这是最好的办法,要像二部上卷那样，整得好好付印，是不可能的。拖下去不会有好事。我这个人不像人家自制力很强，生活过得很严谨。我近年病重，散漫又有了发展，最近开始写十四章，从容不迫，又不间断，我希望能不辜负读者的希望。”一个月以后，也就是一九七八年一月，他写信告诉我，“二月《延河》发了两章，三月肯定一章，争取两章。进展慢，比不进好。我的病能维持不恶化，就是好的。看来维持起来吃力，但还是可以延缓。”此刻，柳青对自己的病情的严重性，虽然有所估计，但还是估计不足。

虽然中央有关领导部门，对改善柳青的医疗、住房、生活等方面都作了明确的批示，但省里由于种种原因，迟迟没动，而柳青当时的身体状况，是经不起拖延的。一九七八年四月二日这是柳青给我的最后一封信，信里说：“总想等到有个新的决定，春节至今，日复一日，始终没有一点眉目，加上病情反复无常，没有愉快的事情告诉你，就拖下来了，想你能谅解我的心情。即使现在，基本上和三个月以前一样，飘摇不定，很有可能五月间就这样离开西安，等将来回来再开始下一场踢球……二部下卷《延河》二、三两个月发了四章。十八章起写不下去了，只好暂停。看样子最近写不出来，我的劲头不减当年，可惜体力不支，如果客观生活条件改善，一二年内争取完成二部是可能的。我愿意和帮助我的人共同努力。”

读这封信时，有一种说不出的痛感。柳青在他一生中的最后一个冬天，忍受着难以忍受的痛苦。陕西的冬天，又阴凉又寒冷，而柳青这病是最怕受凉的。他在长安县韦曲的住房，没有取暖设备。恰恰就是在这个冬天，柳青又一次病重住院；恰恰又是在住院期间，遇到三天停电没有暖气，急得孩子们找了十来个暖水袋，塞进他的被窝里，把柳青身上烫出了泡，也没有给他增加多少热度。由于柳青体质极度衰弱，不幸感染上了绿脓杆菌，由此病情更加趋向恶化。

我好了点，能走动了，就到小汤山去住，上午你陪我到农村去散步，和农民们拉话，下午我写《创业史》

柳青一生的创作成就和他晚年的悲惨命运，让人思之，无不痛心疾首！就在他重病缠身、朝不保夕的时候，就在他诸事不顺，向前迈一步都有很大困难的时候，他也没有灰心丧气，没有忘记周总理生前对他的嘱咐："把身体搞好，把四部写完。"柳青已经到了万不得已的地步，为了把《创业史》写完，他硬着头皮向有关部门提出要求，希望让他从长安县的韦曲搬进西安市，在市内拨给他两间有取暖设备的住房，最好靠近医院，便于打针、吸氧和抢救。同时他还提出，每年五月离陕外出躲病，最好组织上出面给他联系住处，不要再年年都靠他个人的关系，麻烦中国青年出版社了。柳青的实际困难和他的不过分的要求，中组部、中宣部得知后都表示关心和同情，有关领导也作了批示，陕西省主要领导也表示要给予落实解决。但是问题一具体化，就有很大阻力。正如柳青估计那样，已经到了小麦扬花的季节，一个实际问题也没有解决，最后还是和往年一样，柳青不得不写信给我，再一次求助中青社给他联系进京住院治疗的问题。

我们立即向中组部、中宣部作了反映，我持中央批件，与文化部、卫生部联系。林默涵、沙洪热情帮助，亲自出面交涉，把柳青安置在朝阳医院内三病房，顺利地解决了来京住院治疗的问题。我把联系的经过，如实地告诉柳青，他高兴极了。多年来，柳青每次来京，他从没有要过车，总是我们主动派车去接他。这次他不但提出来了，而且还要我们把车开进月台接他出站。一见面，使我难以想象的是，他几乎完全不能走动了。我的心沉重得不行，立即决定，把他直接送往医院。

柳青对我们如此安排，又满意又感激，把他在病房安顿好了以后，他拉着我的手，并肩坐在病房内的长沙发上，和我进行了一次永生难忘、感人肺腑的谈话，他感情激动地说："我们相识二十年，我感到你们与作者是一种事业关系，如果是办业务的，我们彼此之间的关系，就不会像今天这样紧密。我和你们之间，已经远远超过了工作上的合作关系。我们是为中国的文学事业的发展而联合努力，不是一种简单的交易、买卖的关系。我很满意这种关系，比如你对长风、可风的关心，花了很多时间，我很感激。因为出版社与作者的关系中，并不代管儿女，而你们却这么做了。我在西安，你在北京，为我个人，你们做了很多的事，看医、买药、搞雾化器……我有时想打个电报、写封信，感谢你们，又觉得我们之间处于这样关系，太老一套了，于是就改在内心中深深感谢，你们会相信我的这种心情的……”

听他吃力地讲了这一席话，我很难受，只恨自己为这样一位使人尊敬、待人诚恳，又特别需要人们照顾和爱护的人做的事情太少了。柳青又吃力地、一字一句地说：“有些人在生活上有这样问题，另一些人在生活上有那样问题。有些人很会处理个人生活与家庭生活的事情，什么都做得很周到；另一些人不会处理，弄得问题很多。我因工作不同，心太专，总是处理不好。有十多年，我在农村，这种特殊的生活环境，对我这习惯也有关系。你们理解了这一点，所以才这么同情我，支持我。我年年来京，年年住在你们这里，要车有车，要人有人，你们从没有一件事拒绝过我，而且比我想的、做的还要周到，还要细致。我和我的孩子，对你们，有说不出的感激……在和你们的交往中，如果我有过分的地方，希望你和你社的同志都能够谅解。今后我将奋力地工作，为党和人民作出贡献，用以回答你们的关心、支持和一片热心……”

听到这里，我再也控制不住自己，落下了泪。我说：“我和我们出版社的同志，包括宿舍大楼里的干部和家属，对你都是了解的，大家和你亲近，和你谈心，把你当一家人啊！至于我，只是做了我应该做的工作，并没有做好，我是想多为你做一些事，让你健康长寿，生活得好一点，但我力不从心……”说到此，我说不下去了，我们彼此沉默着，柳青把头深深地埋在两膝之间。过了一会儿，我说：“你今天说的话很重要，只要一切从发展中国文学事业着想，就能一心一意地为作者着想，为他们从事的事业如何有利着想，我记住你的话，永远不会忘记。”柳青握着我的手，两眼亲切地望着我，缓缓地说：“听说你的工作量增加了，得力的助手一时配备不起来，不知道能否尽快把人配齐。经营好一个文学编辑部在我国有特殊重大的意义。这一点前两年有可能认识不足，把不应该放走的人，轻易地放走了。以业务的方式组织创作，而不是以行政的方式组织创作，必须发挥这种精神，但不能把几个人累坏，要扩大编辑部。”

这是他逝世前一个月与我的一次谈话，也是他最后一次来京第一天的谈话。

柳青住进朝阳医院以后，经过医生悉心治疗，绿脓杆菌被消灭了，从表面上看，气色、饮食都有一定好转。但是他的病情太严重了。二十四小时离不开氧气，还要不断地使用哮喘喷雾器、雾化器的辅助治疗才能呼吸喘气。柳青聪明绝顶，他预感到留给他的时间不长了，但他又是一个十分理智，能够克制自己的人。当他发现大女儿可风的心情十分沉重的时候，他就像哄小孩那样开导她。这时他充满了对生活的留恋和对未来的向往，满怀希望地说："我好了点，能走动了，我们就到小汤山疗养院去住，那里有山、有水、有农村，上午你陪我到附近的农村去散步，和农民拉话，就像在皇甫村时那样……下午我写《创业史》，你学习……"一次，一位十分敬重柳青的女医生来查房，刚好可风走出去了，他睁大了那双发光的眼睛，诚挚中带着几分乞求，悄悄地对女医生说："你让我再活上两年，有两年的时间，我就可以把《创业史》写完了！"有经验的女医生知道他的时间不长了，忍着泪水，低声说："不要多想，不要多想！"这天下午我去医院时，女医生把这一切都告诉了我。我怀着沉重的心情，走进柳青的病房。我不会掩饰自己的感情，只几句话，就让柳青察觉了。他又一次深深地埋下了头，沉默了一会儿，抬起头来，苦笑着说道："我是和医生随便说说，你何必当真，我好着呢！"听这话，我差一点哭出声来！已经到了这个地步，一个朝不保夕的病人，反而安慰我，真像刀一样剜我的心！他只想着写作，只想着为人民作最后的贡献，从没有把疾病和死亡放在心上，更没想过身后一系列的问题的安排，他就是这样一步步地走完了一个真正的共产党员、一个人民作家的光辉灿烂的一生。

柳青逝世三十年了。熟悉他，了解他，知道他的人，越来越为他的逝世而惋惜；越来越深切地感到他的逝世，对我们文学事业的损失太大了！如果说，几年前我们还没有感觉到这一点，那么今天，我越来越感到他在文学上的突出成就和重要地位。柳青离开了我们，但是他的形象，他写的书，却永远也不会在人世间消失！永远不会被人们遗忘！人们读着他的书的时候，就会记起他！一九九五年中国青年出版社成立四十五周年的时候，他的《创业史》第一部和未完成的第二部，全都被收进珍藏版长篇小说系列常备书中。《创业史》虽未竣工，但它依然是文学的百花园里的一块艺术丰碑。从二十世纪七十年代到八十年代，一直到新中国成立五十周年，《创业史》始终不断地在再版，在当今竞争激烈的图书市场上占有一席之地！这就使我想起了当年别林斯基评论《当代英雄》时，说过一段话，这段话用在《创业史》上，我觉得是再合适不过的了："我们不准备赞扬这部作品，因为赞扬对它并不能有所补益，就像诋毁不能对它有所损害一样。无论什么人，无论什么力量，都不能阻止它流行，不能阻止它畅销，直到售完为止……而且只要俄罗斯人还说俄文，这种情况就会继续不断。”

柳青逝世的噩耗在北京，在陕西，在全国传开了。柳青生前的友好、亲人，各界人士络绎不绝地赶来了

一九七八年六月十二日，我刚走进办公室，就听到一阵急促的电话铃声，听声音已经响了一阵了。我赶忙拿起听筒，电话里传来焦急而紧迫的声音：“王维玲吗？柳青病危，请你赶快到医院来！”我立时蒙了，手里拿着听筒半天说不出一句话来。

“喂，喂，你听到了没有？”

我下意识地放下电话，心里像着了火，赶忙向朝阳医院奔去……一路上，说不出是什么滋味，难道我最怕的事情，真的发生了？不，不会的！绝不会的！我不由得想起三天前那个晚上的情景……

一般来说，每隔两三天我就去看一次柳青。每次我们都有说不完的话，每次他都一再挽留不让我走。与他相处，我仿佛进入了一个新的天地，他的聪明，他的言辞，他的学识，他的阅历，让我感到是那么广博丰富，细密周到，幽默有趣，又含意深刻。每个字每句话都像是燃烧着团团的烈火，从他那智慧洪流之中奔放出来。近二十年来，我们之间，总是诚挚而坦率地交换意见，常常一坐下来，就是三四个小时，还嫌时间不够，就这样每次我还都是恋恋不舍地离去。这一次也是那样，他谈了许多……当时他非常关心全国文联全委扩大会议的召开，让我给他介绍大会召开的情形和大会发言的内容。人在病中，心在会上。他要看文件，准备书面发言(遗憾的是他体力不支，只写了几行字，就放下了)。听我介绍大会发言时，他有激动，有愤怒，有沉思，有时不住点头。当我把侯宝林的发言，说给他听时，他高兴得哈哈大笑，笑出了眼泪。他说：“我就爱听这样的发言！”从文联扩大会我又谈到《中国青年》、《中国青年报》都将在最近复刊。听到这个消息，柳青高兴极了，“我真应该给他们发个贺电！一个十亿人口的大国，有这么多的青少年，怎能设想连

个青年报刊都没有呢!”我见他情绪这么高，就问他对团报、团刊的恢复，有什么建议和想法。他兴致勃勃地说：“要解决青年思想、生活、学习中的实际问题，要请那些在各方面确有学问，又在青年中享有威望的人士写文章。文章不要长，全是针对青年中间存在的实际问题，文字要生动活泼、有朝气。就像当年邹韬奋办的《生活》杂志那样，看着这期，想着下期，这样的刊物，要发行一千万册才行!”

我笑了。我说：“你这个意见，早在一九六三年我去皇甫村时，你就说过了。”柳青高兴地望着我，问道：“你说说，那次我是怎么说的?”我告诉他，“当时周总理指示《中国青年》要面向农村，把印数增加到五百万份。你听到这个消息，也是这么高兴。我还记得，你立时就从沙发上站起来，走到堂屋的中央，你站在那里，激动地说，你曾经看到过一本《农村知识青年》的刊物，当时你兴奋得也想给他们拍个电报，表示祝贺。可是你把这本杂志翻完之后，你失望了，里边全是讲自然科学的。你感到基层最需要的还不是这样的刊物，是包括基础理论教育，文化娱乐生活，国际时事评述和自然科学知识的综合性刊物。当时，你激动地要代表皇甫村的青年给《中国青年》拍个支持改刊的贺电！你还表示要给《中国青年》写稿。那一次你也谈到了《生活》杂志。你说，当时《生活》杂志有多么大的影响，培养出了多少人才！现在从事哲学、政治经济学、新闻、出版、教育、文学的许多知名人士，很多都是当年《生活》杂志的基本作者和热心读者。你建议《中国青年》每期或每两期发一篇反映青年生活的小说，思想性要强，艺术性要高，还要配上小评论。你强调，一定要刊登好作品，质量低的作品，容易伤青年人的胃口，应该给青年人最好的，青年读者没有权利，也没有义务去看他们不喜欢看的小说。”

我感慨地说：“十五年了，你还是老调重弹!”他笑了，笑得那么开心，那么天真！不知他是听了我的介绍高兴呢？还是“老调重弹”这四个字，说出了十五年来他对青年人的一片心意。

已经九点多了。窗外下着几年来少有的暴雨，雨中夹着冰雹，由于气压低，他剧烈地哮喘着，不停地使用雾化器。就是这样，他还是十分兴奋，谈得津津有味。为了说上几句话，一会儿用雾化器，一会儿用喷雾器。有时只讲上几句话，就憋得满脸发紫，呼吸急促。每到这个时候，他两眼一动不动地望着我，窘迫地把话停下来，用颤抖的手，拿起喷雾器，狠狠地朝嘴里打上几下，显出十分抱歉的样子。每每看到这样情景，我都十分悔恨自己，应该坐一坐就走，不该让他说这么多的话，给他带来痛苦……而每当这个时候，他好像发现了我心中的秘密似的，扬着头微笑着，用那双闪光的眼睛望着我，显然是在安慰我。常常在这个时候，我就想起他的大女儿可风说的话：朋友们来时，他便把痛苦和死亡抛在一边，装着若无其事的样子，和你谈他想谈的一切……客人一走，立时筋疲力尽，躺在床上一动不动。就像他自己形容的，像一头刚刚卸了磨的毛驴，一点气力也没有了……但在客人的面前，无论多么痛苦、难受，你问他感觉如何？总是一句话："我好着呢！"

十时多，我的大孩子给我送来雨具，我怀着不安和内疚的心情，告辞了。走时，柳青握着我的手，高兴地说："今天我们谈了出版，下次我们专门谈文艺问题，你什么时候再来？"我说："过两天，我就来。"走出柳青的病房，我才发现，所有病室的灯全熄了。我暗暗地埋怨自己，停留的时间太长了……可是想起柳青炽烈的感情，亲切的笑容，幽默的话语，和蔼的神情，和他对一些问题的见解时，又使我对这个激动人心的愉快夜晚，无比的留恋和怀念……真没有想到，这一次难忘的交谈，竟在两天以后，成了我和柳青的永诀！

汽车开进朝阳医院，一直开到内三病房的门口，赶到柳青的病房时，我立时感到，我最最担心的事情，终于发生了。可风泣不成声地告诉我，十日清早，柳青到室外呼吸新鲜空气时，受了凉。十一日有点低烧，但精神还好，白天晚上都还有说有笑。十二日早六时，还以为他在睡着，呼唤他醒来试表，才发现他已经昏迷了……

朝阳医院在采取紧急抢救措施的同时，迅速通知了有关部门的领导。九时许，李先念副总理派人来探视柳青，要求院方不惜一切抢救柳青，人力、物力上有什么困难，随时提出，国务院一定支持帮助。副总理的关怀，给院方和参加抢救的医护人员极大的鼓励。十时，林默涵、贺敬之一起来到医院。这时，柳青的心脏已经出现过两次停跳，都是经过心内注射，胸外按摩等复苏措施，才恢复过来。但血压仍然不好，而且无自主呼吸的能力，医生遂决定做气管切开手术，使用人工呼吸器治疗。默涵见此情景，十分着急，立时向院方建议，邀请名家来院会诊，大家都表示赞同。一小时以后，默涵把首都医院哮喘病专家、柳青生前十分信任的医生朱贵卿教授请了来，北京医院内科钱主任也来参加会诊。朱贵卿教授对柳青的病情是很熟悉的。一九七二年，周总理亲自指示：让柳青来京治疗。当时就是由阜外、北京、首都三家医院哮喘病小组负责人朱贵卿教授给柳青检查的。这以后，柳青每年来京躲病时，都要到首都医院去看看朱贵卿教授。由此，两位老人结下了深厚的友谊。当时朱贵卿教授也是身患重病，正在家中休息，得知柳青病危，老人不顾一切，抱病跟着默涵来了。

从专家们的口气里，我感觉到情况十分严重，预后很不好。我的心像压上了一块石头，沉重得不行。但我还是寄一线希望，盼望在专家和抢救组的医护人员的努力下，能让柳青转危为安。

夜深了，快十二点钟的时候，张光年来了，他迈着艰难的步子，显得十分疲倦。他告诉我，“郭老已经去世，九日暴雨后，天气骤然变冷，气候突变，可能对重病在身的老人很不利。郭老去世，柳青病危，也许与这个有关系。”我把专家们对柳青病情的不良预后，告诉了光年。光年的心情显得十分沉重，他默默地在柳青的床前站立了许久。光年走后，团中央书记王照华、胡德华和作协秘书长张僖也来了。

这一夜，我守在病房里，处于深度昏迷中的柳青，面色晦暗，口唇发绀，血压用升压药维持着。这是人们最担心的一夜……没想到这一夜竟然平平稳稳地过来了。十三日上午也没有什么起伏变化，我的心情略为松弛了一下，“也许柳青还有救……”谁也没有估计到，到了下午五时零五分，病情突变，血压下降到零，五时十二分心跳呼吸停止，医护人员一直抢救到五时五十分，终因呼吸衰竭、肺心脑病去世。

柳青逝世的噩耗，立时在北京，在陕西，在全国传开了。柳青生前的友好、亲人，各方面的人士络绎不绝地赶到北京来了。

一九七八年六月二十二日，享年六十二岁的柳青追悼会在北京八宝山革命公墓礼堂举行。中共中央副主席、国务院副总理李先念送了花圈，国务院副总理王震出席了追悼会。参加追悼会的有中共中央和国务院有关部门、全国文联、全国作协、中共陕西省委、陕西省文联等有关部门负责人，还有一大批文艺界的著名人士，以及柳青的生前友好和长安县、皇甫村的干部和群众的代表。这里有：张平化、胡耀邦、黄镇、胡乔木、周扬、夏衍、蒋南翔、冯文彬、马文瑞、胡绩伟、刘复之、周巍峙、贺敬之、林默涵、张光年、王匡、刘宗卓、胡德华、林林、宋一平、张策、高克林、王甫、方仲如、许立群、谢冰心、曹禺、臧克家、沙汀、周而复、康濯、阮章竞、姚雪垠、杨沫、曲波、吕骥、吴晓邦、司徒慧敏、贾芝、陶钝、蔡若虹、华君武、徐肖冰、张水华、胡采、李若冰、王家斌、孟维刚等。追悼会由中共陕西省委书记章泽主持，中国作家协会副主席刘白羽致悼词。

追悼会在隆重、悲凉、沉痛的气氛中结束，当人们缓缓地走出礼堂的时候，我默默地望着陈列在追悼会上的柳青的遗像，那是一九六四年他来北京参加全国政协会议时照的照片，他光头，蓄着短短的胡须，面容清癯，与同龄人相比，显得要苍老一些，但是那双深沉的、有神的、会说话的眼睛，闪烁着光芒……这一切，唤起了我对他难忘的回忆：他精神振奋时，眼睁得特别大，表示他的热忱、好意、诚挚、实在，以及对某种崇高理想、崇高事物的追求和认可。他高兴时，细眯着眼睛，流露出一种聪明和锐敏，活泼和愉快，无忧无虑的幸福。而当他不快，或一个人缄默和沉思的时候，常常专注地盯着一个目标，射出百折不挠的光芒。那双显露着刚毅而智慧、镇静而严肃的眼睛，给人精神上一种独有的美的感受。他的这种精神上的美，无论是在遭到巨大挫折和打击时，还是病入膏肓奄奄一息时，都有增无减，使一切熟悉他的朋友无不感到惊异和钦佩。

望着柳青的遗照，我的心在翻腾、在颤抖、在哭泣……望着眼前行进的人们，我又那么强烈地感到，柳青没有死，没有死，他永远活在我们这些怀念他、爱戴他的人的心上！

柳青的儿女们把对父亲的怀念和深爱，全都融化在父亲的事业中。他们个个要强上进，不愧是柳青的后代

在和柳青接触中，我深深地感到，他既有刚正不阿、十分坦荡的一面，又有感情丰富、十分细腻的一面。柳青有七个儿女，五个随他在皇甫村落户，长子长风和长女可风在北京上学，他对远离身边的一子一女非常牵挂，常常为此坐卧不安。他爱他们，非常关爱他们，但不偏爱，

不宠爱。他对子女的爱，想得很细，想得很深，是理智的爱，是彼此信任的爱，他既是一个称职的父亲，又是一个可以和儿女们倾心相诉的师长和朋友。他的真情、亲情和爱心，不仅赢得了儿女们对他的信任和爱，而且对儿女们的成长起到积极的作用。记得二十世纪六十年代初长风在北京上高中时，中途转入八中，柳青知道八中是重点中学，建议长风留一级，而长风觉得努把力跟得上，就没有留级。开始柳青很不安，甚至有点生气。他给我的信上流露出这样的情绪："现在木已成舟，只好自作自受，既然世上事不能尽如人意，忍耐是排除一切烦恼的唯一良方了。"话虽这么说，但父子之间的情意是很深的，他还是要我"了解了解长风的情况，帮他出点主意，使他不要十分烦恼，把最困难的时刻熬过去。如果万一跟不上去，情绪又受影响，只好转学。"后来我了解到长风入学后很努力，功课可以跟得上，就把这些情况如实地告诉了柳青。他看过信后，立时感到对孩子的指责不大符合实际，对自己的主观，觉得很过意不去。这种内疚的心情，在给我的回信时表现出来："儿女们都是明白孩子，具有很大的可塑性。我想，我过去说的如果属实，不要这样做。如果不实，一笑算了。"这"一笑算了"四个字，既是歉意，又是自责，是做父亲的、当儿女的都能体会出的感情。当儿女们考大学的时候，柳青一而再、再而三地嘱咐："一不要目标过高，二不要太紧张，三不要没志气。考上重点大学是很好的，考上一般大学也是很好的，甚至考不上，也没有什么了不起的。贡献智慧和能力的社会道路很宽，思想纯洁第一，懂得这个道理，可能对考试的精神状态有直接好处。"长风和可风没有辜负父亲的教诲和希望，一个考上了北京地质学院，一个考上了北京大学。

我们常说，当父亲容易，做父亲难，做个称职的父亲就更难。从抚养儿女到教育儿女，当父亲的最容易犯的过失，就是急躁病。而教育成功的秘诀就是尊重子女，信任子女，善于诱导和等待。我在和柳青接触中，常常感到他在这一点上掌握得非常之好，无论是在情感上、心理上、言语上、行动上，常常都是说话得体，做事得法，让儿女们听得心服，做得口服，收到事半功倍的效果。所以我说，父爱与母爱一样，都是神圣的，而父亲的理性的爱，从潜移默化的结果上来看，常常是母爱无法取代的，对儿女们来说，有个好父亲，会受到好教育，是极大的幸福。柳青就是一位好父亲。

柳青的逝世最悲痛的莫过于在“文化大革命”中与他同生活、共患难的儿女们了。但孩子们都是有骨气、有志气的。而今柳青的儿女们大都已进入中年了。他的四个男孩，一个是研究所的高级研究员，两个在取得研究生的学位后，一个在大学任教，一个留学归来，从事军事科学的研究。三个女儿，一个当编辑，两个做技术工作，都受过高等教育，都学有所长，而今都各得其位。让人感动的是可风和梅风，这姐妹俩，在柳青去世后，一边坚持工作，一边利用业余时间，收集整理父亲的遗作、遗稿。是她俩将《创业史》第二部下卷未定稿整理、编目，交给出版社出版。又是她俩将柳青失散多年的短篇小说、散文、特写、通讯收集起来，编成《柳青小说散文集》出版。特别值得一提的是收集到柳青十八岁上高中时写的第一篇短篇小说《待车》，以及一九三八年八月发表在内部刊物上的《萧克将军会见记》，一九四七年一月写的《冰雪中悼大化》，一九七二年写的《建设改革陕北的土地经营方针》等重要篇章。此外，姐妹俩还把柳青解放后写的论文、讲话、笔记收集了起来，这一切对后人研究柳青的生活道路、创作思想、艺术技巧和艺术风格，以及他的美学观点，有着非常重要的价值。孩子们把对柳青的思念和爱戴、悲伤和痛苦全都融化在柳青的事业之中。

《柳青散文小说集》是在柳青逝世一周年的时候，由中国青年出版社出版的，初版印十万册，很快就售光了。让人高兴的是这本书也流传到国外，流传到日本。《创业史》第一部的日文本的译者多田正子看到这本书后，从后记中知道可风、梅风正在收集柳青失散的文稿，便把她们当年翻译《创业史》第一部时，柳青写给她们的一封十分珍贵的回信，连同已经出版的《创业史》第一部日译本和早年森茂翻译的《铜墙铁壁》(其中有柳青写的“致日本读者”一文)一并寄给了可风、梅风。一九六三年，多田正子在翻译《创业史》时，她对柳青运用以人物为中心来构思和描写小说，非常感兴趣，她把这种艺术手法称之为“直接用语”，并来信请教柳青。要感谢多田正子，她一直保存着柳青的回信，十七年以后，她又把这封信寄还给可风、梅风。这不仅仅是中日两国文学工作者心灵和友谊的交流；而且对柳青和他的研究者来说，这是一封非常有价值的信。柳青在这封信里详细地阐述了自己的美学思想和为什么采取这种艺术表现手法。就我看到的文字，这是迄今为止，柳青谈《创业史》艺术手法最详尽的一次，基于此，我把他给多田正子这封信中的这部分文字转录如下：

来信中所说的“直接语法”，从先生们所举的例子看来，是指直接表达人物的感情的那些文字。这在《创业史》第一部里，确实是很多的。采取这种表现手法的理由是什么呢？我这样解释：

首先，先生们知道：采取人物的角度描写行动和场景，这是和现实主义的历史一样长久了。西方的现实主义作家是这样的，东方的现实主义作家也是这样的。譬如我国的现实主义古典巨著《红楼梦》和《水浒传》就已经摆脱完全从作者的角度描写行动和场景，开始用这种表现手法了。曹雪芹生活的年代比巴尔扎克、普希金和狄更斯要早六十多年至一百年。可见，这种表现手法首先是各民族的先进文学家在研究本民族的生活和文学遗产的基础上发展起来的，其次才是民族间的互相传入和影响。当然，这种表现手法到了十九世纪后半叶的列夫·托尔斯泰和契诃夫手上，在长篇小说和短篇小说方面是达到了更高的水平，形象立体化的能动程度和感情的深刻入微，是全世界称赞的。到了二十世纪，各民族的先进文学已经普遍采取人物的角度描写行动和场景了。在我国，鲁迅先生的小说在这方面，给中国现代文学树立了第一个光辉榜样。我以为他的小说也是愈到后期，运用这种手法的功夫愈精深。鲁迅先生的小说是我国现代作家的必读和反复再读的作品。我自己就是在鲁迅先生走开的道路上摸索前进。

先生们所说的“直接语法”，我以为仍然是属于采取人物的角度描写行动和场景的一种表现手法。不过，有点不同的是：人物的思维、感觉和感情，我除了用文学语言反映人物自己的思想和感情以外，常常把人物自己的口语直接写出来了。人物见到的、想到的和体验到的事物，在中国的现实主义古典小说中，多用人物对话（包括内心独白）的生活语言间接引用的表现手法；在西方的现实主义小说中，多用文学语言的场景描写和心理分析的表现手法。愚见以为：从头到尾用对话和内心独白的生活语言，不免给读者语法单一的感觉。对话、场景描写和心理分析配合起来，显然使读者感觉到语法变化多一些；但文学语言的场景描写和心理分析如果太多、太长，又不免减少了动的情态，给读者太慢的感觉。我这回试用了这样一种手法：叙述和描写一方面不放弃用作者的文学语言反映人物的思想和人物的感情，另一方面接受口语传神的中国传统，直接引用人物的口语。这就是全书中每个章节里常见到的：人物的内心独白不加引号，与文学语言的叙述和描写连接在一起，构成整段文字，给读者的感觉好像不是通过作者的文学发出来的思想和感情，而是从人物直接发出来的思想和感情。先生们把这叫做“直接语法”或“直接表达感情的语法”，我想是可以的。我以前写的小说没有用过这种表现手法，也是事实。

这之后，可风她们又协助陕西人民出版社编辑出版了《柳青文集》两卷本。在完成这项工作任务以后，她们又走访了柳青生活、工作、战斗过的地方，向她们的长辈、柳青的战友、同事、朋友们采访。最后可风在皇甫村住了下来，收集柳青的事迹，准备写《柳青传》。可风掌握了大量的素材，但她并不急于写成文章。她在给我的信中写道：“我还需要一个学习和提高的过程，同时，需要一个相当长的时间研究这些素材，做一番极大的努力，方有可能完成这件事。”看过这封信，我仿佛又听到柳青的声音，这不就是柳青的性格和作风吗？可风如此不辞劳苦，严肃认真，我相信，一定能够真实、深刻、生动地整理出柳青的事迹。果然，经过五年的准备，可风终于写出《柳青传》部分初稿，并开始在《小说》上陆续发表。

我怀念柳青，也惦念着他的孩子们，尽管他(她)们都工作了，上学了，都很努力，很上进，但我依然常常挂念着她们，没想到，一九八〇年四月，在南京大学德语专业上学的柳青的小女儿小竹，突然来到我的家中。她一头短发，已把小辫剪去了，显得格外有生气。穿着也比过去讲究了一些，但举止言谈仍带着陕北的乡土味。看她的打扮，听她说话，我是那么高兴……原来她已经大学毕业了，分配到西安的一个研究所当翻译。看她长大了，工作了，真有说不出的高兴，但心中又有一股难以忍受的酸楚和苦痛，我在想，如果她的父母亲都还健在，看她这神气，这打扮，该有多么的高兴呀！

小竹活泼地从手提包里拿出一包东西，一副大人的口气对我说：“王叔叔，这是我们陕北产的核桃和枣，我爸爸说过你吃这个好！”听了她的话，我的心轰的一下，几乎掉下泪来，往事立时又在眼前出现了……那是一九七四年，柳青来京躲病，一天晚上，我去看他，走时已经十一时了。柳青赶到外屋，打开壁橱，小竹立即跑了上去，从柜子里拿出一口袋核桃。柳青指着它对我说："可以降压，可以软化血管，听说还能健脑补肾，专门给你带来的！"我看那么一大口袋，立即问道："这么多，多少钱?"柳青不高兴地挥手道："拿去吃嘛，问这个干什么?"小竹跑在我前面，活泼地说道："王叔叔，我给您送到家里去！"六年了，如今看着小竹捧来的这包核桃，叫我怎么能不心酸，不激动呢！

小竹回到西安后，我给她寄去了两本德文小说，不久可风来信告诉我，小竹看到这两本书，非常高兴。但同时又要可风告诉我："这两本书足够看一阵子的，暂时就不要再费心寄来了。"不麻烦别人，又为别人受累而不安，这就是柳青和他的儿女们的品格。一九八〇年六月，我收到可风来信，她听说我可能到西安来，"弟妹们都很高兴"……西安我是一定要去的，一是去看看孩子们，更重要的是到皇甫村凭吊柳青和他的妻子马葳的墓地！

一九九八年柳青逝世二十年的时候，马葳在"文革"中被迫害而死，也快三十年了，我来到西安，这是柳青逝世后，我第一次来西安，到西安的第二天，我便要可风陪着我到长安县皇甫村给柳青扫墓。柳青、马葳的坟墓合葬在皇甫村的塬上，他原来在皇甫村的宅院，就在右前方，但已被倒塌的塬上土埋没，而今只留下一点残迹。站在柳青墓前往前眺望，远远的是终南山，一条婉转的河流穿越田间，塬下是一块块稻田，远山近水，白云蓝天，加上点缀在田间的一栋栋农民的宅院，给人一种心旷神怡，开阔舒畅的感觉。我想，这里正是柳青逝世前无比留恋和怀念的地方，现在他长眠在这块热土上，生活在这样的天地之间，他会感到十分亲切，十分舒畅，十分开心的。要感谢陕西作协的朋友们，是他们给柳青买下了这块墓地，还在墓地的四周立起了围墙。可风告诉我，他们还要把这里的环境和已经开始断裂的墓碑、墓座进行修缮、绿化，为来自全国各地祭奠柳青的朋友，提供一个朴素、简洁、自然的环境，让人们在这里再一次品味柳青的人品、文品、风格和气质。

我久久地站在柳青和马葳那块和皇甫村庄稼人毫无差异的墓碑前，让我非常怀念他和马葳，往事一起又一起涌向眼前……

我想起一九九六年九月七日那一天，这是一个喜人的日子，这一天，我应邀参加柳青的长孙刘昀的结婚典礼。我望着那张印制精美的大红请柬，一排排洋溢着幸福感的热情文字跳进我的眼帘：

我俩将于九月七日（星期六）在长城饭店宴会厅举行结婚典礼，诚挚地邀请您与我们共享这份喜悦，相信您的光临将使婚礼更添色彩。恭请阖第光临。

新郎：刘昀　新娘：余冰华

请柬上还附了一张新郎新娘的结婚喜照。拿着这张请柬，望着这张喜照，我真是抑制不住心中的喜悦，说不出有多么高兴。柳青最爱他的长孙，在他最后的几年，每次来京，都要长风带着刘昀来看他。一见小刘昀，他兴奋不已，把刘昀紧紧地抱在怀里亲昵不已，看着柳青那得意洋洋、心花怒放的样子，我当时还给他们祖孙拍了一张照片。一晃二十年过去了，如今刘昀已长大成人结婚了。我在想，如果柳青活到现在，参加今天的婚礼，看到身着高级西装和华丽婚纱的孙儿孙媳；看到他们那欢快、幸福、亲昵的样子；看到婚礼是在京城驰名中外的大饭店的宴会厅举行；看到宾客满堂喜庆的场面……柳青会怎么想，怎么做呢？我可以肯定柳青会比任何人都高兴，他会激动得掉下泪来的！他会在这样的场合说出一席滚烫着每一个人的心田，让人欢呼，让人激动，让人振奋不已，又充满新意的祝辞！因为他的孙儿刘昀今天得到的这一切，正是他的爷爷——柳青毕生所追求、所向往、所期望每一个中国人都能过上的好日子啊！

柳青十分钟爱那些肯吃苦，又有才华的青年作者，他对他们的重视、关爱和指导感人至深

柳青生前十分重视和关心青年作者，特别是那些肯吃苦，又有才华的人。一九五九年《创业史》在《延河》上连载时，我和他谈起插图的事。我提议约请名家画插图，柳青不赞成。他主张找青年画家，对我说："青年画家好处多，但要的确是比较好的。主要是素描功夫好，钻研精神好，不仅能画外貌，而且能看出精神。有天才的青年画家，再加上认真钻研，兢兢业业，不比名家差，应承了，就不会落空。请名家画插图，看来真不简单，要慎重。我看了一位名家画的插图，素描性太重，第二稿也没大的创造，大部分形象经不起细看，只画出肉体面貌，没画出精神来是

不够的。青年画家只要能下去，肯吃苦，认真去画，可能比名家还强。”按照柳青的要求，我们物色了一位青年画家承担《创业史》的插图任务。我们把年轻画家的素描寄给柳青。柳青看过后，十分满意，那兴奋的心情难以形容。我与他相处多年，多次发现，他对于新发现的、新成长起来的、有成就的青年人，是十分热情，十分钟爱的。当时，为了能赶在《创业史》第一版放上插图，我们要求画家立即动身去皇甫村体验生活。柳青收到我的信后，很不满意，回信时毫不客气地批评道：“西安天气酷热，从外地到此间的人，实在受不了。画家没有必要赶来受罪。他在八月十日以后来，最热的时间已经过去了，如果不是为了考察画家的吃苦精神，客观上绝无赶急的必要。我们是搞文化工作，不是练兵。”

看过柳青这封信，我很不自在，觉得自己太不为画家着想了。柳青不仅在生活上十分关心画家，在创作上也给画家以中肯而有益的指点。他要求画家认真阅读作品，然后提出自己的想法和计划。“编辑部和小说作者不能代替画家的脑子，如果任人指拨，不会有好的插图。有些小说作者，又抓自己作品的电影改编，又抓话剧，又抓插图，都得听他的，俨然上帝派遣到人间的伟大艺术天才，在我看来，幼稚可笑之极。要知道，作品一经发表，即为社会的精神财富；作者如果狂妄，必将倒霉。如前所说，我对画家只有一个要求，他应该是一位有创造性和钻研精神的同志。现在，请你们转告他，也不必紧张，他的画如果有任何方面(作者、出版者)不满意，也不要气馁，必须坚忍不拔，他将有时间一再修改，最终会给插图艺术作出贡献。即使七十岁的艺术家，创作过程仍是学习过程。不成熟的人，千万不要伪装成熟。我们——插图者、出版者和小说作者，诚恳相待，合作不好的话，感情还是很好的。”那位青年画家原来打算住在柳青家里，可以经常和柳青讨论插图，听取他的意见。我把画家的考虑，写信告诉了柳青。他在回信时，提出了完全不同的意见，“我想，他应该准备住到河那岸稻地滩王家斌所在的队上，他住到那里一天，比住我家二十天还要有利。他将有时间细致地观察、思考和琢磨，而不需要跑来跑去，受吃饭和休息的时间限制。同时，他住在那里，精神上变成他们中间的人。他住在我这里，过河去，在精神上和他研究的人很远，这根本不是做好工作的派头。我的意见是，可以不必吃的苦头，不要像堂吉诃德一样去寻求；但必须吃的苦，不要想法避免。只有经过必要的吃苦，才能搞好工作。当然他刚到和临行，应该在我家里做客，而且不需说，他也是我家的客人。平时我可以过河去，他也可以过河来，但应该大家都能独立活动。除了创造性和钻研精神，我还希望他是一个政治上强的人……请告诉他，不要忘了带蚊帐，否则受不了。夜里休息不好，怎能工作呢?”

柳青一片苦心和推心置腹的交谈，收到了很好的效果。青年画家按照柳青要求的那样，在皇甫村深入生活，当柳青看过草图后，异常欣喜地给我写来了一封信：“他在此二十天的活动，是令人满意的。这个同志有创造性，肯钻研，对工作认真，对人也诚恳，他很有希望做好这个工作。他对作品体会较深，物色模特儿还恰当。他的笔力还不够熟练，要多画几次，希望你们在画纸上给予协助。我希望我们这回给插图艺术走出一条路来，即使并不是最好的路，也算认真努过力的，不为形式而插图。如果对他有不够了解处，望予帮助解释。所有创造性的工作，精神成本较高，有时又难被人理解，有时会被误解；虽然不理解的人，大多是好心人，这是工作上的矛盾。”画家最后终于还是在技术上遇到了困难，柳青知道后，十分惋惜，来信表示：“画家修养很好，观察力也好。只是笔力还不强，我认为他能做好，应该争口气，画出一本好插图来。”

画家的笔力和功底，非一日之功可达到的。虽然《创业史》的插图落空了，但柳青并不甘心，“没有合适的插图，就先空着。”柳青仍寄希望于这位青年画家的提高。当《人民文学》、《中国文学》选载《创业史》部分章节时，还是柳青的提议，从青年画家完成的插图作品中，选发了大部分，借此机会征求专家意见，听取读者反映。从这件事也可以看出，柳青对青年画家的关怀、期望和等待……花了多少时间，用了多少心血，这种对待青年人的严格态度和负责精神，多么值得我们学习和怀念啊!

柳青对待青年人的热情和关怀，还表现在著名的长篇小说《红岩》上。一九六一年《红岩》出版后，我给柳青寄去一本。不久，便收到他的热情来信，信中写道：“在读《红岩》，有一些想法，很感兴趣，觉得这是很大的成就。这两个同志的第一本小说，就达到这样水平，的确是令人鼓舞的。一九六〇年你来皇甫村的时候，谈到的就是这本书吧！他们采取了近代手法，这证明生活赋予作家发挥才能的基础，使那些缺乏生活经验的文学名人相形见绌。可惜在一些最困难的章节里，作者没有坚持这种手法，调动和安排众多的同场人物，显出了低洼地带。我想这样要求第一次写长篇小说的人，也许是不合情理的。听说是你处理的这部稿子，很想和你谈谈。”柳青这里指的“低洼”地带，是指徐鹏飞、毛人凤设宴诱降许云峰的一些章节，以及围绕有关假释放刘思扬的一些章节。柳青认为：罗广斌、杨益言二人对小说《红岩》的构思是十分巧妙的，非常出色的，自始至终从人物描写着手，大多数章节都注意了艺术角度，只是在个别章节里忽视了这个问题，形成艺术手法上不够统一，出现了某些不够协调一致的地方，对一部基本成功的长篇小说来说，这是很可惜的。我把这封信的内容告诉了罗广斌、杨益言。后来，他们在武汉相遇，柳青高兴地祝贺他们，同时也十分坦率地把他的这些想法和意见和罗、杨二人进行了交流。他们作了长时间的交谈，双方都留下了很深的印象。一九六四年罗广斌、杨益言来京见到我时，还谈起这次会晤。罗、杨很有感触地说：“在我们接触的作家中，柳青给我们留下了最深的印象，他不仅艺术上造诣很深，而且知识渊博，理论水平也很高。他和我们的谈话，很深刻，有见解，对我们的启发帮助很大。”当时我和罗、杨还议论到这样一个问题：《红岩》出版后，赢得了广泛好评，作者和编者都很振奋，还没有来得及冷静地、全面地对小说的艺术技巧的运用进行回顾和总结，是柳青的及时指点和启示，使我们感到不仅要对《红岩》的写作和出版进行总结，还应该对《红岩》的艺术技巧的运用和艺术效果的反映也进行总结，为以后的创作提供有益的经验。

一九六四年在政协会期间，周扬来宾馆看望柳青，对他长期落户农村的生活方式，给予了充分的肯定；对新出版的《创业史》第一部给予了很高的评价。还对柳青说：莫泊桑、高尔基、鲁迅都培养出了成名的青年作家，你心目中可有对象，准备培养谁？柳青对周扬说：“时代不同了，我们今天这个时代，不再是作家个人去培养，而是火热的建设生活和当家做主的人民去培养。在今天，好石匠可以教出好徒弟来，但文学却办不到。世界上有一部分人是很杰出的，一定会冒出来的。旧事物在客观上是新事物的帮助者。文学和艺术一样，也是这个道理，专门去培养，不一定是很杰出的，而且客观上还不利于他们的成长，会助长他们的优越感、特殊化和骄傲情绪。在今天老作家的任务，一是要在深入生活上做出榜样；二是在写出优秀的文学作品上做出榜样，以自己的行动和作品，影响青年作者。”周扬非常赞赏柳青的见解，不停地点头，最后他建议柳青把这些想法写成文章，在《人民日报》上发表。

其实，柳青对青年作者一直寄予很大的希望，但同时他对青年作者的成长也要求很严，从不说过头话。相反，他倒说过这样的话：“最糟糕的是，对一些有才华、有前途的年轻人，采取庸俗的吹捧态度，吹捧涉世未深的年轻人，如果不是迟缓他们的进步，就是扼杀他们的前途。”他知心地提醒青年作者，“请注意，如果有人吹捧你的时候，你就该冷静地想想：他想利用你做什么，还是对你有所希图。”他以自身的体验对青年作者说：“三十岁以前是准备阶段，就是四十岁以前仍是准备阶段。成名早了不是好事。作家的主要工作还在四十岁以后。把自己估计得低一点最好，能使自己永不丧失信心，永远觉得自己有潜力可发掘。要知道，成名和成功不完全是一回事，成名不一定成功，成功一定成名。现在成名极容易，只要写出几篇像样的东西，杂志很多，印刷方便，一下就成名了。然而对艺术来说，名并没有多大好处，老老实实下苦功，这才是艺术规律。”“文学作品要强烈，要像酒精一样，而不能掺进去大量的水。”“一个作家没做到就别说。做到了，也就不用再说了。作家需要的是作品，而不是豪言壮语！”在和青年作者接触中，柳青特别强调。要读书，不仅读文学作品，还要读理论著作。包括：经济学、社会学、哲学、教育学、心理学等等，掌握理论武器，指导自己的创作实践，这和深入生活一样的重要，这样做，是很费时间的，很花精力的。任何一部作品，都是自己的一个世界，要进入这个世界，没有这方面的积累，就不能从自发走向自觉，就很难理智地分析问题，独立地思考问题，在复杂的社会问题和艺术问题面前，保持自己清醒的头脑和见解。柳青的这些话语重情深，发自内心；又耐人咀嚼，回味无穷！

一九七八年在柳青逝世的前三个月，他当时住在医院里，不时因为喘不上气来而休克过去，进行紧急的抢救。当时《延河》编辑部正召开短篇小说创作座谈会，参加会议的大多是青年作者，《延河》编辑部的负责人在向柳青转达与会者对他健康的深切关心和强烈思念之情的同时，希望他讲几句话，他们录下音来，放给与会者听。柳青同意了，他依然是“老调重弹”，以“生活是创作的基础”为题作了一个不长的讲话。这是柳青一生中作的最后一次讲话，也是他满怀真情和深情，对青年作者作的最后一次讲话。

柳青语重心长地对青年作者说，不要把借鉴和创造混为一谈。他说："中国有句俗话：'天下文章一大套，看你套得妙不妙。'这个话，对文学创作最有害不过了。初学写作的人，一定要培养独创精神，从一开始就培养这种精神。面对一种题材，反复地研究，创造出你自己处理这种题材的方法：尽管粗糙，尽管水平低，这是创作。如果是从别人文章中套来的，可能高明一些，但不是创作。如果是独创，由粗糙可以变得细致，由水平低可以变得水平高，到最后终于走出了自己的一条路来。如果是套别人的，不是自己的独创，写一辈子也是在别人的路上跑来跑去。所以既要分清楚借鉴跟独创的区别，又要分清楚借鉴跟模仿的区别。"在讲话结束时，他向青年作者忠告："谁是有出息的？谁没出息？我认为，谁老老实实地按照客观规律办事，谁就有出息。那些不尊重客观规律，随心所欲的人，终究是一事无成！希望你们在前进的道路上有成就。"这是柳青留给青年作者的最后遗言，寄托了他对后来者的殷切希望。

柳青对文学编辑讲过的许多话，都凝聚着他的思想精华和独到见解

"做一名文学编辑，要有坚忍不拔的进取精神。在编辑工作中既要有科学的分析，准确的判断，还应有坚定的信心，足够的勇气。有这样的精神和素质，才能在恶势力的面前，不低头，不卑躬屈膝，不上圈套，不听甜言蜜语，不论环境多么艰难险恶，都能坚守阵地，不后退一步。"这是一九七五年，我社刚刚恢复出书业务后，柳青来京躲病时对我说的话。

柳青是个重感情，重友谊，诚挚坦率，可亲可敬的人。二十年来，就我受的教益来说，他是我的良师；就我们之间推心置腹、愉快相处来说，他又是我最亲近的兄长。他对我的关心，我是终生不忘的。我在工作中做得对的，做得好的，他从没有当面赞许过。相反，他总是在关键时刻，提醒我，要我冷静谨慎，不要头脑发热。他不止一次地对我说，对人对事对自己，都要实事求是，从实际出发，懂就是懂，不懂就是不

懂，不要装懂，不要装腔作势。不懂装懂，就会受人敲诈勒索。在任何情况下，都要坚持党性原则，不要看来头、看气候，不要人云亦云、随风倒。文学这东西，决定于作品本身，不决定于外界的反映。高低优劣，要受时间的检验。任何不实事求是，不从实际出发的做法，受骗的是读者，倒霉的是自己！

"文化大革命"前，他还对我说过这样的话：你们主观上总想把作家写的东西都包下来。包下来的这种做法，既不科学，也不辩证，不利于出版事业的发展。一个能写出优秀短篇小说的作家，不一定能写出优秀的中、长篇小说；这一部长篇小说写好了，下一部就一定能写好，就能超过它?！对编辑来说，最重要的是对作家和作品的研究、分析、了解和判断。演员登台要进入角色，作家写小说要通过人物，当编辑重要的在于独立思考，在于准确的判断而不盲从。要有所抓，有所不抓；有所为，有所不为；心中要有数。不要以为约稿越多越能够团结作者，一时膨胀，常常会给以后的工作带来很大的被动，从长远来说，也许一个作者也没有团结住。

柳青对自己虽严格谨慎，但对同志却是真诚坦率，特别是经过他深思熟虑的一些精辟见解，会毫无保留地敞露在你的面前。一次，他对我说：你们社过去出了一些好作品，成绩不小。但我也要提醒你们，并不是都好。凡脱离群众、脱离实际的作品，不要出。不走群众路线，孤家寡人、自我膨胀式的英雄，不是社会主义文学描写的主要对象，这样的作品，没有什么意义，经不住历史的检验。文学作品中不能没有政治热情，这种政治热情，不是孤立的，是和作品中的人物形象和感情融为一体的，这样才会激励人，感染人，达到鼓舞人、教育人的目的。柳青把他讲的这些话，概括为三点，即：对现实生活的真情实感；对现实生活的深刻理解；适当程度的语言文字表达能力。他曾引用他写的一篇未发表的论文中的一段话告诫我们："粗糙零乱的构思，冗繁内容和平铺直叙的描写，人物刻画不讲究角度，场景描写不是通过人物的眼睛，而是客观罗列，意义不大的人物又过多，增加了许多不必要的细节……读这样的小说，不是一种美的享受，心灵的共鸣，而是一种沉重的负担，让人感到厌倦……你们出版社不要出版这样的作品，出版这样的作品，不仅损害了你们自己的名声，也把读者的胃口都搞坏了……"这是柳青四十年前说的话，重温他的话，还是很有警世作用的。

从二十世纪五十年代到六十年代，柳青虽然长期生活在农村，但他对新出版的长篇小说，特别是评论界关注的，大多找来看看，以使自己了解当前的创作水平和出版状况。“文化大革命”前，他在看过一些平铺直叙的长篇小说之后，很不安。写信给我：“古典之林的小说，哪里有平铺直叙的！平铺直叙，人物站不起来，更不要说能动人了。人物是平面叙述，场景描写肯定是静物罗列，平铺直叙的东西再好，也是公园里的假山，不是崇山峻岭。”但他在读过《林海雪原》、《三家巷》、《红岩》之后，却无比的兴奋和激动。他预言《林海雪原》会是“传世之作!”“这样题材的小说，曲波还可以写五部!”他在看过《三家巷》之后，对欧阳山的艺术技巧的精深和独到是很称赞的。他说：“似这样追求艺术技巧的作品，是十分难得的!”而对《红岩》他讲的就更多了。因此，他对我说过一段含意十分深刻的话：“一部长篇小说出版以后，能听到许多意见。有赞扬的，有反对的，有喜欢的，有不满的。这个时候，你就要沉住气，要有分析，有判断，有自己的见解。我始终认为，出版是一回事，评论是一回事，不要把两者等同起来。也许你们看中的书，评论界看不上眼，也许评论界给予很高的评价……不管出现了什么样的情况，都要沉着冷静，用心思考，因为评论高的作品，不一定都是读者最欢迎的；而在那些没有评论或评论不多的小说中，也许会有不少是为读者所欢迎的。遇到这种情况，怎么办?！怎么看?！听谁的?！我看还是听读者的。分析一下这本书，为什么会受到读者的欢迎，为什么会吸引读者，它在读者中引起的是什么样的反响?”柳青认为：一部没有艺术魅力的长篇小说，是不会吸引读者的。“什么叫艺术魅力？人们常说，如见其人，如闻其声，身临其境，引人入胜。这是艺术魅力产生的效果，文学作品的美丑、高低、粗细、好坏，除了思想深刻性和艺术形式美外，起决定意义的是：读者能否通过自己的精神感受与作品中的艺术形象同在，甚至在对象世界中忘记自己，在情节的发展中与主人公一起活动，这是生活的感受和艺术的感觉结合的结果，是长篇小说创作走向成熟的一个很重要的标志。”在谈到文学作品的思想价值和艺术价值时，柳青认为：“是由文学作品本身决定的。既不能幻想任何权威的批评家会给你们出版的文学作品增长上去艺术生命，也不必担心任何权威批评家会把某一作品的思想光辉和艺术光辉抹煞掉了。时间检验文学作品，同时也检验文学评论。时间永远帮助光明的、正确的、新生的力量愈来愈壮大，不管在成长中遇到什么样的挫折。要求所有的赞扬和批评都完全准确是不现实的。因为不准确的赞扬而发展了不好的倾向，因为不准确的批评而改变了好的计划，这当然令人惋惜。但这也可以理解是作家和编辑经历中难以避免的现象，也可以理解是作家和编辑逐步走向成熟的过程。”

有一次我和他谈起编辑的追求。我说：编辑的理想，莫过于编出一部在社会上有广泛影响的传世之作。柳青听了连连点头，深有同感地说：“这不容易，人有理想，有追求；编辑也不例外，当然也有理想，有追求。文学没有吗？也有！文学是科学与理想的结合，科学是对现实和未来进行研究和探索。理想是目的，是追求、探索的成果。文学源于生活，重要的在于艺术实践，而完成这种艺术实践的是技巧。为什么有些作品读起来让人感到轻飘飘的？原因就是不是源于生活。虚构、编造的东西，从来都是没有生命力的。文学这个东西，是弄不得假的。好比一个驴子驮得动的东西，就不要用大骡子、大马来驮；同样，是个驴子，也不要把它写成个起重机。任何一部优秀作品，包括你说的‘传世之作’都不是专家、编辑和作家本人自封的，至少要经过五十年的考验，才能看出个结果。”源于生活，不断实践，讲究技巧，以质取胜。这是柳青四十多年前说的话，然而却实实在在地道出了长篇小说创作和出版的真谛！

这一次，我们还谈到了文艺与政治的关系。柳青说：社会上对一个戏，一部电影，一本书的评价，常常是从思想内容、社会意义、政治效果等方面的反映，对作品进行这样或那样的评价。我们是革命的功利主义者，对这样的社会现象是允许的，也是能够接受的。但文学创作本身，有它自身的规律。对作家来说，只有一个要求，就是内容和形式的统一。首先考虑的是艺术，因为文学创作，不同于社会科学，不同于自然科学，是一门艺术科学。艺术为政治服务是肯定的，不能把艺术与政治割裂开来，难道艺术标准之中就没有政治了吗？艺术标准本身就包括了政治思想内容。一个作家的立场观点，是通过他的思想感情表现出来的。而思想感情(包括他的激情、深情、亲情、爱情)决不是听他嘴里如何说，而是看他的作品。更确切地说，看他作品反映现实的倾向性和深刻性。思想感情是艺术作品决定性的因素，为了表达一定的思想感情所需要的艺术技巧，也首先是作家、艺术家精心研究生活的结果，艺术技巧是为了表达自己火热的真挚感情而迫使作家、艺术家钻研出来的。同样，在美学上，艺术形象和思想也是分不开的。艺术把思想变为感情，变为拥护和反对，喜欢和讨厌，亲爱和仇恨的感情；变为兴奋、愤怒、疲劳、饥饿等不同的感觉；变为行动的特点，思考的特点，说话的特点和外貌的特点；所以艺术不仅包括了个性特征，生活特征，心理特征，生理特征，也包括了社会意识特征。没有艺术典型不是把感情变为活生生的行动，变为声音和画面，变为具有各种不同特征的个性……艺术决不是孤立的，它是以它的特殊方式，为它所认定的政治服务的。社会主义的文学，当然要为社会主义的政治服务。作为文学家个人来说，不管他自觉不自觉，他必然是从属于一种政治，一种信仰的。问题是这种政治，这种信仰，是时代最进步的政治，是社会最先进的政治，是群众最拥护的政治，而不是少数野心家的政治，这就是社会主义文学的党性原则，这条界限是不能模糊的，必须划清楚。如果把社会主义的文学，变为"少数政治家的政治"工具，就一定会脱离人民群众，而且也背叛了作家、艺术家的良心！

这里，柳青提出的美学思想，艺术规律，文学特征，创作原则，无疑都是十分重要的理论问题。在这期间，他还写了好几篇理论文章，谈自己的见解与看法，他对自己的这些观点，经常讲，从来是不隐讳的。一九六四年他在《延河》编辑部召开的一次会议上，公开阐述了这些观点，"文学事业的特点，决定了它是以质取胜的，要质量第一。"他这里讲的"质量"，既包括了作品的艺术感染力，也包括了作品的政治思想的意义和价值。如今我们已经不再提文学为政治服务这个口号了，但作为一种社会的、历史的文学现象，还是值得回顾和进行科学的总结的。

柳青对陕西作协主办的文学刊物《延河》一直是非常关心，非常支持的。在他分工主管《延河》编辑工作时期，他提出了一套办刊思想。如"办刊物主要依靠作家，每个专业作家都是一门重炮，要和作家搞好关系。""刊物是作家的阵地，主要是发表作品，要坚持质量，宁缺毋滥，稿件质量不够时宁可减少页码，也要以质取胜。""文学事业光靠豆芽菜不行，要有大树才行。"正因此，他常常亲自审阅稿件，石鲁写的文学剧本《暴风雨中的雄鹰》，王汶石写的《少年突击队》就是他终审后批准发稿的。从《延河》一九五六年创刊到一九七八年柳青逝世，《延河》编辑部的上上下下与柳青有着亲密的往来，有很深的感情，以致在他逝世后，《延河》连续发表多篇悼念文章，寄托他们的哀思。

在柳青的一生中，特别是在他的中、后期，他把最大的精力，花在长篇小说《创业史》的创作上，但柳青并没有埋头写作，他还是抽出不少时间，或到群众中去调查研究，或在家中接待来访者，或出席有关的会议，或浏览书界叫红的长篇小说和研究文学界提出的新口号、新观点。他不是理论家，他也没有留下理论专著，但他围绕文学创作问题，做过的一些报告，写过的一些文章，讲过的一些心得感想，在这些发表的和未发表的文章里，凝聚着他的思想精华和深刻独到的见解。

就以柳青三个学校的理论，即生活的学校、政治的学校、艺术的学校，这是文学界许多人都知道的。他把"生活的学校"放在第一位，他认为"生活的学校"是作家最基本的学校，"生活培养作家，生活改造作家，生活提高作家。"他认为：对作家来说，重要的是"亲身的感觉，""因为文学的第一特征是形象，形象是离不开感觉的。"而生活能够增强作家的感觉能力。作家在现实社会的生活中丰富自己，只有生活丰富了，写出的作品才能丰富。不可能设想，一个生活贫乏的作家，能写出丰富多彩的作品来。

柳青说的"政治的学校"是有他独特的角度和定义的。他认为，作家不能脱离社会，脱离人民，这就是政治。所以他强调作家要看报，要了解国内外发生的大事，要学习社论，要知道中央精神和现行政策，使自己具有政治眼光、政治头脑，不能两眼一摸黑，为艺术而艺术。

至于"艺术的学校"，他认为对作家来说，是最重要的。作家一定要加强艺术学习，学习古今中外的典范作品和优秀作品，丰富自己的文学知识，借鉴描写手法和形成自己的艺术见解，培养在生活中的艺术感觉能力，从而提高自己的艺术修养、艺术技巧，进行艰苦扎实的艺术创作实践。

"三个学校"的理论是柳青终身强调的内容，多次见诸于他的讲话和文章中，他是这么讲的，也是这么做的，一生身体力行。

柳青在讲"三个学校"的思想同时，还讲过"六十年一个单元"的思想，"文化大革命"中有人批判他这两个观点。说他把"生活的学校"摆在首位，把“政治的学校”摆在后边，是否定政治挂帅，不突出政治。对于“六十年一个单元”批得就更没边了。说他不要世界革命，只要写小说。六十年什么也不要干，就搞一件事——写小说等等。对于这种简单、幼稚、偏激、片面的理解，柳青是毫不客气的。他说，这样的“批判”不能说服人。我说的是学习啊！学校啊！难道一个人，不懂生活，就懂得了政治吗？总是先懂得生活，尔后才能懂得政治。如果脱离生活，那政治也是空的。至于“六十年一个单元”这是文学自身的特点和规律。我的意思是说：文学是一种终身事业，要勤勤恳恳搞一辈子，要精益求精，不能见异思迁。这正是毛主席在《纪念白求恩》一文中所提倡的精神，不对吗?!

柳青逝世三十年了，重温柳青“三个学校”和“六十年一个单元”的思想，就觉得他言中了文学创作的核心和要害之处。

柳青这些经过深思熟虑的话，虽然隔了许多年了，但我始终铭记在心。这是因为我觉得他讲得太深刻、太重要了。多少年来，我常常在编辑工作中，想起他说的这些话，每每在这个时候，我就更加怀念柳青！

围绕重评《创业史》的论争，让人们对《创业史》的认识更加清醒，对柳青的认识，更加全面

粉碎“四人帮”，《创业史》得解放，第一部和第二部(上卷)相继出版，一时间在读者中引起强烈的反响，大量的读者来信，有如雪片一般飞向作者，飞到出版社，表达他们对《创业史》一往情深和对柳青的怀念与热爱。

一九七七年来自祖国东西南北中的读者来信，是那么火热、赤诚，充满真情，感人至深的。对柳青和他的《创业史》来说，是来自人民群众之中的最直接、最朴素的肯定，对出版者来说则是让我们终身不忘的最大鼓励，最大鞭策。

一九七八年六月柳青逝世的消息在各大媒体报道后，大量读者来信又一次涌向出版社，多数是对柳青病逝表示“沉痛哀悼，”认为这是中国文学界的一个“惨痛损失，”“无法弥补的损失，”对未完成的《创业史》，表示“非常的惋惜。”同时对“四人帮”对柳青的摧残迫害和剥夺他近十年的写作

时间的罪行，又一次表示出巨大愤慨和强烈的谴责！

有的读者认为，《创业史》虽未完成，也是一块未竣工的艺术丰碑，建议出版社尽快出版第二部下卷。有的读者建议出版《柳青中短篇小说集》、《柳青演讲、论文、书信集》、《柳青文集》。不少读者还提出：希望保留长安县皇甫村的柳青故居和墓地，以供后人瞻仰凭吊。

与广大读者相比，文学界、评论界则冷静多了。自一九八〇年开始就在一些报刊上见诸重评《创业史》的文章，到一九八一年十一月召开的"《创业史》及农村题材创作学术讨论会"上两种截然不同的观点就公开化了。

一种是对《创业史》的思想艺术成就基本上持肯定的态度，肯定它在文学史上的地位，肯定它的出版标志着我国现实主义文学新的发展。对土改后到农业合作化初期的农村生活作了本质上的反映，比较深的揭示了历史发展的进程，塑造了一群自觉走社会主义道路的农村新人形象。

另一种认为，随着国家政治、经济生活的改革，特别是农村经济政策实行新的调整后，农村中的现实生活有了巨大变化。也就是从过去的互助组、农业社到人民公社，到而今实行的生产责任制，包产到户，允许一部分人先富起来，从经营管理到分配制度都有了重大的变化。有的认为：《创业史》中的"三大能人"，如果放在今天，可能是当代明星，因此，也应对《创业史》重新进行评价。

就我所知，柳青对农业合作化运动是衷心拥护的，但同时他又是非常了解农村实际情况，一切从农村的实际出发。在《创业史》第一部里，他一再强调互助合作化的优越性应该表现在发展生产力上，"靠枪炮的革命已经成功；靠优越性、靠多打粮食的革命才开头哩！"这是柳青的思想和认识，也是《创业史》第一部的主导思想。在第一部展开的父子矛盾、家庭矛盾、党内矛盾、不同阶级、阶层人物之间的矛盾，都是在这个大背景下产生的。柳青是一位诚实的现实主义作家，一位忠实于生活的作家，农村中的实际和在他头脑中形成的观念，与党的现行政策、路线相矛盾时，他依然没有违背自己的良心，不得不变换形式，客观地表达自己不愿意表达的内容，始终坚守自己的艺术领地不被侵犯。《创业史》的第一部包括"题序""一至三十章"和"第一部结局"三个部分，细心的读者，凡看过第一部的都能明显地感觉到，在小说的结构上"题序"和前三十章主要写互助组的建立、成长的矛盾，整个的结构是十分完整的。到“第一部结局”猛跳到一九五五年底，急匆匆地交代了灯塔社的成立，此时梁生宝的互助组并不稳定、稳固，他的优越性和生命力刚刚开始显露一点，只是因为“在宣传总路线的声浪中，就呼啦拉地联了社，”“像动员好了的军队一样”建立了灯塔社。这是生活真实、历史事实，很明显柳青在小说中是有所保留的，他没有像“题序”和前三十章一样，用生活的画面和人物形象去作艺术的充实，而是大段大段地引述当初中央下发的文件，特别强调文件中规定的“按照农民自愿的原则，经过发展互助合作的道路，大约十五年左右的时间内一步一步地引导农业过渡到社会主义的方针，”实现农业合作化的进程。现在在批判“保守主义”、“小脚女人”的所谓右倾思想后，一下子就掀起了农业合作化高潮，打破了“十五年”计划，一夜之间就进入了高级社，显然是有违原来的决定，对此柳青是有看法的，所以他宁可使联组建社成为一块空白，也要保持第一部形象的纯洁性。这样的不协调的构思，正反映了柳青政治上成熟和艺术上坚守现实主义阵地，巧妙地“立此存照”，抵制一系列“左”的做法的意思。这就是“题序”和前三十章与“第一部结局”留给我们脱节、割裂感觉的原因所在。遗憾的是，柳青早逝，如果他身体健康的话，我们便可以从《创业史》二部、三部、四部中的具体描写中，看到他如何评价合作化、公社化，如何对待“极左风”，现在我们只能根据他已经写出的这部分进行分析了。

《创业史》第一部可以这么写，但生活在皇甫村中的柳青是无法回避眼前的现实生活的。当时中央关于农业合作化高潮的精神已经下达到农村，他已不能公开地表示自已的看法，只能在干部中灌输从实际出发的实事求是的思想；提醒干部千万不能盲目蛮干，让互助组、初级社的一片大好形势受到影响；不要把农村的生产力估计过高，把农民的积极性估计过高，把增产的幅度估计过高。他形象地用火车和牛车相比，他问干部：“火车快，还是牛车快？”干部说：“火车快。”柳青问：“为什么？”干部说：“火车那么快，放一杯水都不会洒。”柳青说：“火车快是快，可要出了轨，翻了车，谁能扶起来，损失太大。牛车翻了，好扶起来。”这里柳青说的都是他心里的真实想法，后来的大跃进，浮夸风、共产风造成的人为损失，不正说明这个后果吗？！柳青不仅仅是以一个作家的身份去农村深入生活的，而且还是以一个工作干部、一个普通劳动者的身份深入生活的。他从建立互助组开始，八年如一日，深入第一线，以各种各样的方式深入生活，到农民的家里去，到田间地头去，和他们谈天说地，谈生产、谈生活，了解他们的生产、生活状况，了解他们对互助合作的想法和态度。皇甫村最早建立起来的王家斌互助组，他亲身参加，一直搞了三年，组内十来户人家，谁哪天干什么活，发生了一些什么事，他都知道。在互助组初建阶段，在面临垮台的时候，柳青就去帮助王家斌他们，从白天忙到天黑，又从天黑忙到天明，常常通宵未睡，终于使互助组，有了转机，不仅生存下来，而且比较稳固了。《创业史》中的人物所以刻画得那么生动逼真，那么深刻感人，与他是生活的直接参与者，不是生活的旁观者有密切关系。无疑柳青是一位专业作家，但在柳青的头脑中，他考虑的从来就不仅仅是文学问题，当然文学创作是他的正业、本业，但国家的发展，人民的生活，一直在他的心中占据着重要地位。在三年经济困难时期，为了巩固集体经济，帮助农民饲养好耕畜，柳青组织干部、群众集体讨论，最后他执笔写了一本《耕畜饲养管理三字经》小册子。《三字经》发表和出版后，农民们拍手叫好，受到热情欢迎。同时在文学界也引起了不小的反响。一位文艺评论家撰文写道："也许有人觉得，像《三字经》这样的东西，无论如何没有《创业史》伟大，作家柳青实在不应该让这些东西耽误了他创作伟大作品《创业史》的时间。作为一个革命的作家，在生活中，在群众中，就应当有这种编写《三字经》的精神。这是一种关怀群众生活的精神，一种为人民服务的精神……《创业史》中所体现的精神，乃是他在生活中为群众服务，为群众编写《三字经》的一种合乎逻辑的深化和发展。"而对于生他养他、长期工作过的陕北贫瘠的生存条件和不得温饱的生活状况，他一直挂念在心中。有两件事让我永远也不会忘记，第一件是：一九七二年五月柳青刚刚从不断犯病的十分恶劣的生存环境中走出来，他就针对不顾陕北客观地理条件，整齐划一地都要"以粮为纲"这种不从实际出发，不因地制宜，不区别对待的简单生硬的做法，提出意见。他不考虑当时他的身份和处境，直接给周总理并国家计委写了一份报告，题为"建议改变陕北的土地经营方针，为将陕北建设成我国的先进经济区而奋斗"的报告，在这份报告中，他大胆地否定"以粮为纲"的方针，提出"陕北地区不适宜着重发展农业生产的看法。"他说，水利是农业的命脉，而陕北是全国出了名的十年九旱地区，在相当长时间内，没有能力和办法，从根本上改变这种自然条件，他并且从地域、地理上的特点，进行科学分析，指出：陕北高寒，无霜期短，只能种植生长期不长，产量低的粗粮作物；春季风多，禾苗很难生长，常常冬小麦籽种都收不回。每年都平整土地，兴修梯田，但在干旱问题没有得到解决时，只能是浪费大量的劳力和生产的投资，使生产成本越来越高，农民负担越来越重，农民的生活越来越苦。根据陕北的气候、土壤和地形，以及经济地理条件，经过多年的观察和研究，他认为陕北是一个天然的、理想的苹果产区。对此，他从科学上作了深入的论证，诸如：苹果不怕旱，只是幼苗种植时需要浇水，稍大时根部延伸到生土层，就不需要浇水了，而且陕北冬季严寒，各种虫卵不能过冬，暖季果树基本不需要打农药，既降低了生产成本，又保持了苹果天然质量，这是胶东，辽东、辽西苹果产区都做不到的。陕北是中国有名的丘陵地带，坡地既通风透光，又避免枝叶拥挤，最适宜苹果生产。挖鱼鳞坑种植树苗，随着根部发展，鱼鳞坑也逐渐加大，坑坑相连，形同梯田，既便利施肥，又起了水土保持的作用。所以他建议把陕北建设成一个先进经济区的园艺基地，一个世界级的苹果园。对于那些不适宜种植苹果树的山峁、山梁，可以植桑养蚕。采桑养蚕的季节正是果树活路不多的时候，两种作业，正好在气候、土地、劳力三方面相互补、相适应。而桑树更新下来的老枝、桑皮造纸制箱，装出口苹果；桑枝编筐装内销苹果，两种经营互相衔接，和谐互补。对于为数不多的好的谷地，兴修水利，种植粮食和蔬菜。太差的谷地，种植牧草，喂养大牲畜。这样坡地——山梁地——谷地，果树——桑树——粮食蔬菜——牧草，因地制宜，各有所得，形成陕北经营土地最理想的经济地理面貌。

柳青对自己的设计，充满信心，他说：经过四到五个五年计划，陕北的经济关系的基础就变了，从贫穷落后的农业区，走向现代工业城市，延安、绥德、榆林的酿酒、丝织、造纸、罐头、毛织、皮革、水泥等工厂会很快发展起来。随着经济的发展，陕北的地下资源——石油、煤炭，也将被开采。黄河的水力资源丰富，兴建水电站，开发电力资源。新建扩建的铁路干线，又会打破陕北与内地隔离或半隔离的状态。随着经济结构的改变，园艺、蚕丝、电力、机械、建筑各业的高等教育学府和中等技术学校也会应运而生，为本地各行各业的需要，培养专门技术人才。

柳青对于陕北经济发展的这一套想法，早在一九五五年就已经形成，当时他曾把这些想法，写成书面材料，送给中共陕西省委第一书记。第一书记没有看到柳青的原件，便被秘书转给省委农村工作部。一九五七年柳青见到第一书记本人，问及此事，第一书记甚是重视，当即查问，但原件已经找不到了。当时柳青正在写《创业史》第一部，无暇多想这件事。“文化大革命”中柳青受审期间，他因病不能参加劳动，在呻吟床第之余，又想起这件事情。同时从陕北老家来西安探望柳青的亲戚的口中，知道那里连年干旱，集体经济十分困难，人民生活十分艰难，柳青听了心情非常不安，使他又一次重新认真考虑这个建议。柳青说：“我自信为了人民，绝无私念，更无其他意图。所以我敢于给周总理和国家计委写这份建议。”

从这里也可以看出，在陕北长期生活中，他认真地观察和研究了陕北地区的气候、土壤和地形的特点，才提出这个酝酿已久的改变陕北土地经营方针的建议。这个建议从实际出发，又有科学根据，受到人们重视。只有一个真正属于人民的作家，才会写出这样关心人民利益的建议。另一件事是：在柳青逝世前的几个月，党中央在京召开有六千多人参加的全国科学大会。重病中的柳青，在病房中通过收音机听到了有关大会的每一条消息，他无比地兴奋，激动中他铺开稿纸，以“我要参加新长征”为题，写出了他对党中央发出的新时期新长征号召的热烈响应。

我在医院的病床上，通过收音机注意听着有关大会的每一条消息。当听到邓小平同志重要讲话的摘要，我的心情再也不能平静。关于两类劳动者的关系，关于红与专的关系，关于政治与业务的关系，以及关于如何领导科学技术革命，尊重专家和自由讨论……邓小平讲得多么透彻呀！逻辑力量是多么使人信服呀！马克思主义，毛泽东思想的原则性在这里具有了活生生的生活气息。我从这篇讲话里受到期待已久的鼓舞。

新的长征使人想起过去的长征。一九三四年十月到一九三五年十月，从江西中央苏区到陕北的战略大转移只用了一年多的时间，一九四九年中华人民共和国成立的时候，毛主席说：是万里长征走完了第一步。我领会这个意思：这个长征的精神就代表了过去二十二年武装斗争的整个历史时期。在那个历史时期里各种错误路线，特别是王明路线，张国焘路线给我们党造成了惨痛的教训，同时也大大地提高了我们党的觉悟水平。我记得清清楚楚，我们这些普通党员是怎样逐渐普遍对中国革命有了正确的认识。在长征中确立了毛主席在党中央的领导，经过十几年的斗争，终于使我们的党变成了毛泽东思想武装起来的有成千上万党员的执政的大党。

新的长征开始了一个新的历史时期。我自己亲身参加了变革所有制的斗争，亲身体会了“极左”路线，特别是林彪、“四人帮”给我们党造成的惨痛教训。和上一个历史时期一样，这些教训大大地提高了我们党的觉悟。我相信，在今后的二十几年里完成我们伟大祖国的四个现代化的同时，也完成了我们党民主管理国家的进程。在我们这样的国家里，十几年来在农村基层生活的体验，使我深切地感到要把物质生产和社会意识分隔开来，这是绝对不可能的。只能是人民觉悟普遍提高，全国上下有一个共同目标，才能真正达到我们的目的地。粉碎“四人帮”只有一年多，我们国家的政治生活就有了这么大的变化，前进了这么远，使我这个病人惊喜不已。我多么渴望加紧工作，和大家一起前进。

柳青本是一个颇能联系群众，又深为群众喜欢接近的人。他坦诚的性格，豁达的胸怀，敏捷的思维，清醒的目光，使他在人生路上，决不随波逐流，在功名利禄的争夺中，能超然解脱自己；无论是身处险境，还是身处恶境，不惊不馁，不卑不亢，一身浩然正气。虽然也有一些人不喜欢他，甚至他也得罪过一些人。但他赢得更多人的理解、拥护和赞佩。“文化大革命”中受冲击，遭批斗的是他，但最让人关心和惦念的，最受爱戴和尊敬的也是他！

中国农村经济政策实行新的调整，是二十世纪八十年代全面铺开的，从互助组、农业社到实行生产责任制，允许一部分人先富起来；从原来禁止包产到户到允许包产到户；从经营管理到分配制度都有了重大变化。这样的政策，在当时是最得人心的，是解决当时农村中广大农民彻底摆脱贫困和饥饿，走向温饱和富裕，实现增产增收，最妥实的办法。实践的结果也证明，在短短的几年中，农民的利益，在农村的经济体制改革中速见成效。

随着经济的发展和大西北的变化，在改革开放三十年后的今天，对中国农村和农业的认识已经发生了巨大变化，在今天已由一部分人先富起来，走向全民富裕；由民富论，走向国富论。这个根本目标的变化，让我们认识到，八十年代初曾经使农民有了很大变化和发展的一家一户单独经营的模式和分配方式已经滞后了，在农业现代化、产业化、市场化的进程中，暴露出了自身难以克服的局限性、制约性，而超家庭联合的趋势越来越显现出它的优势和强势。尤其是在扩大生产、经营的规模、融资引资，应对农业产业化、工业化、市场化的挑战，率领农民建设现代化的新农村时，人们就发现当今社会太需要梁生宝这样为农民信得过，公正、公道、无私、能干的带头人了！人们也越来越感觉到柳青和他的《创业史》塑造的这个坚决带领农民走集体化道路的梁生宝存在的价值！也就是在这样背景下，有人著文问道："我们在什么时候失去了梁生宝？"有人发出："寻找梁生宝"，"重读《创业史》"，"柳青魂兮归来"的呼唤！

柳青是一九七八年逝世的，仅六十二岁，至今整整三十年了；《创业史》是一九六〇年出版的，至今也已经四十八年了，人们没有忘记柳青和《创业史》。一九九六年七月，陕西省委宣传部、省作协、省文联、西安市文联、长安县政府隆重召开纪念柳青诞辰八十周年大会。参加纪念活动的有作家、艺术家，有柳青生前的友好和亲属，还有长安县、皇甫村曾与柳青朝夕相处的干部和农民代表。二〇〇七年陕西省作协又一次修葺了柳青的墓碑、墓地，成立了柳青文学研究会，并设立了"柳青文学奖"。在柳青逝世三十周年的时候，这些现象的出现，既是对柳青的追思和纪念，又是对一个崇高的革命者，一个人民作家的肯定和怀念。既说明柳青在中国文学史上不可缺的历史地位和存在价值，也说明人们对《创业史》的研究越来越深入，越来越认识到这块未竣工的艺术丰碑的不朽之处。

梁斌心中的《红旗谱》、《播火记》、《烽烟图》

著名的老作家梁斌的《红旗谱》、《播火记》、《烽烟图》三部长篇小说要出版精装豪华本，每部书的前面还要印一张作者本人的照片，梁老邀我到他家去选，我高兴地答应了下来。一九九四年九月十日一早驱车赴津。上了全封闭的京塘高速公路，一路顺风，仅四十分钟，就到了天津市区，不到十点就到了梁老的家。梁老住一栋旧式小楼，楼虽古老，但几年前修葺一番之后，显得更加庄重古朴，更加耐看了。

梁斌的夫人帼英大姐告诉我："梁老已住院多时，知道你今日来津，特向医生请假回家会你。"听了大姐的话，我很不安，高龄的梁老有心脏病，怎能让他回来看我?！我当即站了起来，说道："不要了，我这就去医院看梁老。"大姐说："一早已派车去接他，估计快回来了。你坐吧，这是老头的决定，中午他还要和你一道吃饭。"

坐在梁老的会客厅里，百感交集，对这间会客厅，我并不陌生。它是梁老的会客厅，又是梁老的书房和画室。在这间屋，梁老完成了《播火记》、《烽烟图》和《翻身记事》几部长篇小说的创作。写累了，他就把稿纸推到一边，铺开宣纸，写字画画。梁老常说，他把写小说看成"劳"，把画画看成"逸"，"写半天小说挺累，画半天画，就像做个梦一样，一点也不累，还挺舒服的。""写累了，我就画几张画，写几幅字，画好了，写好了，那高兴劲儿，就像完成了一部长篇小说一样。"以后随着孩子们工作、结婚，陆陆续续地都搬出了这栋小楼，住房开始显得宽敞了。现在他的书房、画室搬到楼上，这间屋，就专门用来会客了。

这时候，帼英大姐拿出了一些照片，那是一九九四年四月十八日梁老八十华诞暨文学创作活动六十年时，由天津市文联、天津市作家协会、天津解放区文学研究会、天津延安精神研究会和梁斌文学研究会联合在天津乐园宾馆举行的“庆祝梁斌文学活动六十年研讨会”上拍摄的。一见这些照片，五个月前的往事又一幕幕在眼前出现了……

回首往昔，最难忘的是农民父老的小米、渔船和热炕头。“豪气文章红旗谱，多情书画白洋淀”概括了梁斌一生的文学生涯

一九九四年三月，梁老向我发出邀请，信中有这么几句话：“四月十八日各方朋友来津庆我八十寿(我活得不容易!)，同时，梁斌文学研究会成立，你要来。”手捧梁老的来信，心里很不是滋味，这“活得不容易”几个字，字字千斤，包含了多少内容！这里有战争年月他的艰险传奇经历；有面对两面政权，他机智巧妙地运用灵活的策略，降服敌人，坚守阵地的事迹；有事业上受过的挫折和打击，感情上蒙受过的委屈和凌辱；有对至爱亲朋悲惨命运的痛楚和“文化大革命”中留给他的一道道深深的伤痕……梁斌是一个意志坚强的人，同时也是一个感情无比丰富的人，他爱憎分明，喜怒形于色，从不掩饰外露的感情。但也有例外，那就是对他自身遭受的内伤和隐痛，总是深藏在心中，默默地以巨大的毅力承受着……一生的坎坷只化作信中的“我活得不容易!”这寥寥几个字，包含了多少耐人回味、让人心酸的回忆啊!

我如约于四月十七日赴津，同行的还有中国青年出版社总编辑陈浩增和《追求》杂志社副主编傅小北。在离京的前一天，我们到新侨饭店“三宝乐”给梁老订做了生日蛋糕，买了一些适合老年人服用的保健品。到天津乐园宾馆报到时，见到帼英大姐，她要我们不要外出，梁老就要到宾馆来看望大家。在这个大喜大庆的日子里，谁都想亲自对梁老说上几句祝贺的话。一会儿梁老来了，他满面红光，走路握手依然是那么坚实有力；他衣着平常，但十分得体，留给人们的印象依然是一个朴实、憨厚的老农民的样子。

我们走上前去和梁老握手，祝贺他八十华诞，祝他健康长寿，捧出我们从京城带来的礼品。这时我才想起梁老患有糖尿病，是不适宜吃蛋糕的，但梁老却高兴极了。他紧紧地握着我的手，拉我坐在他的身边，问我的糖尿病状况，血糖多少，尿糖几个加号，有什么不舒服的感觉？他问得详细，问得具体。当他听完我的汇报后，他笑了，大声地说："你这是轻度的，好控制，不怕！这病，我得了二十多年，这不好好的吗?！糖尿病就是两条，一是注意控制饮食，二是坚持天天服药，没事。"说这话时，周围有许多人，他旁若无人，只和我一人说话。一双温暖有力的手，始终紧紧地握着我的手不放，一脸慈祥亲切感。我知道老人家关心我，在开导我。"开完会，到家去坐，我再和你谈。"说着梁老站起来拉我们一起去餐厅吃饭。吃饭时，他要我坐在他身边。众多的来宾一一上来向他祝贺，和他握手、碰杯。我高兴地对他说："梁老，今天我可要喝酒了。"他爽快地说："喝吧！"刚端起酒杯，老人又说了一句："就喝一杯。"这一席饭，酒虽然喝得不多，但饭吃得十分畅快。与梁老相处，他总是那么知心，让我畅快，有说不出的高兴。

梁斌在写作

第二天，庆祝梁斌文学活动六十年研讨会开幕，因为又欣逢梁老八十华诞，喜气充满会场的角角落落。这样的会，我参加多了，但似祝贺梁老这么隆重热烈，还是不多见的。宾馆的大厅摆满了祝贺的花篮，一条醒目的横幅"庆祝梁斌同志文学活动六十年"高悬在上，两侧立柱上，一边写的是"豪气文章红旗谱"，一边写的是"多情书画白洋淀"。走进二楼会场，来自京、津、冀二百多位文艺家和梁老的亲朋好友济济一堂，欢聚津门。主席台上挂满了画家、书法家送给梁老的画轴和条幅，有一百多幅。一幅幅都是画家精心制作的上品，十分引人注目；一首首饱含真情的贺联，让人赞叹，感奋不已。在众多的发言中，有对他半个世纪的追求与奋斗、工作与写作的赞颂，有对他文学创作上取得的不朽功绩的高度评价。方方面面热情洋溢的发言和来自祖国四面八方的贺信贺电，都发自内心地祝愿这位可亲可敬的老人笔健常新，健康长寿。我这时不由得想到，梁老为人善良，他把友情看得很重，绝不嫉贤妒能，绝不持门户之见，不同风格、不同流派、不同年龄的同行，都与他结下了真诚的友谊，梁老对大家推心置腹，肝胆相照，大家更尊重和爱戴梁老。

在热烈的气氛中，梁老也显得有几分激动，他用那宽厚洪亮的嗓音，满怀深情地答谢大家的祝贺："我永远也忘不了农民父老，在几十年的战斗生活中对我的影响和教育。不能忘记八年抗战和解放战争中，广大农民父老不怕牺牲他们的身家性命，献出他们的一切；不能忘记吃了他们多少小米；不能忘记坐了他们多少次小渔船；不能忘记睡过他们多少次热炕头；更不能忘记领导人民浴血奋战的八路军战士，没有他们对我的教育，肯定没有我这个梁斌！"凝重深沉的讲话，没有讲稿，冲口而出，全都是发自老人肺腑的心声！梁老的炽热真诚、气度恢弘的讲话，让与会者心潮澎湃，热血沸涌，感人的气氛和热烈的掌声，让我的心在激荡！一个多么好的老头啊！在战争年月，他是一位有胆有识的英勇战士；在和平时期，他是农民的忠诚儿子。家乡的山山水水，家乡的父老兄弟姐妹，永远在他的思念之中……他对祖国、对人民、对家乡、对他追求奋斗的文学事业的激情和深情，似汹涌的海涛涌进了每一个与会者的心田！

这时一阵门铃声把我从往事的思绪中唤醒，接梁老的车到了。我赶忙站起来，想迎出去，但我还是慢了半拍，梁老先我一步走进门来，一见面，他大步向前，很有气势地伸出双手，大喊一声："你好啊！"字正腔圆，嗓音宽厚，活脱脱像个京剧表演艺术家登台亮相，哪里像个刚从病房走出来的八十老叟啊！一瞬间，我想起五十多年前，梁老曾担任过新世纪剧社社长，当时为了宣传抗日鼓动抗日，梁老亲自登台演过京剧。梁老喜爱京剧，这是他的许多老朋友都知道的，梁老常常在话语言谈中不自觉地就谈起了京剧，京剧的表演、唱腔、手势、眼神，他都行。今天我俩相见，从他的举止动作表现出，他高兴啊！梁老的亲情，让我热血沸腾，梁老的深情，让我激动不已！

黄胄说："梁斌的画，充满激情和希望，散发着时代的书卷气，表现意象凝重厚朴"

还是在一九九一年的夏天，我和《中华儿女》杂志副主编杨筱怀应全国青联常委、著名针灸专家张大千先生的邀请，到天津访问。期间我提议去看看梁老，筱怀欣然同往，并且兴冲冲地买了一个特大西瓜，作为见面礼抱给梁老。我知道梁老特别爱吃西瓜。为吃西瓜还闹出了不少故事哩！一九三九年夏天，梁老在河北蠡县县大队当政委，也算个不小的官了。他住在一个小学校的两层小楼上，这天梁老的挚友刘光人来看他，梁老非常高兴，买了一个西瓜招待他，两人一人一半，用手抓着吃，小楼有前窗没后窗，天气又闷又热又不通风，两人吃了一身大汗。梁老说："咱们全脱了吧！"于是俩人脱了衣服坐在地板上吃西瓜，刚好妇联的一位女同志跑上楼来谈工作，吓得尖声叫着跑了下去。而梁老和光人在这一惊之后，反而开心地哈哈大笑起来。

梁老见我们抱个大西瓜进来，格外高兴。这一天我们谈得最多的是画，梁老的会客厅里，挂满了他的新作旧作，特别是一幅刚刚拓裱出来的梅花，挂在墙上十分醒目。梁老画梅，已有四十多年历史，可说"梅花香自苦寒来"。他笔下的梅花，简练内涵，苍劲古朴，有气有韵，有骨有肉，展示了梁老不凡的审美意识和笔墨气度。我们对这张画赞不绝口，梁老含笑默默地望着大家，当我们起身和梁老握手告别时，梁老拿起画杆，把这幅画从墙上挑下来，让我帮着轻轻卷好，一甩手，"拿你家去挂！"筱怀第一次和梁老相识相见，出得门来，他兴致勃勃地说："这老头真好！"

我知道梁老正儿八经地写字画画，是三十多年前开始的。紧张的写作生活，使他得了神经衰弱综合症，一九六〇年一位神经科的医生劝他写字作画，休养脑力，养身自娱。于是梁老又开始了提笔泼墨的生活。梁老自小就喜爱画画，参加革命后，他五进白洋淀，三上太行山，家乡生活给他留下了难以磨灭的印象。这三十多年，他天天画，再没放下画笔，往日的景和物清晰地展示在眼前，他的拿手好戏是画荷花、葡萄、牡丹、梅花、竹、藤以及乡味十足的农村小景，如：瓜棚、豆架、井台、小桥、渔塘、小屋……这些年来，梁老先后在北京、天津、西安、襄樊、石家庄等地举办过个人画展，受到专家的好评，观众的欢迎。梁老的画，虽是文人画，但不拘一格，有他自己的风格。著名画家黄胄评论他的画时，有一段十分精辟的分析：“梁斌的画，充满激情和希望，散发着时代的书卷气，表现意象凝重厚朴。”“他描绘的对象，多出自家乡及大江南北景物，逐渐形成个人的风格。他画墨荷、芭蕉，水墨淋漓，加以淡墨渲染，细线斜穿，滴滴点点，富有诗意地显示出夏日阴霾雨雾的气氛。他画葡萄、葫芦、山花，枝叶丰满，果实累累，洋溢着乡土气息。他画梅，多做满枝，老干虬曲，新枝横斜，树干全凭自己个性而画，但‘老在须眉’，充满健旺的生命力。他画的《伸手挥得三杆竹》，竹叶坚挺，疏密相间，浓淡得宜，全然不同于前人笔法，却能生清风得来之感。”这段话概括得多好！梁老送我的画有四五幅之多，张张意境优美，朴实豪迈，又爽爽朗朗，富有神韵。我常常久久观赏梁老的画，如见其人，如闻其声，回味无穷。

文艺界的情况，我也需要看看，半年来的观察，这是一盆糨糊，你来搅搅，他来搅搅，越搅越稀。看来没有权威，还是不行

和梁老相识三十多年，他把友情看得很重。我五十三岁那年，身体不大好，心脏病、高血压时有起伏，一天工作下来，感到很疲惫。在给梁老写信时，无意中写了一句，“人老了，身体也不行了。”没想到竟招来了梁老一封长信，“你说你老了，身体不好。我今年七十二周岁，古稀之年……”以下就讲他的心脏如何波动，心电图 T 波倒置，医生不让他外出，只能在房前、屋后走动，就这样，他还坚持一天之内，画两张画，写两页稿子。并且信里还特意告诉我，老年人怕感冒，他的经验是，“得了感冒就输液，一次就好。”信的最后写道：“开春后想来北京看看你们，不知大夫答应不答应。”

收到这封信，我觉得有许多话要和梁老说，但工作实在太忙，没及时给梁老回信，没想到，梁老又来了一封信，一开头就很动感情，“一周

之内未见回信，你就不给我回信，咱们还是老朋友。春暖后我去北京看你。”我知道梁老惦念我的身体，赶快给梁老回信，告诉老人家，“我就是工作太忙，才没及时回信，没大病，您放心。”

发生这样的事，已经不是第一次了。一九八九年我们很长时间没有通信了，梁老不知我的身体状况如何？这年的十月老人家给我来了一封信，问我的情况，大约在半个月内我没有给梁老回信，梁老急得不行，立即给我社总编室去了封信，信中着急地问道：“月前曾给王维玲发出一信，至今无有回信，也未退回。他是否出差，或是得病，是什么病，我甚为悬念！”

一九九三年夏天我得了糖尿病，不知怎么传到梁老的耳朵里去了，他给我的信中写道：“听说你得了糖尿病，这病不要紧，我已经得了二十年，只是增加了一些麻烦，有什么不了解的，请来信，我有经验了。”

梁老重感情，讲义气，坦诚直率，从他处世待人，交朋友办事情上，都反映出这样特点。他的这种人情美、人性美，不仅反映在他的感情世界里，也反映在他的作品中，许多激动人心的人情美、人性美的描写，在他的笔下，不仅写得悲壮强烈，而且写得淋漓尽致；不仅让人读后深深不忘，为之钦仰，而且深受感动，不能自已。比如，《红旗谱》中写朱老巩为保护四十八村人民的利益，保护古钟，手持铡刀，高声喝喊：“谁敢砸钟！”的场面和后来听到砸钟的声音口喷鲜血的情景；老奶奶面对不得不离乡出走、闯关东寻出路的朱老忠时说：“儿行千里母担忧啊！”和经过三十年颠沛流离的生活后，朱老忠重又踏上故乡的土地，老奶奶摸着跪在地上的朱老忠说：“虎子，你回来了！”的动人场面；还有朱老明为摊兵款的事，和冯老兰对簿公堂，连告三状，最后落得家破人亡，自己被气瞎了眼睛的悲惨结局；和严志和匍匐在被冯老兰夺走的“宝地”上啃着泥土悲痛欲绝的场面，以及朱老忠去济南大牢中探望运涛等情节，如诉如泣，催人泪下，写得有情有味，有血有肉，把亲人之间、挚友之间的最感人至深的东西发掘出来了，这一切都与梁老的审美意识和感情世界分不开的。

读梁老的几部小说，我的感情总是时起时伏，时轻时重，平静不下来，这是为什么呢？我想一个很重要的原因就是，梁老写作时特别注意刻画人物，他这个特点不仅反映在他的小说里，也反映在他的回忆录和散文里。人的形象、人的特征、人的心理、人的感情、人的命运，他总是精心设计、精心刻画，常常写得他自己，伏案大哭，激动不已！试想，这样以情动人，以情感人的作品又如何不赢得读者呢？梁老写人物时，是把艺术生活、艺术构想、艺术手法、艺术技巧、艺术效果放在一起，看成一个整体来考虑、来创作的。所以梁老的挚友、著名的文艺理论家林默涵在梁斌从事文学创作六十年的研讨会上说："三十年前，我看过《红旗谱》，有些情节记不清了，但是几个人物形象，如朱老忠、春兰等等，却深深印在脑海中，至今不忘。"成熟的文学家都是把功夫花在人物刻画上的，对文学创作来说，难的不是故事的编织，而是人物形象的塑造，有了人物没有情节可以有情节，没有细节可以有细节。沈从文讲过，写小说，要贴住人物写，贴紧了写，滚到里面去写。感同身受，与人物一起喜怒哀乐，这是最难最难的……

梁老的小说的艺术魅力，还表现在语言运用上。梁老的小说是以口语为基础的，他的几部长篇小说社会影响经久不衰，与他语言运用十分成功有密切的关系。梁老非常重视对群众语言的提炼和修饰，然后取其精粹，精心地运用到自己的小说中去，使自己的作品，既新鲜活泼，又有个性色彩；既多姿多彩，又有情有味；既有深刻内涵，又生动可读。语言运用的问题，是探讨梁斌艺术一个十分重要的问题，本来这不是我这篇散文应该涉及的，我所以提出这个问题，是因为梁老不仅写书如此，就是在他的日常的言谈和给朋友的信函中，也显示出语言的丰富生动、个性色彩之突出强烈这个特点。语言艺术的形成不是孤立的，语言的修养和运用是长期积累、锤炼和实践的结果，一九八八年三月十二日梁老给我的信中，就有这么两段文字，实在生动极了，说妙笔生花，说摇曳多姿，都可以，都不过分。

可能你认为我病重了，不是。我发现我写的东西越来越粗，我只好停下来。再说文艺界的情况，我也需要看看。半年来的观察，这是一盆糨糊，你来搅搅，他来搅搅，越搅拌越稀。看来，没有有经验、有实践的领导，没有权威，还是不行。去年夏天，画了一阵画，搞了一个画展；写了一篇《我的文艺观》，刊在《光明日报》上；写了一篇《复南海文艺社》，刊在《人民日报》上。入秋以后，我开始冬眠休息，这几天天津气候达到十几度，我又开始出门散步，开始构思，开动马力往下写。

信的前一段，有观察、有总结、有感想，用一个“搅”字，妙在其中，寓意深刻。后一段，从“冬眠”到“开动马力”，用得生动，看了发笑。梁老和我交谈时，常常使我感到，许多事情，包括一些比较复杂的事情，经他一说，干脆具体，又鲜明生动。把事情的本质和现象讲得明明白白的。一九九五年初，我收到梁老寄来的“福寿双全”新年贺卡，上边还写了一封短信。

维玲同志：

又是一年春草绿，你我各增一岁。我仍住在医院，并非不治之症，只是两种病极为难办。三部曲之事（指《红旗谱》、《播火记》、《烽烟图》豪华本出版事——笔者注），在津同志各有各的意见，不足为凭。我同意你的意见，就叫“平原三部曲”。祝老兄

事事平安，合家均吉！

梁　斌

十二月二十六日

小小一帖贺卡，短短八十个字，充满对挚友的深情和信任，既拜了年，又办了事，他是多一个字不写，少一个字不行，情到、意到、文字到，这就是梁斌明快、利索的文字风格。

对于工作与休息，年龄与经历的关系，梁老也有一套科学的说法。他说：“搞创作，写文章，不眠不休，会把身体搞坏。必须保持身体健康，精力充沛。我就有这样体会，精神旺盛的时候，写出来的文章才会丰满。精神疲倦的时候，写出来的文章，也是萎萎缩缩的。文章是精神的产物。古人说：‘精神到处文章老’，是有道理的。作家的年纪越大，社会经历越多，文章容易写得老练精粹，年龄和经历是宝贵的精神财富，白石老人的画，就是一例，如果他在六十岁逝世，在世界上，这位大师的艺术成就，就不会有这么大的影响。”梁老的这些话，给我留下了很深的印象。还有早年他和我谈起居生活的话，至今不忘。他说：“我每天早上五点起床，洗漱、入厕、穿衣，六点钟到复兴公园，打两套太极拳，每套四十分钟。中间休息十分钟。回来吃早饭，工作到十二点，中午休息一会儿，下午起床后，从这儿出发，到体育馆，去一个老朋友家喝一杯茶，就回来，一去半点钟，一回来半点钟。现在上了年纪，书看不多了，杂志倒还翻一翻。晚上看看电视，听听京戏、河北梆子。”梁老晚年

的生活，轻松自在，井井有条。有序而安定的生活，使他无论在写作上，还是在绘画上，都获得了丰硕的成果。还有一次和我谈起一九七六年大地震那天的情景，他说：“那天夜里，我怎么也睡不着，就坐起来看书，突然觉得晃动，看见书柜也晃起来，就赶紧去扶，才发现是地震。孩子们跑下来喊我：‘爸爸，地震了！’他们看我正扶着书柜，就又跑过来扶我。后来，我在明园搭了个小窝棚，只能坐不能睡，就把稿纸放在兜里，恰辛一夫在公园里圈起一个小院，我就在他那里的大树下放了一张小桌子，每天吃完饭，就到大树底下去上班。”大灾面前安然镇静，绘声状物，仿佛不是讲他自己，而是在叙述别人的故事似的。如果没有经历过艰难生活和坎坷磨炼，如果没有事业上的成功和生活上的乐趣，如何能有这般豁达、乐观、沉着、坦荡的精神世界。我与梁老虽有不少来往，但由于梁老在津门，我在京城，终有一定限制，但就从这不多的交谈中，对我来说，实在是难得的、有滋有味的交流和享受。

多部头的作品，要像炒菜一样，鱼有鱼味，肉有肉味，蛋有蛋味。炒一个菜，有一个菜的味儿才好。如果三个菜都一个味，就没吃头了

“文化大革命”中梁斌被诬为“歪曲历史事实，不表现正确路线，专写错误路线”的代表，受迫害打击，遭凌辱摧残。铺天盖地的大字报，大大小小的批斗会，繁重持久的体力劳动，把一个患有高血压、心脏病的老人折磨得几乎命丧黄泉路上。但他是坚强的、达观的。“四人帮”可以禁锢他的身体，剥夺他手中的笔，但禁锢不了他的思想；他们可以在精神上、肉体上蹂躏他，但无法改变他的意志和信仰。正因此，险恶的环境他闯过来了，危险重重的疾病他战胜了，繁重的体力劳动他挺过来了，梁斌依然是梁斌。他以正义战胜了邪恶，以无私无畏的胸怀，战胜了一切卑鄙龌龊的大小灾难。

一次梁老和我谈起“文化大革命”中《河北日报》曾用四十个版面，前前后后有一年的时间批判《红旗谱》、《播火记》为错误路线树碑立传。梁老语气凝重严厉，他说：林彪、“四人帮”把王明路线的影响扩大化了，绝对化了。按照他们的逻辑，只要写了这几年中的人物和事件、战斗和生活，就是“歌颂”王明路线。这不是从根本上否定了党的领导吗？否定了人民大众进行英勇不屈的革命斗争的历史事实吗？这还有什么党的伟大、光荣、正确？还有什么伟大的人民群众、人民军队？还有什么伟大的抗日运动？那些为民族、为国家前仆后继、赴汤蹈火牺牲的烈士们，不都变成了毫无价值的、为错误路线无谓牺牲的罪人了吗？多荒唐的逻辑！这是对人民，对革命战士，对革命烈士的中伤！难道在国难当头之际，无所作为，无动于衷，才是正确路线？难道当时提出的全国“工农兵学商，一齐来救亡!”也是错误路线？难道在蒋介石的“不准抵抗”、“攘外必先安内”、“言抗日者杀勿赦”的高压政策下，束手待擒，才是正确路线?！林彪、“四人帮”的批判，完全是错误的！在党的幼年时期，广大的党团员和革命群众，抛弃个人的事业，舍弃妻儿老小，跟随党进行轰轰烈烈的革命行动，这是出于对党和党的主张的信任和理解！是英雄壮举！怎么能在几十年后的今天，落个执行错误路线的罪名呢?！真是天大的冤枉！

梁老告诉我，“最近有人在广东农民运动讲习所纪念馆的档案中发现，高蠡地区是分配学员的重点地区。根据长沙秋收起义纪念馆的档案，高蠡暴动是接受秋收起义的影响，这就说明高蠡地区建党与毛泽东思想有历史渊源的。”对这一发现，梁老非常高兴，他说，“这证明林彪、‘四人帮’一伙完全批错了，批反了。”

“文化大革命”期间我和梁老完全失去了联系，一直到一九七六年粉碎“四人帮”以后，才又见面。当时我是中国青年出版社文学编辑室主任。我和梁老坐在中青社他十分熟悉、又倍感亲切的会客室里，谈起了“文化大革命”中的遭遇和感受。梁老不失风趣地谈起他被监督劳动时的生活，他说：“这十年，没动笔，也有好处，脑子得到了充分的休息。几年的菜园生活，浇水、拔草、摘菜、推车，我身体已不像以前那样，高血压病减轻了，神经衰弱好了，身体强壮了，现在每日能工作四到六小时，这一点老朋友都为我庆贺!”我听了，一阵心酸，一阵激动。说这话时，梁老六十三岁，如果倒退十年，五十三岁，在他生花的笔下，能写出多少威武雄壮、可歌可泣的篇章啊！但这十年，毕竟是白白地耽误了过去。这是一九七六年的事。

一九七七年二月梁老给我来信，问出版社还有没有一九六六年再版的《红旗谱》。他在信中写道：“此书一九六五年修改了一年，是最后的修改本，北京、天津的旧书铺都买不到。”我以为他要保存这个版本。原来他准备再进行一次修改，这使我感到十分惊讶！《红旗谱》出版之前，修改少的地方，也有七八遍了；而多的地方，有二十多遍。出书后，梁老又先后修改过三次。一九六六年的版本，已是第四次修改本，怎么现在又要修改呢?！梁老好像估计到我会这么想似的，他在信里说：“书，多修改一次，有一次好处，这次着重语言上的修改，好叫人看得清楚明白。”这一遍他用了八个月时间，一九七七年底才将修改本完成。

一九七八年二月《红旗谱》新版本的清样排出后，梁老和我们都对清样进行了认真的校订。当时我们在用词、造句上提出了一些问题，梁老都一一地作了校订，凡他认为应该改的，均一一照改；凡可改可不改的，基本上都保持了原来的面貌，没有改；特别让我感动的是我们不熟悉的，或理解错的，梁老也都一一作了说明。比如：关于“砸钟灭口”，编辑部认为一般说“杀人灭口”，“砸钟”二字能否与“灭口”用到一起？梁老指出：因为钟上铸着地亩字数，把钟砸了，就无凭证了。又如：“要不的话，谁给你种田，谁给你付苦。”“付苦”二字怎么解释？能不能改为“受苦”？梁老说，长工短工，都叫“受苦”，是山西话；“付苦”，是付出辛苦的意思，是河北话。还有一处，梁老把“弓着肩，黑褐色的脸皮，”改成“高身材白净面皮，”后面有一句“看起来和庄稼人一样。”编辑部觉得，这两句话放在一块有点矛盾。梁老说：“没有错，年轻农民中也有白面皮的，不全都是黑褐色的脸皮。”另一处，梁老写“我心上不落意。”编辑部问是不是把“乐”字写成“落”字了？梁老说，没用错，两个意思不一样，“不落意”是怪不好意思的，与“不乐意”的意思不一样。从以上这几个小例子，也可以看出，梁老在创作中，是字斟句酌的，颇为讲究、一点不马虎的！所以人们说，梁老的作品，不是枝头上的花朵，开过就完了，它是用心血浇灌出来的心之花，开在人们的心里，永不衰败。

修改后的《红旗谱》刚刚付印，梁老又着手修改《播火记》。来信说：“上卷改得还好，下卷动得多了……弄不好不出，不到黄河不死心！”一直到一九七八年底，才把《播火记》改好。又是一年的时间！

一九七九年二月，当我读过《播火记》的修改本后，真有说不出的高兴。梁老改得好，无论是内容上，还是艺术上，都有大幅度的提高。尤其是对伍老拔、严志和这两个人物的改动和对贾湘农这一形象的加强，使高蠡暴动的声色更加壮美，结局虽然失败，却在滹沱河和潴龙河两岸播下了革命的火种。读后掩卷沉思，激动之情，难以平静！这次修改，梁老删去了不少篇幅，大部分是合适的，使一些好的情节、场面、景物和人物形象更加突出和完美。梁老说："充实丰富是提高，删节压缩也是提高，去芜存精嘛！"但在梁老删去的段落中，也有一些段落，写得非常好，充满了生活情趣，对人物形象，对环境气氛，都起到渲染作用，但梁老从整体考虑，还是忍痛割爱。被梁老删去的这些段落，除了使我对梁老更加敬佩之外，也使我对其中一些描写极好的段落不能不向梁老提出保留的建议。举一例，《播火记》中写严志和革命在外，江涛、运涛又都在狱中，春兰提议给严家收拾梨树去。天一亮，春兰便起身去叫严萍，二人走到堤湾里严家的梨园，两人说笑着登在高凳上摇小梨儿……这章里的许多段落，写得有声有色，散发着浓郁的泥土芳香，梁老为了使情节更加连贯和紧凑，把以下这两段描写删去了：

春兰披上褂子，低下头呆了一刻，像是舍不得失去梦境，合上眼睛，想再睡一忽，可是劳动在等待她，再也睡不着了。穿上褂子，跳下炕来，一下子把金华惊醒了。

…………

两个人挽上袖子，开始动手，把又肥又大的梨子留在枝上。梨子上爬着露珠儿，露水泼在手上，泼在脸上，虽然一点点，也沁透人的心肺。

这样的段落并非闲笔，也不是轻易能写出来的！要删去了有多可惜！梁老终于同意我的建议，把这两段恢复了。这样的段落，还有几处，也都在最后发排时保留了下来。

与梁老合作是十分愉快的。我知道梁老很重视书籍装帧和美术设计，而且梁老在这方面颇有修养，常常他的考虑，与他的美学追求，艺术风格，作品格调，人物色彩联系在一起的。当《播火记》开始选择封面画的时候，我写信征求他的意见，梁老来信提出："如能按《红旗谱》第一章画出千里堤上的白杨林，倒可象征英雄性格，这是我的想法，你们以为如何？"梁老的要求，虽反映了他的美学情趣和艺术追求，但我们研究后，为了与《红旗谱》的封面画一致，仍倾向画人物，以"绿林行"为背景，画李霜泗、芝儿、张嘉庆三人骑马打枪。我也考虑到，梁老的意见，肯定是经过反复思考的，不大可能轻易更改。所以，我在给他的信里，除说明我们的想法外，还专门附了一句："如果实在喜欢千里堤上的白杨林，也可以选这个画面。"梁老好像揣摸到了我的心思似的，来信十分明确、爽快："同意你们的意见，画'绿林行'。"拿着梁老的信，透过苍劲有力、别具一格的笔迹，我仿佛看到了那和蔼亲切、爽爽朗朗、朴实幽默、无拘无束的老人举止、装束和神态，让我感到与梁老合作是那么知心、舒畅和愉快。

《红旗谱》、《播火记》出版后，第三部《烽烟图》何时出版？这是广大读者关心的。

《烽烟图》完稿于一九五三年到一九五四年之间，"文化大革命"前梁老对《烽烟图》原稿已经修改了两遍，正当他要对这部书稿再一次进行加工润色的时候，"文化大革命"开始了。《烽烟图》与他的主人的命运一样，受凌辱，遭批判，被打入了十八层地狱。就这样在轮番批斗之中，《烽烟图》的原稿从被查抄封禁，到公开批判，最后不翼而飞，下落不明。稿子的丢失使梁老万分痛惜，一直到"四人帮"被粉碎后，在新华社国内部的帮助下，向全国十五家报刊发了寻稿通稿，这才发现原稿保存在一位复员军人的手里，当梁老和这部劫后归来的"游子"重逢时，热泪盈眶，悲喜交加。他说："写这部书时，我才三十九岁，如今已年逾花甲，人世沧桑、变化万端啊！"

《烽烟图》失而复得、劫后重生的曲折命运公开报道后，使广大读者非常关心它，希望早日看到它。为此，我多次给梁老去信，催他尽快将《烽烟图》定稿，拿出来出版。梁老每次回信总是提醒我，"不要着急！""雷同了不好。""多部头的作品，要像炒菜一样，鱼有鱼味，肉有肉味，蛋有蛋味。炒一个菜，有一个菜的味儿才好。如果三个菜都一个味，就没吃头了。《红旗谱》算是'别开生面'(郭沫若和于立群读过《红旗谱》之后，连连叫好。郭老题诗赞曰："红旗高举乾坤赤，别开生面宇宙新。"于立群把"别开生面"四个字用俊美的隶书书写后，镌在砚台上，赠给梁老。梁老无比欣喜地把它放在书桌上。语为心声，字为心画。这是发生在《红旗谱》这部名著上的一段佳话——笔者注)；《播火记》实际上写了半部书(指书中获得社会好评的"绿林行"章节——笔者注)；《翻身记事》照着'隽永’这一点写的。《播火记》和《红旗谱》的味道不尽相同，而《翻身记事》的缕缕清香又与《红旗谱》、《播火记》醇厚的味道不同，《烽烟图》怎么改，我还在考虑。写一部好书，不写三部坏书！时间不要定死，艺术无止境，要更上一层楼。”“现在有些书，写得太长、太厚、太拖沓，如果是精粹还好，不是精粹简直是浪费！”梁老问我，“你看过雨果的《九三年》吗？几个人物个个都能跳出来，那么深刻，比大仲马的《基督山伯爵》要好。书，就要写成这样！”

一九八一年梁老来京办事，我去看他时，又问起《烽烟图》的进展情况，梁老告诉我：《烽烟图》的修改一直没有放下，就是在右臂酸痛，无法动笔之时，也没有放弃用脑子去想。但右臂无力，时时酸痛，写字时手发抖，工作效率很低。讲到这，梁老的口气沉重下来，“我没有估计到，一个六十七岁的人，工作能力衰弱得这么快。这半年来，每天只能工作两三个小时，现在正在写最后两章，还要通盘修改一下。工作不多了，但是我的工作精力跟不上去，如果有个同志能来帮我几个月，可能很快就抛出来了。”

与梁老相识以来，他从没有向我提出过什么要求，现在正式向我们求援，说明他遇到了自己难以解决的困难。我表示，一定设法安排人来津，帮他完成《烽烟图》的后期工作。实际上，梁老回津后，还是克服了一切困难，把大部分工作都做好了，编辑部拿到稿子后，用了不到三个月的时间，就把编辑工作完成了。

《烽烟图》从初稿到定稿，经历了三十个坎坎坷坷的春秋！这期间，梁老多次修改，仅一九六五年就修改了两遍，正准备进行最后一次修改时，“文化大革命”开始了，一放十六年！粉碎“四人帮”后，《烽烟图》失而复得，梁老又用了将近三年的时间，逐字逐句地修改。这部在字里行间浸透了梁老的心血和汗水，历尽了苦难与艰辛，同时又闪耀着梁老的才华和智慧，有着丰富多彩的生活内容和娴熟艺术技巧的《烽烟图》，终于在一九八三年和读者见面了。梁老开始写这部书时，年仅三十九岁，而今已近古稀之年。文学创作之艰难与曲折，叫人惊叹！叫人激动！而梁老的创作毅力，更叫人敬佩！

谈民族化不能不谈人物塑造，人物塑造的中心，是写人的感情、行动，这是我国文学民族传统最重要的内容

一九八二年我去天津，梁老和我谈起写《红旗谱》、《播火记》、《烽烟图》时的情景。这是一次难忘的交谈。虽是二十多年前的往事，但那有滋有味的内容，至今回忆起来，那情、那景、那声、那色，仍历历在目。梁老说，写《红旗谱》时，他在保定，每天写十几个钟头，三伏天热得没有办法，他就从井里打上来一桶凉水，把被单子用水泡了擦身。写作的时候，一边放着凉水、被单，一边放着西瓜、白糖、馒头，热得不行了，就把被单浸湿披在身上；饿得不行了，就把馒头泡在西瓜里，有滋有味地大口大口吃……每天三点起床，一天写十几个小时，写一次，扩展一次；每次修改，人物都有所充实，有所丰满。在最早的稿子里，没有春兰和严萍，现在他们在小说里的分量有多重！金华、老驴头等人物也是后来加上去的；杀猪的情节也是在修改中丰富进去的；反割头税虽一开始就有，但没有现在这么丰富、完整、激烈。

这次，梁老和我讲起了金华这个人物诞生的过程。早先的稿子，是让运涛牺牲，春兰和大贵结婚。后来觉得这么写不好，人们在感情上难以接受，于是，改成运涛没有死，春兰也就不能嫁给大贵了。便又增加了金华，让她和大贵结婚。一下笔，这个人物就活起来了，到了呼之欲出的地步。这是因为梁老记起了儿时的一段难忘的见闻：有户贫苦的农民，他家姑娘出嫁的时候，就穿一身旧蓝布衣裳，也没有花轿。她哭，母亲也哭，母女俩哭得蓬头散发。她母亲只有一个旧梳头匣子，说："要不把这个带上！"姑娘说："给娘留着，我不要。"梁老说，这些生活，写金华时，全都涌在心头，想把笔停一停，想一想，推敲推敲再写都不行！就这样，一口气把金华写成了。

写《播火记》时，是听了几位老同志的意见后，才把"绿林行"作为重点，增加进去的，塑造了李霜泗这个人物。写我们党如何争取他，启发他，团结他，推动他参加抗日战争；写张嘉庆和霜泗、芝儿的关系，写霜泗、芝儿进城杀张福奎，途中在高怀志老大爷家落脚时，眼前的凄凉情景，激起了霜泗强烈的复仇心理，写这些篇章时，梁老的热泪，洒在稿纸上。

修改《烽烟图》时，梁老反复考虑，最后决定突出民族矛盾，同时也兼顾民族矛盾掩盖下的阶级矛盾，加强爱国主义的主题。这是因为当时的大背景是：东北、华北大片土地被日寇强占，民族矛盾上升，卢沟桥事变后，蒋介石仍不抵抗，驻军南撤，大员南逃，引起各界人士的强烈不满。在国民党内部，第二势力纷纷从国民党阵营中分化出来，投身抗日。这样，国民党的统治，就乱了阵脚。《烽烟图》就在这个“乱”字上做文章，反映统治阶级内部的四分五裂；反映国破家亡时代人民群众流离失所的悲惨遭遇；反映不抵抗主义的恶果；而八路军却在这时挺进敌后，发动人民群众起来抗日，组织抗日民主政权，建立小块抗日民主根据地，发展抗日民族统一战线，组织抗日游击队，抗日的烽烟四起。由于广大农民群众发动起来了，这就从根基上动摇了大地主阶级的统治，矛盾激化，敌人耍阴谋，设圈套，企图打击农民群众中的抗日领袖人物。冯家大院诬陷庆儿偷瓜，硬逼朱老忠请酒道歉，就是体现这样的矛盾。朱老忠从大局出发，进行有理有利有节的斗争，使敌人的阴谋并未完全得逞。在这样的背景下，老一辈退居二线，由经受过革命锻炼的新一代，挑起革命重担，走上了抗日战场，与日寇和国民党顽固派进行着生死斗争……梁老的这些想法，贯穿在《烽烟图》的全部艺术构思之中。

在《烽烟图》里，梁老完成了三个女性的塑造，即春兰、严萍、金华。谈起这三个形象塑造，梁老深有体会地说：“写人物，就要写人物的命运。按照中国人的传统心理，总希望完整地写出人物的结局和命运。《红旗谱》、《播火记》出版后，我收到许多读者来信，对春兰、严萍、金华的命运极为关心。我在写《烽烟图》时，就着力地写了她们，写春兰与运涛结了婚，写金华与大贵过着和和美美的日子，读者看了就舒了口气。但严萍却遇到挫折和误会。”在严萍的生活道路上，梁老给她设置了一点障碍，她跟随冯登龙到北京，住在天有客店内。冯有意把她和自己安排在一间房内，企图强行达到结婚目的。严萍不干，独自走出，投宿在马老将军门下……事后江涛有所耳闻，对严萍产生了误解，但严不知内情，很苦恼……梁老所以这样设计，是有自己的考虑的。在《烽烟图》里，上一辈人和下一辈人大团圆了，我们的力量汇集在一起，但大团圆也产生了新的矛盾，尽管这样的矛盾一捅就破，但彼此不说，存在心里，误会越来越大，隔阂越来越深，以致难以消除。这样人为的矛盾，对人对己对革命都有很大危害，也给人造成痛苦。在和平的年月里，有这样的矛盾；在战争的年月里，也有这样的矛盾！梁老这么设计的目的，在于引起人们的深思、反省和警惕！

一次，我和梁老交谈，我深有感触地谈到，梁老写悲欢离合、生离死别容纳在高尚的情操之中，而且写得细腻，写得情真，读时让人心潮起伏，难以平静，多少年后，都难以忘怀。能有这样的艺术效果，与梁老几十年坚持民族传统、民族风格、民族气派是分不开的。也许我的这些话引起了梁老的兴致，他和我谈了一段至今也忘不了的话。梁老说："在这三部书里（指《红旗谱》、《播火记》、《烽烟图》）我写了北伐战争、四·一二反革命政变；写了九·一八事变、抗日救亡；写了二·七学潮、高蠡暴动；写了暴动失败后，反动的阶级敌人向暴动户的反扑；写了民主力量的成长；写了根据地的成立……总之，写了革命战争、革命风暴中人的悲欢离合，写了人的忍耐、挣扎和苦斗。其中不仅有为革命牺牲的壮烈之情，还有父子之情、母子之情、夫妻之情、兄弟之情、朋友之情……谈民族化不能不谈人物的塑造，人物塑造的中心，便是写人的感情、人的行动，这是我国文学民族传统的最重要的内容。"这段话，梁老说得简明，但对研究他和他的作品来说，却是很重要的。

改，便是进步；大改，大进步；小改，小进步。不赶时间，不追求数量，不急于求成。匆匆草就，是文学的大忌

每次与梁老交谈文学创作时，他都强调要树立严肃的写作态度，梁老自己一贯坚持"三不"原则，不赶时间，不追求数量，不急于求成。他常说："匆匆草就是文学的大忌，一年能写出两个好的短篇小说就不错了。梅里美一生不就是写了二十几个短篇和中篇吗！屠格涅夫就写了一个中篇，谁不承认他们是大作家！"

梁老非常看重初稿以后的工作，他认为初稿只是把大架子支起来，而故事的穿插，人物的刻画，情节的安排，主要场景和场面的描写，都

只是大致就绪。最多只是完成了三分之二的工作，还有三分之一的工作，要在修改中完成。他曾形象地说："初稿好像盖房，安了梁立了柱；二稿好似砌墙上门窗；三稿抹粗泥；四稿挂细灰；五稿粉刷油漆；六稿检验成品；七稿把没有通过检验的地方，又确实没有办法写上去的章节段落删了去，删，也是提高，去粗取精嘛！"所以他主张，初稿写出后，先放一放，搁上一段时间，让心沉静一下，然后，回过头再仔细地推敲，就会发现有的章节写得好，有的章节写得差；有的地方需要充实，有的地方要加以调整，然后再决定改不改，怎么改，改什么……总之，改，便是进步；大改，大进步；小改，小进步。梁老这席话，说得多好！表明了一个有责任感的文学家对艺术孜孜不倦、追求完美的敬业精神。梁老在初稿完成后，用在小说修改上的时间，要比写初稿的时间大上好几倍，几十倍，一切从质量出发，只要有益于提高书稿质量，他从不吝惜自己的心血和汗水、时间和精力，但他也绝不乱改，而是在反复思考、深思熟虑的基础上，觉得确有把握了才动手修改。他常提醒自己：写得不好的地方，要修改；写得好的地方，也要修改。因为这些地方，写得顺手，写得快，错落之处，可能不少，不认真进行推敲，就可能把不足之处忽略过去。我想，如果梁老不是这样，那三部大书里的一百多个人物，如何能个个活灵活现，栩栩如生地活动在读者的眼前！塑造人物形象，刻画人物性格，并将它们组织在一个完整的、美的、动人心弦的故事中，这不仅要靠作家的生活和技巧，还要靠作家的决心和毅力。

梁老的三部大书，就是这样在反反复复的修改，考虑，再修改，再考虑之中完成的。使我感动的是《烽烟图》发稿后，梁老严肃地对我说："《烽烟图》出版后，我还要保留修改权！"梁老追求作品完美之心，实在叫人钦佩。也许就因为这样，也引来了一些流言蜚语："修改了这么多遍，无大错也有小错！"梁老听到后，淡淡地一笑，问道："多修改有什么不好？只有鼓励作家修改自己的作品，哪有批评修改自己作品的道理！"这句话真是说得再好不过了，道出了"艺术无止境"的真谛所在！没有修改，没有提高；反复修改，不断提高。小说艺术水平的提高，是滴滴汗水积累而成的，最后才能达到比较完美的艺术境界。在这方面，梁老不仅为我们树立了学习的榜样，同时也为文学创作如何才能产生精品佳作提供了丰富的经验。被誉为"平原三部曲"的《红旗谱》、《播火记》、《烽烟图》

出版至今已四十多年，始终影响不衰，几乎年年重印再版，总印数已超过了二百五十万册，说明我们的社会和广大读者是有眼力的！但同时也说明，严肃的作家要对自己的作品抱有高度的责任感，要对人民负责，对社会负责，对历史负责，拿出确实好的精品力作，只有这样，人民、社会、历史才不会忘记他和他的作品，这样的作品才称得上是不朽的！

《烽烟图》出版后，我去天津看望梁老，梁老斜靠在沙发上，一边呷着茶，一边和我谈他原来的写作计划。原来梁老想在《烽烟图》之后，还继续写四、五两部，以大贵、二贵、江涛、运涛为主，写他们在战火纷飞的抗日年月里的生活与战斗。小说将展示出他们不愧是朱、严两家的后代，青出于蓝胜于蓝。但现在不行了。“我没有估计到一个六十九岁的人，身体衰弱得这么快，我这一生没有完成任务，‘文化大革命’耽误了两部书。如果没有这样的浩劫，也许这两部书就写出来了。而今我的工作精力跟不上去，力不从心。”是的，在梁老的创作年表上，有近十年的空白，这是十年浩劫留下的痛心记录！说这话时，梁老的声音平稳缓慢，但字字重如千斤，我听了心酸不已，沉重得不行。《烽烟图》出版短短两年，到一九八五年底，已销售了三十八万册，梁老知道后很吃惊。一次和我交谈时，他很有感触地发了一番议论。他说：“《烽烟图》的印数，说明读者还是要读、要买严肃文学的，这对今后是不是还要写这一类题材的长篇小说的惶惑者、悲观者是一种解脱，一个回答。对文学作品来说，题材固然很重要，但不是起决定性的东西。关键是作家在创作中要求真、求深、求新，用现在报上的话来说，就是出新、创新。这是时代、社会、现实的要求。当前社会生活的节奏快了，事物的新陈代谢过程也加快了，读者对文学作品的欣赏和要求，也更实际，更个性化了。读者层次不同，欣赏口味也不同。作家身处瞬息万变的新时期、新时代，就要以变应变，不断地推陈创新、推陈出新，才能使文学更接近人民。”梁老的这些话，对我启发很大，以致在我参加的一些文学作品的研讨会上，常常转述梁老的这些见解。对文学创作来说，出新、创新是关键。老题材出新、创新，老而不老，反而可能给人新的感觉、新的启示，从而产生新的魅力。新题材，本来应该新，但构思、手法、语言、技巧老一套，没有出新创新，新而不新，反而会给人陈旧的感觉。梁老虽然老了，但他的心理年龄却不老，这是让我无比敬佩的。

经历过的东西，不等于理解了；就是理解了，也还有一个文字表达和技巧运用的问题。写不下去，就放下，一直到能写时再写

梁老在他二十二岁时，就有非常强烈的创作欲望，特别是对写小说，有非常浓厚的兴趣，有时甚至强烈到摩拳擦掌的地步，可是一坐在桌前，把稿纸铺开，写不了一两页，就没得写了，脑子就空了。

因此，梁老恍然觉悟到，经历过的东西，并不等于理解了，就是理解了，也还有一个文字表达和技巧运用的问题。写不下去，说明不成熟。于是梁老放下了笔和纸，又开始深入生活，观察生活，继续在生活中丰富自己的生活宝库，提高自己的思想水平和艺术技巧水平。

这就是梁老的可贵之处，不急不躁，不追求数量，能写就写，不能写就放下，一直生活到能写时再写。从写短篇小说《夜之交流》，到写长篇小说《红旗谱》，整整酝酿了二十多年，在写《红旗谱》之前，他只写了三个短篇，两个中篇，一个剧本，不过二十六七万字，这全都是为写《红旗谱》作准备，到了四十五岁他开始动笔写《红旗谱》、《播火记》、《烽烟图》时，仅仅用了四年时间，就把三部草稿，一百多万字，统统写出来了。梁老说："写的时候，特别流畅，意外流畅，我自己都有点莫名其妙！"后来梁老深有体会地说："就因为经历的事情多了，走的地方多了，看的人物多了，考虑的问题也多了，生活丰富了，积蓄厚实了，几个条件凑成的，就感到下笔如有神，就像笔尖被吸铁石吸住一样，在稿纸上不停地写下去。"《红旗谱》从短篇发展到中篇，又从中篇发展到长篇，其中一些重要人物和事件，在梁老的脑海里生活了二十多年，到他动笔写长篇小说时，已经到了呼之欲出的地步了。梁老说，什么叫笔足墨饱，一泄千里；什么叫气运横生，淋漓尽致；什么叫迸出火花，烁然放光，这时全都体会到了。他说："有一些精彩章节，在打腹稿时是想到了，可也有不少好的情节，好的场景，好的对话，好的细节是在这时冒出来的，在不知不觉之中，就跑到笔下，冲笔而出，十分流畅地就写了出来，而常常这些人物、情节、细节、对话是最精彩的。仔细一想，并不是从天上掉下来的，全都是自己生活宝库中储存的素材。"有深厚生活，有丰富积蓄，有充分酝酿和准备，写长篇小说时才会得心应手，这是梁老提供给我们的一条写长篇小说最重要的经验，最妥实的路子。

讲起深入生活，梁老说：首先要热爱生活，才能自觉地深入生活，才能培养起观察生活的兴趣；有了兴趣，尝到甜头，就会更自觉地深入生活。梁老晚年身体不好，不便远行。每年夏天家里闷热，他就到胜利路友谊大楼前边的石头上一坐，那儿又通风又凉快，他拿着个大蒲扇，观察着过往行人和车辆。对别人来说，这样的生活，天天见，早已习惯。而在梁老的眼里，却有声有色，完全不同。梁老说，可有趣了。望着从眼前过去的一辆辆汽车，汽车和汽车不一样，开车的姿势也不一样；骑自行车的多，有男有女，有老有少；骑车的方式也不一样，有快有慢，有谨小慎微的，也有大撒把的……偶尔梁老外出，他早早就去火车站了，往候车室一坐，观察着出行的人们。南来的，北往的，什么人都有，有老头挎着篮子，有妇女带着小孩，有年轻的伴侣，也有大包小包跑码头的个体户，还有要饭的……梁老说，你问他们从哪儿来，到哪儿去，是做什么的，可有说的了。在梁老的眼里，生活是多彩的，无比丰富的，就怕你不仔细观察。有人觉得没得写。梁老说，不是没有写的，是你没有仔细观察生活，没有留意生活。要留心生活，把生活中那些事件、故事、人物、对话都记下来，一年、二年，十年、八年，这就是生活仓库，仓库充实了，丰富了，你就有得写了，下笔也就有神了。梁老还说，“对自然景物，也要留心观察。比如天气，春夏秋冬各有不同，春天，人什么感情？夏天、秋天、冬天又是什么感情？四季的生活不一样，天上云彩，晴天什么样，雨天什么样，雨前什么样，雨后什么样？早晨和黄昏，朝霞和晚霞，有什么不同？麦田，将熟的麦田和熟透的麦田有什么不同？高粱地什么样？棉花早晨开花什么样？玉蜀黍上头的花红线什么样？蝈蝈叫的时候翅膀怎么动，两条腿怎么翘着……都需要仔细观察、积累，写时笔下就不空了。”就是写自己最熟悉的生活，写家乡的风物民俗，也要下功夫观察体会。梁老曾以描写千里堤为例子，他说：“村边树林小屋，苇塘荒芜土冢，平原黄色风沙，白洋淀的萧疏苍凉，农家的婚丧嫁娶，以及除夕的早晨和夜晚……都要写得真实、可信，弄不好就乱了套。”在动笔写长篇小说的时候，梁老说，至少要把以下这样一些问题想清楚：“结构什么故事，反映哪一段生活，要写几个什么样的人物，运用哪些生活细节，描写哪些生活事件，先写什么，后写什么，这么写积累够不够，人物够不够，故事情节够不够，语言够不够，如果够了，或基本够用了，还要打个腹稿，如果写一个村庄，是大村还是小村，几多人口，写几个人物，村周围有没有河流，有没有树林，有没有苇塘，船在什么地方，桥在什么地方，大杨树在什么地方，杜梨树在什么地方，哪儿有山，哪儿有水，哪儿是麦田，哪儿是果园、菜地，都要设计好。”所以梁老说写长篇小说，靠长期观察积累，靠长期酝酿准备，道理就在这里。

梁斌十分崇拜托尔斯泰的《复活》这部书，他读了三遍，读得废寝忘食，如醉如痴

梁老继《红旗谱》、《播火记》、《烽烟图》、《翻身记事》四部长篇小说出版之后，又用了四年的时间，写出了一部自传体长篇《一个小说家的自述》(以下简称《自述》)。这部四十多万字的文艺回忆录完整地记述了梁老的成长过程、革命经历、性格特点、精神风貌，是梁老著作中非常重要的一部。这部书保持了梁老的文字风格，朴实生动，又有个性、有特色，而让我吃惊的是他的惊人的记忆力。《自述》中的人物和事件，环境和背景，事业的发展和各种矛盾冲突，都写得有头有尾、有声有色，既有分寸，又不失风趣，这样一部大书出自一位七十三岁的老人手笔，实在是可喜可贺的。

梁老不止一次地说过这样的话：他十分崇拜托尔斯泰，《复活》这部书，他读了三遍，读得废寝忘食，如醉如痴！但他并未接受托尔斯泰的人道主义，他是一个批判继承人类优秀文化遗产的唯物者。从《自述》里，我们也能感受到这点。《自述》从他出生入笔，写了他的童年和青少年时期的生活，写了他参加革命以后的生涯，无论他参加学运、农运，还是打游击，搞土改，当基层干部；无论是在经受血与火、生与死的战争考验，还是在革命队伍内部经受大大小小政治运动的洗礼，他从没有放弃过对理想的追求，对光明的渴望，对反动势力不屈的斗争。以他的经历、资格、贡献和成就，在全国解放以后，本来可以当大官，走仕途之路，

但他放弃了高官，他酷爱文学，深切怀念那些在战争中牺牲的战友，是他们把他推上了文学之路，最终走上了专业创作道路。几十年的奋斗，他终于走向成熟、走向成功，成为一名著作等身的享誉海内外的老作家。

梁老的《自述》记述了他在各个历史时期，接受革命的考验，经受革命的锻炼的成长历程，生动地反映了一个有成就的知名的老作家从稚嫩走向成熟的过程。对我们文学工作者来说，可以从书中研究一个革命者的革命生涯与文学创作的关系，一个作家的学识水平、精神风貌与对艺术的钻研探索、出新创新的关系。

一九九〇年五月在“二梁兄弟画展”上

（左起：黄胄、高占祥、散帼英、梁斌、散襄军）

研究和了解梁老走过的道路，是很有意义的。因为我国有一大批既是老革命、老干部，又是专门从事文学创作的老作家，有共同点，有典型意义，从他们身上总结出的创作经验，对继承和发扬当代文学的优良传统有重要的价值。但他们中的每一个人，又有着不同经历，不同事迹，不同性格，不同特点，不同成就和不同贡献，研究他们的共性和各自不同的个性，从中总结出规律性的经验，这无疑是很有意义的。比如说，梁老童年的生活和爱好，青少年时代的革命生涯，和他一边从事革命活动，参加武装斗争，一边又读诗歌、看小说。从他的《自述》中，可以看到中国古典小说中的民族风格、民族气魄，对他的感染和影响是很大的，对他后来写出气势磅礴的反映农民运动的作品起了多么重要的作用。他读哲学，读社会科学，读马列主义，使他树立起了革命的人生观、文艺观、价值观；他读外国文学作品，特别是苏联的早期的文学名著，把他的视野从中国引向世界。生活和学习，理论和实践，既鼓励梁老积极参加革命斗争，更鼓励他热情地表现革命生活，无论是在如火如荼的抗日救亡运动中，还是在生死搏斗的抗日游击战争时，梁老都以巨大的热情，歌颂先烈们的英勇战斗、不怕牺牲的精神。无论是在白色恐怖之下，还是在革命处于低潮之时，在梁老的作品里，在梁老的笔下，没有悲观、没有失望，没有放弃过对理想的追求，对光明的渴望，对旧社会反动势力和外来侵略者的不屈的斗争。在《自述》中梁老从旧社会的生活，写到新民主主义的社会生活，这里面有他亲身经历，有他所见所闻，也有他间接听到的、读到的。但所有这一切全都是以他自己的审美意识，以他独有的生活视角和创作个性，记述人与人的关系和人间的悲欢离合，人民群众的命运和悲歌。特别是写身受三座大山压迫的广大贫苦农民生活境遇、苦难历程，绘声绘色，感人至深。看得出来他经历中的一些重要人物，后来都成了他长篇小说中的栋梁人物。罗曼·罗兰晚年在一篇文章中曾写下这样几句话："经过的道路是艰苦的、坎坷不平的。可是，无论如何那是一种美好的道路。在那条道路上，一步一个血迹也是值得的。"是的，梁老如果没有经历这艰苦的、坎坷的、一步一个血迹的生活道路，他是写不出《自述》这本书的！

梁老对他称之为最后一本大书的《自述》的出版，十分重视。《自述》一出版，我便给他寄去一本样书，梁老从天津用"快件"给我发来一封回信，信中显示出无比喜悦的心情，"当我看到才出版的我的最后一本书的时候，心中不由得悸动！这本书出得整齐美观，排印得也很好，可看出你们费心了，我感谢你们！"时隔不久，梁老又给我来信，详细地介绍了天津读者对这本书的反应："此书在天津开始发售，买书的人不少。天津最大的书店，搞了一次'签名卖书'，场面很热闹，上了电视，播了两次，书卖得很快。《天津日报》总编鲁思说：‘这是一部历史，我从八点读到十二点，非常有趣味……’有的读者反映：‘一看起来就放不下，一个故事接一个故事，这本书与《红旗谱》有异曲同工之妙。她真实，对作者的历史、成绩和错误没有美化，也没有隐瞒。’有的读者说：‘吃完晚饭开始读，一直读到凌晨三点，还不想放下’……”梁老欣喜而感叹地说：“这部书写了四年，没白费劲，作者能博得读者的好评，是最得意不过的，可惜我老了，有病，下半部写不了了。”

直到一年以后，梁老还给我来信，“真没有想到，长篇回忆录在中国文化界得到这样的胜利，此乃出版社之功也。在天津读者中，几乎有口皆碑。据说再有二千册也能卖出去。此书与《红旗谱》一样，得到广大读者的认可……”由于心情好，精气神也不一样了，他在信的末尾写道：“这些年虽有病，但我的身体还不衰败，一不长白头发，二不掉牙，三吃饭香甜，不发胖。”读了这几句话，我笑了。

梁斌无比热爱家乡，无比关心家乡的发展和变化。由于爱之深、爱之切，他写出的散文，让人思前想后，联想翩翩

一九九二年梁老给我来信，要我将他一九八五年以后写的散文，约五万字，集个集子出版。而且告诉我，这是他最后一个集子，以后虽然仍会写，但很少了，集集子怕不容易了。还告诉我，一九九四年他八十岁，刚好是从事文学创作六十年，能出版这个集子，也算是件大事。看过这封信，我无比高兴，我想到，梁老晚年身体不好，不能到农村、到特区、到发达地区走走看看，但他也没有拘泥在自己生活的小圈子里，他力所能及地汲取新生活的营养，感受新时期的新事物、新人物、新变化，自觉地调整自己的写作，跟上时代的步伐。可以说，对体弱多病年迈的梁老来说，这是很不容易的，令人十分感动的。我暗暗地决定，一定要把这本小册子编好、设计好、印制好，作为一份重礼献给梁老的八十寿诞。

我在读这本题为《集外集》的书稿时，不由得便联想到，梁老重感情、讲义气，为人豪爽、直率，他在处世待人、交朋友、办事情等方面，都表现出这样特点。这是他这样的老一辈作家所具有的精神风采、思想观念、审美意识，也是他的人生观、艺术观不可分割的一部分。梁老的这种对亲人、对友人、对家乡的真挚的感情、真挚的爱，同样也反映在对待改革开放的新生活、新事物上，这些都不同程度地反映在《集外集》里。

梁老思乡爱乡，对家乡有着无限深情，《集外集》收进的“复张兰允”一文中，表现了他对三中全会以来，对我国实行改革开放政策以后，对农村取得的喜人形势和巨大变化的欢欣和激动。梁老有二十多年没有回故乡了，听说离他村十几里的留史镇办起了皮毛市场，成了华北皮毛集散地，集贸生意，市场经济，十分繁荣。梁老多么想回去看看家乡的新面貌，看看乡镇企业的发展和市场经济的繁荣景象，看看新一代成长起来的带头人啊！由于年高体弱，梁老人虽然没有去，但经人介绍，他在这篇散文里，却把留史镇皮毛市场的热闹场景，绘声绘色，写得生动有趣。把市场经济的活跃场面写得趣味盎然；把农村中新一代生意人兴起的形象，活灵活现地展示了出来。梁老写道：

据说这个镇上十二三岁的小姑娘都会做买卖。她们吃了早饭，腋下夹上一个麻袋，到市场上看着各种皮张——这些皮张有来自东北的，也有来自西北的，有南方来的，也有海外来的。她们熟于行情，看着合适的买上几张，拿回家去，行情一变，又拿出来售卖。据说一个小姑娘一天可赚到三四十块钱……

在这里，既描绘出皮毛市场的活跃景象，又活脱脱地刻画出几个生动的农村皮毛经纪人的形象。读完这篇短文，不知怎的，我立时就想起了《红旗谱》中写朱虎子，经过三十年的颠沛流离，重又踏上故乡土地，投向故乡怀抱时，那种不可抑制的欣喜心情，这种强烈的、有声有色的思乡爱土之情，不正是梁老自身怀乡之情的写照吗?!梁老无比热爱他的家乡，无比关心他的家乡的人和事、发展和变化，正是由于爱之深、爱之切，他写出的这些散文，让人思前想后，联想翩翩。

《集外集》，集子很薄，篇目也不多，但内容却是丰富的。特别是写戏剧艺术和演艺界老人的散文，尤为珍贵。这是因为梁老少年时代曾进过山东戏剧学校，专门学习京剧花脸，后来在冀中根据地他不仅创作过京剧剧本，还登台演过京剧。应该说对戏剧这种传统艺术的学习，使梁老受益匪浅，无形中强化了他的艺术个性和对民族风格的理解，对民族气魄的追求。他熟悉古典诗歌和元杂剧，特别是有生命力的精彩语言，他可以信手拈来，加以创造，写进作品中去，而且十分贴切。民族生活和习俗，民族风格和艺术，民族形式和文字，在有形无形之中渗透进他的创作个性中去了，并且得到完美的发挥，使之更显光彩。

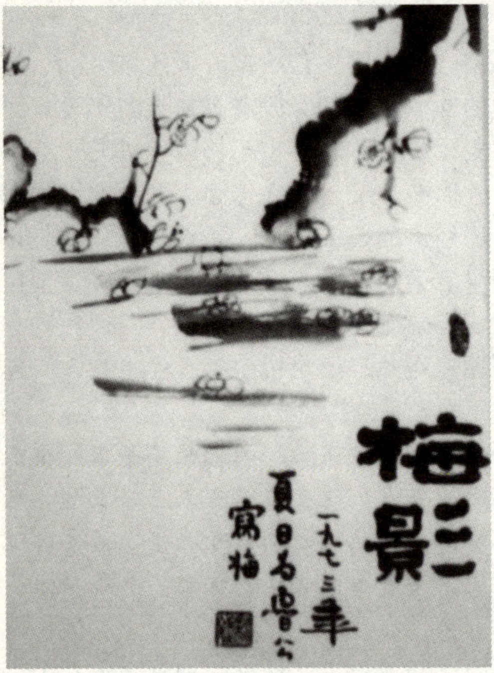

梅影

《我的画》一文是梁老的挂笔之作，这是一篇非常有趣、值得留存的纪念文章。谈起绘画，几句话，就把他的爱好勾画出来。他说："我从小时候起，就喜爱写字、画画，高小的时候，学水彩画，上师范画素描。黄胄是我本家弟弟。来往不少，我过去每年去北京几次，弟兄们聚在一起吃一顿，去晋阳春，川菜馆。有一次我们到北海喝茶，听见旁边有两个女青年作诗，黄胄说，你听她们作诗呢？我们两个是两条道，他是画人物，我是画花卉的。"

一九九〇年五月终于在北京民族文化宫隆重举办"梁庄二梁兄弟画展——梁斌、黄胄画展"。兄弟同一画展，一为著名作家，一为著名画家，风格各异，却又都反映着生活的美好，艺术的升华，展出轰动京城。梁老夫妇专程从天津赶来参加开幕式。这是梁老艺术生涯旅途中的一件盛事。

《集外集》终于在梁老八十大寿和从事文学创作活动六十年的祝贺会召开之前出版了。活动的主办单位决定把这本书作为梁老的最珍贵的礼品，送给与会的每一位来宾。这无论是对梁老，还是对所有热爱梁老的与会者，都是一桩喜事。

梁老走了，虽走得突然，但走得平静安稳，因为他心地坦荡，心里踏实，因为他建造起的艺术丰碑会永留人间

一九九六年六月二十日晚上，宋乃谦从天津打来电话，告诉我梁老于当日下午二时四十五分仙逝。听这噩耗我惊愕不止，过了好一会儿，才缓过劲来。梁老是在午睡后起身入厕，心力衰竭，安然而去，行前无任何预兆，无一丝痛苦，这也是他的福气。

梁老仙逝，让我十分悔恨。一九九五年底中国青年出版社为纪念建社四十五周年出版了一套长篇小说珍藏本系列，其中收进了《红旗谱》、《播火记》、《烽烟图》三部。一九九六年四月我原计划带着这三本书的样本，到天津亲自送给梁老，让他高兴高兴。本已决定动身，也打电话报告了梁老，但忽然想到，还有一笔数目不小的版税，要支付给梁老，而这事我是不能代劳的。于是又改变主意，请帼英大姐先来北京办理版税、领取样书等事宜，而后我再去天津看望梁老。

帼英大姐是四月底来京的，当时大姐告诉我："前一阶段梁老由于接待客人和参加社会活动过多，累着了，现住进医院调整、治疗、休息。"我问："有无危险?!"大姐说："没有，好着呢!"我向大姐表示，"下月我去天津看望梁老。"大姐说："你来吧！老头可想你啦!"就因为七扯八扯，不是这事，就是那事，一直没能成行。但我心里却一直惦念着梁老。没想到梁老竟走得这么快！没能再和梁老见上一面，我真后悔呀！

一九九五这一年，梁老给我来过两封信。老人家很想精选一本有关他作品的评论集，他初选后便托人带给我。这是我收到他的第一封信，时间是一九九五年六月一日，信中写道："论文集中有些是幼时文艺圈的战友写的，任由你选，可用则用，不可用则不用，没关系。有的文章不足处，可以加以补充和修改，也由你定。"

在这封信里，还有一大段话，是针对我的身体和我不好运动的毛病写的。"你退居二线，有时间了，清晨要早起，每天步行三五里或小跑，保持健康，常检查身体，尤其血糖、血脂，以免糖尿病及血栓形成。现在这两种病，发病率高，应特别注意。吃饭宜清素，争取长寿。"我想，梁老留下的这段文字，既是指点我战胜疾病的妙方，也是一切上了年纪患有心脏病、高血压、糖尿病的同志可以借鉴的。

第二封信是一九九五年十月五日，他和我商量能否出版一本《梁斌散文》的小册子事：“住医院一年多，不知书刊业务如何？只见书价上扬，书价贵，不好卖……几家出版社向我约写小说艺术，包括创作经验，怎样深入生活……此类文章过去都写过，如《红旗谱》序言，中国文学的民族化及民族气魄等等，都写过的，亦无新的见解。再者我一生写过一些杂文及小品，因年久月深也不好找了，只望从《笔耕余录》及《集外集》中择选几篇出一小本，名《梁斌散文》。我的小品及散文，与别人不同，都是有感之作，绝无无病呻吟之作。以上，请你考虑，我估计赔不了钱。我今年八十一岁，在医院一年多了，能出院不能出院，在两可之间，只有向老主顾们提出，是否可以亦无关系。”从这几段文字可以看出，梁老八十二高龄，思路十分清晰，想问题方方面面俱到。《梁斌散文》这个选题虽未来得及最后落实，但他这个提议是有意义的，中国青年出版社会在适当时候，考虑安排的。梁老在这封信里谈的“能出院不能出院”的问题，我深知老人家是在考虑出院问题。一九九四年九月我到天津看望梁老那次，吃饭时，梁老对我说：“你看在家多好啊！”那次梁老是专门从医院赶回家中会我的。他长期住院，想家呀！果不出所料，不久他便出院回家了。但半年后，他又一次住进医院，这次可真的就再没有出来。

梁老走了，虽走得突然，但走得平静安稳，因为他心地坦荡，心里踏实，因为他建造起的这块艺术丰碑会永留人间。

不为人忘的梁斌

为纪念梁斌诞辰九十周年，也就是二〇〇四年四月二十一日我应邀赴津参加“梁斌文学道路与成就研讨会”。会议由中国文联、中国作协、中共天津市委宣传部主办，由河北省文联、作协，天津市文联、作协和梁斌文学研究会承办，研讨会在天津天宇大酒店举行，虽然只有两天，但京、津、冀许多作家、评论家欢聚一堂，会议开得十分隆重、热烈、充实、丰富。

我想想，从二十世纪八十年代开始，一九八四年庆祝梁斌文学活动五十年，一九九一年《一个小说家的自述》出版研讨会，一九九四年庆祝梁斌文艺活动六十年，二〇〇一年在梁斌逝世五周年时举行的纪念会和这次召开的研讨会，我都参加了。除此，我还参加了三次梁斌画展，两次在天津，一次在北京。还有两次演出的首映式：一次是在天津《红旗谱》话剧的首演，一次是在北京《红旗谱》电视连续剧的首映式。在老作家当中，我参加梁斌的活动最多。这就让我想到，无论是在梁老生前，还是在梁老故去之后，从天津到北京到河北，从天津市委到市文联、市作协，从文学界、新闻出版界、演艺界到梁老的广大读者，大家都非常尊敬他、热爱他、怀念他，这让我无比的感动！我想这不仅仅是对梁斌的热爱和纪念，重要的是大家在继承和发扬中华民族尊老敬老爱老的优良传统，是在提倡和传播中华民族优秀的文学传统，是在从事一件推进中国文学事业发展进步，指导后人继承和借鉴优秀的民族文化上的非常有意义的工作。

梁老对中华民族优秀文化的贡献，是非常突出的，他的成就是很大的。《红旗谱》从一九五七年十二月出版，至今五十一年，印了几百万册，影响始终不衰。在新中国成立五十周年的时候，被广大读者评为“感动共和国的五十本书”之一，在二〇〇〇年被评为二十世纪《百年百部中国优秀图书》之一，在中国青年出版社建社四十周年的时候，我们策划出版了当代长篇小说精品系列、中国青年出版社珍藏版二十种，其中就包括《红旗谱》、《播火记》、《烽烟图》，所以出版这套丛书，就是为了永远不忘为中国青年出版事业发展建立了功勋的作家们，就是为了“远思去者，近勉后生”，继承老一辈作家的文学传统。梁老生前非常看中这套丛书，也非常喜爱这套丛书。

二〇〇四年中国青年出版社又出版了一套电影伴读中国文学文库，首批十二种就有《红旗谱》和《红旗谱》的电影光盘，这是一种新的形式的出版物，刚刚上市，就脱销了。同时盗版书也出现了。从这一点也可以看出，当今的文化市场对《红旗谱》的欢迎和需要。

而更为喜人的是人民文学出版社于二〇〇五年出版了《梁斌文集》七卷本。把梁老一生创作的四部长篇小说，一部自传和两部专集和部分未收入专集的作品全部囊括在七卷本中。

以上说明，近半个世纪梁斌作品受到广大读者的欢迎不是偶然的，这与他几十年付出的巨大心血分不开的，与他永无止境的艺术追求分不开的。梁老一生创作硕果累累，除此有关创作的演讲、论文、书信的量也很大，而且内容丰富，有深厚的内涵，只要我们认真咀嚼，细心品味，就会受到启发，在文学创作上有所收益。同时也会使自己的艺术技巧、艺术修养得到提高。

学习梁斌，除了研究他的《红旗谱》、《播火记》、《烽烟图》、《翻身记事》外，还有三部著作是不能忽视的。一是梁斌用了四年时间，写出的四十万字的长篇自传体回忆录《一个小说家的自述》，二是集中了他的创作体验和理论著作的三十万字的《笔耕余录》，三是五万字的散文集《集外集》，让我们了解晚年的梁斌，如何调整自已的精神状态，在创作上不断地求新、出新、创新的进程。如何对待新生活、新事物、新人物、新变化；反映他在新时期，对改革开放，对市场经济，对新农村中的巨大变化的欢欣和激动。所以我说，一切热爱梁斌和他的作品的读者，一切有志研究梁斌和他的作品的文友们，一定不要忽视这三部作品，它会多侧面地给我们提供许多新的启示和新的感受。

无论是梁老留下的文学作品，还是他留下的理论著作，都是他留给我们的一笔丰厚的文学财富，是一座丰富的文学宝库，值得我们深入研究，消化理解。对指导文学实践，不仅会有借鉴价值，而且有指导意义。所以我在二〇〇四年的研讨会上提出建立研究“梁学”一说，引起不少文友的重视和响应，我希望我的建议能在今后纪念梁斌的活动中得以实现。

姚雪垠与《李自成》结下的文学情缘

《李自成》第一卷稿，到一九五七年动笔时，已经准备了十六年，仅创作笔记就记下了三十多万字，确实到了瓜熟蒂落的时候

自从一九七五年我参加《李自成》第二卷的编辑工作后，和姚雪垠的接触就逐渐多了起来，使我对姚老写《李自成》的动念和他在创作中思考的一些问题，以及他这一生走过的曲折坎坷的道路和留下来的许多令人叫好的精彩篇章，有了具体的了解。我曾问过姚老："为什么《李自成》第一卷的草稿，仅仅用了十个月的时间就写出来了?!"姚老安详地坐在沙发里，用一双凝思有神的眼睛望着我，缓缓地说："我因为对历史一向感兴趣，读书的范围很广，一九三三年在开封时，就阅读了明清之际开封人写的《守汴日志》和《大梁守城记》，留下了深刻印象。一九四一年又接触到一些晚明时期的历史资料，引起了浓厚的兴趣，当时我想，中国是一个历史悠久的大国，单以汉民族来说，从秦朝末年以来，大大小小农民战争不胜枚举。在中国的新文学中应该有一部写历史上农民战争的小说，而李自成领导的农民起义就是很好的小说题材，这是我萌生写《李自成》最早的动念。"姚老深有感触地谈到：历史小说在中国源远流长，深受群众喜爱。早在宋朝时，就有专门说三国故事的。南宋以后，陆续出现了许多演义体的历史小说，最著名的有《三国演义》、《东周列国志》、《隋唐演义》、《说岳全传》等等；写农民战争的小说，有《水浒传》。姚老觉得，"五四"新文化运动以后，还是这些旧的演义体历史小说，新文学没有占

领这个阵地，应该有人作个尝试，给读者写一部新的历史小说。这种小说应该是不落旧演义小说俗套的新小说。姚老说，这是促使我写《李自成》的一个很重要的原因。

虽然姚老从一九四一年就有了写《李自成》的念头，但是一直到一九四九年上海解放前，也没有实现。主要是生活没有保障。当时姚老主要靠教书和写作的收入养家糊口，微薄的收入，不要说当时没有条件收集资料、研究历史，就是维持一家人的温饱也有很大困难。姚老说："吃饭是第一件大事，研究历史，收集资料，只好就搁置起来了。"还有一个原因，就是写《李自成》这样的小说，必须先把晚明许多复杂的重大历史问题研究透彻，特别是李自成失败的原因。但解放前的八九年里，姚老对有些问题还不很清楚，所以那时还不能动笔。但姚老也作了许多准备，一九四八年他写的历史论文《明代的锦衣卫》发表在上海学术刊物《建设》上，以后他又写了一篇几万字的长文《明代的特务政治》。姚老写这两篇文章，就是为了弄清楚明代皇帝统治臣民的特务工具东厂和锦衣卫的内情，为他日后研究崇祯皇帝的悲剧及其性格形成寻找历史根据。当时姚老将他掌握和研究的史料整理后，写了几万字，题名《崇祯皇帝传》，在《幸福》杂志上连载了三期。这些都为他日后写《李自成》和塑造崇祯皇帝提供了充足的准备和历史的依据。

一九四九年中国共产党推翻了蒋家王朝，建立了受到各族人民、各阶层人士拥护的中华人民共和国。此刻居住在上海的姚雪垠，无论是对中国共产党，还是毛泽东主席，都充满了崇敬和信任。这种心理的产生，对当时的姚雪垠来说，是很自然的。因为他自三十年代起就追随中国共产党，而今他为之奋斗的目标终于成为事实，他如何能不欣喜、不高兴呢？而在上海解放后，姚老在大学任教，收入有了保障，生活安定了。这时他开始研读毛泽东著作，他细心地读了《中国革命和中国共产党》。后来姚老说：这篇著作使我很受启发，一是让我进一步明确地认识到"中国历史上的农民起义和农民战争的规模之大，是世界上仅有的。"二是"在中国封建社会里，农民起义和农民战争，虽然给封建统治阶级沉重打击，甚至改朝换代，但是最后封建的经济关系和封建的政治制度，依然继续下去。"这就更加坚定了姚雪垠要写一部反映中国历史上农民战争的长篇历史小说的决心。就这样，姚雪垠又一次走进李自成的世界，他日积月累，博采广积，慢慢地创作思想形成了，人物形象也活起来了，主要的故事情节也有了，全书的布局也大致明确了。

姚雪垠在读书

但在当时还不是作家想写什么，就能写什么，而是组织上安排要你写什么，你写什么。尤其是像姚雪垠这样从旧社会走过来的作家，想写历史小说，谈何容易！所以姚雪垠只能在写反映现实生活的作品以外，抽暇作一些《李自成》的创作笔记(包括小说中人物性格的把握和塑造，细节的选择和运用，情节的展开和描写，结构的组织和安排，等等)，以免日后创作时遗忘。到了一九五七年十月动笔之前，这样的笔记他已经记下了三十多万字。所以姚雪垠说：“与许多有成就的作家相比，我自愧不如；但把我具有的条件综合起来，就产生了我独有的绝对优势和不同效果，这就是写历史小说。同时，我酝酿和准备的时间长，若从一九四一年算起，到一九五七年动笔，已经准备了十六年！由于天长日久，我积累了丰富的史料，特别是明清之际的许多历史现象，我没有停留在历史故事表面的理解上，而是更深地探索了一些历史规律，形成我写《李自成》的基础。如果我没有较多的历史知识，没有掌握明末农民战争的丰富史料，临时阅读一些明清的资料，就是想写《李自成》，也不具备写作的条件和创作的基础。还有一个原因，就是我是专业写小说的，习惯于小说的构思。一接触到历史生活，便很容易在心中出现小说的轮廓。”丰富的生活积累和写作经验，再加上娴熟的写作技巧，使姚雪垠一动笔写《李自成》就产生了强烈的创作冲动和创作激情，充满了自信心，这是他能够写好《李自成》一书的重要缘由。这也是姚雪垠为什么在一九五七年十月开始写作，仅用了十个月的时间，就写出了《李自成》第一卷草稿的原因，因为《李自成》第一卷稿，确实到了瓜熟蒂落的时候了。

假如不被错划为“右派”，兵法上所谓“置之死地而后生”，就不会作背水一战，也就不会诞生《李自成》

一九五七年的秋天，在“反右派”的运动中，姚雪垠被错划为“极右派”。在姚雪垠还没有被戴上“极右派”的帽子前，他还充满幻想，依然是那么刚强、自信。当时中南作协的领导大概考虑到姚雪垠个性刚强，担心结论公布之后，他承受不了，会自杀，便将他的夫人王梅彩从开封叫来，陪他住了两个星期。这之后党支部书记，在一个夕阳西下的时候，把姚雪垠约到长江堤上谈话，想探出他有没有自杀的念头。当时姚雪垠怎么也想象不到划成“右派”后会是那样的待遇，他还以为“反右”过后他依然从事创作，照样会做出成绩。所以他对那位党支部书记直率地说：“你放心。你读初中时我已经是有名的青年作家了。我的问题都在桌面上，桌子下边没有做过对不起党的事。以后，如果仍叫我搞创作，我会写出好作品；如果让我重新回到大学教书，我可以做一个中等偏上的教授；如果到一个学术研究机关，我也可以在有关文史的科研方面做出成绩。你放心，我绝对不会自杀！”言为心声，姚雪垠的这些话，充分反映出他的性格，以致他的老朋友们后来听到这几句话时微笑着说：“好，这就是姚雪垠！如闻其声！如见其人！”但姚雪垠完全估计错了。他被划为“极右派”后，下放到东湖农场监督劳动改造，他不再能出书，不再能发表文章，更不能走上大学讲坛和走进学术研究机关，他只能在群众的监督下老老实实地进行劳动改造。他是敌我问题内部处理，能给他一碗饭吃，把他留作反面教员，就已经是很不错了。姚雪垠一下子被打入十八层地狱，这时他才感到“我这一生完了！一切美好的梦想都完了！”天大的冤枉，让刚强、坦率、天真、自信的姚雪垠精神上受到沉重的打击，使他夜不成寐，常常不由自主地便痛哭起来，几乎进入完全绝望的境地。

苦难的生涯，从此开始了。当时他的生活处境比监狱的囚犯好不了多少，降职降薪，剥夺自由，实行专政，繁重的体力劳动，无休止的检查、交代、反省……但姚雪垠毕竟是姚雪垠，只经历了很短的时间，他便从绝望中惊醒过来，他不再气馁，不再灰心，姚雪垠又恢复了那股韧劲，他的心情平静了，情绪稳定了，决心开始写长篇历史小说《李自成》。

正如姚老后来说的："我是一旦下了决心，就作背水之战，有进无退，不管多么艰难困苦，决不半途而废。"他的这种顽强精神，在《李自成》第一卷中也有所流露，那就是："打不垮、压不扁、吓不倒、拉不转。"正是这种矢志不渝、百折不挠的精神，给他智慧，给他勇气，成为他的精神支柱。为在险境中开始写《李自成》，他特意买了一本仿牛皮纸的活页夹子，用蝇头小字在窄行的活页纸上进行创作，一有空，他就沉思默写，进入李自成的世界，这时给人的印象，他好像是在专心地写反省材料。听到脚步声，他便赶快将活页夹子合上，危坐不动。进来的人问他写什么？他便回答：写检讨材料。等来人走尽，脚步声远了，他便又打开活页夹子，继续写作。晚上他躲在被子里用手电照亮坚持写作。讲起这一段辛酸的回忆，姚老感慨地说："从一九五七年十月到一九五八年八月，我用这十个月时间，不仅写完了《李自成》的第一卷，也将第二卷写出了一部分，虽然那是仓促写成的草稿，但这是后来整理加工的基础，有这个基础非常重要，倘若没有它，后来的《李自成》就永远是一句空话。"

《李自成》第一卷终于写出来了。姚老在回忆这段经历时说："假若不是我对历史唯物主义思想，对中国历史，对中国古典文学以及对长篇小说美学等方面有一定修养，构成我创作长篇历史小说的综合优势，《李自成》不会诞生，纵然勉强写出了，也不知是什么情况。假若一九五七年我不是被错划为'右派'，兵法上所谓'置之死地而后生'，也不会诞生《李自成》。"姚老这里说的都是大实话。姚老在一九五七年反"右派"中遭到的灭顶之灾，有如李自成在潼关南原大战中全军覆没。他在一边哭、一边创作的时候，并没有想到它能够出版，甚至考虑在他死后，由后人将稿子交给国家，表达一个老作家对中华民族文学事业所具有的百折不挠的责任感。正是在这种"一片丹心做罪人"的痛苦心情之下，他以超人的毅力和大无畏的气概，写成了这部书，填补了"五四"以来新文学历史小说的空白。而在长篇历史小说美学方面达到了新的高峰，成为姚雪垠一生中最大的成就。

一九七八年有两位美国作家访华，在和姚老会面时，他们问姚老："你从李自成失败写起，写他全军覆没后毫不灰心，用百折不挠的精神重振旗鼓，是不是也写了你在一九五七年的命运？"姚老笑了，他说："你们猜对了一半，还有一半没有猜到。当时我不从李自成出身写起，不从他起义某一关键时刻写起，而要从他全军覆没写起，这虽是出于小说结构的要求，但也反映了我的思想感情，就这一点来说，你们猜对了。但有一点没有猜对。如果我自己的思想感情，仅仅局限在个人命运上，就不大可能写出《李自成》，或者写出了，影响也不会这么大，这么感动人。对历史的揣摩和艺术的虚构，合情合理，才能获得读者的共鸣。这种感情远远超过了我个人的思想感情范围。‘文化大革命’期间，有些人曾经一度想自杀，看了《李自成》第一卷，改变了态度，增强了生活下去的勇气，所以第一卷所表现的李自成的思想感情和千千万万人有着共同的血肉联系，远远超过了我个人的思想感情的范围，所以才能产生广泛的感染力。”两位美国作家非常赞成姚老的见解，他们说：“世界上凡是比较引起人们重视的，能够站得住脚的好作品，作者的感情和社会上人民的思想感情都是有着密切联系的。你不仅写出了自己的，也写出了人民的思想感情。”

毛泽东关键时刻两助姚雪垠，对领袖来说，这是一件很小的事，对姚雪垠和《李自成》来说，却是一件大事

《李自成》第一卷出版之后，在北京的读书界和全国的读者中引起了广泛的注意和良好的反响。

此刻姚雪垠心情无比舒畅，创作激情倍增，但可怕的政治漩涡正悄悄地向他走来。先是在武汉有人写文章批评《李自成》第一卷是“反党反社会主义的大毒草”。当时武汉市的领导因为知道《李自成》不但在北京反响强烈，而且中南局第一书记陶铸对此书也大为称赞，所以市委不同意发表批判《李自成》的文章。到了“文化大革命”开始时，这些人又一次重新发起对《李自成》的冲击，他们先贴大字报、小字报，接着便在群众大会上声讨《李自成》是“反党反社会主义的大毒草”，控诉武汉市委在两三年前不同意发表批判《李自成》的文章是保护姚雪垠这面“黑旗”。黑云滚滚，形势吓人。姚雪垠和他的《李自成》面临着灭顶之灾。就在这严重的关键时刻，毛泽东向姚雪垠伸出了救援之手，这是姚雪垠万万也想不到的。一九六三年秋天，在《李自成》第一卷出版后，他和老伴一起到邮局给毛

泽东寄去一部。一则是表示他对毛主席的敬重；二则也是汇报他这个从旧社会走过来的小说家做出的一点成果。除此，他不敢有任何一点奢念。至于毛泽东能不能收到？收到了会不会看？他没多想，只是朴素地表示他对毛主席的一点心意。没想到三年后，姚雪垠竟因此举获得救助。

那是一九六六年六月“文化大革命”刚刚开始，七月中旬毛主席主持中央政治局扩大会议，看到王任重列席会议（王当时是中南局第二书记、湖北省委第一书记），毛主席将他叫到身边，对他说：“姚雪垠的《李自成》第一卷分上下两册，上册我已经看了，写得不错。你赶快通知武汉市，对他加以保护，让他把书写完。”第二天，王任重即打电话向武汉市委第一书记宋侃夫传达“最高指示”。武汉市委立即向进驻文化系统的工作队作了特别布置，因此姚雪垠未被“革命”群众揪斗游街、抄家破“四旧”、殴打关押，免遭灭顶之灾。也因此《李自成》的原稿，以及大量的藏书和两万多张读书卡片，未被查抄，免遭损坏。在那个动乱年代，毛泽东的“最高指示”起了关键作用，既保护了姚雪垠，也保护了《李自成》。如果不是这样，不要说写《李自成》第二卷以后的宿愿早已烟消云散，化为泡影。就是姚雪垠能否生存下去，也是个谜！

“最高指示”保护了姚雪垠和《李自成》，不再有人敢公开出来攻击姚雪垠是“牛鬼蛇神”、“摘帽右派”，《李自成》是“反党反社会主义的大毒草”了。这使姚雪垠又一次走进《李自成》的世界，在当时称之为“五七干校”的环境里，充实修改第二卷。白天他赶着猪和牛在野地里放牧，然后坐在一旁写《李自成》，遇上刮风下雨，他便提着一盏马灯躲到牛棚里面写《李自成》；晚上回到集体宿舍，在夜深人静，别人都入睡以后，他悄悄地爬起来，点上油灯，用棉被挡住灯光，伏在床上写《李自成》。累了就停下来，到院子里打上一套太极拳，回来再写。天天如此，从不间断，即使每天只写上三五百字，他也坚持，决不放弃。姚老说：“我这么做，就是为了使自己的文思文笔，始终不断，精神上总有重大的依托。”

但是几年过去，日子一长，在实际生活中，总有一些疙疙瘩瘩的事，让他面对重重干扰和各种难题，有说不出道不出的苦痛，无法坐下来专心写《李自成》。甚至连已经写出的第二卷稿，也不能安下心来进行推敲、修改、润色。面对着眼前这种不平静的现实生活和重重矛盾，姚老想到了毛泽东，现在只有给毛泽东写信，诉说自己的苦衷这一条路了。当时姚老决定给毛泽东写信，还有一个非常重要的背景，这就是当时文艺界的大环境出现了一时的松动和变化。一九七五年七月毛泽东就文艺问题讲了话，他说："百花齐放都没有了，""文艺政策应该调整一下，一年、二年、三年，逐步逐步扩大文艺节目。缺少诗歌，缺少小说，缺少散文，缺少文艺评论。"时任国务院第一副总理的邓小平，立即把这一重要讲话，向他直接领导的国务院政治研究室传达了。胡乔木是政治研究室的主要负责人，立即贯彻这一指示，他将张天民、谢铁骊、钱江关于电影《创业》、《海霞》被"四人帮"一伙禁放写给毛泽东的申诉信，送给邓小平，邓小平立即转呈毛泽东。毛泽东及时作了开禁的批示。"四人帮"设置的文艺牢笼终于被冲开一角，"四人帮"推行的文艺专制政策终于受挫，这在当时文艺界引起了强烈的欢呼和反响，自然这也深深地激动着姚雪垠，这是促使姚雪垠给毛泽东写信的一个很重要的背景。由于这样的背景，姚雪垠增强了自信心，他自信只要这封信能够送到毛泽东的手中，就有希望解决问题，让他在晚年集中精力写《李自成》。对于一个对历史、对社会、对文学事业有着强烈的责任感、又已年过花甲的姚雪垠来说，在这个时刻，采取这种方式，提出这样的要求，符合他的性格和感情历程。但他也知道给毛泽东写信是要冒很大风险的，他是三十年代的作家，又是"摘帽右派"，万一这封信落到"四人帮"一伙人的手里，就惹了大祸。思前想后，姚雪垠决定先给当时在北京社科院工作的宋一平(原武汉市文教书记)写信，问他可不可以给毛泽东写信，有没有办法将信直接转到毛泽东手中。宋一平找到胡乔木商量，乔木在向邓小平汇报工作时讲了这个情况，邓小平许诺他可以转给毛泽东。在胡、邓的支持下，宋一平给姚雪垠回信，支持他写信，告诉他有办法转给毛泽东，并告诉他毛泽东患了眼疾，要他用毛笔写信，字要写得大些。这样姚雪垠才决定给毛泽东写信，报告《李自成》的写作状况及当前所处的困境，请他帮助。这封题为"上毛主席的信"中有这么一段感人的话：

这部书共有五卷，估计写成字数在二百五十万至三百万字之间，愈往后反映的社会生活愈广阔，故事也愈波澜壮阔……第二卷稿子已经写成将近两年，约七十万字左右……虽然我寸阴必争，不论盛暑寒冬，每日凌晨三时左右起床工作，但我已经是进入六十六岁的人了，不能不有任重道远之感。许多读者都担心我会完不成《李自成》的写作计划。虽然我打的是较有准备的仗，但我仍需要对有关的历史问题和历史生活继续做大量的研究工作，而且将历史研究的成果化为小说艺术，要花费很多的辛苦劳动，往往为几句符合人物性格和历史特点的话，得反复推敲，才能写定。至于构思一个细节，安排一个人物的活动，更要苦心经营。我从来只靠下苦工夫，不曾靠什么灵感，不曾有过‘文思如泉’、下笔千言的时候。倘若在一切方便的条件下我能够专心致志地工作，加上已经有了个八万字的写作提纲和一、二卷的基础，大概用三年时间可以写成一卷。由于部头庞大，书中出场人物众多，头绪穿插复杂，反映的历史问题和生活问题较广，五卷陆续出齐后必须再将全书统改一遍方算完成。主席！要在我的老年完成这样大的写作计划，不仅需要我自己加紧刻苦努力，更需要党的切实领导和具体帮助。我多么希望能够得到有关部门或机构的具体帮助！……我希望再次获得您的支持，使我能够比较顺利地完成《李自成》……

在这封信的后边，姚老附呈一首他写的七律《述怀》。尽管他的处境一直十分困难，但他的心理状态一直是乐观的。原诗如下：

堪笑文通留恨赋，
耻将意气化寒灰。
凝眸春日千潮涌，
挥笔秋原万马来。
愿共云霞争驰骋，
岂容杯酒持徘徊？
鲁阳时晚戈犹奋，
弃杖邓林亦壮哉。

一九七五年十一月二日毛泽东看过姚雪垠的信和胡乔木写的情况报告后，用很粗的铅笔在报告上批示：

印发政治局同志。我同意他写《李自成》小说二卷、三卷至五卷。

毛泽东　十一月二日

从姚雪垠写信寄出到毛泽东批示，共十四天。这中间没有耽误，毛泽东就作了批示，可见毛泽东对姚雪垠写《李自成》的重视。

后来我们曾与姚老一起议论过，姚老在一九七五年十月十九日寄出这封信时，邓小平和国务院政研室的日子已经不好过了。但胡乔木还是将姚的信和他写的情况报告一并送给邓小平；邓小平还是转呈毛泽东，毛泽东终于作了批示。如果姚老在发这封信时，稍有犹疑，或拖上一拖，不是十月，而是十一月发出，那时"反击右倾翻案风"的帷幕就拉开了，不要说邓小平，就是胡乔木和他的政研室想转呈毛泽东也不大可能了。所以说姚老写的这封信，刚好搭上邓小平复出后大起又大落之时的最后一班车，这也是姚老走运，但胡乔木果断支持的态度，邓小平无所畏惧的性格，起了关键的作用。这中间哪一个环节出了问题，都不是后来的结果。

讲起这件往事，姚老说过一段感触很深的话："毛主席在'文化大革命'中，适时地指示保护我，特别是要我将《李自成》一书写完，这在他一生中是一件很小的事，但在我的一生中却是一件大事，在中国现代文学史上也是一件大事。"这段话是有道理的，"文化大革命"是毛泽东亲自发动，亲自领导的，本应"顺理成章"地打入"大毒草"行列之中的《李自成》，又是由他亲自出面，明确肯定，给予关心、支持和保护，这确实是"文化大革命"中非常特殊的一件事。

十五年后在祝贺姚雪垠八十寿诞暨姚雪垠从事创作六十周年的学术讨论会上，著名的老诗人朱自奇在他充满激情的祝词中，讲了一个让人振奋又让人感念不已的故事。他说："一位废寝忘食读完《李自成》的老将军，兴奋地对我说：你还记得贺老总对我们说的一段话吗？贺帅说，你们作家有本事写一部像《三国演义》和《水浒》那样内容好，技巧高，又有味道的书，叫我读得忘记吃饭睡觉，那我就佩服他，感谢他。老将军说，现在，我读到了这样一部大书了，这就是小说《李自成》！他盛赞作者的文采和勇气。他还说，这部书，不仅在文学上、史学上精辟，就是在军事学上也有价值。他说，这也证明关心作者的毛泽东主席，有见识，看得准。"

是的，毛泽东主席对《李自成》这部小说创作的关心和支持，不仅是件不寻常的事，而且是件有重大历史意义的事。不仅是因为姚雪垠和《李自成》在十年动乱的日子里，两次受到毛泽东的保护，同时从中我们也可以看出毛泽东眼力之强，判断之准，决策之正确。

《李自成》第一卷写得很精彩，第二卷不如第一卷，但是也精彩，有独到之处，也是难得的。听说他在写第三卷，不知第三卷怎样

毛泽东关心、支持《李自成》创作的批示，感动着姚雪垠，又督促姚雪垠尽早完成“把书写完”的宿愿。为能集中精力首先完成《李自成》第二卷稿的写作，他想来京定稿，湖北省、市委，省、市文联和有关方面的人士都支持他这个想法。不久，姚老以愉快的心情把这一决定告诉中青社，并在信中表示，打算在京长住，不仅要把第二卷改定，将第一卷修订出版，还想写完第三卷，时间大约需要三年，要我们在安排住房时，把这些情况考虑进去。我们研究后，决定在宿舍大楼腾出一套两室一厅的房子，供姚老写作居住。一九七五年十二月姚雪垠到京，我到车站接他，把他迎进了我社宿舍——工人体育场北路幸福一村一楼三三三号。

姚老在北京，生活是很有规律的，每天吃过晚饭后，看一个小时电视，和儿孙们说会儿话，就上床看书，大约九时左右就睡觉了。姚老说：为了写作，我不得不牺牲晚上看戏、看电影、看电视剧的享受。但我有失也有得，“一日之计在于晨”，凌晨是我的精神最旺盛的时候，也是我的创作最活跃的时候。所以，几十年来，姚老总是凌晨三时左右起床，起床后，先用冷水擦洗身子，然后擦净写字台，泡上一杯龙井茶，便坐下来开始写作。待到天色将明时，便下楼慢跑，他在六十六岁的时候，还能环绕工人体育场的马路跑上一圈。在他八十四岁时，腿脚不如以前了，儿孙们不让他外出锻炼，给他买了一辆健身车，让他每天清晨在室内坚持锻炼。所以姚老到了老年，虽满头银发，但身板硬朗，精神矍铄，思维敏捷，特别是两眼炯炯有神，没有一点老年人混浊视衰的感觉，尤其令人佩服的是，他当时悬腕书写条幅，手指毫不打颤，这与姚老几十年坚持体育锻炼有很大的关系，饱满的精、气、神使他的创作精力一直不衰。

姚老每天凌晨三时左右伏案写作，一直写到中午，下午是读书看报会见客人，包括外出逛旧书店选购图书，到琉璃厂文具店添置笔墨纸张。……多少年来，他没有节日、假日，每天工作十来个小时。一九七五年姚老迁居北京后，条件好了，冬天深夜起床工作时，房中有暖气，可以不用再身披大衣，怀抱热水袋，腿脚受凉挨冻了。条件变好了，但姚老凌晨三时起床工作的生活习惯始终没变。一九八一年《李自成》第三卷出版后，一次在新侨饭店的聚会上，胡耀邦见到了姚雪垠，他紧握姚雪垠的手，问寒问暖，问生活问写作，当他知道十多年来，姚老从没有节日、假日，每天都是凌晨三时起床开始写作，一直工作到中午，年年岁岁如此。胡耀邦很感动，他深情地对姚老说："您的年纪毕竟大了，一定要保证充足的休息时间，虽然我也急着等着看四、五两卷，但我还是希望您不要受外界影响，就按您自己规定的计划进行，不要急，也不要赶，从容写作，身体第一，质量第一。"胡耀邦这段真挚、深情的讲话，以及两个"第一"的思想，不仅深深地感动着姚雪垠，也在当时文艺界传为一时的佳话。

就《李自成》创作问题和茅盾在一起交谈

其实，姚老加强体育锻炼，还是从写《李自成》开始的。姚老青年时，由于贫困生活所迫，没有时间体育锻炼，也舍不得把时间花在体育锻炼上面。只知道加倍用功读书。直到中年，生活有了保障，才逐渐感到要想干一番事业，没有一个健康的身体是不行的。

但有些锻炼，又与姚老坎坷苦难的经历有关。比如说，无论春夏秋冬，姚老常常端来一大盆凉水洗擦身子。冬天最冷的时候，也是如此，洗得热气腾腾。迁居北京后，住在高级公寓，一天二十四小时都有热水，姚老仍保持这一习惯。其实这习惯，还是“文化大革命”中劳动改造时锻炼出来的。一天劳动下来，不但没有澡洗，连热水洗洗脚都不可能。只能每晚睡觉之前，打桶冷水擦身、洗脚，天天如此，常年不断，形成了习惯。现在不用冷水擦身洗脚，反而不自在、不舒服、不习惯了。自从用冷水擦洗之后，反而不感冒，不发烧，血压正常，身心健康，举止言谈，都给人一种生气勃勃的印象。

自从来到北京后，姚老工作效率大大提高，一九七六年三月十三日他向武汉市委宣传部报告二卷稿的进程时是这样写的：

从去年十二月中旬到今年一月下旬，我将改过的稿子分批交给编辑同志推敲、提意见。从今年二月上旬起，开始第二步修改工作，即编辑同志们分批提意见，我分批再作修改，然后发排。这一工作如今仍在进行。由于作者和编辑的要求和目的的相同，所以合作得比较愉快。这一卷大概八十多万字，将分三册出书。原来出版社希望争取在“五一”出书，后来放弃了。我平日文思本来比较迟钝，修改工作进度很慢，加之第二卷比第一卷不仅部头大得多，在内容上也丰富得多，故事情节和穿插结构上也复杂得多，在一个地方改动几笔，往往在另外一个或几个地方都得作相应的改动，所以进度就更慢、更费心思。等第二卷完全付排之后，方能开始对第一卷进行修改。

一九七六年夏季河北唐山地区大地震波及北京时，人们是在酣睡之中惊醒的，而姚老是在伏案写作中清醒地感到地震的来临。开始时，他听到很大的声音从马路上滚滚而来，他正要离开写字台到阳台上观看，大楼突然摇动，脚下颠簸，无法站稳。事后，姚老深有感触地说：若不是凌晨起床工作，那地震开始时的地声，就不会听得这么清楚，地震突然到来时那严重晃动的恐怖的气氛，也就没有那么具体的感受了。我社的职工和家属立即从宿舍大楼搬出，在工人体育场的前面搭起帐篷，老老小小住了进去。考虑到姚老年龄较大，又有繁重的写作任务，我们劝他暂时离京返回武汉，先避一避，待震情平稳之后再回来。姚老坚决不同意，他说：唐山遭到那么大的地震，几天之内，工人下井出煤，铁路修复通车，报纸复刊。天津市在地震的严重威胁下，电厂继续发电，钢厂继续出钢，工人、干部坚守岗位，战士们冒着生命危险抢救亲人……这些事迹太让我感动了，我要以他们为榜样，坚守岗位和出版社的同志一起防震抗震。就这样，在大家帮助下，他也在工人体育场附近搭起了一个防震棚。在露宿街头防震棚的那些日子里，生活条件简陋到不能再简陋了，但姚老静坐一角，坚持工作，专心地审定《李自成》第二卷校样。这部八十多万字的校样，就是在这样的环境下一字一句看完的。

在“四人帮”未被粉碎之前，为避免在一些字句上被“四人帮”一伙引申曲解，胡找借口，随心所欲地歪曲写作意图，不明不白地遭封杀、挨棍子，姚老在个别段落中，加了一些作者的表白和议论。第二卷清样出来后，我陪姚老到读者中征求意见时，这时“四人帮”刚刚被打倒不久，读者笑着对姚老说：“您用作者身份的那些议论是害怕‘四人帮’打棍子啊，现在就不必要了。”姚老听了哈哈大笑，对大家说：“你们说得对极了，我是做了一些枉费心血的劳动。”好在姚老在增加这些分析议论时，是经过反复斟酌才下笔的，大都尽可能不破坏情节的艺术完整性，更不以议论代替描写。所以在第二卷付印前，便把这些文字删去了。但由于第二卷的部头较大，仍有小的遗漏，用姚老的话说：“难免留有蛇足。”后来在第二卷第一版第二次印刷时，姚老又通读检查一遍，删得比较干净，算是把这块心病去掉了。《李自成》第二卷于一九七六年十二月正式出版。

一九七七年八月下旬，邓小平在听取文艺界领导同志汇报工作时，对姚雪垠和《李自成》讲了一段话。邓小平说：“《李自成》第一卷写得很精彩；第二卷不如第一卷，但是也精彩，有独到之处，也是难得的。听说他在写第三卷，不知第三卷怎样？”一九七七年十一月二日下午五时，遵照邓小平的指示，中共中央宣传部部长张平化来到姚雪垠的住处看望他，转达了邓小平副主席对《李自成》的评价和对姚雪垠的关怀，并与姚雪垠进行了亲切的谈话。当张平化问到《李自成》的写作情况时，姚老说：“写《李自成》有三道难关我都过去了，第一道关是写第一卷时，当时对文学创作过分片面强调写现实题材，强调写解放后的‘十三年’，把题材限得很死，把问题说得很绝。我必须抗住这股‘极左’的文艺思潮。我当时认为文学题材绝不应该那样狭隘。毛主席早就指出：我国历史上大大小小的农民起义有数百次，其规模之大为世界历史所仅见。为什么不可以拿我国历史上的农民战争作为题材，写成小说，写出它的规律和经验教训供我们现代人借鉴，写出一些英雄和故事鼓舞今人呢？是马克思主义和毛泽东思想给我指导和勇气，我才敢于冲过这一关。第二道关是第一卷刚出版之后，就有人说它是大毒草，希望我停笔不往下写。许多年来，有一股不正学风，泛滥甚广。有那么一些人自己不肯认真读书，不肯认真学习马克思主义的基本道理，总喜欢以‘左’的姿态，对作品抓住一点，片面曲解，乱打棍子。比如，说我写李自成有帝王思想就是歪曲农民起义领袖的形象……‘四人帮’后来就是利用这个社会基础，在史学和文学领域随心所欲，颠倒黑白，使唯心主义和形而上学猖獗一时，为其反革命政治野心服务。”姚老深有感触地说：“肃清‘四人帮’反革命的组织容易，肃清其思想和流毒则需要相当长的时间。第三道关是在‘四人帮’横行的日子，有些人对毛主席对《李自成》的指示和党的政策置若罔闻，用各种办法干扰我不能继续写下去。以至到了我不得已才给毛主席写了一封信。幸而毛主席看了我的信，给予关怀和支持，我才能来到北京，避开了随意干扰，专心一意地写下去。因此，我永远感激毛主席的关怀和支持，也感激邓副主席将我的信送到毛主席的面前。尽管我得到毛主席的关怀和支持，来到北京写作，但‘四人帮’的关并未过完。要不要在《李自成》中加进去儒法斗争，要不要按照‘三突出’的论调处理书中的人物。我绝不能。宁肯我的书不能出版也不能顺从‘四人帮’的谬说。幸而党中央粉碎了‘四人帮’，这第三道关也被粉碎了。”

如果说，《李自成》第一卷一九六三年出版时，由于“极左”路线的影响，对姚雪垠这个“摘帽右派”的作品，有种种限制和制约，诸如：不准在报刊上宣传推荐，不准组织评论文章，控制发行印数等等，那么到了《李自成》第二卷出版的时候，“四人帮”已被粉碎，特别是十一届三中全会开过后，情况就完全不同了。这时人们可以放心大胆地评论《李自成》，没有任何障碍和顾虑了。事实上也正是这样，对《李自成》的正面评价，众多高质量、高水准的讲话、书信和评论文章，恰恰是从这时开始的，当时以文学大师茅盾给姚雪垠的一批信件为首，还有夏衍、林默涵、胡绳、朱光潜、秦牧等文学界、理论界的权威人士的讲话和文章。方毅在一九八〇年五月四日给姚雪垠的信中写道：“《李自成》第一、二卷，我已拜读多次，深为书中人物所感动。我最关心的是以后几卷何时可以完成。

这一历史巨著将在我国文学史上留下光辉的一页。”一九七八年四月，首先在武汉举行了全国第一次《李自成》学术讨论会，接着北京、上海、江苏、四川、湖北、宁夏等省市的出版部门先后出版了一批评论《李自成》的书籍。可以说，这一个时期对《李自成》一、二卷的出版，其重视程度，评价之高，评论之多，是新中国以来出版的长篇小说中少见的。用姚老的话来说：“《李自成》的春天，是从这时开始的！”

一九八二年《李自成》第二卷荣获首届茅盾文学奖。

也是一九八二年，日本老牌的出版集团讲谈社翻译出版了《李自成》第一卷，第一次就印了两万册，而且销售情况空前的好。日本政府文部省和外务省联合对《李自成》的翻译者颁发翻译奖，对《李自成》的出版者讲谈社颁发文化奖，表彰他们在翻译和出版中国重要的当代文学名著做出的贡献。我国作家的作品，在国外翻译出版，同时荣获翻译奖和出版奖双奖的，《李自成》还是第一部。

姚雪垠常常表现出一种自信自负和充满傲气的直率脾性，但有时也发自内心的表现出一种亲近和善、欣喜赞赏的真诚

在与姚老相处的二十多年的时间里，我们除了写信、通话外，在一般的情况下，每隔上两三个月我便要到姚府上去一次。有事时，去的次数就更多一些。每次和姚老见面时，他都热情地叫佣人拿他书房里他品饮的茶叶给我泡茶，而我每次都从姚老那里受到启发和教益，姚老确实是学富五车，博古通今，笔墨渊深，见解不凡的学者和作家。正因此，一般他形成的看法，都是经过深思熟虑，又有根有据的，所以言谈中，常常表现出一种咄咄逼人的自信自负的神情和充满傲气的直率脾性和人格风骨。这与他常说的“人无铁骨，安身不牢，人不自负，难图大计”的话是一致的。但姚老绝不是在什么情况下都囿于己见，当你在和他探讨一些问题时，特别与他形成的看法不相一致时，他也是很专注地倾听。特别是对晚辈，他常常表现出一种非常和善的神情，当他发现你讲的有道理时，他会露出一种由衷的喜悦和赞赏的神态，不仅会肯定你，表扬

你，而且他还会在其他场合宣传你、介绍你。比如：对《红岩》的作者罗广斌、杨益言，对《少年天子》的作者凌力，对《白门柳》的作者刘斯奋，以及北大教授严家炎，武汉学者冯天渝，新华社记者徐民和等，他在不同的会议上，不同的场合中，不止一次地肯定过、表扬过他们，这是许多人都知道的。所以我说，姚老性格中的自负和傲气，只是他性格特征的一个方面，而另一个方面，他虚怀若谷，学心难满，同样是不可忽视的。

在《李自成》第二卷稿的编辑工作中，我与姚老交流的机会就多了起来，这里边有我向姚老的求教，有他对我的指点，也有不同看法的交流，甚至争论。但这一切使我与姚老的关系更亲近，更融洽，更密切了。

最近我发现一本二十多年前的笔记，其中记录了第二卷成书前我与姚老的一些交谈，现在我摘录其中几段文字，虽然记得很简单，但仍可看出姚老写第二卷时的一些思路。

《李自成》第二卷第一章写李自成被围困在商洛山中，刘体纯来老营向李自成禀报军情，李自成问他："郑崇俭、丁启睿怀的什么鬼胎?"刘体纯分为第一、第二、第三、第四、第五回答。我觉得行文过长，也有些呆板，便向姚老提出，可否换一种写法？姚老说："前面已逐次将战争形势写出，这里是想通过刘体纯的话，总写一段，表明义军对官军的企图了若指掌，不改了。"

第十七章写李侔向宋献策谈起李信如何看重红娘子，并把他花了一百五十两银子买的一把上好的古剑赠给红娘子时，宋献策说："令兄如此看重，必定是色艺双绝，名不虚传。"我提出这里将"色艺"二字用在红娘子身上，是否可再斟酌一下？姚老说："这段话带有历史特色，直到民国初年，士大夫评论女艺人、旦角，仍从'色艺'二字着眼。这里反映了宋献策的思想感情，删去不妥。"但姚老斟酌后，在李侔回宋献策的话时仍加了几句话——"红娘子虽然长得不丑，但对她不能将'色艺'二字并提"，红娘子"武艺出众"，"义侠肝胆"，"原是清白良家女子，持身甚严，并非出身乐籍"(即妓女)。姚老借李侔之口，不仅回了"色艺"二字，而且把红娘子的为人、品格也作了勾画。

第十八章宋献策在禹王台和李信相聚，二人围绕推背图、京城形势展开议论，姚老很欣赏这段描写，问我读后的感觉如何？我说：李信写得较深，宋献策写得较活。姚老很有兴致地围绕李信这个人物的性格以及李信与宋献策的思想差异和我进行了交谈。姚老说："天启末年，不仅地主阶级的读书人，包括一般市民都明白依附阉党为可耻，所以这里写李信不同情父亲倡立生祠，谄媚魏忠贤。这是给李信一个思想起点。倘若李信没有这个起点，则李信就没有以后的发展，作为阉党之子，他也就不可能在故乡获得一定声望。这章的后边就着力写李信的思想感情及其矛盾。宋献策与李信不同，宋献策谈阴阳五行，是他的职业和性格特点，也是历史特色，李信有朴素的唯物主义思想，不信这一套。后面几章还有进一步的发挥和批判。"

第二十七章李自成冒险前来与张献忠会面，张献忠的军师徐以显以"成大功者的六字真言——心狠、手辣、脸厚"动员张献忠在李自成尚没有成气候时，把他干掉。张献忠虽然没有听从军师的话，杀掉李自成，但他对徐以显说的"六字真言"却是很欣赏的。我问姚老对张献忠的性格是怎么把握的？姚老说："在小说中，我也写了张献忠的长处，但对他的恶劣表现，绝不讳言，常有诛心之笔，作为批判。"

第三十一章写崇祯皇帝看到国家事一日坏似一日，看不见一点转机，心中叹息不止，这时他想到督师杨嗣昌和正在秘密与满洲议和的兵部尚书陈新甲，感慨地说："难得有这两个对内对外的得力大臣……"我提出可否把"对内对外"四个字删去。姚老说："这里的'内'和'外'都是指本朝而言，与今天说的'内'和'外'的含意不同，这里是写崇祯的思想和处境，点出他'内交外困'，不要删去。我是出于艺术上考虑，与茅公(指茅盾先生)从政治上提出的，不是一个范畴的问题。"

第三十二章写明军由优势转化为劣势，崇祯内心常常冒出一种"亡国"之念。按一般理解，"亡国"是指国家灭亡，而李自成和明朝的战争，并非外来民族侵略者的战争。我提出用"亡朝"或"败亡"似更确切些。姚老说："你理解错了，古人思想中的'亡国'就是'亡朝'。'民族'、'国家'的观念是近代产物。这里写崇祯的心中想法，不改为好。"

第三十五章写李自成大部队进入河南时，李自成率领亲兵亲将五十人先行，来到荆紫关时，他到一个小饭铺休息。就在这时陕西三边总督郑崇俭的标营骑兵追来了。李自成把开饭铺的男人叫来，赏他一把散碎银子，叫他赶快逃走，免得被官兵抓到杀良冒功。那男人不知他就是李闯王，见他如此仗义，趴在地上就给闯王磕头。我告诉姚老征求意见时，有人建议不要磕头。姚老说："古代磕头类似近代鞠躬，非常普遍，不同于正式跪拜。那饭铺的男人虽不知他面前的大汉是闯王，但从大汉的神情和他带有随身亲兵亲将，也会判断出这大汉是义军首领，不行磕头礼是不合理的。为了保持历史习俗，不能过分迁就部分读者。"

第三十七章，在《李自成》第二卷将要进行第二次印刷时，姚老把新写的有关宋献策献谶记的一段文字送给我，让我把原来那段文字抽去。现在我把两段文字都抄录如下。

原来的文字(中册，第九百二十九页)：

对于宋献策所献的谶记，李自成在当时也喜出意外。他是那种惯于动脑筋思考和喜欢读书的人，曾在戎马之间陆陆续续阅读过一些史鉴之类的书。虽然他也知道许多朝代闹腾着献谶记，颂符命，献祥瑞，多是假的，但是他断定宋献策决不会假造谶记献他。他不是超人的英雄，而是封建社会的、落后的小农经济条件下产生的农民英雄，是在历史给他的局限性之内领导了一次轰轰烈烈的农民革命战争。李自成的思想上虽然没有摆脱对天命观的迷信，但是他的杰出之处是他在考虑问题时和在实践上更看重人事，入河南后积极地推行他所制定的有利于革命战争的军事路线和政治路线。宋献策所献的谶记，不管他的实质和来源多么荒唐，在当时历史条件下却对李自成及其连遭挫折、重新号召起来的大军起了巨大的鼓舞作用，能够帮助扩大他的威望，增加广大百姓对他的向心力，也成了他同崇祯皇帝斗争的一种精神武器。仅仅再过两个月，即破洛阳之后，他就将自己的称号定为"奉天倡义文武大元帅"。仅仅再过一年，崇祯害怕他真有"天命"，密谕新接任陕西三边总督汪乔年指示米脂知县边大受掘毁他的祖坟，要破坏所谓"王气"。仅仅再过两年，他建立新顺朝，后改大顺，取"顺天应人"之意。

新写的文字：

经过了十二年的武装斗争，千辛万苦，艰险备尝，尤其是在近两三年连遭重大挫折之后，如今初来河南，开始走上顺利道路，长久来梦想中的宏图大略看来并非空想，正在此时，宋献策来到军中，献上"十八子主神器"的谶记，对李自成和全军上下都起了十分巨大的振奋、鼓舞作用。闯王暗想：过去只有人说我李自成日后能得天下，不意果然是上膺天命，见于图谶！刘宗敏等众将领想道：只要闯王上膺天命，纵然肝脑涂地也是值得的。同时从上到下，都想着今后应如何齐心戮力，整饬军旅，除暴救民，佐闯王早定天下。高夫人知道了宋献策献的谶记，同左右的女兵们都激动得滚出热泪，立刻在院中摆上香案，焚香拜天。明朝人由于朝廷提倡，最为崇奉关羽，称为关帝。高夫人拜过天以后，又对着关帝牌位，燃烛焚香，虔诚礼拜，默求神佑，使闯王早建大业，老营将士自动地敲锣打鼓，燃放鞭炮，高呼万岁。

宋献策来到闯王老营献谶记的消息很快地传知了各处将士，到处一片欢腾，鸣放鞭炮，呼喊万岁。这一振奋人心的新闻也在民间迅速流传。虽然那些据守山寨的土豪乡绅们不肯相信，有些人半信半疑，但是广大饥民，特别是年轻人，都相信这谶记句句皆真，认为“李继朱”是天命注定。从此，来投义军的百姓更加踊跃，成群结队，川流不息。

把这两段文字一比较，不难看出，前一稿对李自成自身的天命观，有更多的表白和解释，而在后一稿则不仅对李自成，而且对他的左右亲信和整个义军都写得更直率了，这就更符合封建社会历史人物的思想实际，同时也更接近姚雪垠的实际想法。我感到，在写李自成天命观这一点上，姚老自始至终保持坚定而清醒的看法。他始终保持这样的原则：李自成的天命观是历史事实，他决不在《李自成》中故意宣扬李自成的迷信思想，但也不能回避这个历史事实，更不能把李自成写成是一个超越历史局限的人，他是三百年前的历史产生的农民英雄，不是二十世纪的无产阶级英雄。可能就是出于这样考虑，在第二次印刷时，他把那些防备“四人帮”抓辫子、打棍子，为李自成辩解的违心文字通通删去，重新写了这一段更符合当时历史和李自成实际的文字。

第四十八章写福王府……白昼宣淫。我觉得不写也可以，写，意思不大。姚老不同意，他说：“朱由崧在南京登基后，不管清兵正在南下，还大选宫女，白昼宣淫。一日看戏，忽然将他看中的女戏子叫进宫中行淫。此处描写所揭露的内容，并不过分。意在说明明王朝统治阶级的腐朽。”

第四十九章写高夫人向红娘子提婚，说闯王和军师的意思是李公子，问她意下如何？红娘子深深低下头，喃喃说：“我既无父母，又无兄长，闯王和夫人就如同我的亲生父母。女儿的终身大事，只能听父母之命，媒妁之言，何必问我。”征求意见时，有的读者建议把“女儿的终身大事，只能听父母之命，媒妁之言”删去。姚老当时表示同意，回来后又觉不妥，对我说：“清样上红娘子答话很有历史特色，这段文字婉转曲折地表达了她同意这门婚事，前后照应，比较完整，还是保持原来的样子好。古人对话中的习惯用语，古人应有的感情、风范，只要不犯低级趣味的错误，就不应避讳。更何况是古人的语言，不是作者口中的话，也不是作者要言传的思想，大多数读者会明白这个道理的。”

这章还写到牛金星、宋献策、李岩要李自成重视近代西洋使用的火器。宋献策讲了一大段火炮的进化和制造，我觉得这段文字叙述过长，读起来也觉得沉闷，建议压删改写。但姚老很欣赏这段文字，专门给我捎来一个条子，上面写道：“我考虑再三，认为宋献策谈兵器进化、鼓吹火炮一段文字，以不压不删为好。牛、宋、李三人几乎同时进入闯王军中，出身和性格都不同。在这个单元里集中写‘军国大计’的讨论和决策。他们三人所学，各有专长，各有表现。宋献策熟于军事，在此单元之中应有所表现。不然，他在小说中就不会给人以突出印象，李自成仅仅是因为他献谶记才封他为军师。有了论火器这段文字，使读者明白他在军事上确有些独到见解，闯王绝非轻率地给他军师地位。在明朝末年，兵器、历法、天文学等领域，受西洋的影响很大，宋献策鼓吹西洋火器，代表一种先进思想。”

第五十章袁宗弟说服李自成启用郝摇旗时，讲了这么一段话：“特别是当一个人倒楣的时候，更要多想想人家的长处，世上人，喜欢锦上添花的多，喜欢站在高枝儿上说风凉话的多，喜欢随风转舵的多，甚至还有一种人，看见别人跌倒，趁机踏上一脚，或者落井下石，墙倒众人推。”我觉得这些话和郝摇旗扣得不紧，同时也不是性格化语言，有借题发挥之嫌。姚老不同意我的看法，他说：“这段话，是古代常见的世俗状态，韩愈给柳宗元作的碑文中也写过。一部大部头的长篇小说，要努力在塑造典型上，安排主题思想上，处理重大历史问题上，持严肃态度。但在古人的对话上，也要保持应有的个性特色，否则对话会变得苍白无生气。这段话你所以产生这样看法，说明我写得还不够，否则是不会产生这样印象的！”果然姚老又把这段文字强化调整了一下：“李哥，我们看一个人，不能光看人家有多少短处，犯过多大过错，还要看看人家有些什么长处，立过什么功劳。世上有些人喜欢锦上添花或站在高枝上说风凉话，很难在别人犯了错误时多想想人家的长处。还有一等人，巴不得别人栽跟头。别人出一点事，他们便来个墙倒众人推，落井下石，方称心愿，把如何共建大业的道理全不想了。闯王，李哥，你难道没有吃过这种苦么?”这么一改，袁宗弟的性格和形象出来了，同时他的话也深深地打动了李自成。

在编辑《李自成》第二卷稿和以后的第三卷稿以及围绕四、五两卷中的一些情节和人物的设计和创造，姚老和我谈了不少，只是我没有全都记录下来，现在想来，实在惋惜不已。

写《李自成》之前，首先考虑和解决的就是李自成为什么会失败？又为什么失败这么快？倘若这个问题心中无数，这部小说就没法动笔，倘若这个问题认识错了，小说就会全部失败

姚老早在动笔写《李自成》之前就说过这样的话：“我首先考虑和解决的就是李自成为什么会失败？而且又为什么失败这么快！这是我写这部小说首先要解决的一个重大问题。倘若这个问题心中无数，这部小说就没法动笔去写。倘若对这个问题认识错了，小说就会全部失败。”这是姚老经过长期思考最关键、最要害的概括，然而要写好李自成的失败又谈何容易！

对于李自成的失败，姚老的认识也是在创作中不断深入，不断发展的。姚老说：李自成进了北京，仅一个多月时间，便从胜利的顶峰摔了下来，连吃败仗，时间不长，事业全毁，第二年的五月便牺牲在湖北通山县九宫山下，成了一位大悲剧的主角。李自成为什么失败得这么快?他迅速失败的原因是什么？这里边有远因，也有近果，原来隐蔽在胜利背后的隐患和殷忧，此刻迅速浮出水面；也有在关键时刻李自成自身的弱点和错误凸显出来，导致失败的因素迅速发展而难以控制的复杂性。然而失败的结局也并非不可改变和避免，倘若李自成及时发现致败的因素，在战略上和策略上，采取有力措施，及时加以弥补和扭转，也许可

以缓解，甚至扭转败局，改变最终的结局。然而历史的局限性和客观的严峻形势，是李自成这样的农民领袖很难、很难发现自身的弱点和错误，很难克服其自身上的消极因素，实际上从《李自成》第二卷他破洛阳、杀福王，纵横中原开始，在他军事上连连取得胜利，取得巨大成就的时候，失败的因素就已悄悄地跟随着他的脚印同步向前发展，把这一点认识明白，对李自成领导的这场规模宏大的农民起义、农民战争的发展和最后的悲剧结局，也就不觉得突然了。

对李自成的失败，姚老谈得最多的是以下六点：

一、姚老说，毛泽东在《中国革命和中国共产党》一文中指出的："李自成是历史上流寇主义的代表"的结论，是他失败的要害所在。姚老认为：如果李自成能够比较早的认识到这一点，或者他从李岩的建议中能够受到启示，自觉地转变方略，其最后的结局可能就不是这样。崇祯十三年李自成入豫之前，多是东流西窜，行动飙风疾雨，当时采取这种战略战术是完全对头的，避免同较强的明军正面作战。"以走制敌"，使明军始终陷入疲惫奔波之中，陷入被动，"攻其所不备"，抓住有利时机，就给明军狠狠的打击。当时凡守在一个地区不动的农民武装都很容易被消灭。凡采取"以走制敌"的战略战术的，不但不容易被消灭，而且会壮大起来，反过来打败和消灭明军。李自成最初这种"以走制敌"或"流而不居"的战术，明军非常害怕，没有办法应付。

但是到了崇祯十三年冬李自成入豫之后，特别是在破洛阳，杀福王之后，闯王的兵马大增，声势大振，此后他便不再采取飘忽流动的作战方法，采用大规模的攻城战、运动战，一次又一次地歼灭明军的主力。在这种新的形势下，李自成的战略战术变了，但他的流寇主义思想却没有得到及时的转变，一直到崇祯十五年，他才开始建立地方政权，但是由于军事上取得的胜利，太迅速，太顺利了，许多明朝的官绅望风归顺，李自成对他们没有在政治上采取什么打击，也没有在军事上彻底摧毁，甚至有的军事实力原样保存，只是把明朝的旗帜，换成大顺的旗帜，这样的后方如何谈得上巩固?! 到了崇祯十六年李自成在西安建立起临时的中央政权后，对如何从政治上和经济上治理地方政权和在他占领的长江以北差不多半个中国的广大地域稳固政权，始终没有摆在他的议事日程上来，始终没有拿出什么积极有力的措施和办法来。由于没有稳固有力的地方政权，就不能采取有效的措施，镇压敌对势力的破坏和反扑，应付突然的变化和意料不到的局面，也就保障不了农业生产的恢复和发展，农村依然处处残破，饥民依然成群，由于生产不能恢复，以田赋为主要支柱的财政收入，就没有可靠的来源，困难的财政经济条件也就限制了大顺军的数量的发展和装备的更新。所以李自成在进北京之前，虽然占领了辽阔的土地，也建立了中央和地方政权，但在胜利的背后却埋藏着极大的隐患和殷忧。在李自成攻入北京，灭亡了明朝廷后，政治上、军事上、经济上处处捉襟见肘，力不从心的种种现象，都与他没有建立起一个钱粮充足，强大而巩固的后方有重要关系。所以山海关大战失利的消息传到内地时，湖广、河南、山东、山西等地的地主武装、明朝的旧军和明朝的残余政权便猖狂地活动起来，不费力地便迅速摧毁了大顺朝建立起来的地方政权，使大顺朝的政权和李自成一下子就处在四面楚歌的包围之中，败亡的命运迅速到来。

姚老说，李自成原来计划以陕西为根本，利用关中的地理形势，建立一个进可以攻，退可以守的大后方。但是他没有想到，如以关中为根本，必须以山西为屏障，山西得失，关系极为重大。崇祯十七年，李自成虽然占领了山西，但只是路过，留下降将陈永福驻守太原，然而处处存在着对李自成的敌对势力。客观地说，李自成虽然占领了山西，但山西的土地和人民都还不是李自成的。让人们惋惜的是，李自成对此一直没有认识，所以在他退出北京来到山西之后，山西的官绅富户凭借着地方上的武装势力，纷纷暴乱，占城据寨，与大顺军为敌，使李自成想利用山西的有利地形进行抗清战争的计划成为泡影。《李自成》第五卷深刻地写出了这一点。山西一失守，陕西便失去屏障，清兵顺畅地西过黄河，进攻延安和榆林；又南下河南，进攻潼关，对李自成的老窝陕西形成钳形攻势。李自成的关中地区虽说稳定，但在政治上、经济上、军事上都还没有经营好，李自成还没有在这里牢牢地扎下根，所以潼关决战失败，延安、榆林危机，关中就不能守了，李自成一逃出陕西，便迅速走上了败亡的道路。这些姚老在《李自成》四、五两卷中细笔写来，真有如一块重重的石头，压在胸上，憋气难忍。姚老对于建立稳固的后方这个问题，早在《李自成》第二卷李岩起义时写给闯王的信中就提出来了：占领洛阳、经营中原，然后逐步向外发展；在中原占领区恢复农桑，发展生产，然后向东边出兵山东，截断运河；往西边派兵进入潼关，再入山西，把北京的左右臂全都砍断，成为死城。等到条件成熟时，再出兵夺占北京。李自成虽然口头上对李岩的信连连叫好，但在实际行动上完全没有采纳。当他进入西安后，从没有考虑过所占各地的政权是否都站稳脚跟？生产有没有恢复？民心是否都向着大顺朝？他只想迅速东征，进入北京，登基做皇帝。所以才出现，他只率领六万人马，便远离后方，东征幽燕，去占领北京。后来的事实证明，李自成孤军深入，过早东征是战略上的一大失误，是他走向败亡的一步关键性的败棋。

二、李自成东征另一个大错，就是对当时出现的新形势，新变化不认识，不理解，导致出现难以挽回的大错。这就是大顺军在中国北半部把明朝的各股部队连续歼灭击溃和招降以后，李自成和他的大顺军真正的对手已经不再是以崇祯为代表的明朝统治集团，而是以顺治和多尔衮为代表的满洲清朝统治集团。崇祯十五年明军十三万，在关外全军覆没，洪承畴投降清朝，说明清朝的军事实力已不容忽视，说明明朝北方边疆的军事局势已发生了极其重大的变化，满洲统治集团要进入关内，建立帝国，这一严峻的形势已经十分明显。但李自成对于满洲的威胁没有认识，也没有直接感受，加上他进入西安后便被眼前的胜利冲昏头脑，只想东征成功，攻入北京登基做皇帝，然后进兵江南。他根本没有考虑到明朝灭亡之时，满洲会乘机入侵的可能性和严重性。李自成没有想到，刘宗敏、牛金星和他身边众多的文武大臣，包括从明朝投降过来的官僚士大夫们，也没有一个人看到这严重的形势，提醒李自成早做准备。

姚老说，他在动手写第四卷时首先碰到的问题，就是对李自成进北京怎么认识？怎么去写？这是他动笔之前反复琢磨的一个问题，也是《李自成》碰到的一个禁区。过去人们一直把李自成进北京说成是农民起义的“光辉的胜利”，而在《李自成》这部小说里，姚老却不这样认为。他认为，李自成进北京是他领导的农民起义从胜利顶峰走向大悲剧深渊的转折点，李自成从这里开始迅速走上了败亡的道路。姚老的看法，是有他的道理的。他说，如果李自成和他身边的文臣武将头脑比较清醒的话，在占领陕西和山西以后，能够认识到将要出现的新形势、新变化，先不急着远征北京，而是用上一两年或更多一点时间，经营他已经占领的广大地区，设官理民，恢复农桑，抚济流亡，让人民有粮吃饱肚子，有衣蔽体，有屋容身，生儿育女，过上一段时间的安定温饱的生活，人民就会继续支持他、拥护他。李自成起义时，人民对明朝不满，人心思乱，所以从者如流；当李自成进入西安取得重大胜利之后，人心思治，希望停止战乱，恢复生产，过上几天安定温饱的好日子。但是李自成没有顺从民意，他被眼前的胜利冲昏头脑，只想迅速东征，攻入北京登基做皇帝。他没有想到，不顺从民意，人心就可能动摇。这个简单的道理，李自成没想到，他身边的文武大臣也没有想到。李自成失败原因很多，但与他在困难时期同人民建立的密切关系，发生了根本性的变化，失去了以前的号召力，是他迅速走向失败的重要原因之一。如果李自成走乱中求治的建国路线，情况就会另一个样子。在进入西安之后，先不急于东征，花上一段时间巩固他控制的河南、山西、陕西、湖广广大地区，肃清明朝旧政权和残余军队，摧毁地方上的反动武装，团结可以争取的地方武装，给人民以恢复生产的时间，让人民有一点“复苏”之乐，人民就会继续拥护李自成和大顺政权，这样就为李自成和大顺朝的政治和军事的发展打下基础，当新政权稳固之后，将士们也得到了休整，生产也稍稍有所恢复之时，那时再向北京进军，其政治形势和军事力量就完全不一样了，而且也不用怕吴三桂拒降和清兵入侵了。对这个问题，姚老研究了大量史料，他认为，当时大顺军已进入了苏北和山东，运河已经截断，北京处于孤悬无援的地位，随时都可以攻破，晚攻一两年对整个形势不会有大的妨碍，但对李自成和大顺朝来说，只能形势会变得越来越好，而不是现在的结局。这是一。

即使李自成决定孤军东征，如果从西安出发时，对将会出现的新形势有所认识，考虑到清兵可能入关的危险性，尽管当时兵力不足，再抽调十几万人马还是有办法的，如果李自成率领的不是六万人马，而是二十万人马，力量的对比就会发生根本性的变化，假如还有七八万人马控制在保定的刘芳亮手中，再有几万人马进驻天津，也许吴三桂就不会降清；即使降清，李自成在山海关也不至于战败，只要不战败，北京不失守，河南、山西等地的反动武装就不敢纷纷叛乱，大顺朝新建立的政权就不会那么快被摧毁，后来的局面也不会出现。退一步说，就是山海关大战失利，也还会有相当的军事实力，再加上保定、天津的援军，清兵也不敢直向北京；即使向北京进军，碰了钉子就会缩回关外去，大顺朝的命运就不是后来的样子了。这是二。

如果李自成进北京之后，保持清醒头脑，对满洲的清兵保持高度戒备，对保卫北京作一些必要布置。如：把军队驻扎在城外，保持良好的军纪和士气；在一些战略要地，驻扎几万人马，做好防御准备。即使山海关吃了败仗，北京也不至于轻易放弃。只要北京不放弃，或者留下一员大将坚守一个时期，对整个形势就会起积极作用。十五世纪二十年代，明成祖把首都从南京搬到北京，主要是从战略意义上着眼的。在明朝末年，满洲兴起，北京的战略意义不但没有减轻，反而更加突出了。如果李自成及其周围文武群臣明白这一点，战略思想就不至于犯严重错误。从当时的全国形势看，李自成的战略要求应该是：稳定北方、巩固中原和关中，然后统一南方。为着稳定北方，就需要确保北京，也确保山海关。最低限度应该是确保北京。由于李自成打算建都西安，忽视了北京在政治上和战略上的重要地位和重要影响，所以他在进入北京之后，根本没有采取巩固北京防务的任何有力措施，这是李自成在战略上的重大失误。这是三。

虽然李自成从北京出发时，带着吴三桂的父亲和崇祯的三个儿子出兵山海关，说明他当时仍然希望和平解决吴三桂问题，没料到吴三桂那么快便投降了清朝，更没料到满洲骑兵突然出现在战场上，由于思想上和军事上都准备不足，再加上一连串的失误，使李自成在山海关大战中本来应该在意料之中发生的情况，在紧急时刻出现时，他便无法应付，无法应变，只能溃败，而北京方面又没有部署强大的援军阻击清兵前进，最后只好匆匆退出北京，造成一步被动，步步被动，全局被动，最后发展到不可收拾的地步。

三、由于李自成向贫苦农民宣布三年不纳粮的政策，再加上在他占领的广大地区又忽略了农业生产的恢复和发展，所以他的庞大财政开支(包括：军饷政费)都得依靠追赃为来源。所以在他占领的、收降的地区，大顺政权派出地方官后，一到任首要的任务就是追赃助饷。他在进入北京后，继续贯彻这一任务，铸成了政策上的大错。

对于李自成进入北京之后，政策上犯下的错误，姚老想得很多、很深、很细，特别是在他进入四、五两卷的写作后，他原来的一些想法，有的有所发展，有的有所变化。比如，对于李自成进北京后，严刑追赃的行动和后果，分量就比他原来的构思大大加重了。在姚老的笔下，无论是李自成，还是刘宗敏，在当时都没有想到北京和他们占领的其他州县是不同的。北京在政治上、军事上有着特殊的重要地位，进入北京之后，特别需要讲究策略，更何况当时还面临与清兵直接对峙的局面，更需要求得京城的稳定。但李自成、刘宗敏和他们的左右亲信都没有看到这一点，一进北京便不加区别地拘捕了明朝大批皇亲、勋臣、上层官吏，对于他们的社会联系和社会声望，全不考虑。为了要钱，严刑追赃。有些人被追了赃，还要处死，结果引起社会上极大的震动，在中下层社会造成恐怖气氛。如果李自成、刘宗敏和他们左右亲信能够及时认识到这一点，打击面缩小一些，集中打击那些罪大恶极的皇亲勋戚、贪官污吏以及政治上最危险的敌人，留下一部分上层官吏等到局势稳定以后再去考虑如何处理和惩办，就有利于分化敌人，有利于争取中下层官吏共同抗清，也有利于争取吴三桂投降。就是在处理少数罪大恶极的皇亲勋戚和上层官吏时，也应该向北京百姓宣布他们的罪恶，取得人民的支持和拥护，获得良好的政治影响和社会效果，而不是单纯地把追赃作为进入北京之后的主要目标和中心工作。具体负责指挥大顺军的刘宗敏，此时此刻几乎把全部精力都放在追赃上，而不多去考虑清兵的军事威胁，这虽是刘宗敏的严重失职，但也是李自成的严重失误。

过去李自成和大顺军每到一处，抄没官绅富户的粮食财物，都要拿出一部分赈济饥民，这是他获得人民拥护和事业成功的重要因素，但在进入北京后，对于抄没来的大量金银财宝，全部运回西安，没有拿出一部分对北京的贫苦百姓施行救济，把追赃的具体行动同群众的切身利益联系起来，结果不仅使李自成失去民心和信任，而且人心惶惶，社会不稳。这样的事情历朝开国皇帝都不会做的，独独出于李自成创业建国之初。姚老在第五卷特别以此与后来的多尔衮进北京作了鲜明的对比。

比如，李自成的军队纪律一直比较好，这是李自成经常同破坏纪律的消极现象斗争的结果，如他宣布："有擅杀良民一人者全队皆斩。"又说："杀一人如杀我父，奸一人如奸我母。"还规定士兵不许私藏金银，等等。这些都可以看出李自成以极严肃的态度加强军队的纪律。但到了北京以后，他让大顺军驻扎在城内，担起向官吏家室搜索金银的追赃工作，良好的军纪就很难再维持下去，随后奸淫掠劫的事情就发生了，而且愈演愈烈，年轻的妇女跳井、上吊自杀的事屡屡发生，造成人心背向的恶果出现。这时如果李自成果断下旨，严申军纪，把军队迅速撤出北京城内，军纪败坏的现象，完全可以阻止，情况也会有所补救。但李自成采取了放纵态度，将领们也贪恋北京城内的生活，军纪继续败坏，李自成和他的大顺军在北京的政治形象和政治影响迅速下滑。京城的百姓由原来兴高采烈地拥护李自成和大顺军进北京，到感到失望和痛心，转而怀念明朝，把希望寄托在吴三桂拥护太子即位上。开始时，姚老对大顺军军纪败坏的现象和恶果还看得不那么严重，但后来他在写四、五两卷的过程中，越来越感到这问题的发生不是偶然的。因为这时的李自成已不是一名农民起义的领袖，而是一位新朝的皇帝，在他进入北京之后，他的左右或被封侯、或被封伯，都获得了"高爵厚禄"、"子女玉帛"之利，已经形成了一个新朝的封建统治集团，这时无论是李自成，还是他的文武大臣也就没有什么顾虑，再考虑什么社会影响了。姚老也还写到，在李自成败出北京退到山西后，他有所醒悟，曾想严厉整顿军纪，但收效甚微，派出的军队依然纪律不好。军心涣散，军无斗志，这种现象一直持续到李自成最后败亡，也没有扭转过来。

四、李自成的失败与他左右文臣集团的消极作用和李自成本身的弱点有密切关系。从崇祯十三年冬天以后，封建士大夫和中下层知识分子开始投入李自成的农民军，但数目还不多。到了崇祯十六年，一些上层士大夫怀着投机心理成批归顺到李自成的麾下；另一方面李自成用招贤和开科考试的办法又网罗了大批中下层知识分子，这些人形成李自成的文臣集团和他的府、州、县官吏。这些人的归顺虽然扩大了李自成反明力量和政治影响，加速分化和瓦解明朝的统治势力。但是也把封建的政治思想带到农民军中来，成了农民军的消极因素。李自成愈是"礼贤下士"，重用这些士大夫，农民军中的消极因素就上涨得愈快，最后则使李自成的农民起义一改初衷，在大顺朝政权还没有达到稳固的时候，就变了味。姚老非常深刻地、令人信服地、一步步地写出了这一点。毕竟李自成是封建社会的农民领袖，受的是孔孟思想的教育，他不可能摆脱封建的思想影响。到了后期，随着他在军事上的胜利，帝王思想、宗法思想、宿命论思想、神鬼迷信思想，这些消极东西，越来显露得越多，而他身边的封建士大夫们对他的影响也就越来越大了。例如，崇祯十六年李自成进入西安以后，他就急于像汉高祖刘邦那样还乡祭祖。先派李过回米脂修行宫，然后找马万匹护送他回米脂，百姓数十里夹道跪迎，在米脂县大宴乡亲父老三日，再回双泉堡本村祭祖、修墓，大宴乡里，散发银钱，谁愿意做官都可以随他出来。在第四卷姚老把这一切写得十分精细，场面也很热闹，但字里行间又都显示出被胜利冲昏头脑的李自成，处处浅薄、目光短浅，又毫不自觉的现象。这与第一、二卷中处处谨慎，事事严格要求自己的李自成完全不同了。所以到他进入北京之后，他和他身边的文臣集团，除宋献策和李岩外，大多以为天下大势已定，根本不去考虑满洲清兵对抗的严重形势，而对明朝的顽固势力，也失去了警惕性，看不到大顺朝处处都潜伏着危机，看不到大顺朝最危险的势力——满洲清兵已经在准备进关了。所以发生在李自成和大顺军从胜利进入北京，把明朝推翻，到山海关大战失败，又迅速败出北京的发展变化，就不那么令人感到意外了。

再比如，李自成从北京退到山西时，河南的地方武装纷纷起来反对大顺政权，使河南的局面陷入不可收拾。这时李岩请求给他两万人马回河南收拾动乱的中原局面，李自成起了疑心，下旨将李岩兄弟杀掉。其结果，一是使河南的局面陷入混乱不可收拾，二是使李自成手下的文武大臣感到寒心，对后来李自成退到湖广，大顺军和他都处在危难之时，以牛金星为首的众多文武大臣擅自离他而去不无关系。倘若李自成不杀李岩兄弟，给两万人马，让他回河南，代表李自成独当一面，也有可能使河南的局面发生一些变化，甚至会有所好转。如果那样清兵就不能毫无牵制地集中力量攻打潼关，只要战争形势稍微有点缓和，陕西暂时松口气，就有可能出现对李自成和大顺军有利的新局面和新变化，所以李自成错杀李岩兄弟的后果关系全局。但最初，姚老对李自成错杀李岩兄弟的严重后果写得并不充分。当时姚老把责任过多地归罪于李自成轻信牛金星的谗言，后来他有所变化，偏重于李自成这方面的责任。首先是李自成对李岩不信任，进而起疑心，最后给牛金星下旨处死李岩兄弟。牛金星作为首相，他心里明白，但他也怕得罪李自成，招来对自己不信任，他不仅没有出来为李岩解释，支持李岩，保护李岩，使李岩免受杀身之祸。反而对李自成言从计听，设下圈套，在他的首相府中杀害了李岩兄弟。李岩之死牛金星有不可推脱的罪责，但最终他还是个执行李自成错误决定的人，这个变化在第五卷中体现出来。姚老对李岩之死这个令人心碎，又无比悲惨的结局是非常看重的，就是他自已在写这一章时也始终处于悲愤不已的心境之中。就在这一章完稿之日，他和我谈另外一件事的信中，还附了一笔："李岩兄弟今日已经被杀，红娘子逃走，下落暂时不明。"说明这个在李自成大悲剧中的一个不大不小的悲剧，在姚老的心中显得格外的沉重，说明此刻他依然处在悲伤沉痛的心潮之中。

五、两次大战惨败的阴影始终笼罩在大顺军将士的心头，军无斗志，加速了李自成败亡的进程。在战争中，有时一个战役的胜败可以决定全局，有时虽然不能决定全局，但对全局会产生严重影响。大顺军对清兵作战，有两大战役，即山海关战役和潼关战役，特别是李自成御驾亲征的山海关战役，虽不是决定全局的战役，但对全局产生了重大影响，这次失败损失很大，双喜、李强、李友阵亡，刘体纯、谷英身负重伤，六万人马只逃出两万余人，其他均血染沙场。这一战大大影响士气，使李自成不得不放弃北京，放弃河北，使战略部署陷入被动，大大地影响了大顺军的威望和各地新建立起来的政权，总之，一战失败，各种新问题，新矛盾，随着出现，互为因果，连锁反应。

第二个战役是潼关决战，这是对全局起决定性的战役。清朝的满汉部队一路从孟津过黄河攻潼关，一路从保德过黄河攻延安和榆林，对关中采取钳形攻势。李自成把主力放在潼关外边，过早地同清兵进行决战，这是一大错误。因为大顺军从山海关战役失败以后，就连续失利，士气低落，而对方却不断胜利，而且士气高涨。在这种情况下，最好的办法就是坚守潼关，避免决战，分出一支人马深入河南、山东一带，乘隙蹈虚，进行运动战，并且可以深入河北、威胁畿辅。运动战本来是李自成所长，这时完全放弃了。华北地区多次遭受清兵蹂躏，广大人民对满洲清兵的侵略怀有深仇和义愤，也有对清兵作战的经验。当多尔衮拥顺治进了北京以后，原来对满洲存在着幻想的人们恍然大悟，看清楚满洲人要入主中国，这时如果李自成派一支部队深入山东、河北一带，举起抗清旗帜，号召远近，用惩治贪官土豪和汉奸地主的一部分家财赈济饥民，是可以得到广大人民拥护的。

退一步说，如果大顺军在潼关坚守不出，避免决战，就可以抽出一部分兵力加强河防和保卫延安一带，等到几个月后，进攻潼关的清兵锐气稍衰，弱点暴露，抓住有利时机，然后在潼关外边同清兵决战。只要延安不陷落，把从北边南下的清兵阻止住，潼关就可以坚守下去，以消磨清兵的士气，捕捉有利时机。李自成在不利的情况下，过早在潼关前面同清兵决战，几十万大军全军覆没，潼关失守。同时由于准备在潼关前面与清兵决战，延安的防守力量也变得薄弱，不能守住。于是李自成不得已，仓促退出西安，向湖广逃跑，失去了立足之地。

李自成从崇祯十三年冬天进入河南，到十七年春天进入北京，三年半的时间内，大小战役，每战必胜，对明军如摧枯拉朽。但是在山海关遇到满洲和吴三桂的联军，吃了败仗，使东征的胜利前功尽弃。从山海关退回陕西，连吃败仗，倘若潼关战役打个大胜仗，还可以振奋军心，鼓舞士气，挽回败局，打开一个新局面。潼关一败，大局就不可挽回了，所以这两次战役对全局极为重要。

六、李自成失败的其他原因。

(1)大顺军在同明朝作战中，马匹多是一个重要的胜利条件，但大顺军经过连年不断的战争，马匹消耗很大，补充不易。李自成的骑兵比之清兵，处于劣势，他曾打算派大军出河南去河北，但并未成为事实，这与士气不振，兵力不够和马匹缺乏都有关系。

(2)当时威力最大的武器是红衣大炮，原是北京、山海关明军守城之用，两地被清兵占领后为清兵所得，清兵把这种大炮运到前线，在攻延安和潼关的战斗中都使用了，特别是潼关前边地势狭窄，大顺军人多，密集作战，清兵忽然放开大炮，不惟杀伤力大，而且对心理的威慑作用也大，加上被包围的三千清兵突然杀出，内外配合，使大顺军阵容大乱。战争中装备的优劣，有时是会起关键作用的。

姚老在论述过李自成失败的原因后，曾说过这样的话："对李自成失败的分析，虽然是我今天的认识，但我绝不是用今天的认识去要求李自成，那样做是反历史唯物论的。但就以三百年前的历史具体条件来说，李自成完全有可能避免失败，也可以改写大顺朝乃至中国三百年的历史，改变李自成自身悲剧的结局。正因为这样，我对他的失败深感痛惜。同时有了这样一个比较全面，比较系统，比较清楚，又符合历史实际的认识，也就会使我比较容易地写出李自成失败的深度了。"

姚老说："我写《李自成》，目的不仅仅是反映历史事件和历史发展的规律，而且还要通过小说的艺术反映，让读者认识历史上的经验和教训，从而对人们认识历史中的重大事件时起积极的作用。”所以在四、五两卷里，姚老既要写出李自成起义的后期，在军事上取得空前胜利的道理，又要写出李自成从胜利的顶峰迅速走向失败深渊的道理。姚老深有体会地说：“历史唯物主义和辩证唯物主义像明灯一样照亮了我的眼睛，照亮了我所掌握的历史资料，让我经过若干年的学习与思考，探索与研究，对李自成失败的原因，逐渐有了清醒的认识。这种认识不是一下形成的，是渐进的，从不全面到全面，从不细致到细致，从不系统到系统，到这时我才有了写好《李自成》的信心和勇气。”这段话是研究姚雪垠和《李自成》，是一切有志从事《李自成》改编工作的钥匙和指针。姚雪垠在《李自成》四、五两卷的写作中，就是以这样的认识和见解，打破过去的禁区，出色地描写了李自成从进北京到退出北京，一败再败，最后败亡这个惨痛而沉重的悲剧故事。

从姚老对李自成失败的分析和理解，让我对老人家严肃治学的精神和认真写作的态度感到十分敬佩。就我看到的文章和资料，运用历史唯物主义和辩证唯物主义的观点、方法来分析李自成失败的原因，就其论述之全面、深刻、细致来说，姚雪垠是第一人！难怪吴晗对姚老说：“论明史研究，我比你强；论晚明史研究，你比我强。”所以我在记述姚老这些论述时，常常停下笔来，深思感叹不已！我想，就为了认识这些问题，姚老要读多少书，做多少读书卡片，花多少精力和时间，去分析、去研究、去比较、去查证啊！正因为有这样的艰苦付出，才保证了他的四、五两卷写得深刻，写得精彩！所以我说，如果说姚老关于李自成失败的论述是他留给我们的珍贵历史史料的话，那么他的这种坚韧顽强、持之以恒的学习态度和刻苦钻研、敢于探索的治学精神，则是留给我们的更为宝贵的精神财富！

对于《李自成》这部长篇小说，确实如姚老所说，他是几十年如一日，不骄不躁，持之以恒，精益求精，不求有功，但求少愧。从一九五七年他写《李自成》第一卷开始，到一九九九年四、五两卷出版，他一直在边写作、边思考，他的认识也在不断地深化、发展、变化。就是在五卷本全都写完之后，他还计划从头开始再通盘进行一次认真的修改，才算定稿。所以姚老一直把过去已经出版的一至三卷和现在出版的四、五两卷称之为“未定稿”，就是这个道理。姚老常说，这种边写作，边思考，边修改，边定稿的做法，有无尽的好处，使他的认识水平永不停留在一个水平线上，总是在提高，在发展，在丰富，这就有可能使《李自成》越来越接近完善。在《李自成》的创作中，姚老的这种追求完美的毅力和精神，实在让人惊叹不已。

四、五两卷，在全书中占重要位置，不仅是全书的高潮，而且关系全书的成败，是重中之重的关键两卷

一九八一年八月《李自成》第三卷出版后，湖北省委邀请姚老回武汉小住，实际上是让姚老休息一段时间。姚老于一九八一年十月离京，在武汉东湖宾馆安顿下来以后，根本没有考虑休息，依然是凌晨三时起床，整日埋头在《李自成》的创作之中，他在一九八一年十月十七日给我的信中写道：

我回武汉后，住东湖宾馆二号楼，这是一座两层小楼，四周林木茂密，面对湖山，十分幽静。我住在二楼，一楼住一位服务员。因环境极其幽静，林间只有小鸟叫声，与其他大楼距离尚远，与大门距离更远，大门口有卫兵，一般人进来麻烦，所以颇利工作。我决定在此多住些日子，十二月中旬返京，争取将五卷录音完成大半，回京后再费一、二个月时间，全部完成，这将是一件大事。第五卷集中写大悲剧，很紧凑，可能有四十万字左右。

姚老定居北京后，外出的次数有限，就是在这有限的几次外出中，不论环境多好，他都没有放弃写作，在东湖宾馆他住了近一个月，却没有休息，一直在紧锣密鼓地拟写第五卷的详细提纲。

姚老拟写的提纲我见过，相当费时费力费脑子，他是把一卷分成若干个单元，每个单元又分成若干章，每章又分成若干节，然后把故事的发生发展，人物的活动贯穿其中，所以每节、每章、每个单元他都考虑得很具体。提纲不仅包括时间、地点、出场人物、情节故事，而且还包括重要的人物对话、人物动作，细节运用，乃至晴、雨、风、雪、日、夜等时间和景致的描绘，这样的提纲是颇费心思的，是进入角色前的一

次重要的酝酿，所以到他看着提纲，自说自录时，就完全进入小说世界中去了。然后，他把录音带交给助手去整理，整理成文字，再由他本人充实修改、加工润色，最后定稿。

姚老本应在第三卷写完以后写第四卷中的“李自成到襄阳”、“左良玉自武昌东下”、“李自成杀罗汝才”、“张献忠到武昌”、“郏县之战和李自成入潼关”等单元，但姚老考虑到四五两卷中，有一些单元在《李自成》全书中分量最重、最关键，也是最难写而又必须写好，所以他先难后易，把那些可以多写也可以少写的单元放在一边，先写“李自成进西安”、“大顺军向北京进军”、“北京、北京”、“李自成进北京”、“崇祯皇帝之死”、“山海关大战”、“李自成退入山西”、“李岩被杀”、“李自成逃亡西安”、“李自成之死”、“高夫人之死”等重要单元。一次我问姚老：“为什么要作这么大的跳动，先写这些单元?!”姚老笑着问我：“你看过《三国演义》吗?刘、关、张一死，小说就差了，就没后劲了。这说明刘、关、张在《三国演义》中的重要性。《李自成》写的是一个大悲剧，把崇祯皇帝之死、李岩之死、李自成之死、高夫人之死写出来，就基本上把最难写的、必须写的都写出来了。余下的是写多写少，写详写略无关大局的问题了。”

尽管姚老当时身体健康，精神饱满，但他毕竟是七十多岁的老人了。先把重点单元写完，回过头来再写一般单元，从战略上考虑这也是一个非常有远见的重要举措。现在看来，姚老的考虑完全正确，实际上完成了这些单元，也就完成了李自成领导的这场农民大起义从高峰跌进深渊，从胜利走向溃败、走向败亡的全部进程，完成了一部农民大起义的悲壮史诗。

从《李自成》第三卷出版，到四、五两卷出版，整整间隔十八年！读者常常不解地问：为什么四、五两卷花了那么长时间？我想，一是姚老年事已高，其精力已不能与写一、二、三卷时相比，虽然姚老依然是凌晨三时起床，一直工作到上午十二时，但这中间他要小憩两三次，这在他七十岁以前时是没有的。古稀之年，精力不济，也是很自然的现象。二是因为四、五两卷在《李自成》全书中占非常重要的位置：不仅是全书的高潮，而且关系全书的成败，是重中之重的关键两卷，也是《李自成》五卷本中含金量最重的两卷。从他动笔写四、五两卷开始，就不断思考，反复斟酌；写出初稿后，又几经修改，是他颇费心思的两卷。这是为什么呢？姚老在总结《李自成》的创作经验时，画龙点睛地说过两句十分精彩的话："深入历史，跳出历史。"进而说道："深入历史是前提，是基础。深入就是在历史科学研究上狠下功夫，目的是不随意瞎说，不武断片面，评史论史有根有据。所以：首先要深入历史，只有深入研究历史，才能够认识历史的真面貌，认识历史人物和历史事件的实际情况，认识历史运动的本质和规律。"姚老进一步说："深入历史是用艺术笔墨反映历史的前提。只有深入才有跳出，没有深入就谈不上跳出，因为历史小说是历史科学和小说艺术的结合，首先是科学地认识历史，然后才是跳出历史，根据艺术特征和艺术要求，运用艺术的笔墨，再现历史。所以深入历史是前提，是基础，没有深入就没有前提，没有基础，只能是瞎写、乱写、胡写。"

关于跳出历史，姚老用两句话概括："立足现代，反映古代。"姚老说："立足现代，就是我们必须用现代先进的思想、观点、方法来研究、认识、处理历史题材，使历史题材的作品，在思想内涵的深刻性和艺术技巧运用的丰富性上，都能够出新、创新，给人耳目一新的感觉。所以要立足现代，不让传统的、习惯的囿说，拘泥自己的手脚。但历史小说必竟是反映古代人的历史生活，要真实可信，绝不能将古代的历史生活现代化，要推陈出新，不能以今代古，不严格划清这个界限，就写不出令人信服的历史环境、历史事件和历史人物的典型性、真实性、深刻性。"所以姚老毫不隐讳地说，写四、五两卷，他要过"三关"：

一、过去传统的说法，李自成和他率领的大顺军攻进北京，灭亡明朝，是他领导的农民起义的"光辉的胜利"。中国革命历史博物馆早年就曾挂过这样一张大幅油画。而姚老却持相反的看法，他认为李自成进北京，不是他的"光辉的胜利"，而是李自成和大顺朝大悲剧的转折点，由此开始迅速走上了败亡的道路。

二、对于统治了二百七十六年的明朝，最后国亡君死，姚老不是把它作为崇祯个人的悲剧来写的，而是作为一个封建社会的群体，一个封建社会的阶层的大悲剧来写的！是作为汉民族的大悲剧来写的！姚老认为，崇祯的死，明朝的亡，既是必然的，又不是绝对的！本来它可以不亡国，但最终走上了亡国之路，崇祯不是荒淫之徒，昏庸之君，但他的性格和他所处的环境，使他走上了亡国之路。这样就不能把崇祯的死，写得简单潦草，冷冷清清，凄凄惨惨，要详实细腻，起伏变化，都要生动具体。在灭亡前夕，还有几分壮烈，几分悲壮，这样才能写出崇祯的典型性格和他以身殉国，以及他身边的亲信随从，随他尽节殉国的动人场面。这样就把明朝的灭亡和崇祯皇帝之死的悲剧的社会性写了出来，而这样写一个封建帝王的形象，在过去的文学作品中是没有的！

三、否定了吴三桂是因为陈圆圆被刘宗敏霸占而与李自成为敌、投降满清的说法。姚老从政治上、思想上、军事上分析吴三桂，细笔写出吴三桂不降大顺、投降满清的发展轨迹和深刻原因。这就推翻了"冲冠一怒为红颜"的习惯说法，可能因此会引火烧身。

作为学者和作家，姚雪垠是无所畏惧的。他坚持自己的认识，按照自己的思路走下去，而且是不惜时间和精力地走下去，姚老这种对待历史的科学态度和对待文学创作的认真精神，让我十分崇敬和钦佩。一九八五年《李自成》中的"崇祯皇帝之死"和"李自成之死"这两个单元在大型文学刊物《小说》上发表时，已很精彩。但后来姚老通通推翻重写。当一九九〇年《小说》第二、三期连载的"李自成进北京"时，我又一次重读了这个大单元。我敢说这次修改是相当成功的，给《李自成》四、五两卷增加了几倍的艺术力量！当时我怀着喜悦的心情，登门祝贺姚老的成功！姚老说："崇祯皇帝之死"发表后，反映很好，但我并不满意，在写"李自成进北京"这个单元时，又有了新的想法，把"崇祯皇帝之死"一分为二，一部分情节纳入题为"梦江南"这个单元之中，反映李自成率领的大军开始东征后，崇祯皇帝在南逃问题上徘徊犹疑的矛盾心里。另一部情节融入"李自成进北京"这个单元之中，作为第四卷的一个重要内容，使第四卷一下就进入大悲剧的高潮，使四、五两卷的衔接处在故事上一气呵成，结构更加严密完整。围绕崇祯皇帝之死这部分，有的情节重新构思，有的情节精心修改，凡不称心不如意的宁可弃置，也绝不含糊吝惜。姚老说，要把经历了二百七十六年的明朝灭亡和崇祯皇帝的死，当作一个社会群体的大悲剧，一个封建阶层的大悲剧，而不仅仅是崇祯个人的悲剧，要写透这一点，就要把崇祯皇帝以身殉国的典型环境写得"满意"。就为这"满意"二字，姚老是写了改，改了写，他不是一万字、二万字地推翻重写，而是几万字地推翻重写，读者如果有兴趣，可以把当年《小说》上发表的"崇祯皇帝之死"与"李自成进北京"和现在出版的《李自成》第四卷放在一起对照比较一下，便可看出姚老付出的心血！现在姚老是把李自成进北京与崇祯皇帝之死交叉在一起来写，一边写李自成大军逼近京城，一边写崇祯皇帝和他的朝臣，围绕要不要南逃展开争论。表面上是南逃之争，实际上是对明朝亡国之前那种六神无主、惶惶不安的宫廷生活的写照。姚老细笔写来，笔墨集中在：一是崇祯逃往南京，将太子留在北京以维系人心；二是崇祯死守北京，将太子送往南京，以示明朝后继有人。关于南逃的路线，一是走陆路经山东南去，二是去天津走海路。崇祯反反复复，当断不断，心中充满矛盾，一会儿布置南逃，一会儿又取消南逃，就在崇祯和他的大臣们议而不决，议而不定之时，李自成的大军已经逼近京城，此时走陆路已无可能，但从海上南逃，还是可能的。但崇祯依然难下决心，迟迟不动……战争形势的迅速发展，没有给崇祯留下更多的考虑时间，就这样，崇祯从不南逃，不能下决心南逃，到后来明白过来想南逃，又为时过晚，失去了南逃的时机。写崇祯如果南逃了，明朝也有可能避免亡国。姚老在这里写的虽然都是事实，但他的意图和重点，是揭示腐败的明朝廷各种力量的互相牵制，造成崇祯自身矛盾不断加深加剧。他本来召见群臣，是为了谋求对策，不仅一无所获，而且矛盾重重，搅得他六神无主，心事重重，不知何可为何不可为。写崇祯皇帝的精神世界，最后已经彻底崩溃，常常出现异常反应，面对群臣有时痛哭流泪，有时大发脾气。写他此时此刻，比往日更加狂躁、惶恐、悲愤、绝望。写他大骂接事不久的兵部尚书张缙彦，吓得张伏地叩头，不敢做声。写他有时又表现得异常镇静，在中左门召见考选知县的人，询问“安人心，剿寇、生财、是用”等篇。写他召见不到一半，御前太监将一秘封送上御案，告诉他大顺军已到昌平……写崇祯脸色突变，连个招呼也没打，转身就回宫了，而诸臣不敢擅离，等候很久，方才退出。写崇祯的心腹家奴，宣(化)大(同)监军太监杜勋，传说死于宣化，崇祯闻讯后，特予赠荫立祠。但杜勋并未为明朝尽忠守节，而是投降大顺军，并向李自成请命，进城入宫，面见崇祯，盛称李自成兵力强盛，士民归心，劝崇祯禅位。倘若往日，家奴“投诚”，立时凌迟处死，何况竟敢当面劝说崇祯禅位！但在明朝大厦倾塌之际，崇祯虽不同意禅位，也不敢惩罚杜勋，只能推倒龙椅，悲愤绝望，彷徨无计，放杜勋生还，回到大顺军中。写崇祯得知外城已失时，他在乾清宫院中徘徊不定，焦急异常。平日他不带宝剑，今日却带着宝剑，准备在内城将破时随时自尽和杀死自己妻女，也提防宫中奴才(太监)叛变。他徘徊、悲叹，十分绝望。最后他决定逃出北京，一面命司礼秉笔太监火速替他拟一“亲征”诏书，以便逃出时昭告全国臣民。这一诏书，在第四卷十一章里录出全文，以见崇祯在临死前的虚伪积习和侥幸心理。他召见驸马巩永固和新乐侯刘文炳火速进宫，前者是崇祯的妹夫，后者是崇祯的表哥，皇亲中最受崇祯宠信。不久前，他们力劝崇祯离开北京，逃往南京，崇祯拒绝，现在崇祯要他们带着家丁随他亲征，保护他逃出北京。但他们既无实力，也无家丁，在外城已失的事实面前，束手无策，只能相对而哭。崇祯换上便服，带着王承恩和几十名太监，手执兵器，两次走出紫禁城都退了回来，自知已无路可逃。回到乾清宫，命拿酒来，连饮几大杯，召周后和太子、永王、定王，替太子换了衣服，命太监护送这三个儿子出宫，投奔外戚家中，逃命去吧！说明在明朝覆灭的前夕，崇祯对朱家王朝死灰复燃，还抱一线希望。然后下旨命周后、袁妃各自回宫自尽。写周后自尽前别夫别子，绝望悲伤，对崇祯一生专横武断的不满心理，到此时方才流露出来。写崇祯来到坤宁宫，望着悬梁已死的周后，连说：“好，好。”又到翊坤宫，袁妃已经自缢，他怕袁妃尚未死，戳了一剑。到寿宁宫，闻长平公主在哭。崇祯问：“你为何还不死?”公主说：“儿无罪。”崇祯说：“你生在我家，就是你的罪!”说着拔剑一砍，公主倒地，他又举剑，因手战而止。回到乾清宫又将他的小女儿昭仁公主杀死。他又命拿酒来，坐下饮酒，命王承恩坐在他对面饮酒。崇祯原来希望朝中大臣会在这亡国关头跑进宫来，救他出宫；或是在最后一刻献出良策，让他转危为安；或与他一起同归于尽，为明朝尽忠尽节，然而他这些希望全都落空了，竟然没有一个人来，只有王承恩一人陪他默默地喝酒，看来只有王承恩一个人陪他“殉国”了。他用右手中指蘸着杯中的白酒，在桌上写下了“文臣误国个个可杀”八个大字，又用朱砂笔在他的龙袍前襟的里面写下了遗言：

朕非庸暗之主，乃诸臣误国，致失江山。朕无面目见祖宗于地下，不敢终于正寝。贼来，宁毁朕尸，勿伤百姓！

这最后的一句，是叫李自成进入北京之后，不要妄杀百姓，到此就给这个“爱民”、“圣君”的崇祯画上了一个句号。写完“衣带遗诏”，叫王承恩随他出乾清宫，骑上太平骗，到了万寿山脚下，他下马向山上走去，他想在寿皇亭自缢，又糊糊涂涂向东下了山，到了山脚，他最后下定决心，解下丝绦，在一棵槐树枝上自缢。王承恩侍候崇祯上吊以后，跪下去拜了几拜，也在另一棵树上伴君自缢。就这样崇祯皇帝身殉社稷，走完了亡国之路。这之后，又写乾清宫、坤宁宫的宫女头儿魏清慧、吴婉容率领三百宫女投护城河自尽，完成她们宁为明朝尽忠，为帝后尽节，也不受敌辱的悲壮之举。围绕崇祯死、明朝亡，姚老绘声绘色，写得凄楚悲凉，将亡国前后的气氛，渲染得淋漓尽致，似浓重的一团滚滚的黑云，游动在人们的心头。让人读这些段落时，想放也放不下，艺术的魅力，是那么深刻而强烈，形象而生动地将三百年前，明朝的灭亡和它的末代皇帝之死展示在读者的面前。

与此同时，姚老对长平公主的贴身宫女费珍娥，这个在当时成为家喻户晓的人物身上花了更多的笔墨。费珍娥原也决定随魏清慧、吴婉容一起投河自尽，但在奔跑的途中她更变了主意，她不能只是为明朝、为帝后尽忠尽节，她还要为明朝、为帝后报仇。她跳进井内，暂时隐藏起来，后被吴汝义清宫时发现，将她献给李自成。写李自成如何被费珍娥的容貌和才华倾倒；写他又如何从自己动心、喜爱到从当时的将士状况和即将东征吴三桂的大局出发，果断决定，把费珍娥赐给罗虎为妻；写费珍娥如何从一心要刺杀李自成到刺死罗虎而后自尽。这些情节既写得生动细腻、有起有伏，又显得那么惊心动魄，深刻重要。特别是对费珍娥这个具有狂热忠君思想的宫中才女的刻画，绘声绘色，写得淋漓尽致。写费珍娥自信会被李自成收为妃子，完成她刺杀李自成，为明王朝尽忠守节的报仇宿愿。但她万万没有想到，会接到李自成“赐婚”的圣旨，将她赐给罗虎为妻，她感到意外和失望，可又没有别的办法，只好改变计划由刺杀李自成改为刺杀罗虎。在新婚之夜，她用尽心思和手段，把丫环和仆妇一一打发出厢房，乘罗虎饮酒大醉，沉睡不醒之际，杀死罗虎，而后悬梁自尽。罗虎被费珍娥刺杀而死，使李自成又悲伤又震惊，猛然醒悟到“夺取崇祯的江山容易，收拾天下的人心很难”。李自成虽醒悟到这点，但为时已经晚了。

姚老在《李自成》的第四卷，把李自成率领的农民起义军，同以崇祯皇帝为首的明朝政权进行了长达十几年的战争后，在攻克北京的瞬间，便宣布了明朝的历史和崇祯皇帝本人的历史已经结束。虽然崇祯皇帝至死不认输，不甘心承认自己是亡国之君，但明朝确确实实是亡了，他本人也确确实实是亡国之君了。姚老在塑造崇祯"这个"封建帝王中的复杂人物、复杂性格时，一点也没有简单化。他形象地写出崇祯登基以来，宵衣旰食，勤于朝政，一点也不敢懈怠，极想做一个有为的"英明之君"、"中兴之王"，力挽狂澜，拯救明朝的灭亡，就是在覆灭的现实面前，他还留下"衣带遗诏"和自缢时以发覆面，表明他"做亡国之君我不甘心！""失去江山，无面见祖宗于地下。"这些姚老写得愈强烈、愈深刻、愈生动，愈能说明明朝灭亡的社会复杂性和历史多变性。如果姚老笔下的崇祯皇帝，是一个腐朽荒淫，不理朝政的无能昏君，也就没有那么多的遗憾，人们就会把明朝灭亡的责任毫无保留全部归罪于崇祯，崇祯也就顺理成章地落个"亡国之君"的骂名，这样也就没有什么悲剧可言了。崇祯死，明朝亡，许多人为他痛哭，为他殉节，第四卷写了懿安皇后和袁贵妃回到娘家自尽和新乐侯刘文炳全家自焚，无论是正面的、还是侧面的描写，都是为了反衬明朝灭亡时的"这个"典型环境。在典型环境的创造中，姚老把灭亡前崇祯的思想感情、复杂心理浓浓地、具体地展示出来，把崇祯皇帝个人的悲剧与崇祯皇帝所代表的那个社会群体、封建阶层的悲剧紧密地融合在一起，使明朝的灭亡和崇祯皇帝的死的悲剧气氛、悲剧环境和悲剧效果更加真实和强烈！在这里姚老不仅写出这场历史大悲剧的深刻性，还写出了文学的典型性，这样就把李自成进北京和崇祯皇帝之死的艺术水准推了上去，也使四、五两卷的整体水平得到提高，成为全书的高潮。

《李自成》四、五两卷另一个方面的成就，就是更加深化了李自成的性格。写气势磅礴、踌躇满志的李自成率师势如破竹般攻克北京；写李自成以大顺皇帝的身份进了北京、进了紫禁城；写张皇后的贴身宫女、又是六品女官窦美仪被李自成收为妃子；写田贵妃的贴身宫女王瑞芬成了李自成入宫后的管家婆；写窦妃一面受到李自成的宠爱而心满意足，企盼李自成登基和大顺朝正式建立的迫切心情；一面又处处留意李自成的神态、表情、举止、行动，当她看到登基演礼李自成没有出场，发觉李自成因为吴三桂拒降而心事重重，决心御驾亲征，她惶惶不安，暗自想到"大顺朝的江山能坐稳吗?!"把窦妃的复杂心情写得惟妙惟肖。最后在多尔衮进京后，她为大顺朝尽忠。这样姚老通过朱明王朝的魏清慧、吴婉容、费珍娥三个上层宫女的活动和命运，强化了崇祯皇帝之死和明王朝灭亡的沉重气氛。通过窦美仪和王瑞芬的表现和命运，又为李自成和大顺朝迅速进入大悲剧的结局作了铺垫。在这里姚老通过五个宫女的活动和命运，不仅反映出了封建社会的复杂性，不同人物的复杂性，而且以精巧的情节设计和细腻的人物描写，又增强了小说的历史的真实感和艺术的感染力，使我们从这个侧面对封建时代的意识形态又多了一些了解。

围绕吴三桂拒降，围绕李自成对吴三桂用兵不用兵的决策上徘徊、犹疑的矛盾心理，又展开了一系列惊心动魄的描写。李自成进入紫禁城后，他不想打这仗，也没有准备打这仗，但眼前的事实又让他不能不打，不得不打，他骑虎难下，虽是背水一战，孤注一掷，但他最后还是决定御驾亲征……在这里，姚老对李自成进北京后，他身边的文武大臣的心态变化，也作了细致入微的描写。刘宗敏目光短浅，盲目自信，只看到吴三桂拒降，没看到满清大军压境的严峻形势。而对宋献策和李岩这两个人物作了更为复杂而又细致的描写，他俩始终保持清醒头脑，看到明朝灭亡后，满洲清朝就成了大顺朝的劲敌。李自成如果东征失败，就可能败出北京，影响所及，不堪设想。所以他俩竭力阻止李自成东征，但他们发现，最初与李自成保持的“袍泽”亲情已经所剩无几，而今取代的是君臣关系，他俩苦口谏阻，但也无济于事了。写李自成不听宋李的劝阻，决定亲率六万大军夺占山海关。对当时清兵的行动，对满洲的军事实力，他不清楚，只是猜想清兵可能南来。他只认为此行是同亡明的残余势力作战，不明白现在他的真正可怕的敌人已经不是吴三桂，而是新兴的满洲政权，是建立在沈阳的清朝。对这一点姚老浓墨重染写得无比沉重。由于李自成对清兵入侵的严重性没有认识，其恶果只能是在山海关大战开始以后和他统率的六万大军溃败之后，在形势不断恶化的进程中逐渐加深认识。

姚老在写李自成东征前，里里外外充满了矛盾，尤其加上费珍娥“刺虎”这一悲剧情节，李自成东征受挫的气氛，大业失败的悲剧结局，已在意料之中。这些精心的设计、铺垫和渲染，把李自成悲剧一步步推了上去，使我们在研究姚雪垠的悲剧思想和悲剧艺术，悲剧人物和悲剧命运时，不难发现，姚老在悲剧思想和悲剧创作上的贡献。最显著的就是他在写崇祯皇帝悲剧结束的同时，就进入了李自成悲剧的迅速发展，乃至发生大转折的突变。《李自成》全书表现的是一场农民起义由弱小到壮大，又由壮大而败亡毁灭的大悲剧。《李自成》共五卷，在先前已经出版的三卷中，第一卷写李自成处在极端不利的情况下，如何惨淡经营，不折不挠，保住大旗，站稳脚跟；第二卷写李自成继续在艰难中经受考验。在这两卷里，李自成爱惜百姓，礼贤下士，兢兢业业，小心谨慎，处处发挥自己的所长、优点，而他自身的弱点、缺点，几乎都自觉地被克制下去了。但在他破洛阳、杀福王之后，就不同了。闯王的人马发展到几十万，闯王的威望越来越高，闯王的事业走向壮大和成功。这时他自身的缺点、弱点，就开始暴露了。他正式称号定为"奉天倡义文武大元帅"，宣传他的起义是奉上天之命，他自己"乃文乃武乃圣乃神"，这些做法，反映了李自成急于成就千秋大业的帝王思想，反映他的等级观念愈来愈严重，重建一个封建王朝，当一名新朝皇帝的欲望愈来愈强烈，所以李自成并不是在进北京以后变化的。第三卷对李自成思想上、心理上、作风上的这种深刻变化，已经作了充分描写。李自成是封建社会农民起义军中产生的领袖人物，他不可能永远保持像一、二两卷时那样的思想作风。帝王思想，等级观念，随着他的声威和事业的发展而发展，到这时历史造就的李自成，已不再是一位农民领袖，而是一位帝王，这就是《李自成》这部小说展示在我们面前的历史真实。李自成从襄阳到西安，到进入北京，仅用了半年多的时间，这样的胜利大进军，在中国农民起义战争史上也是少见的。遗憾的是这样巨大的胜利，却不是李自成事业的开始和延续，而是他政治上、战略上严重失误的暴露和发展。所以我们在读《李自成》的时候，就有这样一种感受，姚老愈写李自成的空前胜利，愈让人对他突然失败而格外惋惜。山海关一败便不可收拾，先是退出北京，接着又退出山西，退回陕西。潼关战役惨败后，又退出陕西，退向湖广，接着又放弃了襄阳，退到鄂中地区。在大顺军处在危难时刻，牛金星父子，喻上猷和顾君恩都逃走了。写左良玉病死九江舟中，李自成乘虚进入武昌，本来他可以利用武昌和汉阳的有利地形，抗抵清兵。但他已丧失斗志和信心，当清兵来到时，他继续向东逃亡，在富池口遭清兵夜袭，战斗十分惨烈，全军被歼，李自成几乎被俘，刘宗敏、宋献策被俘，李自成的眷属有的投江自尽，有的被俘被杀。李自成逃到九江西边的桑家口，又被清兵追上，贵妃刘氏投江，李自成率领残部在江西境内继续逃命，清兵穷追不放；最后李自成孤身一人，转入湖北通山境内，在人困马乏之际，被乡勇杀害于九宫山北麓牛迹岭下，最终走完了他的败亡道路。姚老围绕李自成的下场，在最后这几章里，写得惨烈悲壮，把失败中的李自成的精神状态和心理变化，作了最后一次深化，将李自成的悲剧艺术形象最终塑造完成。

在这里不能不谈谈“多尔衮时代的开始”这个极具功力的单元，这个单元最初发表在一九九四年《小说》第一期上，发表时只有四章，后来姚老又有了新的考虑，于是把这个大家都叫好的单元又打乱重写，现在出版的第五卷中的“多尔衮时代的开始”只有两章，不仅结构上作了调整，使整个单元更加集中、紧凑，而且在内容上加强了人物刻画，更加细致地描绘了事件的发展，使之更具有小说的特色。这个单元以李自成进北京为背景，写满洲清朝盛京的动态，如果说姚老的贡献，那就是他出色地塑造了在满洲具有雄才大略的青年领袖多尔衮的形象。皇太极突然逝世后，多尔衮为了安定清国大局，避免皇室诸王为皇帝继承事发生纷争，从而削弱国力，他坚决不做大清皇帝，也打退了别人觊觎皇位的野心，拥立皇太极的六岁幼子福临登基。但同时他又是一个有巨大野心，心毒手狠，颇有心计的领袖人物，他把进兵中原，灭亡明朝，迁都北京，以大清国号统治中国作为自己的神圣职责。他的身体表面强壮，威武英俊，实际上他内里有病，容易疲倦。只是他是一个事业心极强的人，不但从来不肯让别人知道他身上有病，而且故意装作十分健康，敏于治事，每天从早晨到深更处理复杂朝政，不肯遗漏一件，他的这种情况，让王公大臣们不能不从心中感到敬佩。但也有人不服，勾结一些人，背后骂他，等候他死。于是他在皇室内部，把强有力的对立面，一个个打倒，扫除了对他的存在和发展的所有障碍，他从辅政亲王到摄政王，一步步走上独裁道路。当年，皇太极把金国号改为大清时，就表明他要进入长城，进入中原，和明朝争夺天下的作战方略。只是皇太极那时还没有想到会占领全部中国，由大清国一统天下。他只希望占领北京，之后再占领中国北方数省，恢复金朝盛世局面而已。在皇太极逝世后，多尔衮执掌大权，他一心要实现皇太极的遗愿。所以实际的情况是，不管有没有李自成进北京之举，多尔衮迟早都要率清兵南下。李自成进北京以后政治上失误和军事上的弱点，为多尔衮提供了迅速南下的机会。多尔衮率兵起程南下，李自成还在北京，一点不知满洲的动静，而在李自成率兵东征吴三桂时，已是多尔衮率清兵南下的第六天，遇到吴三桂派来乞援的使者，使多尔衮无比惊喜，这是他万万也没有想到的，他立时抓住这个天赐的良机，改变从中协或西协进入长城的方略，转向山海关进军，既迫吴三桂投降，又夺占山海关这个战略要地，然后与吴三桂的数万人马，合兵一处，杀败孤军远来的李自成。使皇太极多年希望夺取山海关的宿愿，在一瞬间，竟然不发一矢在多尔衮的时代实现，由此开始，便为他开进中原大地，占领北京，占领全中国，打开了一条平坦的胜利大道。这是多尔衮出兵时没有想到的！然而这辉煌的胜利，就这么轻易地在他的时代开始了。同时，这也是吴三桂向大清乞援时没有想到的严重后果，一夜之间，吴三桂从复明的忠臣，迅速堕落成为民族的罪人，而多尔衮却成了大清朝入主中原、一统中国的开国元勋。在这个单元里，塑造的满洲皇室中的郑亲王、肃亲王，以及圣母皇太后和顺治小皇帝的形象，也是十分出色，令人难忘的。对范文程、洪承畴又进一步展开了深层的精细描写，这就使这个单元具有很强的形象思维和艺术魅力，而且具有丰富的历史性和常识性，给人们无尽的美的享受。

姚老在写“多尔衮时代的开始”这个单元之前、之中，花了许多时间研究当时历史的基本情况和历史进程中的许多错综复杂的因果关系，他研究的目的，不是像许多历史学家那样在于说明历史事件的本身和它的来龙去脉，而是为自己确定历史的含意和根本原则，从而在回到历史小说《李自成》的创作世界中时，能开辟出一条属于自己的历史科学与小说艺术相结合的新思路，新道路。从小说出版以后的社会效果来看，姚老为之追求奋斗的目标达到了。

李自成被害，他的主力部队被清兵歼灭以后，这部长卷就可以结束了，让人没有想到的是姚老还拿出一定篇幅，写高夫人率余部坚持抗清的武装斗争，甚至不惜放弃大顺旗号，同南明合作，联合抗清，一直坚持了十八年。最后被清兵团团围困在茅庐山中，在清兵攻上山时，所有战士没有一个投降的，高夫人、慧英、李来亨、尚炯、王长顺和他们的亲兵放火自焚，在一片火光中，他们仍然站在屋顶上射杀清兵，最后全部壮烈牺牲。到此姚雪垠才给李自成和他的大顺军画上了一个悲壮的句号。为什么后面又写了这么一大段呢？姚老讲过这样的话："在中国的历史上，每当民族危难的时候，真正前赴后继、顽强不屈地反抗异族入侵和异族统治的是人民大众，而不是封建上层社会。上层社会中具有民族气节的爱国分子，也只有和人民大众相结合，才能有所作为，而要做到真正同人民大众相结合，把人民大众作为依靠力量，是十分不容易的。李自成领导的农民武装余部在抗击民族侵略的战争中是艰苦卓绝、可歌可泣的。当他的这些部队流尽最后一滴血时，全中国汉族中的上层社会以及依附于他们的知识分子基本上都已向满族所建立的大清皇朝投降。"然而农民起义的火焰是不会因此熄灭的。当高夫人这支部队最后被消灭时，新的农民起义的火种已经开始播种下去。在五卷的尾声中，姚老以泣血之笔，写红娘子在王屋山听说清朝调动重兵围攻茅庐山，匆匆下山，辗转前来，打算进入茅庐山帮助高夫人和李来亨抵抗清兵。在她走到当阳境内时，茅庐山已经失守，高夫人等全部壮烈牺牲，红娘子和红霞就留在当阳一带，利用白莲教这种宗教形式，云游各地，秘密传播农民起义的火种。经过几代以后，到嘉庆年间，终于在四川、湖北等地爆发了白莲教农民起义。

从一九九九年的三月中旬开始到五月上旬，我细读了《李自成》四、五两卷的清样。对于四、五两卷所写的内容，我是熟悉的。诸如：崇祯皇帝之死，李自成之死，山海关大战，李自成败出北京逃亡太原，错杀李岩，以及后来打乱重写的《李自成进北京》这个大单元，我都不止一次地看过，但这次我在读四、五两卷的清样时，依然是那么深深地吸引着我，使我一面看一面叫绝，常常忘记了我是在做编辑工作。《李自成》第四卷内容十分丰富，又十分复杂，各方面的代表人物，纷纷走向前台，情节起伏变化大，是《李自成》五卷本中最关键、最重要、也是最难写的一卷。由于第四卷写得生动深刻，第五卷也就比较好写了。一些看过《李自成》的同志反映，第五卷读起来十分流畅。我想这与第四卷写得成功，给第五卷的路子打开了，有很大的关系。

姚老在《李自成》四、五两卷中，把悲剧冲突的核心提高到历史发展的根本上来，把个人性格悲剧提高到社会的阶级、阶层的悲剧上来，把悲剧的美学特征提高到历史唯物主义上来，这样展示在姚雪垠笔下的悲剧人物和悲剧命运，悲剧思想和悲剧艺术的创造和发展就显得很不寻常。姚老说过这样的话："从《李自成》第一卷动笔写作，我在长篇小说的情节上拟定了自己的美学追求。这追求就是，壮美与优美交互变化，而以壮美为主调。后来我简化为两句话：'笔墨变化，丰富多彩。'"可以说，从崇祯皇帝之死到李自成之死，从明朝灭亡到大顺朝灭亡，始终带有浓浓的、厚重的悲剧色彩，但又充满了悲壮之美，笔墨变化之美，这就是姚雪垠花在四、五两卷上十八年的心血结出的硕果。

姚雪垠最后的三年，一是夫人王梅彩重病不起，给他精神上重重一击。二是每天自早至晚收看邓小平逝世后的专题报道，打乱了他几十年的生活秩序，从此开始，体质迅速下滑

姚老的生日是十月十日，每年这一天我都要到他府上去给他祝寿，一九九六年他生日这天的上午，我走进姚府，发现姚老躺在床上，我顿时一惊，我知道每天上午这个时候，是姚老精力最旺盛，也是他最珍惜、最宝贵的时间，人们都把这段时间称作是他的黄金时间，如果不是挺不住了，他是绝对不会躺在床上休息的。姚老告诉我，近日来总是头晕。我说："您每天都三时起床，睡眠太少了。"我按住他不让他起床，但姚老还是起来了，慢慢地走到客厅，又一次叫佣人拿他书房的茶叶给我泡茶，我见他精神虽有些疲惫，但脸色依然是红光满面，那双眼睛依然闪着灼灼目光。可能就是这些表面现象造成错觉，现在想想，当时姚老八十六岁，这头晕会不会是中风前的兆头呢?！这天姚老不叫我走，留我在他家吃午饭。不一会儿他的夫人王梅彩坐着轮椅从卧室里被推出来，梅彩虽不能说话，但意识还是清楚的，见到我挥动左手，朝我微笑。我赶忙走过去，握着她的手，亲热地说："您好啊！今天我给姚老过生日来了!"梅彩不断地点头，满脸是笑，说明她完全听懂我说的话。吃饭时姚老紧挨着梅彩，给她的碗里夹满了菜。梅彩因为只能用左手拿着羹匙吃饭，常常饭菜掉在身上，姚老一会儿把掉在她身上的饭菜捡开，一会儿又往她碗里夹她喜欢吃的菜。我在姚家吃饭已不止一次，但在梅彩生病后，这还是第一次，看到比梅彩大三岁，满头银发的姚老，对妻子的周到细致的照顾，我的心无法平静，这与梅彩健康时是完全不同的，姚老对梅彩有着深深的情，深深的爱……眼前的情景让我想起一九九一年的夏天，我去西山开会的途中，司机告诉我，梅彩生病住院了。听这消息，我立时一惊，梅彩一直患高血压，可是她从不在意，平时不舒服了，也很少到医院去看病，总是拿点药在家中服用，这次居然住进了医院，病情一定不轻。我赶忙给海天打电话，这才知道梅彩患的是突发性脑梗塞，由于抢救及时，度过危险期，但人瘫痪了，也不能说话了。我的心立时沉重起来，这对姚家来说是一件多么不幸的事啊！

姚老二十一岁，梅彩十八岁，他俩结为伉俪，至今已经六十五年，他们夫妻经历过贫困艰难的生活，度过了风风雨雨坎坷险恶的岁月，而今好日子刚刚开始，梅彩却一病不起，这对姚老是多么沉重的一击啊！我知道，姚老写《李自成》时，为了减轻姚老的负担，梅彩于一九六二年便提前退休，她学会了中文打字，姚老写一章，她打一章，姚老再修改，她再打；就这样，第二卷九十万字，定稿时清清楚楚、整整齐齐，都是梅彩打的。姚老常说："梅彩不仅是我的打字员，还是我的保健员。"我们在和梅彩开玩笑时，也常说："姚老是重点保护对象，您可要照顾好啊！"梅彩总是笑吟吟地说："这老头好伺候，只要有面食吃就行。"说是说，做是做，梅彩对姚老的一日三餐总是变着花样来调配，让姚老吃得可口，吃得开心。除此，每天上午十时，下午四时，梅彩或给姚老送上一杯牛奶、几块饼干，或是熬上一碗人参莲子粥，准时端到姚老的面前。每当姚老要在家中宴请中外宾客时，梅彩忙里忙外，常常是既省钱又体面地把事办得绝好，让姚老惊喜不已。姚老不嗜香烟，但每天中、晚餐饮一小杯白酒。姚老对绿茶情有独钟，书房里总保存着上好的绿茶。除此他个人的生活再没有什么特殊的要求了。但他酷爱古书，喜欢书法，每隔二、三个月便要到琉璃厂中国书店和荣宝斋走走看看，每次都要买一些古旧图书和笔墨宣纸，常常这笔开支都是计划外的，梅彩虽在心中连连叫苦，但从未在口中或脸上表现出来。在很长的一段时间里，姚家的生活主要靠姚老的工资收入和梅彩有限的退休金维持，虽然姚老也有稿费收入，但数量有限，他的《李自成》一、二、三卷出版时，都没有赶上好时候。在他搬入木樨地高干楼后，房租、水电、煤气等费用大幅度上升，还有来来往往亲朋好友，开支成倍地增加，这就难为了梅彩，她处处都要掰着指头计算，既要保证满足姚老的一切开支，又要把全家的生活过好。说起来人们可能都不会相信，一九九一年梅彩重病住院时，他家的存款只有一万元，姚老是从不管家理财的，知道只有这么一点点家底，深怕影响梅彩的治疗，为此还大哭了一场。

姚雪垠、王梅彩夫妇在北京寓所

我知道梅彩在姚老心目中的地位和分量，而今梅彩中风不语，瘫痪在床，再不能安排照顾姚老的生活，再不能操持家中的一大摊子事务，我为梅彩难受，也为姚老担心。正是在这种心情下，我从西山给姚老打电话，我尽量把声音放得平和，要姚老想开一点，一定要控制好自己的情绪，不要太激动了……我还说："姚老，您的健康，不属于您自己的，是属于广大读者和中国的文学事业的，您的《李自成》四、五两卷还没有定稿，任重道远……"没等我说完，姚老在电话里就哭了，语不成声地说："梅彩为我操劳了一生，她这一辈子不是操持家务，就是为我担惊害怕，没过上几天富裕的日子，现在好日子刚开始，她就病倒了，我要把她以后的日子安排得好好的，让她舒舒服服地走完下边的路!"听了姚老的话，我的心在抖，我立时感到梅彩的病在姚老的心上留下了一道深深的伤痕。此刻，我一句安慰的话也说不出，只重复着："姚老，您自己可要保重啊！"几年过去了，姚老和海天夫妇，把梅彩照顾得好好的，专门给她雇了一个佣人，照顾她的起居饮食。让我感动的是，每夜姚老起身小解后，都要走到梅彩的床边，看看她是否睡得安稳，摸摸褥子有没有尿湿，之后，才又回到自己的床上休息。梅彩卧床八年，从没有得过褥疮和其他皮肤病，而今躺在床上读书报，坐在轮椅上看电视，脸色光泽红润，病情稳定，精神正常。而她的亲爱伴侣姚雪垠，却在六年后与她患同样疾病，而且先她而去了。

一九九八年十月十日姚老八十九岁寿辰，一早我就赶到崇文门三宝乐取了前一天订下的生日蛋糕，我知道姚老在住院，可是现今病情如何？我是一点也不清楚的，甚至我还想到姚老的身体一直很好，八十多岁了，身板还是那么硬朗，悬腕题字，身不晃，手不抖，笔飞墨舞，精气神始终不衰！特别是他那双灼灼有神的眼睛，没有一点老年人混浊视衰的现象。甚至我还想到，姚老的医疗保健条件好，就是有了病，也能得到及时治疗，容易恢复健康。当我怀着轻松的心情走进病房时，一见姚老的神态和样子，我愕然止步，立时就傻了。又灰又暗的脸色完全没有往日的光泽和神采，特别是那双闪光有神的睛睛变得迟钝呆滞。见到我，姚老睁大了眼睛，一动不动地看着我，足足有二、三秒钟，接着又无神地闭上了。我紧紧地握着姚老那骨瘦如柴的手，望着露在外面的皮包骨头的胳膊，我大声呼叫："姚老，我是王维玲，今天是您的八十九岁生日，我给您祝寿来了。"姚老又一次睁开眼睛，看着我，笑了。我知道他听明白了，可是很快又闭上了眼睛。这哪里还是往日精神矍铄、神采飞扬的姚雪垠啊！我的心像掉进冰窟窿里，冷冷的。特别是姚老一时清楚，一时迷糊的现象，让我感到预后十分不好。这时海天夫妇来了，他们抱着给姚老祝寿的花篮与我带来的生日蛋糕一起摆放在姚老床边的小桌上……我怀着难以忍受的痛苦心情问海天夫妇，姚老得的是什么病？怎么竟病得这么厉害了？海天告诉我：一九九七年二月十九日邓小平逝世后，姚老十分悲伤，也无比惋惜。在小平逝世后的那一个星期里，姚老每天依然是三时起床工作，但在早上吃早饭时，便把电视机打开，收看《邓小平》的专题片和其他有关小平逝世的消息报道。往日姚老每晚八时半左右便上床休息，翻看一会儿书刊报纸，大约九时半就睡着了，所以他能在凌晨三时起床工作。而这一段时间，每晚都要到十一时以后将电视看完后才上床休息，而起床的时间依然是凌晨三时，天天如此，完全打乱了往日的生活规律，一直到邓小平的追悼大会开过以后，电视节目正常了，姚老才恢复往日的生活习惯。这之后的一个星期，又因赶写一篇回忆胡乔木的纪念文章，由于较长时间的悲伤和劳累，一天，发现他坐下去就站不起来，躺下后就坐不起来，赶快送往医院，一检查确诊是多发性大面积脑梗塞，虽然这时还能下床走路，但已不能握笔写作，不能拿书刊报纸阅读了，特别是姚老十分健谈，而今留下了严重语迟的后遗症，说话困难了。这次入院，是因为他病情有所发展，人又迅速消瘦下来，才住进医院的。我怀着痛苦的心情，强忍着没有流出的泪水走出病房。当海天夫妇送我下电梯时，我再也忍不住，我说："如今姚老瘦成这个样子，我真没想到，太意外了，太痛苦了，我再也不忍心来看老人家了！"说完我泪如雨下，流满了脸，钻进卧车，司机还以为发生了什么不测，迟迟不敢问我，直到汽车开出了很长一段路，才弄清楚是怎么回事。

也许有人会问，姚老当时已是八十七岁的老人，不能悲伤，不能激动，不能伤神劳累，难道他就不明白这个道理吗?！他怎么就这么不知道爱惜自己的身体呢？我想此中道理姚老全都明白，他在六十八岁的时候，就曾说过这样一段话："年纪大这个问题有两面性，不利的方面是精力日衰，来日无多，有利的方面是积累的知识多，经验多，比较成熟。我要充分发挥老年时期比较成熟有利一面，同时用寸阴必争的具体措施弥补来日无多的不利一面。其次，人由壮年到老年到死亡，这是自然规律，不能违反，但可以利用这种自然规律，使我衰老得缓慢一点，争取通过锻炼等办法保持健康，得享高寿，以便多做出一些成绩。"可是一当具体的人、具体的事摆在他的面前时，他常常就忘记了自己的年龄，常常把自己的体质和精力估计过高，常常感性高于理性，而且不能自已。他所以不能珍惜爱护自己的身体，这与他的性格、他的情与爱有密切关系。姚老在性格上有两个突出特点，一是他性格刚强、坚韧、自尊、自信、自负，他的这种气盛骨傲的特征，也可以说是当今作家群中的一道熠熠闪光的风景线！二是姚老的性格中的另一面，那就是他十分重感情，讲情谊，对一些帮助过他，支持过他的领导人，对与他亲近，心心相知的文友、同志、亲人他有很深的情，很深的爱！

对于毛泽东主席一九六六年、一九七五年两次救助姚雪垠的前前后后经过，他原是不清楚的。姚老常说："文化大革命"开始时，如果不是毛泽东亲自出来说话，不仅《李自成》不存在了，也许姚雪垠也不存在了。所以他对毛泽东对他的这一极其特殊的讲话，有说不出的感激之情。但毛泽东怎么说的，在什么场合说的，他并不清楚，是在粉碎"四人帮"后，姚老写信给王任重，王任重把事情发生的前前后后写信告诉了他，他这才知道发生在一九六六年的"最高指示"产生的前因后果。

对于毛泽东一九七五年第二次在他写的信上的批示，他更是感动。但毛泽东这个批示，他是在近二十年之后，通过中央文献研究室的帮助，才看到原件的。当姚老看到毛泽东用很粗的铅笔，歪歪扭扭，非常吃力地写下那么明确有力的批示时，他热泪盈眶，感激的心情难以言表。

毛泽东两次在关键时刻救助于他，让他感念不忘。他说的"我永远不会忘记毛主席对《李自成》的支持和关怀"，这是他发自内心的肺腑之言。

一九七六年九月九日毛泽东逝世后，我们安排姚老在第一天(即一九七六年九月十一日)到人民大会堂瞻仰毛泽东的遗容遗体。姚老走到灵前，悲痛难忍，放声大哭，周边守灵的人都吃了一惊，那情景至今历历在目。十二日晚姚老又参加了中青社举行的吊唁活动。当夜他写了一篇《我的悲痛和决心》的短文，这是一篇有情有泪、刻骨铭心的泣血之作，其中有一段：

毛主席啊！从《李自成》第一卷出版之后，我的工作不止一次得到您的亲切关怀和巨大支持。去年我写信向您汇报《李自成》的写作情况，您在百忙中亲自写了批示，又一次给我无限鼓舞。十年来我为您的关怀和支持，不知激动得痛哭过多少次。毛主席啊！我怎么能想到您逝世这么早？如今第二卷快出版了。假若我的工作做得快一点，赶在您逝世前将第二卷呈送到您的面前，该有多好！写到这里，我又不禁失声痛哭！

十三日中青社把姚老写的这篇悼文送呈团中央，同时在中青社职工悼念毛泽东的墙报上刊出。十四日新华社在通稿中摘发了姚老悼文中的部分内容。

当姚老把一九六六年、一九七五年毛泽东两次批示弄清楚后，他在一九九三年写了一份一万多字的资料，详细地记载了毛泽东两次救助他和《李自成》的前后经过，以及他对毛泽东的感激之情。这份资料分为四个部分：一、我在解放前的文学成就；二、毛主席对《李自成》第一卷的肯定评价和对我的及时保护；三、邓小平对《李自成》第一、二卷的高度评价；四、一些专家学者对《李自成》所作的高度评价。他送给我的那份，还专门用毛笔在首页写下了“毛主席和邓小平同志对我写《李自成》的关怀与支持以及一部分专家学者对《李自成》的评价。”在首页的左上角还写了一行小字：“请你们参考”。

一九九四年二月春节期间，我到姚府给他拜年时，他又把刚刚出版的《新文化史料》五、六两期各送一本给我，上面刊出了他根据那篇资料重新写过的《我创作《李自成》的艰难历程与毛泽东的及时保护和帮助》，全文分上、下篇。上篇有三个部分专门讲毛泽东对他的支持和保护：一、毛主席第一次及时地指示救我；二、《李自成》写作道路上又逢厄运；三、我给毛主席写信请求他支持我写完《李自成》。从以上的介绍可以看出，姚雪垠对毛泽东两次保护他和《李自成》是一直铭记在心，非常感激的。这种感情，不仅表现在他公开和内部的各种场合的谈话中，而且还有大量文字记载。但姚雪垠对“一九五七年反右派”和“文化大革命”也是一直持批评否定的态度，这在他已发表的回忆录中，在他公开的演讲中，在他写的一些文章中都有详细的记载。对“极左”路线的批判，他是从不含糊，从不回避，态度是十分鲜明的。令人遗憾的是，在姚老逝世后的一年半的时间里，在大江南北的报刊上刊出了几篇记述姚雪垠与毛泽东的文章中，作者带着明显的主观色彩，武断地将自己的臆想和揣测强加在姚雪垠身上，其结果，不仅使事实失真、变味，也严重地偏离了姚雪垠当时的思想和感情的实际。对于这种不严肃的学风，姚老生前是深恶痛绝的。

一九七六年周恩来总理逝世，姚老坚持要到劳动人民文化宫参加吊唁，那悲伤沉重的感情，让我们没有理由不同意他去。当时正是寒冬季节，来自全国各地和首都的人民，排着长队缓缓地向周总理的遗像走去。姚雪垠当时已是六十六岁的老人，穿着棉衣棉裤，整整在露天里站了两个多小时。事后我才知道，原来他对周恩来有着特殊的感情。早在三十多年前，周恩来就很看重他。一九四三年初，他在重庆《新华日报》上发表一篇《需要批评》的文章。春节期间，在南方局举行的一次小型聚会上，周恩来也来参加。吃饭时，周恩来对姚雪垠说：“你在《新华日报》上发表的文章，写得很好，我已请报社同志作为整风学习材料，好好读一读。希望你以后多写些文章。”周恩来的这番话，使姚雪垠很受感动。当时他三十三岁，对他来说，这几句话不仅仅是关怀，是鼓励，更重要的是信任，是希望，对他以后的创作和发展，起了很重要的指导作用。

邓小平逝世后，一次我去看望他，他无比遗憾，满怀深情地说：“小平同志如果能够活到今年年底，亲眼看到香港回归祖国的情景该多好啊!”说这话时，他露出了十分惋惜的心情。姚老与邓小平没有过直接的接触，但他对邓小平的胆识和魄力是十分钦佩的。更何况他写的“上书毛主席的信”是邓小平转上去的呢！还有一九七八年邓小平对《李自成》的肯定和评价，以及对三卷以后写作的关心和希望，都深深地感动着他。所以，在邓小平逝世后，发生在姚老生活中的悼念和表现，就不难理解了。

姚老是在一九九九年四月二十九日晨在北京复兴医院病逝的。在他逝世的前一天，他的精神特别好，往日上午他总是沉沉入睡，下午醒来后才和家人和友人说上几句话。而这一天从上午到晚上他都很兴奋，发灰发暗的脸色也变得红润起来。他的幼子姚海天把父亲的几位友人读过《李自成》四、五两卷清样后的评价和看法告诉了他，还大声对他说：为庆祝新中国成立五十周年和迎接他的九十诞辰，四、五两卷要赶在今年八月以前出版，同时还要在今明两年内分两批推出《姚雪垠书系二十二卷》(即《姚雪垠文集》)。听了这些情况，姚老笑了，高兴地说道：“谢谢同志们!”此时姚老那双眼睛，又闪烁出清炯的目光。在海天夫妻就要离开病房时，他们问父亲：有没有不舒服的地方？要不要请大夫来看看？姚老摇摇头，说：“挺好！不要麻烦大夫了。”海天夫妇走出病房时，确信父亲一定能够转危为安，成为跨世纪的老人。没想到第二天一清早，医院就打来姚老病危的电话，当海天夫妇赶到医院时，姚老已经休克。

姚老是在一九九九年四月一日入院的，当时已不能自主进食，连喝水都很困难，体质已经十分衰弱。医生准备采取鼻饲的办法，既保持一定营养的吸收，也防止因吞咽困难而发生窒息现象。但姚老坚决不同意，他说：“那不是个办法!”没想到问题就出在这里。四月二十九日一早家人给姚老喂食，开始还吞咽了两口，突然双眼往上一翻，转瞬间就休克了。医护人员抢救了半个多小时，姚老始终没有苏醒过来，于七时半猝然逝世。

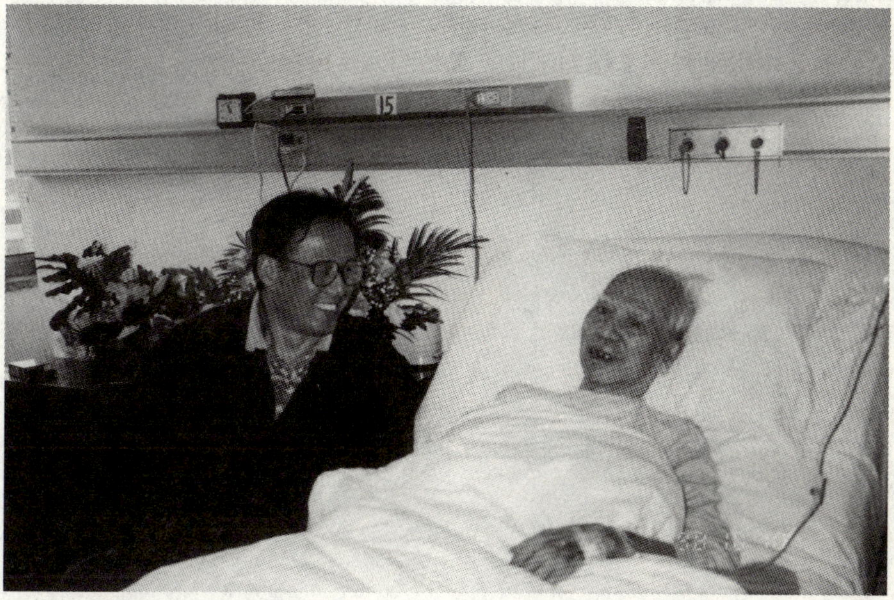

一九九八年十月十日姚雪垠最后一次生日是在病房中度过的(左：王维玲)

姚雪垠笔耕七十载，是一位颇有建树的作家，他的一生，既是不平凡的一生，又是备受瞩目的一生。巴尔扎克在《贝姨》一书中说："持续不断工作是人生的铁律，也是艺术的铁律；因为艺术是最醇的创造。所以伟大的艺术家与诗人，既不等定货，也不等买主；他们今天、明天，永远在制作，从而养成劳苦的习惯，无时无刻不认识困难，凭了这点认识，他们才和才气，才和他们的创造力打成一片。"姚雪垠一生走的就是这样的又苦又累、持续不断工作的路。《李自成》从开始酝酿到动手写作，历时十六年；他的第一卷一九六三年出版，一九七六年第二卷出版，一九八一年第三卷出版，一九九九年第四、五两卷出版，经历了三十六年。写第一卷时，他四十七岁，而到《李自成》五卷本出齐时，他已八十九岁，为《李自成》这部五卷十二册、三百二十万字的长篇历史小说，他整整花去了四十二年，把大半生的心血和爱都投入到这部恢弘大作中去了。姚老真正作到了生命不息，工作不止。作为一个自然的人，姚老是去世了，但他的精神和毅力，决心和抱负，成就和业绩，一生的精彩篇章，却永远留在了人间。让我感到遗憾的是，姚老没能亲眼看到倾注着他的心血和爱的四、五两卷的出版，这是最让人惋惜的事！但从四、五两卷已经达到的艺术水平和艺术魅力来说，又是叫人十分振奋的。

刘白羽八十以后的感情世界

一九九四年二月九日，正是春节的大年三十。这天下午我去给刘白羽拜年，一进门，我就感到气氛异常，白羽的司机小汪，把我让到客厅，这才告诉我，就在昨天下午宾客盈门给白羽和汪琦拜年的时候，就在这间客厅里，突然汪琦头一歪倒下，顷刻间心脏就停止了跳动，猝然逝世。我的心轰的一下，立时沉重得不行！我见客厅里还默默地坐着几位老人，都是白羽的挚友，一脸凄凉悲怆的神色。一会儿小汪叫我到书房去，我迈着沉重的步子，走进白羽的书房，白羽坐在沙发上，我赶上去紧紧地握着他的手，突如其来的打击，给白羽精神上的刺激太大了，高大的白羽一夜之间苍老了许多，在他那坚毅刚强的面孔上，而今只有悲伤和痛楚。白羽不停地对我说："汪琦没有亲眼看到《心灵的历程》出版，她是多么想看到这本书啊！而今走了，太可惜了！太可惜了！"说到此，他已泣不成声，泪水顺着脸颊潸然而下。望着老泪纵横、悲痛欲绝的白羽，我的心在颤抖！《心灵的历程》安排在今年五月出版，就差三个月！此时此刻我好悔恨，为什么我就没有抓紧快出书呀！我一句话也说不出，只是紧紧地握着白羽的手……

走出白羽的家门，我暗暗下定决心，《心灵的历程》还没有开印，一定要采取一种什么方式，在书上表达白羽对汪琦的哀思！以此来弥补一下白羽心灵上的空白和给予故去的汪琦一点慰藉！

在以后的日子里，我把我的这种想法和白羽谈了，白羽说："如果还来得及，我想写段文字，印在书的前面。"我说："您写吧！不管来得及，还是来不及，都要印到书上去。"最后我们决定，插个单页，一面印"内容提要”，一面印下了白羽满怀哀思和深情写下的这段文字：“一九九四年二月八日，我亲爱的伴侣、战友汪琦突然逝世。这部书是在她的支持下写作的，书名也是她选定的。现在我怀着沉痛的心情，用这部书来纪念她。——刘白羽。”望着这短短的六十二个字，我的心在哭泣，这里的每一个字，都包含了多少亲情和深爱，包含了多少追思和怀念啊！

让我欣慰的是，在《心灵的历程》里，收进了两张非常有意义、有价值的照片。一张是一九四七年白羽和汪琦在哈尔滨的合影，那时正是战火纷飞、硝烟弥漫，他们夫妇在东北战场上经历血与火、生与死的严峻考验的年代。另一张是一九九〇年白羽和汪琦金婚之日在西湖泛舟拍下的照片，作为这部书出版的主持人，我感到略为轻松一点，因为这两张照片，对白羽老人来说毕竟是心灵上一种安慰。

如果说刘白羽和汪琦相濡以沫的半个世纪生活，爱的火焰始终不衰的话，那么是战争，又使他们懂得了深深的爱和爱的珍贵

刘白羽是在他七十六岁时开始写《心灵的历程》的，在写到他与汪琦从相识到相恋，从热恋到结婚这一段生活时，情，依然是那么深，那么浓，爱的火焰并没有因为他们到了老年而减弱，生的依托，爱的眷恋，是那么强烈地震撼着人们的心弦！

白羽和汪琦是一九三八年五月在延安结婚的，他们住在窑洞里，相依相偎地坐在地上挖出来的土沙发上，守着一盏油灯，望着窗外的月色，倾诉着各自的理想、追求和说不尽的爱。在新婚的日子里，汪琦用白布做了一个枕套，用红细线在上面绣了“五月的花”四个字。这一对相濡以沫的夫妻，经历了半个多世纪的生活，一直有如这“五月的花”一样绚丽，始终保持着高洁和清香，而且长盛不衰。

一九四四年春天，中央决定调白羽到大后方重庆——南方局工作，对于党的决定白羽是绝对无条件服从的，但他想到汪琦，不知是否与他同行？他们虽然结婚六年，但因工作需要常常各奔东西，在整风运动的几年里，他俩又被隔开。现在分离的生活刚刚结束，白羽又要到大后方

刘白羽在写作

去，这一去遥遥无期，又是长离久别。白羽被离情别绪所困扰，最后他还是向组织上提出汪琦同行的意见，但遭到周恩来的严厉批评，“你爱人的事，组织上会很好地处理，你现在要考虑的是怎样很好地完成任务。”白羽恍然明白自己错了，立即搬到杨家岭去住，等待出发。但在白羽出发的那一天，周恩来特地叫汪琦来送白羽，两人默默无言，依依不舍。在这年的年底，组织上终于把汪琦调来重庆，白羽和汪琦在南方局所在地——红岩村相聚了。汪琦被分配到《新华日报》当记者，他们俩大多在周末才能相聚，每每在这个时候，两人就相依坐在窗前，望着眼前的芭蕉林，望着远方的虎头崖，倾诉一周来各自所见所闻，他们年轻时代这一段乡野生活，到了白羽晚年写《心灵的历程》时，这一切在他的笔下，竟是那么和谐美妙，让人留恋陶醉。

抗日战争胜利后，白羽和汪琦又奔赴东北战场，行前周恩来握着白羽的手，闪烁着欢快的目光，望着他和汪琦说：“你们上前线，我送你们出征！”亲切的相见，深情的嘱托，让白羽激动难抑，不觉泪水潸然而下。在东北战场上，白羽是活动在最高指挥部和最前沿的战地记者，可以说又是记者又是战士，在冰天雪地凛冽的寒风之中，在枪炮子弹呼啸之中，白羽及时地写出了一篇又一篇高水准、高质量的战地报道；又和战士们一起，在刀光血影、死打硬拼的搏斗中，从生死由天、扑朔迷离的战场上走了过来。讲起这一段难忘的战斗生活，白羽是无比激动的。他说："是生者的血水和汗水，是死者的牺牲和奉献，让我懂得了深深的爱，也懂得了深深的恨，把我铸造成一个坚韧刚强、不屈不挠的战士性格。"

在转战东北的日子里，哈尔滨的一段生活，是他永生难忘的，他常常在完成了一个阶段的战斗生活和采访任务之后；或者是在这一个战役胜利结束，下一个战役还没有开始之前，从冰天雪地、战火纷飞的战场上回到哈尔滨。当时汪琦在《东北日报》工作，突然的相聚，常常给两人带来意想不到的喜悦。可是转瞬间，白羽又要回到厮杀搏击的战场，这时汪琦总是难离难舍地把白羽送到霁虹桥头，望着远去的白羽，怀着一颗忐忑不安的心情返回住所。白羽说："共产主义者不是苦行僧，在战争环境里，我们每一次相聚，都是爱的抒情和爱的甜蜜，而每一次分别，又都是生死的悬念。我们都很清楚，战争是非常残酷的，鲜血的流淌，生命的流失，都是转瞬间发生的事，所以苦苦的悬念和深深的爱，就在战争中扎根、发芽、结果，这种爱弥足珍贵，永难忘怀。"

半个世纪后，一九九一年的夏天，他俩又来到霁虹桥上，白羽深情地望着汪琦，心潮起伏，想到一生他们相依为命，想起当年东北这段难忘的战斗岁月，白羽随口吟出：

冰雪烽烟往日情，
霁虹桥上费叮咛。
魂系萦梦魂难断，
泪渍难温泪更倾。
不舍死生离索苦，
焉能重见笑轻盈。
堪怜白发寻踪迹，
万里红霞放早晴。

当时白羽想到再到霁虹桥来恐怕难了，也许这一生就和霁虹桥诀别了，所以他吟出了这首诗。但他万万没有想到，汪琦在一九九四年早逝，这首诗竟成了他献给汪琦的最值得纪念的诗了。

汪琦生前说过：白羽一生未曾写过一部以女性为主角的文学作品。汪琦生前的愿望，点燃了白羽的创作火焰

白羽和汪琦一起走过了半个世纪，从延安相恋相爱的难忘日子到大后方腥风血雨的患难生活，从东北解放战场的生死搏斗到新中国建立后赴朝参战的激烈较量，以及后来“文化大革命”中的磨难和浩劫，他们夫妇一起渡过了最艰难、最困苦的日子，又闯过了最危险、最紧要的关头。在风雨同舟的漫漫岁月中，有生离的思念，有死别的担心，有相聚的喜悦，有胜利的欢呼，人世间的幸福与甘甜他们享受过，地狱般的苦痛和折磨他们也经历过，现在就是这个与白羽患难相依，甘苦与共，心相知，情相依的亲爱伴侣汪琦猝然离去，这残酷的事实，他怎能接受！这重重的一击，他实在难以承受！

就这样，白羽的精神变得惘然恍惚，脑子里变得一片空白，神情压抑得不能自拔，他的女儿为了转移他的注意力，给他买了一台放在手上看的小电视机，他坐在沙发里，捧着、看着，竟不知电视里在播放什么？生活一下变得空荡荡，完全失去了往日的光彩和兴趣。是三〇一医院那些神奇的专家们，使白羽从悲痛欲绝、神情恍惚的境地中走了出来。有经验的医生知道，药物只能治疗生理上的疾病，却不能医治心理上的创伤，要阻止白羽心中流出的悲恸的血，要弥合白羽心灵上的创伤，必须进行心理疗法。就这样，专家们对他说：“您是作家，写作是您的生命，您怎能不写作呢？从现在开始，您每天写五百字，时间控制在一小时之内，积少成多，您会有收获的！”

医生的话，如同指挥官下的命令，白羽是绝对服从的。白羽开始考虑写作。写什么？白羽想起汪琦生前说过他一生未曾写过一部以女性为主角的文学作品。汪琦生前的希望和要求点燃了他心中的创作火焰。从这时开始，白羽便以每天五百字的进度开始了小说的创作，要知道，虽然写在格子里的是五百字，但花在这五百字之中、之外、之前、之后的酝酿和构思，就大大超过了一小时，就这样，他从病榻上开始写作，到走出医院回到住处，冬日他在红霞公寓，夏日他到黄寺住处，以每天一小时，一天五百字的进度，和汪琦叙说着过去、现在和未来，倾诉他的无限的爱恋和思念！就这样，他从寂寞的孤独的世界里，从悲恸和抑郁的深渊之中走了出来，终于走向正常，恢复了心理健康，在经历了苦苦的四年写作之后，这部凝聚着他和汪琦的心血，蘸着他的血水和泪水写成的长篇巨制——《风风雨雨太平洋》问世了。

对一位八十二岁的老人来说，四年中完成了一部九十万字的长篇小说，特别是又处在妻子辞世的时候，不能不说这是人间的奇迹，这要有多么大的毅力和决心啊！我在想，每一个人都会遇到不幸，有的人就难以摆脱，不能自我超越，以致失去生活的信心和工作的能力。而白羽在沉重的打击和难以忍受的痛苦之中，他没有倒下，最终还是站起来了，走向自我超越，创造了辉煌的业绩。正如白羽说的："不写是一种痛苦，写也是一种痛苦，但写成了也有欢乐。"《风风雨雨太平洋》一脱稿，他就住进了医院，他毕竟是八十多岁的老人了，他是累的！白羽对我说："写完《风风雨雨太平洋》最后一个字，积郁了四年之久的感情，一泻千里，全都迸发出来，我再也控制不住自己，我写了一篇后记，题为《我们的心灵在延河》，这一次我不是写了一个小时，整整写了一个上午，写完了我把头俯在手背上，趴在书桌上，哭了。"四年来，他天天写，苦苦地写，如同和逝去的老伴对话，精神上有所寄托，生活变得充实，现在一下完成了，他有一种沉重的失落感，精神又一次感到空荡荡的，我完全能够理解此时此刻白羽的心情，听着老人的叙说，我感到揪心的痛楚！

白羽做为一个男人、丈夫和父亲，他有着丰富的感情世界，从他的作品里我们也能充分地感受到这一点，他对挚友和亲人充满了真情、深情和亲情，而且他的情，是那么炽热、纯洁，不仅深深地感动着他的亲人、挚友和读者，而且也深深地折磨着他自己。他在《心灵的历程》里，写下的充满亲情和泪水的滨滨之死的五万字，就让我几次放下，又几次拿起，不忍心一口气读下去，那充满内疚和深爱，那如泣如诉的叙说，是父子情深最感人的抒发。但白羽绝不会滥用感情，也不是感情脆弱的人，在他那广袤、深邃、丰厚、凝重的感情世界，有坚定的信念，又有无限的爱心；他热爱生活，也热爱人生；他感情奔放，又用情专注；在重大问题上，他清醒坚定，态度鲜明，非常理智，绝不感情用事。一九九九年四月六日在《风风雨雨太平洋》的出版座谈会上，那时还没有发生以美国为首的北约轰炸我驻南使馆的血腥事件，但就在这个座谈会上，白羽以一个中国的老战士、老作家的身份，向美国和北约狂轰滥炸南联盟发出最强烈、最鲜明的抗议！向南斯拉夫人民发出最深切、最真挚的同情。他说：“贝尔格莱德是一座美丽的城市。美国和北约依靠他们手中的炸弹，可以把这座花园一般的城市摧毁，可以把无辜善良的人民炸死炸伤，但他无法摧毁地球上一切美好事物，征服不了一切有正义和良知的人们的心！美丽的永远是美丽的，绝不会被暴力所代替！美国和北约犯下的罪行，最终是要他们偿还的！”这是嫉恶如仇的中国作家，最早发出的震人心弦的怒吼！

毛泽东对刘白羽说：“党内不仅有时有不理解，甚至还会有误解。一个共产党员遇到这种情况，又怎样呢？还是要革命奋斗呀”

在与白羽的接触中，也让我对他有了更深的认识和了解。一次和白羽交谈时，我问他，那些对你指名道姓的指责，你就不生气吗?！白羽笑了，显出了少有的神采。他说：“一个经历过战争的作家和没有经历过战争的作家是完全不同的。我在战场上，经历过多少次生死考验，看到过多少死亡的人，我的冷静和毅力、对事物本质的观察力和承受能力，是没有经受过战争考验的人，无法感受，也无法理解的！你想想，塔山阻击战，整整六天六夜，到处是呼啸的炮弹，飞舞的子弹，闪光的火花，熊熊的火焰，那些英勇的指战员，刚刚在火线上和我握过手，转眼间就以身殉职，每天我的眼前都凝着血，我的心里都流淌着血，我总是在胜利中糅合着悲痛，泪眼中渗透着鲜血，这样的生活残酷不残酷？残酷得很！我是从这么残酷的生死拼杀的冲天烈火中走过来的！我的意志和性格，精神和视野，承受力和洞察力，都与我的战争经历分不开的。”白羽的话，让我豁然开朗，恍然醒悟。

白羽是一九三八年，二十二岁的时候到达延安的，那时白羽的度量和修养是不能和今天相比的。一九四一年，他担任“文抗”的支部书记，当时他受到了来自党内的怀疑，他无法忍受，更无法理解，便去找毛泽东主席，要求调到白区作地下工作，去接受考验！毛泽东走到他跟前，深情地对他说："党内不仅有时不理解，甚至还会有误解。""一个共产党员遇到这种情况，又怎样呢？还是要革命奋斗呀！""你不是说要考验吗？何必兴师动众去那遥远的地方，你的支部书记岗位，不就是对你的考验吗？"五十多年以后，白羽在《心灵的历程》里写到这次不寻常的会见时，他深有感触地说，就是毛主席这次谈话，鼓起了我的"真正的勇气"，"得到的是人间至大至深至广的爱，革命之间的爱，同志之间的爱，""使我变成另外一个人。"

一九四二年春，毛泽东又一次把白羽叫到他的窑洞里，和他讨论文艺方面的几个问题，并要他回去后邀请文艺界的党员作家，议一议，听听大家的意见。实际上当时毛泽东向白羽提出研究的几个问题，就是后来《在延安文艺座谈会上的讲话》引言中提出的问题。白羽根据毛泽东的教导，扎扎实实地走群众路线，认认真真地进行调查研究，后来他在向毛泽东汇报时，毛泽东十分仔细地听他的汇报，那专注的神情，让他一生不忘。当毛泽东送他出门的时候，紧紧地握着他的手，注视着他说："刘白羽同志，我看你是一个很认真的人，我说过世界上的事最怕'认真'二字，我们干革命的就是要时时处处都讲究'认真'二字呀！"这是毛泽东对白羽的评价，半个世纪过去了，他一直把领袖的话记在心里，无论是干行政领导工作，还是从事文学创作，始终牢记"认真"二字。

一九四二年，在延安的抢救运动中，白羽也受了委屈，也经历了"在清水里泡三次，在血水里浴三次，在碱水里煮三次"的苦难历程。他被诬蔑为"特务"，长期隔离审查。他一遍又一遍对他写的两个短篇小说《胡铃》和《陆康的歌声》进行反省和批判，他真诚地、痛心地批判自己的小资产阶级的文艺观，经历了无数日夜的熬煎……这场运动伤害了许多好同志，使许多同志受了委屈，后来毛泽东在中央党校礼堂，向这些受伤害的同志道歉，向大家深深地鞠了一躬。但不能不承认，在当时敌我力量十分悬殊和物质条件极端困难的条件下，延安的革命生活，使共产党人的那种至真至诚，忠贞不渝的革命情感和革命信念，纯洁高尚的心灵和鲜明坚强的党性大大地加强了，没有这种无条件献身革命的牺牲精神，是打不败日本帝国主义和国民党反动派的！是推不倒压在中国人民身上的三座大山的！是创建不出一个新中国的！所以白羽的心灵的历程，也是他们这一代真正的老共产党员在中华民族生死存亡关键时刻的心灵写真；白羽走过的革命道路，也是他们这一代忠诚的老革命走过的九死而不悔的光辉的人生道路。

五十九年前，刘白羽的第一本小说集是巴金亲自主编的；四十年前，在刘白羽精神处于绝境时，又是巴金和萧珊伸出了拯救的双手

一九九五年十一月二日中国作家协会、中华文学基金会、华艺出版社联合举行的“刘白羽创作生涯六十周年纪念暨《刘白羽文集》首发式”活动后，白羽就想到上海看望巴金，向巴老送书。果然在这年的十一月二十五日，在巴老九十二岁华诞的时候，八十岁的刘白羽专程从北京来到上海，为巴老祝寿，向巴老赠送自己刚刚出版的十卷本《刘白羽文集》和花篮，花篮上写着：“我以五十九年友谊的深情，祝您诞辰快乐。”原来早在五十九年前，白羽的第一本小说集就是巴老亲自主编的。讲起这件事，白羽就无比激动，所以他这次见到巴老，把他的《文集》送上的时候，他对巴老说：“我的第一本书是您给出的，现在交上一份不合格的答卷。”在白羽六十多年的文学生涯中，始终不忘巴老的情谊。

一九三六年，二十岁的刘白羽应邀到上海，由他的好友靳以引见结识了巴金，当时良友出版公司出版的《一九三六年短篇小说佳作选》是由当时文坛一批著名作家推荐编选而成的，靳以选了白羽的《冰天》，叶圣陶选了白羽的《草原上》。刚刚步入文坛，走上文学创作之路的刘白羽，看到这个集子高兴地说：“这对我是太大的鼓励了，我从来没有梦想过在我发表作品的第一年就受到如此高的奖励。”

几天后巴金、靳以等邀白羽到冠生园聚会，交谈中，巴金对白羽说：文化生活出版社要出版一本他的短篇小说集，问他同意不同意。这是白羽完全没有想到的，他高兴得难以抑制自己，着急地对巴金说：“我连一篇剪稿也没有带来啊！”巴金从提包中取出一个纸包，亲切地说：“已经给你编好了，只要你自己看一遍，看看有没有修改的地方。”

白羽接过来打开一看，是他一九三六年这一年发表的六个短篇小说，已经剪贴得整整齐齐，小说集以作品《草原上》为书名。这件事对当时的

巴金来说，也许是一件很小的事，但对白羽来说，却是决定他走进文坛，走上文学创作之路的一件大事。所以半个多世纪以来，这件事始终牢牢地记在白羽心中，对巴老充满感激之情。

一九三九年，巴金应上海文化出版社之约，主编一套“文学小丛书”，刘白羽的短篇小说集《蓝河上》，是这套丛书的第一部，在这套小丛书出版的时候，白羽已经到革命圣地——延安去了。几十年来，他连一本也没有保存下来。而在四十五年以后，一九八四年巴老从上海给他寄来一本书，打开来一看正是他苦苦寻找的小说集《蓝河上》。巴老在保存了四十五年的小说集的内封上用钢笔写下了两行清秀隽永的字：

仅有的一册，赠白羽同志。

巴金　一九八四年六月二十九日

白羽手捧这本几十年来未曾见过面的心爱之作，心潮起伏难平，他既喜不自胜，又激动不已。巴老几十年前对他的悉心培养，历经四十五载，包括“文化大革命”十年浩劫，依然把这本书保存下来，他对巴老的深情和厚爱已经是难以用文字来表述了。

讲起《心灵的历程》的写作，总要谈到巴老。白羽说：每次与巴老见面，必谈俄国伟大的思想家、作家赫尔岑的《往事与随想》。我写《心灵的历程》长篇散文系列，正是受它的影响。《心灵的历程》写了五年，所以不以传记体形式去写，是因为我们这一代人，经历了旧中国的毁灭，新中国的诞生，我把自己的全部感情、悲哀、欢乐、血泪、生命……都倾注在字里行间，通过它反映我们这一代人乃至整个民族的命运。所以心灵的历程，是我个人的，也是时代、民族的心灵的历程。这部书写了我周围好多人，是他们的情感燃烧我的情感，我写书再去燃烧读者的情感。文学就是通过情感把人生的内涵以文字形式充分地表达出来。”

《心灵的历程》出版后，白羽便寄给巴老。一九九六年巴老在杭州休养时，曾叫人把《心灵的历程》念给他听，巴老听后无比高兴，当即和白羽通了电话，巴老说：“这本书只有你写得出，也只有你能写，写得好啊！”巴老特别提到有关萧珊的描写，他说：“你写得好，你写得好！”说时很激动！

在《心灵的历程》里，白羽写巴金、萧珊的笔墨并不多，但字里行间充满了深情厚谊，全都是内心的抒发。白羽说：“四十年前，当我的精神处于绝境的时候，是巴老和萧珊伸出了拯救我的双手，他们是用自己的生命之火，点燃了我的生命之火，对于我们之间的友情已经超逾了‘感谢’二字。”

一九六二年白羽的神经官能症加剧，严重的失眠不仅使他的身体迅速地衰弱下去，而且他的精神处于崩溃的边缘。在医生的建议下，他不得不到上海，异地治疗。但他放心不下患了晚期风湿性心脏病的长子滨滨的病，在朋友们的帮助下，滨滨也到上海请享誉全国的心脏病专家给他会诊治疗。但这一切已经来得太晚了，对进入晚期的滨滨来说，已经无济于事了。白羽和汪琦虽然倾注了父母最大的爱心，但仍然沉溺在难以自拔的痛苦之中，当滨滨提出返回北京的要求时，虽有汪琦陪伴，也让白羽万分担心。就在汪琦护理着病危的滨滨从上海抵达北京的那个下午，巴老来到白羽住处，傍晚萧珊也来了。当时大家都为滨滨的状况担忧，生怕路上发生意外，巴老和萧珊非常清楚滨滨的不良预后，可是此时此刻谁都不说，默默地坐在沙发上，萧珊不时地望望电话，突然电话铃声响了，汪琦从北京打来电话，告诉白羽，滨滨已经平安地到了北京，回到家中。这时巴老、萧珊和白羽都露出了笑容。原来巴老和萧珊，估计今天北京会来电话，深怕传来可怕的结果，白羽承受不了，专门赶来陪伴白羽的！当巴老、萧珊起身告辞时，白羽紧紧地握着他们的手，激动得说不出话，世上还有什么比这种真挚友谊更珍贵的呢！

《心灵的历程》是刘白羽晚年花时间最长，下工夫最大，也是他最看重的一部心血之作

讲起《心灵的历程》的创作，白羽说：“我生活在一个庄严而伟大的时代里，这是毁灭一个旧世界，创造一个新世界的历史转折期。我想让人们了解，一个宏伟的历史的每一进展，每一突破，都含着多少伟大的或者渺小的人的沉痛与哀苦。”“我过去曾写过各种各样的生活，各种各样的命运，但把自己的血与泪、生命与命运尽情倾泻的，还是《心灵的历程》的创作。”写作时“有欢乐也有悲哀，有舒畅也有苦涩，现在想来还忍不住心中的激动。”白羽为这部作品的诞生，整整花了五年时间，最后写出了

这部上、中、下三卷九十万字的恢弘大作。我最初读这部书稿时，给我留下了三个强烈的印象。

第一，人物之多，是长篇传记文学中少有的。从毛泽东、周恩来党的领袖人物到党政高级领导干部，从军队老帅到各级军事指挥将领，从文化名人到众多知名作家，从家人、亲人到国际友人，还有国民党的头面人物和战争罪犯。我粗略地统计了一下，有名有姓、有个性色彩的人物就将近一百人。毛泽东、周恩来的事迹都是非常集中、非常完整、十分光彩的珍贵回忆。其他大多数人物虽是片断和剪影，但留给人的印象，却是活生生的，独特难忘的。白羽是踏着历史的阶梯，迎着时代行进，在时代中描写了自己，又在时代中塑造了别人。

第二，地域之广，也是长篇传记文学中少有的。《心灵的历程》几乎写了大半个中国，从北京开始最后又回到北京。这中间写了上海、南京、武汉、延安、重庆、哈尔滨、长春、沈阳等十多个城市和地区。

第三，包含了极大的思想容量和厚重的感情容量。从童年的学徒生活到知名的作家，从党的文化工作者到战地记者，从文艺部门的领导干部到离休后仍伏案跋涉的老人。白羽把自己人生经历的每一个阶段的情与爱，都和抗日战争、解放战争、共和国的建立紧密相连在一起，与党、国家、民族的命运紧密相连在一起，反映了一个时期社会的、历史的丰富内容，包含了政治的、军事的、文化的多方面的意义和价值，可以说是一面历史的镜子，时代的镜子，可以触动和唤起每一个有相同相似经历的人的感情和联想。当我读完这部书稿时，我想到，《心灵的历程》写了这么多重要人物、历史人物，这么多重大历史事件，概括了这么长的一个历史时期，而且他的真情、激情、亲情，这么浓，这么重，事件和人物的描写这么丰富，篇幅又这么大，这在长篇传记文学中实在是不多的，是十分珍贵的。

这部书出版后，有人看过说："《心灵的历程》简直就是心灵的大海，有如大海一般的胸怀，广阔壮美，多姿多彩，又千变万化；有碧海蓝天，朝霞红日，也有汹涌滔天的波涛海浪。"还有人说："《心灵的历程》是大树，根深枝繁叶茂，苍劲深沉，壮观俊美。"这些反映和评价，让我越来越觉得《心灵的历程》的出版有着深远而又不寻常的意义和难以估量的文学价值，随着时间和社会的前进，会越来越显示出这部作品的光彩和价值。

似《心灵的历程》这么广阔、深刻，含金量这么重的作品，不是什么人都能写得出来的。刘白羽所以能够写出《心灵的历程》，有他特殊的条件，有他自身的优势，这就是他一个人身上集中了一个忠诚的共产党员的信念和理想，一个纯真的知识分子的正义和良知，一个作家的感情和才华，一个记者的敏锐和勤奋，一个散文家的纯醇之美的感情世界和一个军人的气质和风采，这些融为一体，把白羽个人的情感和命运与党的、民族的、国家的命运紧紧地联结在一起，绘出了一幅中华民族由衰而盛，由弱而强，旧中国毁灭，新中国诞生的宏伟画卷。白羽一直说，《心灵的历程》是长篇系列抒情散文，实际上也可以说是长篇散文传记。我想，白羽所以用“抒情散文”四个字，可能就是因为《心灵的历程》是他的纯醇之作。纯朴、纯真、纯净、醇厚，这是白羽追求的艺术之美。千古文章贵真情，言有尽，情无穷，这是审美价值所在。从他写的仅有五百字的前言中，也可以感受到这一点，这是一篇概括性很强，又十分优美的散文佳作，包含了白羽的理想情操，精神情感，人格良知，包含了他的冲动、痛苦、欢乐、愉快全部内容。白羽常常把高尔基笔下的丹柯形象、誉为丹柯精神，用来鼓励青年人。读过《心灵的历程》，我就感到，白羽自己不就是一直在高扬丹柯精神，充满勇气和力量，用自己的血泪、情感和生命，在春天的阳光下，在夏天的狂雨中，在冬天的暴风雪里，前进着，奋斗着吗！

刘白羽写这部书是不容易的，大部分是在三〇一住院时写的。他的哥哥刘肖芜不让他写，对他说：“你写这本书，能不写滨滨的死？你感情受得了？这不是折磨自己！”白羽坚持写下来了，围绕滨滨的死，他写了五万多字，写出了爱子之心，写出了父子深情，写出了对滨滨去世的痛苦与悔恨。白羽满怀深情和爱，写他与亲爱的伴侣汪琦的相识、相恋、相思、相爱，那优美和秀美的文字将绵绵的、无尽的情致尽在其中，既展示出了一种理想的照耀，又充满诗意的浪漫。

白羽说：“一个人的一生是一条漫长的河流。在年轻时轻波微语，涓涓细流；在壮年时激流滚滚，波浪滔天；到了老年，慢慢地流入大海。”这段话概括得多好！我在读《心灵的历程》的时候，就好像在和白羽面对面地倾心交谈，在他那舒缓平和、苍劲深沉的话语中，我们在一起体会人生的河流在慢慢地、慢慢地流入大海，流入信仰的大海，流入红色的大海，流入烟波浩淼的大海……就在这波浪滔天的大海中，他奏出了一曲充满胜利的欢乐和牺牲的悲伤，美好的赞叹和愤怒的呐喊的人生交响曲。我想这就是长篇系列散文传记《心灵的历程》发出的心声。

让白羽高兴的是一九九六年八月他的老友关山月大师读过《心灵的历程》之后，给他写来了一封信，信中说："我近来视力衰退，读书看报都很费力，你的大作《心灵的历程》是一本最好的近代革命史，我一鼓气在读，到今天才算草草读完。我虽没有你一生丰富的经历，由于我们是同时代人，所以读起来很亲切，很受感动，很受鼓舞！读后感赋七律一首，楹联一副，不惴冒昧地寄上留念，聊表一点心意。"

刘翁身世识秋冬，
石上寒梅雪里红；
走西奔东烽火线，
出南入北死生中；
革命征途光明史，
人生正道造化功；
大地回春谁主宰？
心灵经历鼓雄风。

刘白羽这年八十岁，刚好这时他应邀重赴新疆柴达木油田，深入塔克拉玛干腹地访问。回京后，他才看到关老的贺信，甚是高兴，立即步关老诗的原韵，和了一首。

乱云狂泻几十冬，
愧领寒梅万点红。
携手敦煌寻梦处，
往来京穗笑谈中。
丹青一笔山河染，
浩气中秋岭南功。
再拜昆仑朝大漠，
仰天慷慨唱西风。

一次，白羽满怀欣慰之情，对我说："《心灵的历程》能受到巴老、关老的赏赞，能得到这两位大师的肯定，我心安了。"

在读《心灵的历程》时，我曾想过这很可能是白羽的封笔之作，没想到一九九八年他又写出了一部以女性为主角的长篇小说《风风雨雨太平洋》。

从《心灵的历程》到《风风雨雨太平洋》两部作品加在一起一百八十万字，白羽花了近十年的时间。从这两部作品里，我们不仅可以感受到白羽对亲人，对挚友纯真、纯厚的情与爱，而且把他的追求和理想、良知和正义、气质和品格、感悟和心灵，与他的作品融为一体，这就使他的作品既有丰富感人的内容，又有较高的品位和格调。一个老作家在他八十二岁的时候，能够写出如此厚重的长篇著作，实在是难得的、可喜可贺的。

难忘白羽

二○○五年八月二十五日上午，张洪溪打来电话，问我，“看没看今天的报纸?”我说：“没看。”洪溪说：“刘老(指白羽)病得很重，您要作最坏的准备。”我的心一沉，预感不妙，忙追问一句“是不是已经不在了?!”电话里无声地停顿了一阵，传来洪溪沉重的声音：“是的。”我急问：“怎么回事?”他说，刚刚接到一个电话，北京青年报登出一条消息，刘老于昨天下午二时病逝。我要他赶快把北京青年报找来看看，如情况属实，马上打电话给我。

这电话来得太突然了，二十多天前，我们还在电话中交流，怎么说走就走了呢？我木呆呆地坐在沙发上，一动不动……

今年春节给白羽拜年时，我告诉他，我住的宿舍楼要拆了，春节后就要搬出，新住宅还没装修，我要先到昌平一处别墅暂住一段时间……白羽没等我把话说完就接过去，“维玲，搬家可是很累人的，你身体不行，一定要找人帮忙，一定，你记住。”他又告诉我，过了春节他也要住院……我说：“您保重吧！这一段时间，我与您联系不方便了，等我搬到城里来时，我们再联系。”我在昌平一住四个月，七月二十九日我给白羽打电话，告诉他我已经搬进城里来，并把电话、地址告诉他。他告诉我：“现在听电话费劲了，耳朵有点聋了。我也要搬家，这里太热了。”我知道白羽从六十年代初搬进红霞公寓，至今已经四十多年了，他住在最高一层，夏天闷热难忍，对年老体衰的白羽来说，实在够呛！我问："您什么时候搬?"他说："很快。"我说："搬了家，让小汪把电话、地址告诉我，我来看您。"这才几天的事啊，而今他就真的走了吗?!

电话铃声响了，是洪溪打来的，他告诉我一切属实。

我慢慢地站起来，慢慢地走进书房，望着摆在书架上的十卷本刘白羽文集，和他晚年写的长篇纪实文学《心灵的历程》和长篇小说《风风雨雨太平洋》，以及二〇〇三年出版的他最新的一本散文集《天籁集》，我百感交集，潸然泪下。

（一）

二〇〇五年是抗日战争胜利六十周年，恰恰是十年前，抗日战争胜利五十周年的时候，白羽的《心灵的历程》出版了，并深受好评，被誉为当代文学的一个重要收获。白羽在《心灵的历程》的后记中有段话说得好："这不是蘸着墨水而是蘸着泪水写的。我精神上常常难以支撑，但已经燃烧的生命之火，怎能中途熄灭?！到一九九六年，我从事创作就整整六十年了。我写了各种各样的生活，各种各样的命运，但把自己的血与泪、生命与命运尽情倾泻的，还是《心灵的历程》的创作。"白羽以他的坚定的信仰、坚韧的毅力、巨大的心血和不寻常的智慧和技巧，写《心灵的历程》，就写作本身来说，也是很难、很难的。在写作过程中，他的体力支出是超负荷的，四年中他曾跌了三次跤，两次摔伤头部，弄得他一用脑子头就疼痛得难以忍受。以白羽当时的身体状况他是很难写下去的，但他咬紧牙关坚持写作，终于在一九九三年五月二十三日这个令人难忘的日子，写完了最后一个字。当白羽把这部书稿交给我时，他笑着说："本来我是想再写一部长篇小说，然后再动手写《心灵的历程》，是你坚持让我先写这本书，现在看你对了，如果我写一部长篇小说，再来写这大部头的书，怕精力不足了。"当时我觉得这可能是白羽的封笔之作了。一九九四年与他相依相伴了半个世纪的爱侣汪琦突然病逝，这给白羽精神上致命一击，一度他都失去了继续生活下去的信心。就在这悲伤和思念之中，他突然记起汪琦生前对他说过的一句话："你一生未曾写过一部以女性为主角的作品。"就是这句话，点燃了白羽创作之火，于是他每天以五百字的进度开始了小说《风风雨雨太平洋》的写作，这一写就是四年，终于在他八十二岁的时候完成了这部以王亚芳为女主人公的九十万字的长篇小说。白羽亲身经历了朝鲜战争，两次赴朝采访，这部书就是以朝鲜战争为主线，上溯到十九世纪中国劳工在美国修铁路，下延到二十世纪九十年代于飞赴美国寻找祖先于虎的遗骸，在哈佛大学进修的王亚芳，面对中国人苏雪梅无辜被杀害，中华民族的自尊心和正义感，让她勇敢地站出来，在美国掀起了一场声势浩大的伸张正义和良知的抗议活动。小说一直写到一九九八年于飞、王亚芳回国登上上海东方明珠电视塔，眺望风风雨雨太平洋。白羽是以中美两国历史中的种种曲折，写民族的命运，人生的命运，写中华民族的高贵品德和爱国情怀。我读过《风风雨雨太平洋》之后，曾说过：这不是一部平平常常的长篇小说，是从白羽心中流出的血泪，血泪中有他的亲情、真情和激情，有他的思念和深爱，也有他的愤慨和憎恨，他真的“写出了一个大世界”，“剖析了一个大宇宙”。

白羽在九年中写了两部长篇，一百八十万字，当时他已是八十二岁的老人了，而且多种疾病缠身，身体衰弱到有时一天只能写五十个字，但他坚持了下来，终于把两部长篇写完了，这简直是人间的奇迹！中国

一九九〇年刘白羽夫妇重返重庆，在汪琦好友歌乐山牺牲烈士胡南雕像前

文学界的奇迹！这以后的几年，他应报刊的约稿和即兴之作，又写了四十多篇作品，有二十多万字，其中卡尔逊一篇，就写了三万字。白羽啊！一直写到最后的一个驿站，直到驾鹤西去，才放下笔。白羽在一篇怀念老友靳以的文章中，引了靳以写的《红烛》中一段话："红烛仍在燃烧着，它的光越来越大了，它独自忍着那煎熬的苦痛，使自身遇到灭亡的劫数，都把光亮照着人间。"这段话，是对靳以的写照，不也是白羽自身的写照吗？两位老人都是燃烧自己，照红了人间，都是不熄的红烛啊！

白羽写下的众多作品，都是实实在在的有感之作，他的探索与追求，他的憧憬与理想，他的情与爱，喜与憎，悔与恨，他的人生与命运，品德与情怀，以及他深邃的思想，爱国之志，忧民之情……在他的作品中都有最真实的流露。白羽一直非常赞赏苏联作家阿·托尔斯泰在《苦难的历程》中写下的一段话："在水里浸过三次，在血里洗过三次，在碱水里煮过三次，我们就彻底干净了。"白羽说，托翁这里想说明什么？说明做一个纯洁的人，一人真正的人是不容易的。白羽自己就是要争做一个纯洁的人，一个真正的人。白羽通过他的言行和作品，在人们面前展示出了一个始终如一，永远光明磊落，永远鲜明强烈，毫不掩饰自己的最真实、最本色的老一辈共产党员和人民作家的感人形象。八月三十一日，在三〇一医院送别室为白羽送别，望着白羽安然自若的遗容，我忽然想到他在《心灵的历程》结尾处写下的一段文字："在结束这一漫长的心灵历程时，我两目炯炯，面带笑容，因为我的心灵属于那红色的未来，红色的大海。"白羽最终的归宿，不就是这样吗？

（二）

在白羽写完《风风雨雨太平洋》以后，他的身体一直时好时差，给我最明显的感觉，就是他的双腿行走艰难。一九九六年我们一起去平谷郊游时，那时他拄着手杖，和我们一起游金海湖，参观博物馆，观赏大峡谷，玩兴很浓，一天下来，晚上回到宾馆，他还接待平谷的文化人，有说有笑，不显疲乏。但到了二〇〇一年，他已经很难外出了，就是在家中行走也要拄着手杖，还要有人搀扶才行。一次我去看他，他流露不能自由外出的烦闷情绪，有时极想出去走走看看，因为腿脚不行，只能叫小汪开上车，他坐在车里观光北京市的发展新貌，言语中给我一种无奈之感。

当时《青年文摘》杂志社在和敬府宾馆内办公，我知道白羽对古建筑有兴趣，便和洪溪商量，打算请白羽到和敬府来看看。洪溪把我的想法与和敬府宾馆的经理王长顺先生讲了。长顺是一位尊老敬老的贤达人士，结识不少文化界人士，他对白羽景慕已久。长顺热情表示，只要白羽肯来，这里的一切都由他来操持。七月十九日下午，我先到白羽家，然后由小汪开车，我们一起来到和敬府宾馆，洪溪、长顺早早等在宾馆的门口。白羽下车，坐上轮椅，小汪推着，长顺充当导游，一直陪伴在白羽的身边。这一天，不但参观了和敬公主府，还参观了与和敬公主府不远的孙中山先生逝世纪念地，当晚长顺在宾馆内准备一桌适合老年人的丰盛晚宴。

这个下午和晚上，白羽玩得开心，玩得愉快，席间还说了不少笑话，当我和小汪送白羽回家时，已近十点。两天后，我收到白羽一封来信。

维玲同志：

那天欢聚，极为快乐，不过这也许是我参与的最后欢宴了。我最近心绪不佳，因下肢浮肿，进行了一系列检查，先怀疑是肾脏有问题，跑了几次医院无法取证。昨天做B超，得到结论，是血管不畅通了，无法治疗。我到也无大忧伤，人老了，这里腐蚀一点，那里腐蚀一点，最后汇总告终，此自然之法则也，到也得到一喜！医生让我每天喝上一盏白酒，起疏通血管作用，到也是一乐。

今日凉爽，灯下眼力聚足，写此信。

刘白羽

二〇〇一年七月二十一日

看过此信，很不安，我立时给白羽回了封信。

白羽同志：

看到了您的来信，让我又喜又忧。

随着年龄的增长，生理上出现这病那病，是很自然的，这是每一个人都不可避免的，重要的是心理要健康。您让我高兴的是，心理永远是坚强的、乐观的。能科学地、辨证地看待自己身上发生的一切变化，是长寿老人的共同点。客观地说，在同龄的老人中，很少有能与您的精气神相比的。十九日晚，我们聚会时，您的言谈举止，神情气色，哪里像八十五岁高龄的老者。至于血管不畅，不必看得太重，不畅不等于不通，而且人的身体自调能力极强，而且到了老年一些病症发展是十分缓慢的，腿肿有各种原因，您活动少，适当做做理疗还是必要的。朋友之间的聚会，是不能少的，对您的身心健康有益，今后我们还会安排。

我极赞成您每日喝点白酒，我过去就和您说过，现在医生也提出了。喝一点白酒，不仅有益于活血，对心脏也有好处。俗话说，粮食的精华都在酒中。现让小芳把我珍藏了五年的五粮液送给您，喝完了，我还有好酒送您。

视力好转后，还是要写《心灵的历程》下部，我认识一位九十二岁的老人，近五六年就因为集中精力写自己一生的回忆录，吃、睡、精神都很好。他的体质要比您差。还是医生说的，每天写500字，积少成多，成大业。另外，午睡后，写写字，您的书法自成一家，不能放下，而且写书法，也是一种运动。为什么午睡后写呢？一是精神好，二是有利气血运行。看过您的信，拉拉杂杂写了这些，言犹未尽，过段时间，我们再谈。

王维玲

二〇〇一年七月二十二日

几天后，我在七月号《炎黄春秋》上，看到刘白羽、徐光耀关于反右瓜葛的通信。白羽的信，真挚强烈，至真至诚，那种痛切内疚，严厉自责的精神，让我感动不已。而光耀高远诚笃的回信就更让我感动了。光耀在信中写道："您的信，我们全家都很感动，一下子使我对您的思想品德有了新的认识，纠正了我以前存留的某些偏激看法。您是一位有党性的高尚长者。"但光耀在信中也指出："您对待自己仍然过分了，过错是有的，谈不到'罪孽'，也无须'谢罪'。以往的种种不幸，都不是您我之间的恩怨造成，那是一个时代，一种体制造就的错误，个人可以承担某些责任，但不能承担主要的，更非全部的责任。个人是承担不起的。"光耀在信中还动情地写道："以超过八十的高龄，能睁眼面对以往的过失，勇敢彻底地否定它，""使我对您更加敬重了。"

不久，我到白羽家，在他那间不太大的客厅里，我俩面对面地坐在沙发上，我们又谈起徐光耀的信。白羽说："看《昨夜西风凋碧树》时，难以抑制自己的感情，难以推卸自己的责任，那封信是我内心感情的真实流露。你知道吗？丁玲平反后，第一次出国访问美国，我看了她在美国的讲话，让我对她产生了无比敬重之情。一个受了那么多磨难的人，竟还是那么坚定坚强，我感动极了。她回国后，我便登门拜访，进门后，我说的第一句话就是：'丁玲同志，我今天向您道歉来了！'丁玲、徐光耀都有圣洁的理想，坚固的理想。"我说："徐光耀说得很对。您只能承担应该承担的部分责任，扩大了就不实事求是了。"讲到这里，我又谈到《心灵的历程》下部的写作。"您当时是中国作协的重要领导成员，在今天仍健在的领导成员中，恐怕您是最了解情况的人了。我记得您说过，您有记日记的习惯，保留下了几十年的日记。《心灵的历程》只写到一九四九年建国，为何不把建国后一直到一九九八年您离休这段经历、心灵感受写出来呢？刚好使《心灵的历程》这件艺术品完整起来。"

白羽庄重严肃望着我说道："你说的这些，我都想到了，可是不行！有些人知道，我最了解情况，就是想让我出来讲话、写文章，我宁肯遭诽谤、受中伤，也不能这么做！我的日记是我的，但又不完全是属于刘白羽的，它是党的。将来我死后，交给党，由组织上保存，按照党的原则和需要去处理。"讲到这里白羽两眼灼灼闪光，脸色红扑扑的。我怕再谈下去，老人情绪更加激动，而且我坐的时间已经够长的了，于是我起身告辞。

在回家路上，我反复琢磨白羽的话，一方面我对老人高尚、坚定的党性原则由衷的钦佩，另一方面我仍不死心，我觉得，白羽别的可以不写，但建国后这段历史，太重要了，白羽不写，谁写，在文学界没有比他更合适的人选了。

（三）

二〇〇二年春节，时任《中华儿女》杂志社社长杨筱怀给我拜年时，我和他谈了。筱怀与我不同，他没有那么多顾虑，他认为这是一件极有意义、有价值的事。他说：不仅仅是白羽日记上的记载，还有白羽脑子里的记忆，老人现在思路清楚，记忆力好，日记可以帮助他记忆，而记忆的恢复又可以丰富日记，现在就应该开始写。至于写出来，拿不拿出来发表、出版，那是另一回事。先写出来，比什么都重要。筱怀表示，《中华儿女》愿意为他提供一切写作的方便条件。他要我陪他一起去看看白羽，和老人好好谈谈。

这里我要说说，白羽是很喜欢和年轻人接触的，特别是有朝气、有活力、说实话、干实事、讲实效、有才华的年轻人。从我第一次带筱怀拜访白羽，不过三、五年的时间，他给白羽留下了良好印象。以至白羽的《心灵的历程》、珍藏本《唐诗风貌——刘白羽编选手抄》都送给筱怀。凡筱怀约白羽给《中华儿女》写稿，白羽从来没有拒绝过。发表在《中华儿女》上的名篇，“我谈曾志同志”情意真切、有声有色、感人至深。

二〇〇二年六月十三日，我与筱怀来到白羽家，我们又坐在那间书画满壁，书香气十足的小客厅里，这天白羽的精气神特别的好。筱怀滔滔不绝叙说写《心灵的历程》下部的必要性，他建议白羽边看日记，边回忆，边讲，边录音，先由他的秘书小汪整理，人手不够，要人，《中华儿女》选派，要物，《中华儿女》提供。筱怀说，先不考虑发表、出版，先把文稿整理出来，放在那里。什么时候您觉得可以拿出来发表了、出版了，再拿出来。也许年轻人的热情和坦率的态度感染了白羽，白羽居然高兴地应允了下来。

这次，白羽兴致勃勃地谈到当年访问延安和华北游击区的罗斯福总统的特使——卡尔逊的孙女下月要访华，对外友协要他接待一下。白羽说，五十多年前卡尔逊访问延安时，毛主席要卡尔逊到华北敌后游击区看看，指定白羽全程陪同，还亲笔给他们写了一张路条。台头是：“八路军各级将领”，就是这张通行证，卡尔逊走遍华北敌后根据地，会见了贺龙、肖克、聂荣臻、彭真、吕正操、黄敬、徐向前、邓小平等将领，此后这位美国人，成了中华民族的好朋友，中国人民的好朋友，毛泽东的好朋友。白羽说，当时毛主席还把他的想法和安排给卡尔逊写了一封信，没想到毛主席亲手写的这封信，卡尔逊带回美国，如今保存在美国国家博物馆内，这次他的孙女访华时，要把这封信的复印件带给他看。讲到这里白羽表现出无比的高兴，也表露出一种对卡尔逊的怀念。

听了白羽叙说的这段珍贵的经历，筱怀当场抓住不放，要白羽写出来，在《中华儿女》上发表。

白羽写作的兴致被筱怀激发起来，他望着筱怀问道：“你们《中华儿女》发？”筱怀说：“一定发。”白羽说：“可能写得较长。”筱怀说：“您写多长，我们都给发表。”这事就这么定下来了。

真是，天有不测风云，二〇〇三年八月筱怀竟因车祸殉职。我在无比悲痛之际，想到白羽，万一这突然发生的噩耗传到老人的耳朵里，他会十分震惊，对健康会造成不利的影响。于是，我拿起电话，告诉他筱怀遭遇车祸，伤很重，正在抢救中。我想先给他下点毛毛雨，果然如我估计的那样，他异常震惊，那不安的神情，我从电话里传过来的声音中都能感觉到。白羽一再叮嘱，“有什么情况，随时打电话告诉我。”没想到两天后的早上，六点刚过，白羽的电话就打过来，问我筱怀的情况。我的心一悸，老人挂念着这件事，可能这两天都没有休息好，不能再瞒他了。于是我如实地告诉他：“车祸发生二十分钟后，筱怀就去世了。上次我怕影响您的健康，没有把真实情况告诉您。”白羽说：“我已经有了一种预感，这两天你一直没来电话，我就估计到了。”接着又说：“我的身体不允许我参加他的告别仪式，你替我献上一个花圈。”我说：“我办，您就放心吧！”

筱怀殉职后，他的生前友好和《中华儿女》的同仁，建议出版一本纪念文集，主持这本文集编辑工作的马林先生，找我商量，想请白羽写篇纪念文章，我深怕提起筱怀事老人伤心，便要马林给白羽写封信。白羽写最好，不写也不要再催。没想到白羽一口应允，很快就把写成的文章寄给马林。这篇题为“魂兮归来”的文章，虽不长，但句句见真情，充满了一个老人对晚辈的钟爱惋惜之情。文中有一段文字，把筱怀的神情风貌描绘得栩栩如生，我摘录如下：

筱怀，是一个把全部生命都扑在工作上的人，他只有工作，没有自己，就是累病休息在家，也一刻不停地筹谋着、策划着，为《中华儿女》想出几个题目，准备走访几条线索，使我最痛心的是他才华正茂，事业兴隆，如日东升，他还有许多设想，很多安排。有一天，筱怀和维玲到我家里开怀畅谈，意兴风发，现在细细回想起来，他谈的还是工作，谈《中华儿女》事业更大发展，更大辉煌。他听我谈起美国人卡尔逊，他听到我手上有一批材料，他立刻动员我写一篇文章给《中华儿女》发表；当维玲谈到我的回忆录《心灵的历程》时，筱怀凭他灵敏的感觉，职业的机能立刻约我写《心灵的历程》下部，因为《心灵的历程》只写到第一面五星红旗在天安门升起，他机智的敏感，立刻动员我写解放以后的经历。我说解放后的事情太多，经历复杂，这样大的一部书，谁给你出？他立刻说：“我给你出！你什么都可以写，什么都应该写，这将是建国史上的伟大画卷。”临别，还紧紧握着我的手，那样执著，那样恳切地说：“你一定写——我给你出，我给你出。”从这一次见面，我更加欣赏筱怀，更加喜欢筱怀，他总是以一种深厚的诚意，为他的事业获取可用之材，他的鼓动力量，促起我写作热情。我被筱怀感动了。我真的动手写起来。

二〇〇四年五月，小汪打电话告诉我，回忆卡尔逊的文章已经写完，三万字。我立刻通知《中华儿女》杂志社的社领导。去白羽家那天，社长石国雄、副总编辑陈安钰、办公室主任张晓莉，还带一名摄影记者同行。行前，国雄打电话问我，白羽有什么爱好？我笑着说：一爱买书，二爱买花，三爱研究食谱。国雄也笑了，他说：那我们就把《中华儿女》出版的新书选些送给他。白羽见到《中华儿女》的社领导，格外高兴。国雄、安钰送上一大摞新书，晓莉献上鲜花，摄影记者不停地拍照。白羽说：“这是筱怀约的稿，不写完就觉得欠他一笔债，心里总觉得愧疚，谁知一开头，竟断断续续地写了一年，写了三万字。一年，对历史只是一瞬，可对筱怀却是永远了。”说着白羽把整整齐齐的一摞文稿，和有关卡尔逊的照片交给国雄。国雄手捧文稿，安钰翻着照片，两人望着这位八十七岁的老人，对《中华儿女》如此关爱和支持，都显得格外激动。

很快《中华儿女》就在这年七月号和九月号全部刊出，当白羽收到刊物时，立即打电话给我，对《中华儿女》的工作效率和文章的版面设计表示十分满意。

当我题笔回忆这段往事时，深感白羽对《中华儿女》的厚爱和深情，心中是很不平静的，也很怀念他。时间不过两年多一点，这一少一老都走了，让我想起来痛惜不已！而且我还想到，回忆卡尔逊的文章，可能是白羽写的最后一篇最长的纪实文学，这就更值得纪念了。

（四）

二〇〇四年十月下旬的一天，白羽叫小汪来接我，说有要事商量。我知道白羽对自已的要求是很严格的，公与私的界限分得清清楚楚。以往他叫我，或我去他家时，他因考虑我身体不好，也曾提出让小汪接我送我，我都断然拒绝了。这次白羽不容商量就派车来接我，肯定有重要的事。

我已经有半年多没见到他了，只知道他在这期间又住了一段医院，现在身体如何？我也很想看看他。见面后，给我最明显的感觉是老人更衰弱了，他已经不能自主走动，完全要靠工作人员搀扶，而且起步艰难，行走极慢。但他的气色、精神还是很好的，特别是思维还是那么快捷、清晰、周全，谈吐还是那么有分寸、有气度。原来他找我是研究拍电视连续剧的事。浙江一位热心的制片人，看上了《心灵的历程》，想投资拍三十集电视连续剧，有关领导和部门都很重视。开始时，白羽是很高兴、很支持的。但过后他几经思考，觉得难度很大。首先是这部书时间跨度长，地域涉面广，党政军文各方面的人物众多，事件也多，怎么驾驭和选材、集中和提炼，改编起来是很费劲的。而据他了解到目前为止，还没有物色到一位合适的编剧人选。剧本剧本，一剧之本，白羽很看重这点。他说：没有合适的编剧，就很难写出一个好剧本，没有好的剧本，就很难演好拍好，搞不好浪费资金，还不如不搞。此外，还有一个重要因素，他说：《心灵的历程》是以我的经历为主线，这是大家都知道的，现在我还健在，把一个活着的人搬上银幕，演得好，演得差，我不好表态，别人也不好表态，所以我考虑来，考虑去，还是先放一放为好。

在中国青年出版社成立三十五周年茶话会上。
（左起：管桦、冯亦代、刘白羽、韶华、王维玲）

开始时，当我知道《心灵的历程》要改编电视连续剧时，我是非常高兴的。我想过《心灵的历程》写了抗日战争初期沦陷区的生活，写了延安的生活，写了重庆大后方的生活；抗战胜利后，又写了东北战场惨烈的搏斗和辉煌的战绩，概括了抗日战争、解放战争，内容丰富，人物众多，思想容量和情感容量都很大，拍出后，肯定是一部巨片。但对困难和问题我想得很少，经白羽一说，我开始冷静下来，我觉得白羽想得很对，想得深远。望着眼前我十分熟悉的前辈和良师，让我感到我和老人在思考同一个问题时差距竟然是那么大。这时我想起白羽的好友柳青说过的一句话，“凡是从实际出发的事情，即使做的时候，不那么令人愉快，也不得不做；相反的，不从实际出发的后果，可能更不愉快!”我想白羽的考虑和他提出的问题是很及时的。他让我向热心的制片人和有关的同志转述他的想法，我一口应允。

追忆我和白羽的交往，还有许多往事，慢慢来，让我一点点追思、回忆。

说罗杨，话《红岩》

长篇小说《红岩》到二〇〇八年已经出版四十七年了，印刷了八十四次，总印数超过了一千万册，成为新中国成立以来，中国当代革命历史题材的长篇小说中，长期热销不衰，发行量最大的一部作品。

为什么《红岩》的影响持续的时间这么长？这么深远？为什么四十多年热销不衰？

《红岩》是一九六一年十二月出版的，当时正是三年经济困难时期(指一九六〇年至一九六三年)，一问世，书中革命烈士的大无畏的斗争精神和大义凛然、视死如归的牺牲精神，就深深地感染着、激动着青少年读者，引导着广大读者以革命烈士的光辉形象为榜样，以坚定的信心和高昂的斗志，从饥饿的困境中，从低迷消沉的状态中走出来，勇敢地去克服困难、战胜困难。一九六二年的中秋节，全国青联在北海公园举行联谊活动，当时《红岩》作者之一罗广斌正在北京，应邀参加联谊会。我作为中青社的代表陪同他前往。在白塔下优美秀丽的漪澜堂内，团中央第一书记胡耀邦紧紧地握着罗广斌的手，动情地说："你们写了一部《红岩》，我不说你们写了一部好书，因为用好书这两个字，已经不能概括它的意义了。在当前经济十分困难时候，你们出版的《红岩》，以出色的描写，感人的事迹，吸引了广大青年读者、以革命烈士的高尚品格和牺牲精神，成功地进行了一场革命理想和革命气节的教育，使人们从关心自身的热量，到树立乐观的信心，保持高昂的革命精神境界去战胜困难。《红岩》对社会的影响，已经远远超出了一部好小说的作用。"耀邦在讲这段话时，是很动情的，他的估计是对的，到一九六六年"文革"前，《红岩》已经印了三百多万册。

“文革”中林彪、“四人帮”破坏了党的形象、党的传统，使党的威望和影响受到致命的伤害。“文革”后，在人们的信仰一度发生动摇时，人们又想起了《红岩》，于是《红岩》不断地再版，又一次发挥了坚定信仰、坚定信念，树立革命的人生观、世界观、道德观的作用。

一九七八年杨益言在北京修订《红岩》时留影

在改革开放、市场经济、国家建设蓬勃发展的今天，面对许多新情况、新问题，特别是干部贪腐和社会上出现的一些丑恶现象，人们又一次认识到崇尚崇高，崇尚理想，崇尚气节，呼唤革命的崇高精神再现，企盼革命的传统美德回归是多么的重要！这时又一次把《红岩》提到日程上来，《红岩》因此连连再版。

在国庆五十周年的时候，在全国范围内举行群众性的评选“感动共和国的五十本书”的活动中，长篇小说《红岩》以它的高票率，排名在《钢铁是怎样炼成的》、《鲁迅全集》之后的第三位，可见《红岩》在中国读者心目中的地位和影响了。

在千禧年到来的时候，为全面展示百年来中国文学图书的风貌，北京有影响的五单位推选出“百年百种优秀中国文学图书展”《红岩》又一次榜上有名。

在纪念建党八十周年的前前后后，《红岩》又一次以它的重大题材，严肃主题，深刻内涵，让人们再一次认识到这部曾向几代人进行了爱国主义和革命传统教育的长篇小说，在振奋民族精神，在激发爱国热情，在培育人们对党、对社会主义制度的信任和热爱上，在促进人们的思想道德素质的提高上，仍然有着巨大的潜能。于是《红岩》又一次摆在书店的专柜上，《红岩》的作者之一杨益言，又一次在北京、在重庆、在上海、在南京、在杭州等地应邀参加庆祝活动，《红岩》又一次成为纪念建党八十周年的热销图书。

四十多年来，从《红岩》的存在和发展来看，《红岩》是和革命先烈的气节和情操，形象和事迹，和党的战斗精神和光荣传统紧紧地联系在一起的。正因此，无论是在三年经济困难时期，还是“文革”后拨乱反正的新时期；无论是对内改革，对外开放，实行市场经济的时候，还是当前以法治国、以德治国，提倡国民素质提高，构建和谐社会之时。《红岩》一直在有效地发挥着扶正祛邪，发扬浩然正气，保持革命气节，爱党、爱国、爱我中华的先进文化的潜移默化的作用。

从《红岩》问世那天开始，四十多年来，《红岩》始终是竖立在社会主义文学阵地上的一块光彩四射的艺术丰碑。一代代不同阶层、不同职业、不同年龄的读者，始终在阅读《红岩》。《红岩》在市场上，在读者群中牢牢地扎下了根。这说明《红岩》的创作是成功的！而《红岩》的成功，其意义还不仅仅是一本书的成功！而是告诉我们，六十年前发生在重庆“中美合作所”集中营里的这场血与火、生与死、革命与反革命的狱中斗争，实在是太残酷、太壮烈、太激动人心、太可歌可泣了。革命烈士用自己的热血和生命写下的这辉煌的历史一页，是那么鲜明而深刻、形象而具体地告诉人们，什么是共产党人的高尚情操，什么是共产党人的崇高气节，什么是党的光荣传统。可以这么说，没有“中美合作所”集中营里的共产党人可歌可泣的感人事迹，没有革命烈士大义凛然、大无畏的英雄气概和无比壮烈的牺牲场面，就没有《红岩》！《红岩》就谱写不出这曲震撼人心的共产党人的正气歌！《红岩》四十多年来长盛不衰的事实说明，再现革命先烈的光辉形象和不朽事迹，反映革命历史的红色经典图书，无论是过去，还是今天，都具有强大的生命力和感染力，始终是我们文学界和出版界的光荣使命和历史重任。

对于这样一部长留人间的知名作品，回忆它的诞生和写作的进程，无疑是十分有意义的，由于我自始至今一直连续不断地参加《红岩》的编辑工作和围绕《红岩》开展的社会活动，又与作者结下了长达半个世纪的友谊，而且这种友谊一直保持到今天！这就让我感触万千，觉得有责任、有义务把我知道的一切写出来，留给后人、留给历史。

朱语今果断拍板，约罗、杨写长篇小说。并对他们说：“你们没写过小说，为什么就不能学着写？你们写小说，目的明确，不为名，不为利，就是为了教育青年一代，为了完成烈士的嘱托……”

一九五八年十月，那年我二十六岁，刚刚从社长总编办公室的秘书岗位上调到文学编辑室当编辑，可能因为我工作调动的时间不长，当时团中央常委、中国青年出版社社长兼总编辑朱语今要赴四川、云南了解共青团的工作，从事调查研究工作时，点名要我与他同行。一是给他作秘书工作，二是也沿途给文学编辑室约稿子。到成都后，我一边参加调查研究工作，抽空我便到省作协跑跑，熟悉四川的作家，了解创作的线索，这时我知道省作协主席沙汀就住在成都，我便把这个情况向朱语今汇报了。

朱语今三四十年代，在重庆中共中央南方局工作，他与沙汀虽不相识，但有一定的了解。我们便在一个金秋的傍晚，到成都西门外沙汀的家中拜访他。当时沙汀五十多岁，一双有神的眼睛，深邃明亮，他有浓重的四川乡音，谈吐风趣幽默，一见面就给人一种热情洋溢的感觉。

沙汀见到我们这些远方来的客人，显得格外高兴。在他的住房前面，有一个十分宽敞的凉台，凉台上摆了几把藤椅，我们就在这儿坐下来。语今和沙汀虽是第一次见面，但很投缘，两人一起回忆起抗日战争时期大后方的许多往事，谈到了许多熟人和朋友，他们谈得开心，谈得热闹。

一九七九年沙汀在四次文代会上

沙汀还特意要他的夫人拿些水果、麻糖和四川的小点心款待我们。当语今谈到希望沙汀今后在扶持和培养青年作者上多做些工作时，沙汀怀着极大的热情，把重庆市文联刚刚寄给他的庆祝新中国成立十周年的献礼计划拿出来，指着署名罗广斌、刘德彬、杨益言三人名字的反映“中美合作所”狱中斗争的长篇线索，兴致勃勃地对我们说：“这可是个大题材哟！不仅在重庆、在四川、在全中国、就是在全世界，‘中美合作所’集中营也是出了名的！搞成了会是一部很有价值的书！”他要语今亲自挂帅把这部作品抓出来。语今深知这个题材的分量，他诚恳地要求沙汀出面来抓。沙汀高兴地说：“好，你也抓，我也抓，我们一起抓”！我告诉沙汀我们就要去重庆，一定去找他们。沙汀高兴地说了声“好！”

十一月，我们来到山城重庆，恰巧接待我们的就是当时担任团市委办公室主任的杨益言。从杨益言的口中我知道他们的稿子正在市文联打字，于是我赶到市文联，受到市文联领导的热情接待，把刚刚打印出来的，还散发着浓郁的油墨气味的稿子(以下简称“油印稿”)给了我一份。回到团市委招待所，朱语今要我尽快审读，拿出个意见来。我连夜审读，很快就把“油印稿”看完了。严格地说，当时它还不能算是草稿，仅仅是把他们积累的素材，把他们听到、看到、感受到的一些片断，如实地写了出来，就“油印稿”本身来说，是由一批散篇组成，全是真名真姓真人真事的叙述，人与人、事与事之间没有有机的联系，每篇都是独立的。“油印稿”没有书名，没有统一的结构，没有重点章节和突出的描写，整个是散的，就连捧在我手中的这一大沓“油印稿”也是散的。从形式到内容是由几十个散篇组成的一部稿子。但就是这样，“油印稿”依然有自己的光彩，就像是刚刚开采出来的矿石，虽然粗糙，却是稀有的，闪光的。特别是稿子里蕴藏的丰富感人的生活内容和作者在字里行间表露出来的对革命烈士的深厚感情，使我在读完全稿之后，难以平静。当时，我很自然地便联想到，古今中外的名篇名作，所以人人爱读，广泛流传，成为千古名篇，最重要的一点，就是作品具有真情实感，它是以自己的真切的感受和独有的内容，赢得读者的！“油印稿”的可贵之处，就在这里！它表露出来的是真情实感，不是为文造情！它写出来的是发自内心的真实感受，不是虚幻的梦境！就这样，我被“油印稿”吸引住了。

但我也清醒地认识到，“油印稿”还很粗糙、零乱，还看不出一个完整的概貌，从现有的水平是谈不到出版的。但我同时也想到，如若把这些散落的生活片段组织起来，给这些人和事，注入新的意境，用一条紧密相连的链条，一个完整的形象体系，那样给人的感觉就完全不同了。这就要他们按照小说的特征和运用小说的手法，进行充实丰富、集中概括，想象生发，重新组织，重新创作，经过艺术典型化，写成长篇小说，将会是一部题材重大，内容少见，意义深远，具有很强的感染力和感召力的作品。这是“油印稿”唯一的、也是最好的出路。我把我的想法，向朱语今汇报了。语今听着，想着，露出了满意的神色，他同意我的想法，果断拍板，决定约他们写长篇小说。

朱语今要我向杨益言提出写长篇小说的想法，杨益言不敢答应。他说：“我们从不曾写过小说，也没有写小说的想法。这事我做不了主，要和老罗、老刘他们商量。”当时罗广斌、刘德彬都在市委机关的劳动基地长寿县狮子滩长寿湖农场劳动锻炼。于是我们约上杨益言，一起来到了长寿湖农场，在一个小岛上，我们和罗广斌、刘德彬见面了。

大家寒暄一阵，我们便说明来意。他们又高兴，又有些局促不安……傍晚，我们同乘一条船，泛游在平静的长寿湖上。瑟瑟秋风伴着涟漪闪动的湖水，面对着一轮当空的皓月，我们都陶醉在这深秋的夜色之中了。

这时，我们要他们谈谈写“油印稿”的情况，杨益言和刘德彬都要罗广斌先谈。老罗是个乐观开朗、非常爽快的人，他沉思了一会，用一口四川腔，开始了谈话："解放后，市委要我们三个人参加筹备牺牲在'中美合作所'集中营里的烈士追悼会和编辑《如此中美特种技术合作所》一书，我们因此记录下了许多烈士在狱中的生活和斗争事迹，整理出了三百多个烈士小传，这些材料，比我们自己经历过的斗争生活要复杂得多，曲折得多，也丰富得多。我们被捕时，还是学生，狱中的许多老同志的革命历史比我们长，有传奇式的革命经历，有丰富的斗争经验，他们坚定、勇敢、机智、策略，这在当时就给我们留下了难忘的印象。很多老同志对我们说，你们年轻，万一活着出去，一定要把这里的斗争生活告诉后代，让他们知道，当年他们的父辈们，为了共产主义事业，为了无产阶级的解放，为了新中国的诞生，在这座人间魔窟里是怎么样战斗的！当时，我们二十二三岁，在难友中最年轻，先烈们就把希望寄托在我们的身上，把自己在狱中的见闻和亲身经历的事都告诉了我们……现在我们出来了，烈士们的音容笑貌，那段难忘的狱中对敌的斗争生活，留给我们的印象太深刻了。我们是幸存者，有责任完成先烈们的遗训，完不成，就总觉得有一种革命责任没有尽到，心里不安。可巧，解放后，我们都分配在团市委工作，为了向青少年进行革命传统教育，组织上指定我们在重庆和四川各地作了几百次报告，我们讲了烈士们狱中斗争的事迹，受到青年的热烈欢迎。但我们也发现，有些我们讲得很多的东西，青年同志不一定注意，有些讲得并不多的，甚至是我们比较忽视的东西，却收到了强烈的反应。这就迫使我们去了解青年同志的要求，研究他们的接受能力。特别使我们感动的是，许多老同志、烈士生前的战友和亲属主动找到我们的住处，热情地介绍烈士的思想品格、斗争事迹，提醒我们要着重讲些什么。一些热情的青年同志，有的给我们写信，有的就走上讲台，紧握着我们的手说：'你们还应当拿起笔来，把这些事迹写出来！'我们说：'不会写哟！'青年们说：'怎么讲，就怎么写。'我们说：'缺乏写作经验'。青年们说：'为什么不能向高玉宝学习？'这些话对我们鼓舞很大，也刺激很大。恰在这时杨益言的哥哥杨本泉，他当时在《重庆日报》编副刊，报社准备给他三个月创作假。杨益言立即把这个情况告诉了我和老刘，我们研究后，便由我出面找杨本泉，我对他说：'我们在重庆和四川各地向青少年作报告时，许多人要求我们把报告的内容变成文字，以便在更大范围内发挥作用，我们期望值不高，只要求如实纪录下狱中的见闻，给今后以此题材进行创作的作家提供一些有用的素材，让先烈的崇高品质和牺牲精神流芳千古，就于愿已足了。'我对杨本泉说：'你什么时候请创作假，我们也什么时候请写作假，杨益言是你的弟弟，刘德彬是你中学的同班同学，我比你小一岁，也算是你的老弟，你四十年代就开始写作了，我们没有写过什么，过去你帮助我们，现在还是请你做我们写作的辅导老师，请不要推辞了。'就这样杨本泉答应作我们的'小先生'。一九五六年十月我们三人联名向市委写信，也申请三个月写作假，市委批准了，这样我们四个人便于这年的十月离开各自的工作岗位，到南温泉招待所，进行了三个月的写作生活。杨本泉从我们三人的实际出发，本着'写你最熟悉的内容'的原则，规定了我们每人写作的重点和内容，我在白公馆集中营关过，就要我写这部分，还有《挺进报》和狱内外的斗争；老刘有在渣滓洞集中营被囚的经历，还在下川东搞过抗捐抗丁的斗争，就写江竹筠、云雾山这部分；杨益言集中写渣滓洞集中营里的斗争，包括追悼会、春节联欢、许建业、龙光章等事迹和人物，还有华蓥山双枪老太婆的武装斗争。这个板块分工定下来后，我们便分头进行写作，和上班时一样，每天八小时写作，其他时间用来交流讨论，写成后交给杨本泉，由他加工润色，最后由他按着时间和事件发生的顺序编号，由杨益言拿到市文联去打印。这一稿有四十万字，在热心的杨本泉推荐下，我写的《小萝卜头》、《挺进报》；刘德彬写的《江竹筠》、《云雾山》；杨益言写的《许建业》等在不同的章节分别在报上发表了，这便是你们现在看到的"油印稿"的写作由来和情况。"

一九六三年冬，罗广斌(右)、王维玲赴秦城监狱提审在押的军统要人途中。

罗广斌这席话，抒发了他们三人对囚禁在"中美合作所"这座人间魔窟之中的先烈们的崇敬、爱戴和怀念之情，也表达了他们要歌颂先烈的强烈愿望。听完老罗的介绍，我深深地感到：狱中的这一段生活，已成了他们意识中的大事，成了他们生活中不可分的一部分，成了他们工作与生活、学习与写作，甚至喜怒哀乐的一部分，我想起了“血性文章血写成”这句话，就对他们说：“生活是创作的源泉，你们有这样不寻常的经历，又受先烈的嘱托，无论是从实现先烈的遗训来考虑，还是从革命的需要来考虑，都应该写！”我们此行的任务，就是针对他们没有写过长篇小说，不敢接受写长篇小说任务的畏惧心理，说明他们有能力把这个题材写成长篇小说。从而打消他们写长篇小说的重重顾虑和畏难情绪，动员他们自己动手写长篇小说，把写长篇小说的任务最后敲定。朱语今也很动感情，他要他们无比珍惜这段生与死、血与火、可歌可泣的宝贵经历，下决心把它变成社会的精神财富。他说：“你们都是共产党员，都是团的干部，天天动员团员、青年要响应毛主席的号召‘破除迷信，解放思想’，你们自己就不能带头实行?！你们没写过小说，为什么就不能学着写，就不敢写?！你们写小说，目的明确，不为名、不为利，就是为了教育青年一代，为了完成烈士的嘱托，完成一个狱中的幸存者，一个革命者应尽的义务，把笔拿起来，不要犹豫了，写吧！一定要把书写好！”就在这个难忘的夜晚，他们三个人愉快地接受了写小说的任务。“写作，这是我们多年来的强烈愿望，只是我们没有写过小说，现在党需要我们写，我们就写，尽力写好。”但当时罗、刘、杨都有自己的工作岗位，要脱产从事长篇小说的写作，不是他们说了算的，必须得到市委的批准同意。罗、刘、杨都明白这个道理，所以罗广斌说：“不过，这么大的事情，得听候市委的决定才行。”

在星光闪闪的湖面上，大家都很激动。老罗是个热情奔放、容易激动的人，一激动脸颊便胀得很红，头还不住地摇动，在这个时候，他那直率坦诚的话语，豪爽动人的神情，形象有力的手势，使人深受感染。

长寿湖之夜——半个世纪前的这次接触和谈话，是不寻常的，正是我们的动员和鼓励，使他们下了决心，基本上扫除了写长篇小说的顾虑，表示要努力试一试。这里边还有一个重要因素，当时罗广斌、杨益言都是团市委常委，一个是统战部长，一个是办公室主任，刘德彬虽在市工会工作，但早年也是团干部，而我们又是团中央的出版社，朱语今早年在抗日战争时期，就在重庆中共中央南方局青年组工作，而今又是团中央常委、出版社的社长总编，由他出面约他们写长篇小说，从感情上说，他们感到很亲切；从组织上说，又有点儿像是上级团组织向他们下达了写长篇小说的任务。从《红岩》开始约稿，到写作、到出版，至今五十年过去了，无论是已故的罗广斌，还是健在的杨益言，无论是在他们的讲话中，还是在他们写的文章里，对一九五八年我们的重庆之行和长寿湖之夜的相会，特别是把他们推上了长篇小说创作之舟，一直念念不忘，始终怀着感激之情。

一九五九年春，朱语今调到全国总工会教育部任部长，人调走了，但他仍十分关心《红岩》的写作。一九六〇年夏天，他听说罗、杨在京修改《红岩》，特地要我把他们约到他家，向他们了解《红岩》写作的进展情况。当他知道《红岩》已进入最后定稿阶段时，他非常高兴，语重心长地对罗、杨说："你们写《红岩》，并不想当作家，也许成功了，真的当起作家来了。作家是一个受人尊敬的职业，灵魂工程师，正因为这样，你们更要下工夫把《红岩》写好，让读者、让社会、让历史承认它，承认你们是作家！"

肖泽宽代表重庆市委领导《红岩》的创作，是罗、杨的大幸。罗、杨说："肖部长对我们说的许多话，既温暖了我们的心，又鼓起我们的创作信心，也使我们对小说创作的长期性、艰巨性有了充分的思想准备"

从长寿湖农场回到重庆市后，我们便向市委分管长寿湖农场和团的工作的市委常委、组织部长肖泽宽作了汇报。肖部长解放前是川东特委书记，早在抗日战争时期就与朱语今相识，这次是朱语今在全国解放后第一次来重庆，两位老战友相会，格外亲热。肖部长对我们提出的让罗、杨、刘写长篇小说的建议很重视，在我们离开重庆后，他立即向市委第一书记任白戈、书记李唐彬汇报，任、李都很重视朱语今提出的写长篇小说的建议，但任白戈没有立时表态。白戈是三十年代的老作家，他对文学创作是很在行的，他也知道罗、杨、刘有中美合作所狱中经历，但

二十世纪五十年代的肖泽宽

经历是一回事，写作又是一回事。罗、杨、刘没有写过长篇小说，能担当得起写长篇小说的任务吗？万一写不好，怎么向团中央、向热心的朱语今交代！市委书记的考虑是有道理的。这时肖泽宽的作用就体现出来了，他对白戈说：朱语今和我是老战友了，万一写不好，只要我们尽力了，团中央也不会说什么的。而且朱还向我保证，中青社也会帮助他们的。在肖说明这一切后，白戈才表态："好，我支持。"于是在任、李、肖参加的常委会上决定，由罗广斌、杨益言二人完成长篇小说《红岩》的创作（刘德彬没有被通过），并要罗、杨将《红岩》的创作任务，当作一项严肃的政治任务来考虑，同时指定肖泽宽代表市委负责组织领导小说《红岩》的创作。从这时开始，罗、杨就登上了《红岩》的创作之舟，而肖泽宽也就挑起了这副不轻松的担子。

肖泽宽首先要组织部把罗、杨从各自工作岗位上抽出来，给他们足够的时间，让他们集中精力、专心写作。他亲自和罗、杨谈话，表明市委对他们写作的支持和希望。在与罗、杨交谈中，他发现罗、杨对狱中的革命烈士的思想和事迹比较熟悉，但对国民党敌特人员，特别是敌特上层人物了解不多，也感受不深。要写好《红岩》这样题材的小说，就要对敌我双方都有深入的了解、深刻的理解才行，他觉得这一课必须补上。为此在他的提议下，经市委领导批准，准许罗、杨到公安部门查看有关的敌特档案，提审在押的敌特分子。这个重要决策，对罗、杨来说太重要了。为了摸清敌特内部的情况和特务与特务之间的复杂关系和人际矛盾，罗、杨一次又一次翻阅有关特务交代的档案。功夫不负有心人，罗、杨终于在众多的敌特档案中，发现了一整套跨度长达十五年之久的特务日记，使罗、杨对特务内部的互相倾轧、尖锐矛盾、发展变化，以及各种人物的面貌、心理特点，有了更深刻更具体的了解，不仅进一步提升、丰富了罗、杨已掌握的素材，而且加深了罗、杨对敌特人员的感性认识和具体感受，这为罗、杨后来成功地塑造几个高层的军统大特务的形象，提供了新的条件、新的角度、新的深度。正如杨益言后来说的："仅凭我们掌握的敌特人员的材料，是塑造不出徐鹏飞、毛人凤、严醉、沈养斋那样高级的军统特务形象的，也很难表现出他们各自不同的性格特征和不同时期的内心活动和心理变化。"

一九五九年初稿写出后，为了听取意见，排印了五十本征求意见本。肖泽宽看过后，感到稿子写得过于沉重、感伤、压抑的东西太多。他把征求意见本送给任白戈，也把他读后的感觉和白戈谈了，希望白戈把下舵。白戈不愧是文学前辈，此前在罗、杨开始动手写作时，白戈对这部长篇小说所要表现的思想和内容，概括为八个字："表彰先烈，揭露敌人。"这次他读完征求意见本后，又一针见血地指出："小说的精神状态要翻身！"如何使小说的精神状态翻身？怎样在作品中反映重庆解放前敌溃我胜的主流形式？怎样跳出真人真事的束缚，站在更高的角度反映监狱里边的斗争！这是肖泽宽当时考虑的几个最主要的问题。为此，他亲自出面，召开了三次座谈会，邀请了四川、重庆地下党老同志参加，给征求意见本提意见，给作者提供史实、史料、背景材料。正是在这样的一些座谈会上，使罗、杨在已掌握的素材中，不断地得到充实和提高。比如《红岩》中的"红旗特务"郑克昌这个人物，就是在老同志座谈会上提供的线索。原军统渝站站长李克昌，专门搞"红旗特务"那一套，重庆解放后，很久才在黔江抓获他，后押回重庆。肖泽宽立即叫罗、杨去翻看李的全部供词记录，使罗、杨对特务的狡猾、阴险、罪恶行径、心理变化，有了较深刻、较具体的了解。为后来在《红岩》中塑造郑克昌这个军统特务的复杂形象，提供了有效的借鉴。文学界的朋友针对罗、杨两位青年业余作者，从没有写过长篇小说的实际情况出发，有的建议他们，不要写渣滓洞、白公馆两个监狱的斗争，集中笔墨写好一个监狱的斗争就很好了。有的建议他们只写监狱里的斗争不要再铺展开来，写狱外地下党的活动。罗、杨处于徘徊彷徨之中，不知如何决断才好。当时罗、杨思想上的压力比较大，对市委领导、老同志和文学界的朋友提出的希望和建议，能否完成得好，没有信心。

肖泽宽在主持过几次座谈会和听取了各方面人士的意见后，他也深深地感到能否成功地塑造好许云峰、江姐等一批共产党员的形象，是《红岩》成败的关键。而罗、杨坐牢时，不过是二十出头的年轻人，要求他们深刻理解、生动刻画，塑造一批共产党员的形象，是有相当大的难度的。肖感到对罗、杨的要求，要一步步来，欲速则不达。肖的可贵之处就在这里，他不仅准确地把握罗、杨当时的思想状况、心理矛盾、现实情况，而且他还看到两个年轻人高度的责任感和可贵的朝气、干劲和巨大的潜能。他对罗、杨始终抱有信心，就是在罗、杨自己信心不足之时，他也没有灰心。在一个深秋的傍晚，他来到团市委罗、杨的住处，饱含着悲伤壮烈之情，热泪盈眶地向罗、杨介绍了他的亲密战友、重庆地下党工运书记许建业烈士生前从事地下工作时的感人事迹和他被敌人押赴刑场，牺牲前游街示众时表现出视死如归、大义凛然的浩然正气，以及许建业牺牲后在国统区重庆市人民群众中产生的巨大影响。原来罗、杨只了解许建业烈士狱中的一些斗争片断，而对许建业被捕前和牺牲时在公众面前的事迹是不了解的。后来罗、杨在肖泽宽提供的许建业烈士的第一手珍贵材料的基础上，又融入了许晓轩烈士一些事迹，成功地塑造了许云峰的形象。

针对初稿中存在的问题，肖泽宽对罗、杨说："中美合作所集中营的斗争，确实是非常黑暗、非常残暴，所以人们才说它是座人间魔窟。但就是在这里，共产党人用自己的热血和生命、气节和情操，写下了不朽的历史一页。你们写小说，不能仅仅停留在写一个，抓一个，死一个，要通过烈士的事迹，写出烈士的精神和本质，你们现在是在谱写一曲共产党人的正气歌!"

对于是写一个监狱，还是两个监狱？肖泽宽说，形式服从内容，如果你们能够写好两个监狱的斗争，又能写出特色，为什么不可以写呢？如果没有那么多内容可写，或写不出特色，也可以不受现实生活的限制，集中写好一个监狱的斗争，也很好。总之一切从你们的实际出发，从内容出发，形式服从内容。关于写不写狱外的地下党活动？肖泽宽说："中美合作所”狱中的斗争，与重庆市地下党的工作和活动，都是反抗国民党暴虐统治的斗争，是分不开的。你们在写小说时，一定要掌握好重庆地下党的工作、活动，是紧密地配合全国解放战争这个大形势的。解放战争的发展越迅速，第二条战线的斗争就越深入，一切都不是孤立的，是互相配合、互相影响的。肖泽宽还语重心长地对罗、杨说：“几个座谈会开下来，听了不少意见，你们还是要独立思考的，自己负责，放开思想，大胆创作。不能遇到困难就灰心，就打退堂鼓。知难而进，才能进步。在文学上你们是生手，这没什么，不懂就学嘛！搞文化工作得有知识，你们半路出家，更要在这方面下工夫补上这一课。边学边写，不要急躁，要有长期思想准备，一年不行二年，三年不行五年，为党争气，为死难烈士争气，也为自己争气，一定要把小说写好。”

《红岩》出版后，罗、杨曾说过这样的话：“当时肖泽宽说的这些话，既温暖了我们的心，又鼓起我们继续创作的信心，同时也使我们对小说创作的长期性、艰巨性有了充分的思想准备和进一步认识。”

肖泽宽并没有到此就止步了，他仍在想具体帮助罗、杨的办法，他提了一个很好的建议：要罗、杨依靠专家指点，拜沙汀为师，创作上接受沙汀的指导，以打开思想上的难题和找到艺术上的突破口。

在《红岩》整个创作过程中，肖泽宽对罗、杨的要求，一直是很严格的。在《红岩》没有定稿前，他要求他们集中精力写作，不定稿，不准拿出去发表，以免分散精力，放松对自己的要求。而在《红岩》出版后，在社会各界一片叫好声中，又是他向罗、杨二人提出：要正确对待赞扬。他向罗、杨提了三点建议：“一、冷静下来，倾听意见，反复思考，暂不表态。二、摆脱《红岩》的具体内容，站在更高的角度，进一步认识当时的斗争，以此检验《红岩》已经达到的和尚未达到的要求；三、在此基础上，总结写作中的经验教训，使自己在思想上、艺术上提高一步，以便今后更好前进。”但肖泽宽对罗、杨也并不是总是那么严格、严厉。《红岩》第一版的稿费六千元，扣除罗、杨因生活和写作需要预支的四千元外，尚有二千元。罗、杨商量后，决定全部交党费。杨益言带着二千元稿费，去见肖泽宽，肖听了杨的汇报后，满怀真情和诚意地说：“为写《红岩》，你们熬更守夜，辛苦了几年，现在又是困难时期，这钱就不要交党费了，拿回去，补助一下生活，照顾一下孩子吧！”肖泽宽的这番话，入情入理，温暖着罗、杨的心，也体现了党组织对他们和他们家庭的关怀，但他俩商量后，还是决定交党费，但也不能辜负肖泽宽的一番心意，他们一家留下四百元，把剩下的一千二百元直接汇入党费的账号上去。

从《红岩》出版这五十年的社会效果来看，肖泽宽成功地组织领导了小说《红岩》的创作。今天我们可以这么说了，如果没有肖泽宽有力的领导和切实的工作，严格的要求和具体的指导，也许就没有小说《红岩》，即使有小说《红岩》，也不一定是今天这样的水平，这样的影响。当时肖泽宽四十一岁，作为重庆市委常委、组织部长，组织领导文学创作并非他的本职工作，但他尽心尽力，工作深入，方法得当，有效地领导了小说《红岩》的创作，为我们提供了一个党领导文学创作的成功范例。肖老与许多为党的事业做出卓有成效的贡献的老同志一样，总是默默无声的，但党是不会忘记他的！《红岩》的作者、编者、出版者和广大读者会永远感谢他的！

沙汀慧眼识佳作，他是名副其实的伯乐；沙汀自始至终全程护航，指导罗、杨的创作，他是《红岩》的真正知音

一九五九年八月罗、杨把“征求意见本”寄给沙汀的同时，重庆市委也向沙汀同志发出邀请函。沙汀愉快地接受了邀请，他在读完“征求意见本”后，便从成都来到重庆，又从重庆到长寿县长寿湖农场，和罗、杨一起生活了好几天，在和两位年轻作者进行了充分的交流之后，沙汀对“征求意见本”给予了热情的肯定和鼓励，同时也一针见血指出：小说稿写得过于沉闷和压抑。他说：你们要以胜利者的姿态，眉飞色舞地写这段生活，不要还像关在渣滓洞、白公馆监狱里那样带着手铐脚镣写狱中的斗争生活；也不能只拿着小本本记录当时的材料，原封地写进小说里去。要打开眼界，从狱内到狱外，从城市到农村，从各方面反映那个时代的生活和斗争，要看看当时全国是怎么回事，不能只写狱中这个小圈圈、小天地，要跳出来，写出局部与整体，解放区战场和白区第二条战线的关系，把狱中斗争、重庆市地下党活动和全国的革命形势联系起来。当时解放战争胜利在望，人民精神振奋，认识了这个大背景，在描写狱中人物的精神风貌，思想感情；在安排情节，组织结构时就不同了。下一步应着重考虑的是贯穿全书的精神面貌问题！沙汀指出：人物和事件都要以此为出发点，许云峰、江姐、齐晓轩、成岗要大大发展；水的斗争、春节联欢会、突围越狱的行动还要大大地丰富加强。

一九五八年十月中国青年出版社社长朱语今在重庆

沙汀有着深厚的文学修养和丰富的创作经验，使他在指导《红岩》的创作时，一下子就抓住了关键，抓住了要害。他非常赞同重庆市委第一书记任白戈提出："作品的精神状态要翻身"这句至关重要的话，并以此为突破口，深化、开掘，这就抓住了《红岩》以后创作和修改的关键所在。我现在回忆起来，当沙汀从成都去重庆时，对于《红岩》如何修改，怎么修改，从何处下手修改，已胸有成竹，所以他在和罗、杨交谈时，语无虚发，句句讲在实处，一下就把罗、杨的思路打开，让他俩无比惊喜，从沙汀的言谈中得到启示，受到鼓舞。沙汀的这些意见，罗、杨两位作者，经过一段时间的咀嚼消化，后来都一一创造性地吸收到小说中去了。

怎样才能使小说的精神面貌翻身呢？为什么作品会出现这种压抑的状况呢？这是当时肖泽宽和沙汀考虑的问题。他们共同认为：罗、杨两位作者还年轻，太不了解解放前夕全国的革命形势了，所以创作的时候，视野还不够开阔，思想也不够高远。这时沙汀提了一个绝好的建议，让罗、杨到北京来参观、学习。当时北京刚刚建立的军事博物馆和革命历史博物馆，正在内部展出，在这里可以看到一九四七年～一九四九年的一些珍贵档案。肖泽宽立即表态批准罗、杨赴京参观学习。

一九六〇年六月罗、杨二人来到北京，在与出版社充分交换意见以后，便开始他们的参观、学习活动。几年后罗、杨在总结《红岩》的创作体会时谈到：沙汀的建议被重庆市委采纳，肖泽宽迅速批准他们来京参观、学习，是一个关键性的举措；对《红岩》的创作来说，是一个重要转折；对他们两个的创作来说，是个突破性的飞跃。

一九六〇年十月我又一次来到重庆，用了一个星期的时间，和罗、杨一起拟定了小说的修改提纲，共三十四节，有好几万字。在回京的途中，我在成都下车，又一次来到沙汀的家中，把罗、杨在京参观、学习的情况和我们这次在重庆研究的修改提纲，向沙汀作了详细的汇报。他全神贯注地听我的汇报，之后，有感而发的谈了以下一些意见：一、小说以主要的篇幅写狱中的斗争生活是对的，但不要孤立地描写，要紧紧地与解放战争的总形势、总面貌、总的发展趋势结合起来，因此，也要适当地写一些监狱外边的斗争和活动。二、主要人物按现在这样设计是好的，但在描写人物的时候，特别是小说中的主要人物，不要太受具体环境的限制，要把狱外的活动和狱中的斗争生活结合起来，一方面抓住那些具有典型意义，能够展示人物的思想和性格的情节和细节进行精细的描写；另一方面也要敢于想象，注意从多方面丰富人物的精神面貌。讲到这里，他对我说，罗、杨他们在刻画人物时，还缺乏创作经验，常常一些好的场面没有深深地开掘下去，这与他们俩的生活阅历和创作实践有关系。他说，人物的动作、语言、内在涵盖的内容，是很丰富的，它比表现出来的东西要丰富得多，就像一面镜子，不仅要看到镜子里面能看到的东西，而且通过镜子的正面，还能看到镜子背面的东西。他具体地说：比如写监狱里的敌我斗争，从烈士们的斗争精神，语言动作，内心活动，有经验的作家就能想象出、设计出敌特人员的反映(包括举止、行动、表现等等)，会使整个的场面更丰富、更生动。而罗、杨他们在这方面相对来说就差了些。他特别举出江姐到川北一节，以及这一节的一些具体描写。他说，江姐就要和丈夫见面了，和老彭并肩一起战斗，心里充满幸福感，突然在城门楼上看到老彭的人头，这情节多好！这意外的一笔，给江姐留下了多少戏，有多少东西可写，就如同上梯子一样，要一步一步地铺垫、渲染，最后达到高潮，这是一个非常好的情节，如果对这样的情节，不精心设计，不精细描写，就不容易找到能比这个情节更好、更能表现江姐性格的情节了。他指出：对现在小说中的一些好情节，不要到此为止，不要轻易舍弃，要更深地开掘和发展……听了沙汀这番话，我感到很受启示、很重要。我要求他继续关注这部有基础、有潜力、有特色的长篇小说的创作，希望他一抓到底，一直到小说出版。沙汀点头答应了我的要求，并且表示在罗、杨写作的过程中，他还要去重庆，罗、杨也可以来成都，他还要具体地帮助他们解决一些创作上的疑难问题。

回到北京以后，我立即写信把我在成都见到沙汀的情景和沙汀谈的这些宝贵见解和意见，告诉了罗、杨。

一九六一年六月，《红岩》四稿的清样出来之后，罗、杨二人携稿来到成都，专门送沙汀审定。当时沙汀正在省委开会，知道罗、杨来了，他请了假，赶着把清样看完。沙汀对这一稿很满意，他认为作品改好了，精神状态完全翻过身来了，小说的结构也组织起来了，人物形象也较过去丰满多了，个别章节再加一下工，便可以出版，不必再改了。这次沙汀用了将近一个星期的时间与罗、杨两人交谈，每天下午三时到五时，罗、杨来到沙汀家中，他们依然是坐在房前的凉台上，一章一章地倾听沙汀读后的感想和意见。在开始交谈时沙汀首先声明："每个人有每个人的风格，我既不会在你们的稿子上改一个字，也绝不强求你们照我的想法去写什么、改什么。我只是把直接的感受谈出来，和你们研究，你们一定要独立思考。"开始交谈时，沙汀倾向侧写的意见较多，后来他察觉出罗、杨对这种写法不习惯，就谈得少了些。但罗、杨依然是用心地去领会、去思考，后来在修改小说时，特别是在写美国特务在中美合作所的罪行时，他们运用了这种表现手法。当时还有个别同志认为作品里把双枪老太婆的传奇色彩写得过于浓重了，建议删去一些，罗、杨举棋不定，便征求沙汀意见。沙汀说："也可以不听这种意见，有这方面的读者嘛！何况生活中本来就有这类传奇，作品里写得也不算多，可以不动了。"在罗、杨返渝时，沙汀还把他读后的印象和想法，给肖泽宽写了封信，要罗、杨带去。

一九六一年十二月，《红岩》正式出版。

沙汀在文学界是一位德高望重、正直正派的老作家，他乐于助人，又严于律己。特别是在扶持文学新人上，他至真至诚，倾心相助，是一位受人尊敬，又让人爱戴的文学前辈。从我上述介绍的事迹也可以看出，沙汀在《红岩》这部小说诞生的过程中，在几个关键的时刻，起了他人起不了的作用。但在《红岩》出版后，沙汀在任何场合都没有谈过他在这部小说的创作中所起的重要作用。常常在别人提到他时，他反而显得局促不安。一九六二年一月，重庆市委组织部副部长雷雨田谈起《红岩》的创作时，说了一句："沙汀帮助罗广斌他们改过作品。"沙汀听到后感到不安，他在日记中写道："没有作什么申明，因为事实上我只提过一些建议，并未动笔……想起这件事，就感到一点歉然。"这就是沙汀的人品，他确实没有在《红岩》清样上动过笔，可他为促成《红岩》的出版和花在"征求意见本"以及四稿清样上的时间和心血，对《红岩》的思想上和艺术上的提高所起的作用，要比他动笔的意义和价值重得多！

一九六二年三月，沙汀来京开会，我去看他并向他表示感谢。当我谈到他为《红岩》的创作做出了突出贡献时，沙汀立时把话题拉开，他给我讲重庆市委领导对《红岩》的创作是如何的支持和重视，特别是市委常委、组织部长肖泽宽在具体领导《红岩》创作上是多么高明、得法；讲《红岩》作者在写作中是如何的刻苦和努力。《红岩》出版后，重庆市委领导曾提出希望沙汀再看一遍，和罗、杨再谈一次，让罗、杨在《红岩》再版时再改一遍的想法。沙汀对重庆市委领导这个建议很欣赏，他觉得市委领导的这种严格要求的精神和认真负责的态度是很好的。但他却不同意这么做。他说："修改也要有个限度，不要要求过高，作者还很年轻，他们应该继续深入生活，写出新的作品。"对于《红岩》出版后在社会上引起的强烈反响，他说："我基本上预料到了，感到兴奋。"

罗、杨接受了沙汀的建议，这时他们已经把时间和精力都转移到《红岩》前续这部新的作品的准备工作上去了。当沙汀知道这个情况时，非常高兴，他又及时向罗、杨指出："不仅要收集革命斗争资料，对于粮政兵役，人民的经济生活和当时的社会风尚，都得进行研究，这些都是土壤。而《红岩》的缺点之一，就是对这些方面注意和表现不够。"沙汀这个提醒，十分中肯、准确，使热中的罗、杨冷静了下来，开始认认真真地总结《红岩》创作中的得失，扎扎实实地开始了新的创作准备。

对罗、杨来说，最大的困难和阻力，还不是写作能力和写作技巧的提高，而是如何摆脱真人真事的束缚。当他们闯过了这一关后，创作的思路和想象的闸门便统统地打开了

对罗、杨来说，“中美合作所”狱中的这段斗争生活，在他们的头脑中太深刻了；烈士们留下的最后形象，在他们的心目中太神圣了；真实的经历、事件和真实的人物、场景，死死地捆绑着他们，要他们从这牢牢的定式中解脱出来，可不是一件容易的事。但现在是在写小说，就必须从生活和思想的牢笼中冲出来。讲起这些道理他们也清楚。他们说：历史家记录下来的是真实的人的活动和经历，而小说家塑造的是他心目之中的理想人物。这样的人物，是长期酝酿、想象、虚构，最后从作家的心灵深处跳出来的活生生的人物。对作家来说，最重要的是进入角色，不进入角色这活生生的人物是跳不出来了。所以在罗、杨创作的过程中，周围的同志，花精力最大，花时间最多，反复说服、开导、启发罗、杨的问题，就是如何使他们俩从真人真事的束缚中，从狭小的个人经历的圈子中，从有限材料的了解中，跳出来，站在时代的最高点，更大范围的吸收充实生活素材，最大程度地对生活素材进行集中概括，从整体上动员他们解放思想，打破框框，大胆虚构，大胆想象，大胆创作，这个艰苦转变，贯穿在整个《红岩》的创作过程中。可以说对《红岩》的创作来说，最大的困难、最大的阻力，还不是罗、杨写作能力的高低，写作技巧熟练的程度，而是如何摆脱真人真事的束缚，掌握小说的艺术特征，进入小说创作的自由王国。

怎样使罗、杨从真人真事的束缚中解放出来？怎样源于生活又高于生活？怎样使作品的精神面貌翻身呢？原来最主要的原因，是他们太不了解全国解放前夕的革命形势，写作的时候就站得不高，看得不远，就没有勇气突破原来的束缚和框框，就不敢大胆想象和虚构。对小说的创作者来说，没有想象和虚构就没有艺术。所以，一九六〇年六月肖泽宽批准他们到北京参观学习，就是一个非常重要的转折性的举措。

在中国军事博物馆和中国革命历史博物馆内，当罗、杨看到一九四八年到一九四九年党中央、中央军委、毛泽东主席指挥解放战争的电报、文件、批示、报告、社论等原件时，他们就仿佛看到了战火纷飞，又规模空前；瞬息万变，又节节胜利的解放战争的全貌。特别是毛泽东那些气势非凡的电报手稿，让他们读后异常兴奋和激动，受到极大的震动，极大的启发。他们俩久久地站立在橱窗的前面，默默地背诵、思考，思考、背诵；白天，他们参观学习，凝思默想；晚上，坐在桌前，记下一天参观学习的心得体会。常常这时他们就摊开"征求意见本"，仔细推敲，记下需要充实和修改的要点。我常常见他们在书稿上改得密密麻麻的，几乎辨认不出哪些是充实丰富新增加的，哪些是要加工修改保留的。经过一个月的参观学习，他们对解放战争的全局发展，从过去朦朦胧胧的认识中走出来。这时创作中存在的问题，一下就感觉到了；写作中长久没有解决的矛盾和疑难问题也迎刃而解了；好多找不到较好答案的问题，现在豁然开朗；许多新鲜的、有创意的情节，这时一个接着一个冒了出来；过去对烈士们不理解、不注意的内容，这时像突然发现新大陆似的高兴，不仅理解了，而且感到那么深刻、宝贵，令人振奋。从当时全国的形势，观察、分析、理解"中美合作所"集中营里的人物和事件，斗争和变化，对许多问题都有了新的理解，新的认识，这就大大地提高了罗、杨概括生活的能力。这时，罗、杨完全从禁锢的渣滓洞、白公馆里走出来。怎样站在全局的高度，眉飞色舞地、以胜利者的姿态写狱中的斗争生活，怎样生动地反映国民党政府从摇摇欲坠、垂死挣扎到全面崩溃的历史进程，他们心中有数了。

罗、杨在北京这一段时间，一直由我安排他们外出参观学习的日程，在参观结束之后，我们在一起交流心得、体会、收获，一起讨论小说下一步的修改方案。这时我深深地感到，罗、杨进京参观学习，实在是一个非常明智、非常重要的举措，最大的收获就是打开了眼界，打开了思路。他们在了解了大时代、大背景之后，对自己的构思便发生了根本性的变化。所以我说，罗、杨这时才真正从禁锢的圈圈中走出来，这对他俩可以说是一次革命、一次升华、一次心灵上的觉醒、一堂对他们俩今后的创作和修改十分有益的必修课。在他们的思想境界达到一个新的水平、新的阶段之后，精神面貌也完全不同了，这时他们的热情之高涨，创作欲望之强烈，改好作品的信心之足，劲头之大，就像一个摩拳擦掌，待命冲锋的战士一样，已经开始进入创作前的最佳状态，这是当时出现的非常喜人的现象。

当罗、杨的创作思路和想象的闸门统统打开了之后，这时他们对自己已经创作出的每个人物，每个故事，包括细节的运用，便产生了许多新的想法，新的构思，而且写什么，怎么写，也已到了呼之欲出的地步了。那些久久蕴藏在他们胸中的正反两个方面的生活素材，这时也都活了起来，对于如何使用，如何概括，如何发展，以及还缺少什么，需要补充什么，也有了清醒而明确的认识。对于那些长期在他们创作意识中的革命先烈形象，这时也有了新的发现，新的感受。出现在“征求意见本”中的那些松散的、简单的、粗糙的、模糊不清的东西，这时像被一条磁力带吸引组合到一起似的，变成了清晰有机，而又有价值的内容。特别是有些一直潜藏在他们心中，始终没有被发现、被重视的内容，这时被发掘了出来，组织到小说中去了。生活的积累和创作的想象力，开阔的视野和闪光的灵感，这时才真正地融合到一起，纳入了小说的创作轨道，对创作者来说，这是个绝好的兆头。

这时罗、杨已经在考虑怎样眉飞色舞地写黎明前发生在“中美合作所”集中营里的这场正义与邪恶的大搏斗。怎样以胜利者的姿态写狱中的斗争。当我们在一起议论这些问题时，他们已经认识到：“中美合作所”集中营所在地——重庆，不同一般地方。在抗日战争时期，是中共中央南方局所在地，是八路军重庆办事处所在地，周恩来、董必武、叶剑英、邓颖超、林伯渠、吴玉章等老一辈革命家，都曾在这里生活过、战斗过、工作过。抗日战争胜利后，又曾经是毛泽东主席亲临重庆和国民党蒋介石进行谈判的地方。中国共产党老一辈革命家的形象，鼓舞着重庆市各界民众的民主运动，而中共中央南方局播下的颗颗火种，又在重庆市燃烧、蔓延、发展。到了一九四八年就不同了，中国人民解放军已经在中国这一块土地上扭转了蒋介石的反革命车轮，使之走向覆灭，推进了自己的革命车轮，使之走向胜利。《红岩》正是处在这个不可扭转的历史时期。《红岩》现在的开头，对重庆街头元旦景色的描写，就是在这时构思出来的。通过“一家别出心裁的商行带头，居然用一张张崭新的万元大钞结连成的长长彩带，”“从雾气弥漫的一座座高楼顶上垂悬下来。”接着出现了一串坐着美国人，开往市政当局参加为“盟邦”举行新年招待会的汽车，在最后一辆汽车“高翘着的屁股上”，被人贴上了一张大字标语：“美国佬滚出中国去！”这就真实、准确地反映了解放前夕重庆市国民党政府摇摇欲坠的社会历史面貌。

在“征求意见本”出来后，有一条好心的意见，一直让罗、杨放不下，拿不准。那就是：“你们没有写过小说，就不要写白公馆、渣滓洞两座监狱，也不要写那么多人物，就写一座监狱，写一、二个你们熟悉的人物就行了。写你们熟悉的生活，写你们力所能及的东西，监狱外边的斗争用不着多写，何苦和自己过不去呢?!”这条意见让他们犹疑了很久，特别是在创作中遇到困难，受到挫折时，还真动过心！但在他们参观学习之后，就不同了。他们觉得，唯有写出白公馆、渣滓洞两座不同类型的监狱，写出狱内外、城市和农村各方面广阔而深刻的斗争生活，才能把握住历史的脉搏，反映出时代的特色，才能表现出当年发生在“中美合作所”集中营里的这场空前尖锐、惊心动魄的敌我斗争的特点。他们坚定了自己的想法，不能光写狱中斗争的本身，还要扩展开来，不仅要配合解放战争的第二条战线国民党统治区的斗争，还要写出解放战争对第二条战线的影响。把解放战争与白区的对敌斗争，把“中美合作所”集中营里的斗争和当时重庆市工运、学运，以及川东地下党领导的农运斗争结合起来。用三分之二篇幅，写狱中的斗争，反映敌人在大势已去的背景下，在“中美合作所”集中营里，所进行的这场特殊的战斗。用三分之一的篇幅，写狱外的斗争和活动，反映全国敌我斗争的总形势，总面貌，总的发展趋势。把“中美合作所”集中营里的具体斗争，放到整个时代的斗争全貌中去表现。后来出现在三稿中的，围绕江雪琴、甫志高、华为在码头和轮船上的描写，围绕李敬原和华为对“重大”学生运动的描写，围绕成岗在兵工厂工人运动的描写，围绕成瑶在记者招待会上的描写，围绕双枪老太婆和华蓥山游击队的描写……都反映了敌人大势已去，我军节节胜利的这个特点。写狱中的斗争，也是这样，外面的斗争形势越好，狱中斗争的信心就越高，敌人的气焰就越低。狱中斗争的种种表现和反映，是外面斗争的晴雨表。当时，罗、杨是这样谈自己的认识的：四十年代后期的斗争，与二十年代、三十年代不同了。现在是曙光在前，胜利在望。烈士们在最后的时刻，精神那么振奋，斗志那么昂扬，斗争策略如此巧妙，作战布署如此英勇，前仆后继，不怕流血牺牲……这一切在烈士的心里都不是空的，是有具体内容的。那就是：不仅是胜利在望，而且是已经看到了胜利。所以《红岩》展开的应该是这样的一幅真实生动的画面——黎明前的最后一场光明与黑暗的大搏斗，这个巨大的历史变化，是当时社会的最大特点。

一般来说，长篇小说总是要求它集中笔墨，塑造一个典型化较高，个性化较强，贯穿到底的中心人物。《红岩》究竟应该怎么安排人物呢？罗、杨这时思想很明确：《红岩》的题材和环境决定了他们要塑造的不是一个共产党人，而是一个战斗的集体，是一座英雄群体的彩雕，演奏的是一曲共产党人的正气歌。但要做到这一点，他们也认识到，首先要把处在斗争第一线的许云峰、江雪琴塑造好，这是最最重要的。与此同时也要将处在第二线、第三线的成岗、刘思扬、余新江、龙光华、丁长发等人物塑造好，使之带动全局，真正反映出共产党人的那种不怕牺牲、前仆后继、敢于斗争，敢于胜利的战斗精神。从这样的考虑出发，他们又一次重新构思，重新安排了敌我双方的斗争。以许云峰和江雪琴为例，许云峰入狱后，一直关在渣滓洞，不久就牺牲了。江雪琴持续的时间略长一点，但也仅仅局限在狱中斗争这个狭小的天地里，这两个人物，依然都还局限在真人真事的束缚中，没有彻底地把他们解放出来，投入到小说的世界里去。《红岩》的初稿、二稿都是这么写的。经过参观学习以后，他们进一步集中了素材，发展了素材，大大地扩展了许云峰和江雪琴的描写，特别是使许云峰成为贯穿全书的主线，不仅写他在渣滓洞、白公馆的斗争，而且还安排了他在狱外各方面一系列的活动，不仅具有丰富的对敌斗争的经验，而且他比别人想得深，看得远，更了解斗争的艰苦性、曲折性、复杂性；他能预见未来的斗争需要，做出一切必要的牺牲和准备，他始终是历史的主人，斗争的中心人物，全书的灵魂，即使在最困难的环境之中，仍能立于不败之地。从书店暴露，茶园被捕，狱中受审，设宴劝降，重刑拷问，春节联欢……站立在我们面前的许云峰，始终是一个勇敢、坚强，勇于牺牲自己，对党无比忠诚的老战士的形象。许云峰入狱后的第一次受审，罗、杨是很费了一番心思的，才设计出了现在这个场面：一开始，徐鹏飞气势汹汹，居高临下，向许云峰抛出了一大堆材料，气势凌人，不可一世。但许云峰一眼就看穿，只一句话："何必虚张声势！"弄得徐鹏飞瞠目不知所措，半天才憋出一句话来："你请坐！"一下子就掌握了斗争的主动权，真是四两拨千斤，痛快之极！书店暴露，地下党组织面临遭到破坏的严重威胁，许云峰从容果断地处理了这一切，要陈松林立即撤离书店，要甫志高迅速离开重庆。如果甫志高听从了老许的布置，这一切本来都是可以避免的。许云峰被捕，不是他粗心、大意和疏忽，而是为了保护川东特委负责人李敬原，主动自我暴露。这些都是为了表现许云峰在瞬息万变的错综复杂情势下，能迅速做出对党、对革命最有利的对策。经过一系列的较量，最后徐鹏飞不得不把许云峰囚禁在地牢内。原来在一、二稿，这里写的是另外一个人，他在洞中挖开了一条通道，自己跑出来，在"中美合作所"集中营的外围，碰到电网上，触电而死。现在把地牢之中的那个人变为许云峰，把为自己挖洞，变为许云峰给难友挖洞，这么一变，不但把许云峰这个人物串下来了，把渣滓洞和白公馆的斗争连结在一起，而且完整地表现了一个成熟的共产党员在最艰苦、最困难的环境之中，也能立于不败之地。与华子良接头，又把白公馆地牢内外、狱内外的斗争联结了起来。许云峰就是在这个见不到一丝阳光，呼吸不到一点新鲜空气，与世隔绝的地牢之中，找到了自己的战斗岗位，用自己的血肉双手，给战友们挖出了一条通道，留在突围越狱时使用，在完成这个重大使命，作出了这样的贡献以后，迎着黎明前的曙光，昂首坦然地大步向前，壮烈牺牲。徐鹏飞则像一只哈巴狗，在前面"带路"。这是何等气概，令人思之不尽！这个情节的设计，使许云峰的光辉形象最后完成。在这里，有情有景，借景抒情，又寓情于景之中，真正做到了情景交融，相映生辉。许云峰情节上的这些新的充实，新的变化，显示了罗、杨在创作上的飞速进步，这是《红岩》在艺术创作上的一个很重要的飞跃。我在和作家交流中，常谈到，创作中有时寻求典型情节，是很难很难的，甚至寻求得很苦很苦，往往寻求到的还不如人愿。但有时却很容易地就寻求到十分满意的典型情节，比如说，许云峰被囚禁在与世隔绝的地牢之内，人们对许云峰即将困死在这里，是深信不疑的。但是就在这个"英雄无用武之地"的地牢之中，许云峰却大有可为，他挖出了一条通道，令人意想不到的是，他自己并没有从这条通道逃走，而是把它留给难友们在关健时刻使用。这个突然的转折，简直是飞来的一笔！一当作家构思出这样的情节时，作家那种愉悦的心情，简直是无法形容的。罗、杨这时的状况就是这样。

记得当时我听到这个构思时，高兴得击掌叫好。我想还有什么比这更能表现共产党人的意志和性格，精神和情操的呢?！从罗、杨对许云峰形象塑造的发展和最后完成，让我想到，对一个作家来说，一当他的思想开了窍，那时那些迷人的、源源不断的艺术构想，就会出现以往从来没有出现过的神奇现象，会绘声绘色地把你带进一个绝妙的新天地，这时他们的艺术细胞显得那么有活力，他们的艺术境界显得那么不同寻常。

罗、杨是一对谁也离不开谁的黄金搭档。当时他俩虽年轻，但有过人的灵气和少有的才气，这不仅仅表现在他俩具有逻辑思维的表达能力，而且还具有很强的形象思维能力

罗、杨有个习惯，在动笔修改作品之前，一定要有一个即便不很详细，也要很有条理，清晰而明确的提纲。尽管这个提纲，在写作的过程中不会一成不变，甚至某些拟定的部分会全部推翻，就是这样，这个程序也是不能少的。在一九六〇年十月我去重庆，和他们研究三稿的修改内容时，经过一个星期的接触，我明白了。原来罗、杨所以这么看重提纲的拟定，是因为在拟定提纲的过程中，能给他们带来无尽的好处。因为拟写提纲的过程，就是又一次深入细致地反复讨论和不断思考的过程，就是又一次对自己积累的生活进一步集中和提炼，熟悉和升华的过程。在这个过程中，他们不仅对小说的主题加深了理解和认识，而且还能在新的水平上，知道如何对素材取舍，如何把有用的素材集中概括，以及运用什么手法，采用什么角度，使用什么样的文字来描述那些内容。这样他们就把那些重要的、闪光的、难得的、有用的素材挑了出来；把那些多余的、孤立的、一时还用不上的素材舍弃掉。常常就是在这个过程中，小说中光彩的人物一个又一个浮现出来，那些不寻常的重要的事件和场面像散落的珍珠似的，这时都收拢在一起，有机地串连起来，小说的轮廓和布局，情节和场面，人物形象和某些细节……便被勾画了出来。常常这时我从他们兴奋而激动的言谈中，就发现浮动在他们眼中的，翻腾在他们心里的，那些具体的人物形象和情节场景，是那么让他们激动，以致他们越讲越觉得有的讲，有的写。这时妙语如珠，创作中的灵感就像跳动的火花，一个接着一个冒了出来，原来提纲中还不够丰富、不够完整、不够深刻的内容，这时便得到了充实和丰富。《红岩》中陈松林轻信郑克昌；刘思扬假释放后险些在家中上特务的当；江姐上山突然发现亲人被害，一路上强压悲痛的感情，直到见到双枪老太婆时才失声痛哭的感人场面；齐晓轩在危险关头，挺身而出，承担责任，保护胡浩；华子良在关键时刻与齐晓轩接上关系；许云峰走出地洞，手指徐鹏飞喝令前面带路等等，都是在酝酿提纲时，从他们的心灵深处喷吐而出的情节。这时生活中的真实场景和事件，变成了小说中的典型环境和典型事件；生活中的真实人物，变成了小说中的典型人物。到这时，已经用不着再去讨论应该添点儿什么，减点儿什么，段落上如何安排，文字上如何运用这些具体问题了，因为这时罗、杨已经按照人物的性格和命运，事件发展的规律，完全掌握了应该写什么，怎么写；完全掌握了小说的特征，进入了小说世界的自由王国。

这次我在重庆与他们相处了一个星期，这是迷人的一个星期，是永远不会忘记的一个星期。开始时我们把作品分为三大块：狱外活动，狱中斗争，最后突围。我们一块一块地议论酝酿，交流构思，这一个星期，白天谈，晚上谈，大都在团市委招待所交谈，有时也下山到嘉陵江边去谈。一个星期下来，小说中的主要人物明确了，小说中最有代表性的事件出来了，小说中富有表现力的情节和感人的场面出现了，一些富有个性特征和内在力量的细节抓住了，展示革命先烈的心灵和人格魅力的情节和场面初步构成了。这时我们完全沉浸在小说人物命运和故事情节之中，有的人物重新设计了，有的情节重新作了安排，有的场面作了调整，对城市中的工人运动，学生运动，农村的武装斗争这些薄弱环节的构思如何加强，作了重点的讨论和研究。在我来渝时，对罗、杨由京返渝后，一放三个月，我还很担心，怕他们高昂的情绪冷却下来。经过一个星期的接触，我深深地感到，他们的热情一点也没有减，他们的构思一刻也没有停，而且我还发现，他们对自己经历过的生活和掌握的素材较前有了更成熟、更深刻、更富有创造性的认识和发展。在小说的艺术构思和艺术描写中，能否通过高超的艺术手段，把小说的内在力量和深刻性充分地展示出来，是小说能否具有强大的感染力，能否对读者产生强大的感召力，在很大程度上同这点有关，而罗、杨当时在这方面的进步，实在是十分喜人的。

一九六一年三月《红岩》的第三稿诞生了，无论是在思想内容上，还是在艺术技巧上，都较前两稿有了明显提高。众多的正面人物形象加强了。许云峰的塑造有了很大的进展，围绕江姐和双枪老太婆的描写，既惊心动魄，又感人至深。通过江姐，将城市地下斗争和山区武装斗争，联系在一起；通过李敬原，使狱内斗争和狱外活动，互相呼应；通过许云峰、成岗、刘思扬，又把渣滓洞和白公馆的斗争，互为依托，水乳交融在一起……就这样，三稿把这场错综复杂的生死斗争，描绘得有声势、有气魄、壮丽多彩，又动人心弦。而对敌人内部矛盾的揭露和敌特中的几个重要人物的描写，也都很有特色。看过三稿，对《红岩》的成功，已充满了信心。

但罗、杨对三稿却不满足，他们感到还有不少缺点和毛病，还要“好好地纠正一番，使稿件的质量更高一些。”为此，他们提出来京修改，认为在编辑部的直接帮助下，“可能收到事半功倍的效果”。

从三稿已经取得的成就和已达到的水平，再联系三稿中的不足之处，编辑部经过认真的讨论，一致认为三稿改得成功，改得好，是思想、艺术上大转折、大翻身的一稿，但作者还有潜力可挖，而且有能力弥补三稿中的不足，再经过一番奋斗，会使作品更上一层楼。为此，编辑部表示完全赞同他们来京定稿，并希望尽快起程。

罗、杨到京后，在和我们谈下一步修改的想法时，主要集中在以下几个方面：

关于主题和人物。《红岩》的主题是：表彰先烈、揭露敌人。要体现好主题思想，必须用力写好人物形象，特别是革命烈士的形象。在许云峰、江姐、成岗几个人物中，我们偏爱江姐，因为对生活中的江姐，是很熟悉、很了解的。正因此，才把江姐被捕要排在最后，让她在狱外有更多的活动时间，充分展示她的精神面貌。被捕以后，强调她脸不变色，心不跳，大无畏的精神状态。对许云峰的形象，我们也努力塑造。审问时，他与敌人针锋相对；牺牲时，强调他最后一刻的精神状态。但这个形象与江姐相比，还有距离，反映了我们对许云峰这样的人物的理解还不够充分，不如江姐写来得心应手。这次修改就要在许云峰的精神和气质上，对同志、对下级无比亲切的革命情谊上，以及围绕他的出场、退场、组织越狱，几个重要方面，作一些必要的调整、充实、丰富、提高。

除了对许云峰、江姐、成岗要努力塑造好外，对刘思扬、陈松林、华为以及甫志高等人物也不能轻易放过。对刘思扬的形象塑造，我们是不满意的。刘思想上有弱点，他是在斗争中经受了考验，才成为一个坚强的共产党员的。这个过程写得还不够深刻，不够清晰，今后修改时，要努力加强的。对陈松林还应该写得更朴实可爱一些，他是个品质很好的同志。华为作为革命的后代，要写他斗争中的表现，还要注意他的提高和发展。对甫志高要写出他叛变的合理性。狱中有叛徒，但是少数，不代表主流，我们在渣滓洞时，就讨厌他们，有强烈的反感。过去写作时，给他们起名叫萝卜花、半边人、刺猬等等，对他们没有兴趣。但现在是写小说，就不能潦草，简单化，感情用事。还要深挖他们的思想、灵魂和内心世界。甫志高这个典型，是在中国革命到了伟大转折的时刻，全国胜利的日子马上就要到来的时刻，他的毛病恶性发展，迅速暴露了出来。我们准备在下一稿上，从三个方面深化他：一、狂热冲动。他只想到胜利，没看到黑暗和残暴；只想到自己要有所作为，胜利后有个体面的地位，光荣的形象，没有想到在这个时候，敌人更加疯狂和凶恶，稍一不慎，就会给革命带来难以弥补的损失；二、为了达到这样的目的，不惜违背组织原则，违反组织纪律，投机冒险，捞取政治资本；三、一旦暴露，就惊慌失措，想的都是个人的一切，家庭、爱人……一落敌网，就贪生怕死，失节叛变，这就是甫志高的叛变三部曲。

关于徐鹏飞的塑造，有人说：你们写得太大胆了，把他写得太“全面”、太“理想”、太“强大”了。我们不这样看：写敌我矛盾，既要注意分寸，也要写出特点。我们写徐鹏飞时，从他出场起，就很注意对他的铺陈、渲染，诸如衣着、外貌、举止、言谈，以至性格上的细微特征等等，我们都尽力想得周全、细致，为的是不简单化他。徐鹏飞骄傲、专横、霸道，又凶狠、毒辣，不能容人。他自命不凡，不可一世。在敌特工作上，确实是“果断干练”、“辛勤卖力”的，不然就不能在同行中站稳脚跟，他肩上的那颗“金色的梅花”就不能闪闪发光。写他的时候，思想比较解放。写他在处理公文时，批阅、思考，顷刻之间，这一叠叠公文都变成命令、电波、行动……所有这些“全都是他意志的反应”，在美蒋特务的营垒之中，他是一个血债累累，盘踞显位，发号施令，主宰生杀大权的最得势、最受宠的大刽子手，大特务。

在美国顾问和老谋深算的严醉的精心设计和严密布置下，使红旗特务郑克昌接近了沙坪书店，谁也不会想到徐鹏飞竟然十分轻易地就突破了黎纪纲，异常顺手地就把沙坪书店这个宝贝线索赚到手里，以至使诡计多端的特别顾问也不得不对徐鹏飞佩服得五体投地。接着沙坪书店的破坏，甫志高的叛变，《挺进报》的暴露，成岗、许云峰、江雪琴、余新江等大批革命者相继被捕……使徐鹏飞立时成为“自由世界”中风云一时的“英雄”人物。

在审讯革命者时，徐鹏飞诡计多端，凶狠毒辣，灭绝人性。他施用人世间罕见的刑具，使革命者洒下了淋漓的鲜血，一个个英勇壮烈地死去。他一方面挥动屠刀杀革命者，另一方面，他也为大势已去的蒋家王朝而感到空虚、不安，垂死挣扎，准备逃跑。

这样便把狱内狱外的形势交织在一起。在狱内，敌人是暂时强大的；在狱外，我们是强大的，敌人完全处于全民的包围之中。既没有把敌人简单化，也没有否定胜利在望的大好形势。

关于白公馆和渣滓洞两个监狱的描写，经过反复考虑、比较，还是决定不变，我们的设计是：渣滓洞，关的人多，展开的都是轰轰烈烈的斗争场面，写渣滓洞，是为了写群众性的狱中斗争；白公馆则不同，关的人少、年代久、年纪大，入狱时间长，斗争隐蔽，巧妙，水平高。两个监狱，两种典型，表面上，白公馆阴森、沉闷，有如一潭死水，实际上这里不仅有尖锐的斗争，有党的坚强领导，而且比渣滓洞的斗争，更复杂、更隐蔽，就像埋在地下的一颗地雷，一旦爆炸，敌人就将全部土崩瓦解。写两个监狱，主要是写狱中共产党员的领导水平，斗争艺术。越狱时，则着重写年轻一代的成长。

关于小说的结尾。集中写敌人的破坏，我们的反破坏；敌人大屠杀，我们越狱突围反屠杀。写敌人在最后时刻，挣扎、顽抗、屠杀、破坏、转入地下；写我们地下党为迎接解放大军，护厂、护校、接管、把斗争推向高潮。但不能把地下斗争，写成惊险传奇之类的东西，着眼点放在写党的传统、作风、精神上……

罗、杨当时虽年轻，但他们却有着过人的才气。回想当年我们在一起讨论创作中的问题时，常常围绕一个人物的塑造，一个情节的发展，一个细节的运用，卡住了。每当这个时候，差不多都是他们带头打开僵局，特别是罗广斌，举一反三，侃侃而谈，妙语如珠。老罗这人，乐观开朗，平时就喜欢聊天，喜欢听别人讲故事，也喜欢自己讲故事。他讲故事时，绘声绘色，有情有味，让人们很容易受到他的感染。罗、杨两人的气质、性格不尽相同，老罗热情奔放，直率坦然，他思路之敏捷，灵感来得之迅速，常常叫人惊讶感叹！而老杨的多思和深沉，严谨和冷静，含蓄和理智更突出一些。在我们一起座谈时，老杨这个特点表现尤为突出，他不轻易发言，静静地听着别人的发言，一当他说出自己的想法时，已经深思熟虑，胸有成竹。我常发现，有时老罗一个构想提出后，老杨三言五语的补充，便起到画龙点睛的作用，不仅使老罗的构思生辉增色，而且纳入作品之中，这样的例子在他们的创作中很多，所以我说，他俩不同的个性和气质，可概括为：老罗有一副激情洋溢的火热的心，老杨有一个冷静严密的头脑，他俩的这种差异正好可以发挥各自的特长，又能相互弥补各自的不足，在创作上相辅相成，成为谁也离不开谁的一对非常协调的黄金搭档。在《红岩》三年的创作过程中，罗、杨给我的信有三十多封，这些信，包括他们的创作构想和创作进程，创作中的困难和问题，遇到的诸多情况和他们的打算，等等内容。虽然信的署名全都是罗、杨二人，但绝大部分是老杨执笔的，由此也可看出他统筹全局的能力。

罗、杨写《红岩》是很苦的、很累的。三年来，从初稿到定稿，重写了三遍，大改了两次，五易其稿，写下的文字有三百多万字，最后保留下这部四十万字的独具特色的长篇小说

罗、杨很快就进入了小说四稿的世界，这时他们安静地坐下来，把脑海中形成的新画面，把自己的新构思，一一展现在稿纸上。写作中，他俩互相切磋，互相砥砺，每写完一章，他们都要仔细推敲，反复吟诵，看看内容上，结构上，描写上，文字运用上，有没有毛病。一旦发现不妥之处，不姑息，不迁就，马上进行修改，决不放松对自己的要求。这种坚韧、坚决、坚定的创作态度，实在让我感动。

这期间，每当他们改出一部分稿子，便交给我们。我们看过后，大家便聚在一起，研讨议论。从三月到六月这样的小型座谈会，不下十次。每次座谈会紧紧地围绕修改后的稿子已经达到的水平和没有达到的，进行更深、更高、更完美的探索和发掘。对人物形象的丰满和深化，对情节合理的发展和变化，乃至对结构、细节、对话的推敲和调整，都从难、从严地要求他们，对改稿中那怕只有一点点感觉，觉得不丰富、不深刻、不够味，都毫不掩饰的和盘托出，之后，大家一起寻找最佳的修改方案，这种真挚而坦诚的交流，对提高《红岩》的质量，提高他们的写作水平，起到了良好的作用。

这十来次小型座谈会，与以往的座谈会不同，这里的座谈，常常就是围绕着一个事件的发生与发展，一个情节的复杂性和曲折性，一个人物的出场、活动的环境、突发事件出现时的表现，更富有个性化的对话……等等。虽都是局部的、具体的，但讨论起来，却很有兴致，特别是遇到一些大家都非常感兴趣的情节的设计和人物的发展时，那种和谐而融洽，认真而热烈的场面，给作者和编者都带来很大愉悦。有同志说：工作是美丽的！我在这里还要补充一句：工作是享受！我记得，在讨论许云峰最后结局时，特别是徐鹏飞把他秘密地关在地牢之中，他孤零零一个人，如何与外面发生联系；如何传达他对形势的看法；如何表达他的思想水平和思想境界？罗、杨通过两条线：一条线，围绕许云峰在黑暗而又隐秘的地牢之中用自己的双手，挖开了一个洞口，但他不是为自己，而是准备在关键时刻为狱中难友们突围时使用；同时设计了许云峰就义时，也是他走出地牢时，与徐鹏飞的那场精彩对话！这样就从这个阴湿黑暗的地牢之中，闪出了一道耀眼的光芒，展示了许云峰这个共产党人的舍生忘死远见卓识的心灵和精神。另一条线，就是通过“疯老头”华子良，通过他给许云峰送饭，通过他在图书室与齐晓轩接上关系，通过他随同特务外出买菜，把许云峰与狱中的难友，把狱内党的活动和狱外党组织的接应有机地联接起来。这样就出现了我们大家期待中出现的十分满意的情节、场面和对话，也极大地丰富了人物的形象和他们的内心世界。这样的小型座谈会，每次都有收获，都充满创造性。对编者来说，对《红岩》创作的成功越来越有信心；对罗、杨来说，他们进入了最佳的创作状态，创作的激情始终居高不下，创作的灵感有如散落的珍珠，滚滚而来，他们完全进入了自己创作的角色中去了。就这样，一个个感人的情节，一个个出色的场面，一个个感人至深的人物出现了。当一个作家在艺术思想、艺术概括、艺术构思上，突然解决了长时间没有解决的，或是突然发现了过去从没有发现的艺术上的欠缺，而这时又出现了以往从没有出现过的一种新的艺术发现，艺术创造，艺术上的满足时，这时他们的艺术心情才谈得上真正意义上的复活和满足。罗、杨这时就是这样，长足的进步，使他们激情勃发，才思洋溢。这也使我想到，对一个作家来说，收集生活素材并不是很难的，但理解生活，把生活融为自己的血肉，融入艺术创作的自由王国，却是缓慢的。但是一当他真的融入了，真的开窍了，那就真的走进了自己独有的艺术宝库。这时你就会发现许多不寻常的东西，甚至过去不为自己所重视而忽略的东西，这时也发出异乎寻常的光彩。许多过去认为不突出、不清晰、不完整的东西，这时变得异乎寻常的重要。创作的灵感，也一个接着一个冒了出来。这不是偶然的，是作家不断探索，不断寻求，长期紧张地付出取得的结果，标志着作品的胚胎已经在作者的孕育中获得了生命。罗、杨的创作实践，所提供给我们的感受和启示，其价值并不比《红岩》本身小！

罗、杨这次用了三个月时间，完成了四稿。一九六一年六月二十七日他们携带着还散发着油墨香气的清样离京返渝。对于这一段我们之间的合作，杨益言在一九八五年祝贺中国青年出版社成立三十五周年，写的纪念文章中有这样的描述："一九六一年春，北京冰雪还没有化尽的日子，我们刚住进青年出版社那栋古老的王府院，社领导就告诉我们：文学编辑室将有三位同志，即阙道隆(文学编辑室主任)和王维玲、张羽经常和我们联系。从此之后的几个月，几乎每一周，我们和他们便有一次例行的讨论会。我们讲将要动笔的章节的构思，前后设想，他们就讲他们听后的感想、意见。这时候，我们才深切知道，他们不仅是详细看了我们写的这一段，认真听了我们新写的构思，可以随口讲出书稿或构思中的每一个细节和人物关系，我们还发现他们还详细看过我们早先写过，但早已废弃不用的稿件，而且，还能替我们设想，能否从那里面挑出一些有用之材。"这是一段让人留恋，十分美好的回忆。

四稿清样出来后，在北京，我们送社长、总编辑边春光终审；在重庆，根据肖泽宽的指示，请市委组织部、宣传部、市党校、团市委等部门的同志审读，在听取了各方面意见后，向市委书记任白戈汇报，请白戈同志掌个舵；之后，罗、杨带着北京、重庆的意见赴成都听取沙汀的意见。

在这些工作都做完之后，罗、杨觉得还需要再做一次修改，主要是：开头两章和结尾两章，有关地下党的活动和李敬原的描写，主要人物许云峰、江雪琴还要加强，叛徒甫志高部分还要改写，全稿人物之间、事件之间、章节之间还要加强有机的联系。他俩估计需要改动的地方，还不少。于是他们决定再一次到北京来，在编辑部的指导下，进行最后的冲刺。

罗、杨写《红岩》是很苦、很累的，四稿写出就很不容易，况且赢得了好评，现在又要在此基础上进行大范围、大规模的修改，没有很强的社会责任感，是下不了这个决心的！罗、杨当时确实改得很苦、很累，如果在情节安排，人物塑造，艺术构思，细节运用，文字技巧的使用上发现了问题，或发现尚有值得揣摩的地方，他们便放下笔来，认真进行思考。在有了新的、较好的设想之后，立即动手修改，决不含糊、迁就，就像一个称职的铁匠，凡不合格的产品，一一都投入火炉之中，重新冶炼锻造。他们日夜写作，睡眠不足，两眼熬得通红，有时放下笔来，站都站不起身来，感到十分疲惫。但他们的精神面貌却始终是高昂的、兴奋的。常常为了调剂一下写作生活，他俩便出去散步，从十二条走出，沿着张自忠路(即现在的平安大道)，一直走到北海后门，偶尔也到北海里边转转，他俩边散步，边交流。夜深人静的时候，他俩写累了，便跑到食堂打一阵子乒乓球。

罗广斌、杨益言这次来京，正赶上北京的冬季，当时出版社还没有暖气。本来我们已经安排公务员给他们生火添煤，打扫卫生，但遭到他们的拒绝。他们每天自己抬煤球、生火炉、倒煤灰，自己动手打扫房间的卫生。他们和我们一样在大食堂用餐，我们吃什么，他们吃什么，拒绝开小灶。如果说对他们有什么特殊照顾的话，那就是当时正是经济困难时期，各部门取暖用煤，都规定了定额，不能超出，而对他们用煤，不加限制。再就是吃粮，特别是米饭，每人都不能超过自己的定量，考虑到他们习惯了吃米饭，就把米饭都调剂给他们，不让他们吃窝窝头。除此再也没有什么特殊的地方了。夜深了，常常在创作的间隙，他们饿了，这时把火炉上烤的白薯、窝头片，吃上几口，有时再吃上几口粉肠，几粒花生米，就显得那么称心、惬意、知足了。现在我们的经济收入、生活水平都不能和那时相比了，但想起那个年代罗、杨过的安贫乐道的写作生活，还是让人无比地珍惜和怀念的！

罗、杨对生活安贫乐道与对创作精益求精的精神是一致的。正是这种敬业乐道的精神，使他们对创作中遇到的重重困难，所表现出的惊人毅力和在整个创作中所付出的超常劳动，既获得了少有的丰硕收获，又收到了良好的艺术效果。可以这么说，他们在创作中是最大限度地调动了生活的积累，最高水平地发挥了才华和智慧。通常作家和编辑使用的推敲琢磨，增删修改，加工润色……这些字眼已经远远不能概括他俩的写作实际了，只能说明工作的程序和工作的进程。

记得在一个静谧安宁的夜晚，我来到他们的客房，老罗坐在软椅上，老杨靠在木板床上。当时他俩的写作遇到了困难，这就是：对渣滓洞监狱中的老大哥，对白公馆监狱中的齐晓轩，这两个人物在和敌人斗智斗勇中，总找不到表现他们的胆识、谋略和识破敌人阴谋的切入口和恰当、准确的细节。还有对记者招待会的环境气氛，在公开场合下进行合法斗争的描写，对成瑶的个性展示和处在当时那个场合下的分寸把握等等，久久地没有找到最佳的描写的角度和艺术手段。为此他俩十分苦恼。老杨凝思沉默着，老罗直率地对我说："现在写的不行，结构紊乱，脉络不清，文字表达也不准确，要重起炉灶。"我说："没有那么严重，就我的艺术感觉来说，还是有许多可取之处的！"但他俩不这样认为。他们说："自己的第一感觉是最准确的！""现在的问题，还不是为什么至今没有找到反映人物的内容和手段，而是反映出自己对作品中，处在第二线、第三线的人物，思想上迟钝、麻木、没引起足够的重视。"到这时，我们讨论的问题已经不是如何充实和修改这些不理想、不完美的章节和人物了，而是转入四稿写成后，为什么没有及时发现这样的弱点和不足？为什么到现在还找不到改善这种局面的手段和办法？

这个晚上，我们谈得很晚，谈得很深，谈得大家都很动感情。我记得，谈得深入时，老罗拿起笔来在纸上写了这么一段话：

“自己还不清楚的东西，决不可能写得深透；因此，怎能让别人感动？信服?！看这样的文章是一种痛苦，使人不敢相信这是小说！不，这是不知所云的、毫无逻辑的紊乱！给人以焦急不安的痛苦！”我把这张纸片推给了老杨，心潮不平地望着老罗。老罗闪动着一双动情的大眼睛，像是自言自语地问自己：“是没有掌握小说的特征和创作的规律吗？是我们太缺少文学写作的才能吗？我觉得都不是。为什么以前比这更难写的人物都能把握住本质的东西，知道应该写什么、怎么写，而现在为什么就不行了呢？还是思想上出了问题。是不是现在好话听得多了，自觉不自觉地就自视过高了？学习和钻研的精神就差了？不怕有高坡，有高坡不是坏事，就怕没有爬过高坡的意识和劲头！”

老杨望着我，也很激动。他说：“很少有人知道，我们写得很苦、很累、很艰难啊！主观上想写出很高水平，客观上常常力不从心！创作中的一些关卡，跨过去有时是很难、很难的！常常第一遍写出来的东西不满意，可是第二遍写出来的东西，有时还不如第一遍！有时我们两人分头同写一个场面，可是写出来的东西，两人都不满意！思想很矛盾，所以就出现了现在这样的情况，不敢写了，也不敢改了；改多了，自己下不去手；改少了，自己也通不过。”

听着他俩如此真诚地叙述创作中的苦衷，如此坦诚地剖析自己，我很受教育，也很受感动。我压抑着冲动的感情，平静地说：“创作上有些东西，不是一下子就能理解的、掌握的，要逐步地来，在创作实践中慢慢地体会。创作中出现暂时停滞不前的现象，一点不奇怪，问题是能否及时发现和重视这种现象，能否迅速找到解决问题的办法？你们俩，已经取得了很大的突破，很大的进步，不正视这点也不是实事求是的态度，眼下在一些关口上过不去，也是正常现象，哪一位作家在创作中都会遇到这样的问题，并不是你们才这样。问题还是我们怎么对待这样的困难。契诃夫说过：他是把自己身上的肉，一块一块地放在墨水瓶里，蘸着这样的墨水写作的？鲁迅先生说：小说创作是一种韧性的劳动。这些话都说明小说创作的艰难，你们能清醒地认识自己的不足，能有这样的自知之明，就很难得，非常好。气可鼓，不可泄，现在的问题是万万不可自卑，不能失去信心，要憋足了这口气，爬过这个高坡！”

在度过了无数个苦恼不安的日日夜夜之后，他们终于战胜了创作道路上的拦路虎，绘出了一幅又一幅久久向往而又比较满意的画幅。

《红岩》五易其稿，当十二月十日定稿时，罗、杨估计了一下，这次重写的篇幅约十万字。罗广斌说："我现在改出劲头了。改一次提高一步，如果需要的话，我真想把全书重写一遍。"当时我的心情也很不平静，我想到，为实现牺牲在"中美合作所"集中营里的烈士们的嘱托，为满足广大青年对他们的要求，为完成好长篇小说《红岩》的创作任务，他们付出了巨大劳动，无论是阴湿寒冷的隆冬，还是烈日炎炎的盛夏，每天工作十七八个小时，从初稿到定稿、重写了三次，大改了两次，苦战了三个冬春。我对他们说："《红岩》不过四十万字，可你们一个字一个字地写下了三百多万字，所有帮助过你们的同志，没有不佩服你们坚韧不拔的创作精神和创作毅力的！你们是以自己独有的生活宝藏，独到的艺术角度和艺术手法，写出了这部独具特色的长篇小说，《红岩》是你们的信念和生命培育出来的，是用你们自己的心血和汗水创作出来的！在文学史上，似这样严肃认真，一改再改的作品，也是不多见的！这正是你们走向成功的所在！《红岩》会是传世之作，后人是不会忘记你们的！"

一九六一年十一月十日至二十三日，《中国青年报》连载《红岩》中描写许云峰的章节。同时《中国青年》也开始选发《红岩》中描写白公馆的章节。陕西省作家协会主办的文学刊物《延河》则把《红岩》中描写江姐的全部章节一次刊出。

一九六一年十二月，《红岩》正式出版，至今四十七年过去了，罗广斌逝世也四十一年了，而今杨益言也已经步入了耄耋之年。对杨益言来说，这四十多年，有顺境、有逆境，有困境、有险境，生活过得很不寻常。但是党和广大读者始终没有忘记这位终身奉献给红岩事业的老人！二〇〇八年二月在他八十三华诞既将到来之时，重庆市委常委、宣传部长何事忠专程来家看望他，向他转达中共中央政治局委员、市委书记薄熙来和市长王鸿举的问候，紧握着杨益言的手说："《红岩》记录下的我党最悲壮的一段历程，《红岩》中的英雄形象，给我们留下了刻骨铭心的记忆。《红岩》教育了几代人，我们都是看着这部小说长大的，感谢您创作了《红岩》，祝您身体健康。"二〇〇八年六月二十六日《重庆日报》又以"杨益言：那抹永远清晰的《红岩》记忆"为题，发了整整一个版，介绍他的一生事迹和一生奉献。在这篇长长的报道的最后，引用了杨益言一段话，为杨益言绘出了一幅鲜明强烈的红岩人的彩照。这里我录下这段话，作为本文的结束语。

民族魂是国家最基本的凝聚力，民族精神永远不能忘，红岩精神是中华民族自强不息、百折不挠的奋斗精神的体现，要让后代永远记住它，让红岩精神在人们脑海中永远清晰……

管桦其人其事其书其画

人们常说往事如烟，但也有许多往事并不如烟，给我留下的是永难磨灭的亲情和友谊。我与老友管桦就是这样，四十多年的交往，虽然很多时候都是一个编辑与作家的工作往来，但就是在这平平常常的往来中，却使我们俩建立起了不同寻常的友谊。

周立波看过《辛俊地》拍案叫好，他能判断错了吗?！巴金主编的《收获》杂志发表过《辛俊地》，他们也没有看出问题吗?！我看不要紧，没大毛病

我与管桦的相识、相交是从《辛俊地》开始的。一九五七年冬我去上海，在一个阴湿寒冷的上午，我到《收获》杂志社拜访副主编靳以。当时靳以四十多岁，胖胖的，戴一副眼镜，温恂有礼，很有风度。这是五十多年前的一次会面，交谈的许多内容已记不清了，但靳以对管桦的中篇小说《辛俊地》的评价，却让我一直不能忘记。这是因为靳以的看法，无论是在当时，还是在今天，都经受住了时间和历史的检验，不仅是新鲜的、大胆的，而且是历史的、辩证的。当时靳以正在看《收获》一九五八年第一期清样，其中就有《辛俊地》。谈起《辛俊地》，靳以很兴奋，他说："管桦这人，有才华！他塑造的辛俊地是至今在我们的文学画廊中还没有出现过的人物。辛俊地是一个抗日游击队员，他的勇敢，让敌人痛恨，让战友称赞；但他漠视革命队伍的组织性纪律性的行动，又让人憎恨和气忿，个人英雄主义支配着他，也瓦解着他，最后把他置于死地。管桦

管 桦

是以辛俊地的死——他不是死在日寇的手里，而是死在他情人的父亲，一个勾结日寇的反动地主的手里，以这样悲剧的结局宣告个人英雄主义的破产。管桦这别具一格的构思，出神入化的一笔，一下子就把小说的主题深化了。”但靳以也有几分忧虑，“管桦的构思是大胆的、艺术的，但能否为人们理解，我很担心。”当我告诉他中国青年出版社准备出版单行本时，他露出不安的神色，“你们出版?！你们是青年出版社，不怕引起争论?”我说：“不怕，正因为我们是青年出版社，所以我们要让青年人了解个人英雄主义对革命事业、对自己的危害性。”靳以笑了，点点头。

不出靳以所料，半年后，围绕《辛俊地》的论争，果真在京城展开了。辛俊地究竟是中国文学画廊中尚没有出现过的人物呢？还是一个不真实、不典型的失败形象呢？在这场论争中，有些人的话，说得很重。我因为看到一些公开发表的文章和内部印发的资料，生怕管桦没有思想准备而激动生气。当时管桦响应号召，全家迁到河北省丰润县农村落户，刚巧这时他们夫妇回京办事，我怀着不安的心情，到石板房胡同——他们在京的住处——一个古旧的大杂院去看望他们。恰巧管桦出门了，他的夫人李婉在。我这是第一次和李婉见面，当时她只有二十多岁，怀中抱着她的儿子，沉静地听我把情况说完，她没流露出一丝不安，一丝慌乱，闪动着一双黑亮的大眼睛，对我说：“周立波看过这个中篇小说，拍案叫好，他能判断错了吗?！巴金主编的《收获》杂志发表过这个中篇，他们也没看出问题吗?！我看不要紧，没大毛病。”李婉的一席话，反倒安慰了我，让我悬着的心落下了。不久，我和管桦见了面，我又一次把争论的内容告诉他。管桦笑笑，露出成竹在胸、不以为然的神色，他不紧不慢地对我说：“他们没看懂！辛俊地活动的地区，是游击区，三角地带，日寇、汉奸，国民党、共产党，几种政治的、军事的力量交叉汇合，环境险恶，情况复杂。辛俊地是在这种复杂的环境中产生的。他是个农民，优点突出，缺点也突出，在这么复杂险恶的环境中，不遵守纪律、不严格要求自己，我行我素，结果会怎么样呢？必然是自己毁灭了自己，成为一个悲剧人物！我塑造辛俊地这个艺术形象，是想告诉读者，共产党领导农民进行这场反侵略战争是多么艰难、多么复杂啊！”交谈中，管桦没有紧张，没有不快，轻松豁达之中还露出一种坦然潇洒、引人注目的兴奋心情。事情已经过去五十多年了，靳以——李婉——管桦三个鲜活生动的形象，深深地留在我记忆的海洋中，他们各自不同的言谈和表现，也反映了他们各自不同的性格特征和个性色彩。

平和温顺总是微笑待人的管桦，再也无法保持平静。他激动，他愤慨，但又无处去呐喊，去申诉，就这样突发心肌梗塞

“文化大革命”中中青社全体工作人员下放“五七”干校，这个由九个四合院组成的中国青年出版社，一下子变得空荡荡的。这时管桦被邀躲进这所大院，写他构思了多年、一直无暇动笔的长篇小说《将军河》，我因病从干校回京治疗，常到社里走走看看，和管桦常见面，我们在屋里喝茶谈天，在院里闲聊散步。这一段时间，他主要写小说，有时也吟诗作画，生活过得挺自在，但怎么也没有想到，灾难竟在一夜之间突然降临到他的头上。

一九七三年管桦正闷头写《将军河》的时候，“四人帮”突然发起批判所谓“反动文艺黑线回潮”的运动，非常意外地点了管桦的名。原来一九七二年八月号《解放军文艺》上发表了《将军河》一个片断《惩罚》，在描写日寇实行“三光”(烧光、杀光、抢光)政策时，杀死了一个中国儿童。就因此，江青一伙给作品扣上了“渲染战争苦难”，是“黑线回潮的代表作”的大帽子。也不知道是什么人，又在这时，把管桦说的一些拥护毛主席解放老干部的话，打了小报告。江青手下的一员女干将在一次会上暴跳如雷地质问：“管桦为什么对老干部有这么深的感情！”恰在这时，《北

京文学》上又发表了他写的一个短篇小说《李牧》，这篇小说的立意，本是歌颂一个青年科学工作者为建设社会主义努力攀登科学高峰的故事。只是因为小说中的主人公用诗一样的语言说了这样一段话："我驾着一只小舟，不是为了寻找风平浪静的港湾，而是为了追赶这个伟大的毛泽东时代。"竟意外地被扣上宣扬小资产阶级个人奋斗的大帽子。管桦的另一个短篇小说《上学》，是写旧社会的孩子上学难，作者的意图是告诉新社会的孩子们，要珍惜今天的学习环境，好好学习，也被扣上宣扬"学而优则仕"的大帽子。编在中学语文教材中的著名短篇小说《小英雄雨来》中有一句"我们是中国人，我们爱自己的祖国"，被说成是宣扬"大国沙文主义"。今天听了这些，仿佛是天方夜谭，仿佛是从另一个星球上发出的声音，仿佛是完全不可思议的事情，但这确确实实是发生在二十世纪七十年代初的事。管桦无法再进行《将军河》的创作了，一向平和温顺总是微笑待人的管桦，再也无法保持平静。他的胸中像起伏的波涛，他激动，他愤慨，但又无处去呐喊，去申诉，就这样突发心肌梗塞，活活地被气病了。如果不是抢救及时，那后果是不堪设想的。

当时"四人帮"下令，不准报刊发表管桦的作品，面对"四人帮"和自身心脏病的双重重压，管桦始终是坚强的，也是乐观的。要感谢冀中大地啊！是当年那波澜壮阔的战争生活，培育了管桦坚韧不拔的性格，他终于战胜疾病，闯过了生死关。就在他病情刚见好转时，他想起了有一天，在紫竹院公园观赏竹林的时候，突然头上卷来满天的乌云。瞬间，狂风吼叫着，暴雨似千万条鞭子，抽打着园中的草木和竹林。而翠竹却不屈地发出阵阵的呼啸声，与暴风雨进行着搏斗。想到这里，管桦的灵感来了，他走向画案，用整张宣纸，画了一幅风雨劲竹。之后，又挥笔在画面上题写下"一阵风雨摧不折万杆劲竹"几个字，表示他虽在风雨飘摇中，但始终傲然挺立，全无怯色。他的好友、书法家陈大远专为这幅墨竹，题写了一首七律："画竹桦君韵致高，长竿如箭叶如刀，寒风扑卷无枯槁，骤雨蛮缠不折腰。"道出了管桦画这幅墨竹时的心怀情志。

管桦没有放下笔，他默默地进行写作。在医生还不允许他起床的时候，他躺在床上构思《将军河》的情节。能够起身时，他便伏案写作。从每天半小时到一小时、两小时，一直坚持到半天写作，决心把《将军河》

写出来，就是不能出版也要写。但“四人帮”要求的，他一个字也不写，他坚持走自己的路，他追求民族特色，追求新的意境，追求戏剧的结构，追求美的场景，追求音乐的节奏，追求有浓度、有色彩、有韵味、有特色的语言……高尔基说过：“写出去的字，斧头也砍不掉。”马克思和恩格斯也说过：“作家绝不把自己的作品看作手段，作品就是目的的本身；无论对作家或其他人来说，作品根本不是手段，所以在必要时作家可以为了作品的生存而牺牲自己个人的生存。”(见《马克思恩格斯全集》第一卷87页)这些话给他巨大鼓舞和战斗力量。病中的管桦好像在文坛上销声匿迹了，其实他在埋头写作，整日驰骋在方格子中，展开了爱与恨、血与火、生与死的搏斗。血性文章血写成，这里的每一个字、每一句话都是蘸着管桦心中流出的热血写成的。讲起这一段生活，他充满自豪与幽默，自豪的是他始终坚守战斗岗位，没有倒下去。有趣的是，那时的心情就像当年抗日战争，盼望日本鬼子完蛋那样，坚信“四人帮”一定会垮台。

一九七六年十月，“四人帮”一垮台，管桦就把《将军河》拿到危难时刻始终与他风雨同舟的中国青年出版社。当时我们怀着既敬佩又欣喜的心情对管桦说：“作品本身就是批判‘四人帮’的最有力的武器，我们要尽快出版。”一九七七年下半年《将军河》出版了，两年后又再版了一次，共发行了23万册，可算不少了。我发自内心地为《将军河》的问世和管桦在创作上取得的成就而高兴。

管桦常说：“中华民族的尊严不可辱，中国人民有民族气节，有自尊心，有宁死不屈，宁折不弯的刚强性格，在抗日战争中，中华民族所以是不可战胜的，就是因为在每一个青年、老人、妇女、儿童的身上，有着不可侵犯的人的尊严，只有每一个人，有了人的尊严，才有国家的、民族的尊严。”人的气节、民族的气节是管桦和他的作品中的灵魂。《将军河》出版后，他将这本书赠给一位日本友人时，他说：“这是写抗日战争的，日本法西斯是中国人民的敌人，也是日本人民的敌人。日本法西斯军国主义分子把中日两国人民推进灾难的深渊!”这位日本友人非常赞赏管桦的坦诚和直率，他对管桦说：“日本人民从来就反对日本法西斯，就像中国人民从来就反对中国的法西斯一样。”

“四人帮”倒台后，我们都为文化专制的日子结束而充满了喜悦和欢愉，挚友之间可以放心地倾诉衷肠，抹去心灵上的一片愁云，我和管桦老友的交往从这时开始又多了起来。

没想到就在这时，我的胆囊炎不断发作，而且常常一来就是急性的。姚雪垠老人目睹我犯病时的情景后，说："那样子真可怜啊！"这话不知怎么传到管桦的耳朵里去了。一天晚上都九点多了，管桦的大儿子柯扬突然来到我的家中，一手捧着一幅刚刚从荣宝斋裱好的字画，一手提了一网兜水果，走到我的床边深情地说："我爸爸今天下午刚刚把这幅字取了来，立时让我给王叔叔送来，爸爸说：王叔叔一看到这幅字，病痛就会减轻许多。"说着他把一幅全张的字卷打开，原来是《将军河》的卷首诗：

黄河水出昆仑山，
穿云破雾下九天。
急流如猛狮，
咆哮过潼关。
红鬃飞卷万千载，
惊涛奔腾天地间。
笑斗狂雨，
喜迎雷电。
大风高歌壮士曲，
浪花飞写英雄篇。

看着管桦一气呵成的这手好字，想起了我们为这本书的诞生的日日夜夜，泪水在眼中游动。柯扬告诉我：管桦为了写好这幅字，他把房门反锁上，谢绝客人来访，使自己不受任何打扰。同时还要保证在精力充沛时，连一声咳嗽都不能出现的条件下一气呵成，才能使这幅字写好。听了柯扬的话，我的心发热、眼发酸，既有说不出的感激之情，又为能有管桦这样的知心老友而感到无比欣慰。

望着眼前这幅字，我心潮澎湃，"大风高歌壮士曲，浪花飞写英雄篇"，我仿佛看到管桦在抗日的洪流中，在冀东大地上，在炮火中，在烟雾中，在风声、雨声、雷声中昂首前进的风貌。顿时，我兴奋异常，忘了病，忘了痛，忘了忧愁和烦恼，我受到这幅字的强烈的感染，有力的鼓励，深情的呼唤，亲切的慰藉。这时我想起了管桦说过的一段话，他说："文学应该使人纯洁、善良、勇敢、正直、高尚起来，并给人以美的感染，创造出一个美的灵魂世界，让读者自愿来漫游，得到对现实世界生活意义的理解，并激发起创造美的世界的热情。"我想这不仅是管桦作品的思想内涵和美学追求，也是他的人品、风貌的自我写照。

友人们都知道，管桦这人永远是幽默的、风趣的、乐观的，他的这个特点为朋友们所共识，就是在他遭到江青一伙迫害打击，险些丧命时，谈到"四人帮"对他的迫害，他也从不扬起声来说话，常常用几句十分风趣有味的话，把心中的愤怒和悲伤，郁闷和不满喷吐出来，让人们在笑声中，品味他的激动和痛苦。他的这种刚强坚毅又深沉内涵的性格，柔和严谨又爽朗明快的风格，不也体现在他的作品中吗？

我读《将军河》和它的续篇《深渊》时，常使我有意无意地把主人公古佩雄身上的豪情侠气，与管桦其人联系起来，我仿佛从古佩雄的身上看到管桦的过去和现在，尽管我在理智上一而再地把生活中的管桦与艺术中的古佩雄竭力区分开来，但在艺术感觉上，无论怎样也难使我把他俩分开。天晓得，这是怎么回事?!

管桦的墨竹，是从血管流出的热血，说是悲愤之作也好，有感而发也好，总之是要把心里的话说出来，用以表达一个作家，一个诗人，一个画家的生命呐喊与爱

管桦是作家，是诗人，但同时他又是一位有成就的画家，他像爱好文学一样，从青年时期就酷爱绘画，只是那时他画的不是墨竹，而是临摹齐白石的花卉、果蔬；徐悲鸿的喜鹊、奔马；高剑文的苍松、白鹤；秦仲文的雨山、晴竹；郑板桥的墨竹；李苦禅的雄鹰……让人吃惊的是他几乎达到以假乱真的程度，说明他从小就有很高的绘画天赋。

对这一点我开始还不相信，我想，齐白石、徐悲鸿、高剑文的画，能临摹几笔已不容易，还能乱真？后来事实证明管桦就是有这样的本领。一九八七年管桦应我之求，请著名画家卢光照老人给我画了一幅画：一只昂首而立，羽毛丰满的母鸡和一只刚刚学步，满身绒毛的小鸡，神态逼真，形态喜人，那栩栩如生的活泼样子，真好像要从画里跳出来似的。管桦捧在手中赞不绝口，爱不释手。几日后，当我登门取画时，我简直惊呆了，在管桦的画室里，他临摹了三、四幅，张张都那么生动逼真，不同的只是画面的大小不同而已。让我惊叹的是管桦把他的墨竹和卢老的画组合在一起，别有一番情趣和声色，好不迷人啊！

这又使我想起了二十世纪七十年代末，我到他家见墙上挂了一幅山水画，高入云端的青山，蜿蜒的山中小路，高山瀑布和小桥流水，茂密丛林和排排茅屋，虚虚实实，层次妥帖，从构图到绘画，下了功夫。我不知这是出于哪位高手的佳作，我看呆了，看傻了。李婉告诉我，这是管桦学习秦仲文的山水画，赋予豪放之情创作出来的，完成时，竟晕倒在画案上。李婉认真地对管桦说："把这张画送给维玲吧！"我虽爱不暇目，但我深知一个画家画出一幅满意的画的艰难和不易，好朋友是知心的。我赶忙表示："老管为画这幅画，竟晕了过去，这样的画，不能送人，应当留作纪念。"管桦马上明白了我的意思，说："对，我另给维玲画一幅。"

管桦是从一九七四年开始专攻墨竹的，他本是一位很有成就的作家，为什么画起墨竹来了呢？他说："在'四人帮'实行法西斯统治的年代，不许发表老作家的作品，我愤恨万分，坚信人民是不可战胜的，我就运用绘画方式来表达自己的思想感情。于是我就画起墨竹来，意在表现人民宁折不弯的斗争精神和刚正不阿的崇高美德。"常说"画以言志"，恐怕就因为墨竹最能表达他的思想感情，他的喜怒哀乐的缘故吧！周总理逝世时，他悲痛得难以自已，为了表达他的哀思和怀念，他构思了一幅墨竹，一株高大的竹干，顶天立地，粗壮挺拔；片片竹叶，刚劲繁茂。他又在画面上题了一首诗："根扎千尺土，叶上苍梧云，生平近红日，萧萧金石声。"千尺土、苍梧云虽在画面之外，但画面上高大挺拔、不屈不折的劲竹，引起了观众对周恩来的敬佩和怀念。这幅墨竹恐怕是管桦墨竹中最受欢迎的一幅，亲朋好友纷纷登门点名要这幅画，不久这幅墨竹就被誉为他的代表作。

管桦的墨竹看似任意一挥，其实是蕴藏在他心中的血与泪、恨与爱、悲愤与欢乐的流露，是他对生活和大自然的亲情和热爱、体验和感受、理解和认识的展示。管桦的墨竹，是从血管流出的热血，说是悲愤之作也好，有感而发也好，总之是要把心里的话说出来，用以表达一个作家、一个诗人、一个画家的生命的呐喊与爱。正如古人所说："借竹咏志。"不同的是管桦画的墨竹与古代画家相比，有很大的创造和变化。古人画墨竹，意境大都是柔弱之美，柔弱之中保持自己的节操，所以都是细竿小叶的风竹。而管桦的墨竹，是表现今天的时代和人民。他不是个人的发泄，而是把个人、国家、民族融为一体；把个人的情操品德与自身力量，与国家、民族的前途、命运融为一体；他的墨竹，给人以胆识、智慧和力量，给人以坚定的信心、信念和信仰。就这样，画笔在他的手里，葱绿纤细的竹节，变得挺拔峻峭，粗壮有力；瘦长的竹叶，变得粗枝大叶，锋利刚劲。无论是狂风暴雨、电闪雷鸣中的劲竹，还是傲雪凌霜、窗前月下、摇曳多姿的劲竹，都给人一种酣畅雄浑，奔放洒脱，苍劲凝炼的力的震撼，美的享受，体现一种大家的韵味和豪放的风格。他画的墨竹是这样，他在墨竹上题写的诗也是这样，都是他的心灵和感情的展示，都是对他的信念、信仰的抒发。如："根生大地，渴饮甘泉，未出土时便有节。枝横云梦，叶拍苍天，及凌云处尚虚心。""如同诗人从感情和真理深处写出诗句，我描画从大地深处生长出来的劲竹。""花开寒雪外，凛然共霜雪。""铁骨丹心，

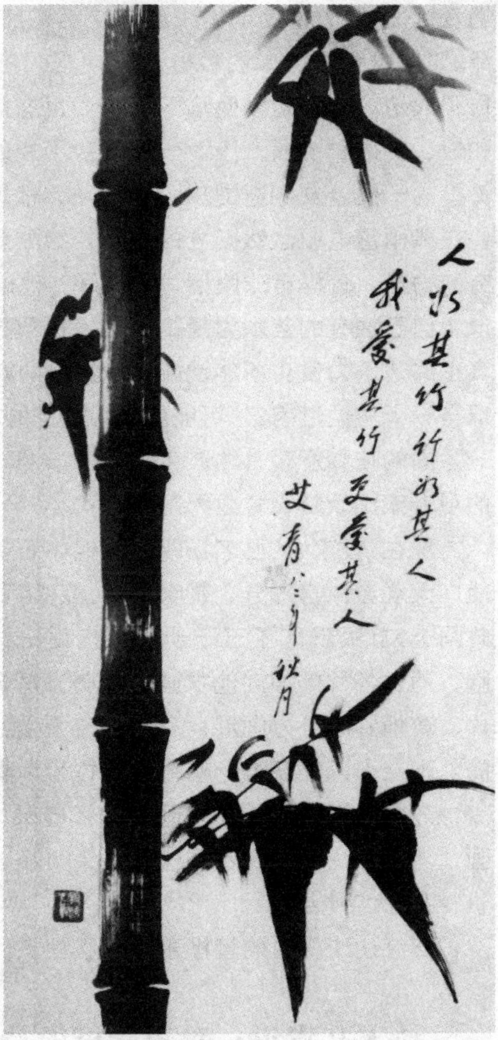

管桦画竹艾青题字

峭直雄挺。”“竹梅为中华民族传统美好情操之象征。”“我思念大自然之恩泽。”“你摇曳着碧绿的枝叶，扫掉积习在我灵魂中的尘埃。”“竹映碧空，梅照大地。”管桦是以他笔下的千姿百态的艺术劲竹，寄托中华儿女的爱和恨，美德和节操，抒发一种刚毅不屈的坚贞的情操。“文化大革命”中管桦的一些老友们遭围攻，受批斗，他就送上一幅幅风雨劲竹，就是这些在风雨雷电中傲然挺立的劲竹，给酷受折磨的老友们巨大的支持和无穷的力量。管桦有一段话，说得好，他说：“艺术家要有自己的发现，要产生自己独有的艺术力量，只有发出震撼人的心灵的力量，才称得上是真正的艺术力量！不然就如艺术大师刘海粟所说：‘见难而退，何必来地球当一个匆忙过客？’”可能就因为管桦的墨竹具有这样的艺术力量，别有一番的韵味和意境，才产生了别具一格，自成一家的艺术效果，使众多的观者无比欣赏，誉之为“管家竹”。

现在“管家竹”已名扬四海，他在北京、深圳、唐山举办的墨竹画展，使广大观者惊喜万分、赞叹不已，获得了极大成功。他的画册《苍青馆墨竹画选》首版就印了五千册，面世后一抢而空。而今港澳同胞，海外侨胞，通过各种渠道向他求画；欧美一些国家，派专人来拍他的电视艺术片，邀他到海外办画展；日本朋友看到他的墨竹，爱不释手；来华访问的外国友人以能获得一幅管桦墨竹为幸事。

方毅看过管桦的墨竹画后，怀着极大兴趣，把管桦邀到家中观其作画，老人专注地观赏着，连连点头叫好，当场挥毫为管桦题写了“书坛胜景”四个大字相赠。

祝痴迷于墨竹的管桦永远好年胜景。

诗人艾青说：我爱管桦的诗，也喜欢管桦的画，不管他的诗和画，都给人以豪爽的感觉，这正是他的性格。人如其竹，竹如其人；我爱其竹，更爱其人

管桦待人真诚，真诚得从不对友人设防。他不相信友人之中还有欺骗人的人和被欺骗的人。他永远是一副面孔，无论是在顺境喜悦之时，还是遭难受罪逆境之时，总是赤诚待人，充满冀东大地那种朴实厚道、

豪情侠气之风。这种赤诚纯真的友爱之情，在管桦的身上是十分具体的，那就是他总是看别人的长处、成就、知识、智慧……不仅会产生强烈的爱慕之心，而且会虚心求教。他对有成就的学者，不仅十分钦佩和尊敬，而且他自己也会十分迷恋和憧憬。无论是画家、书法家，还是教授、科学家；无论是诗人、作家，还是官员、学者；无论是同辈人，还是平民百姓；无论是相识的，还是不相识的，他都把他们放入自己的友谊视野里，平等而亲切，真诚而实在，正因此，他的友谊之圈非常广阔，结交下许多知心贴心的朋友。管桦与他的挚友海默，用"生前友好"四个字形容他们之间的关系，是准确无误的。如果海默活到今天，他听了这四个字后，也会在哈哈一笑之中应承下来的。

管桦曾经给我讲过一件让我一生难忘的往事。"文化大革命"中的一天晚上，海默突然把他约到家中，在一盏孤灯下，海默闪着泪花说："我很想看看我的小默默。"海默说得悲苦凄凉，管桦听了心酸激动。

海默有三个孩子，他最喜爱小女儿默默。

管桦说："让我想个办法，使你们父女见上一面。"回来后，他与妻子神不知鬼不觉把小默默从天津领到北京，准备让海默看上最后一眼。但是事情未成，海默已死。

海默的结局，是十分悲惨的。他是被他曾无比喜爱的听他课的学生——"文化大革命"中变成了一伙"造反派"，用棍棒鞭打致死的，当时他才四十多岁。

管桦想着海默，海默也关心着管桦。一九五八年海默来到管桦的家乡——河北省丰润县女过庄，看望在这里深入生活的管桦。两人白天在树木浓阴中散步，晚上睡在茅草小屋里，谈生活、谈创作、谈艺术、谈未来……海默非常羡慕管桦农村中的这个生活基地。他对管桦说："你可真行，放着这么多现实生活的短篇不写，让时代的洪流就这么从你手上溜走……"他给管桦留下一串小说的题目便走了。海默走了，但他对生活的敏锐观察力和富有魅力的艺术眼光，却在管桦的心里沸腾开了，一个从生活中涌现出来的广阔的艺术世界展现在管桦眼前，他激动起来了。就这样，管桦写出了《井台上》、《卖韭菜》、《杨树林》等一篇篇有影响的短篇小说。管桦在回忆这一段生活时，动情地说："是海默的友谊把我生命的流泉从一个荒僻的峡谷引到广阔的创作天地。""海默活着的时候，他从来没有当面赞扬过我的作品，可是他那对生活、对时代的热爱和似一团火的直率性格，给我巨大感染。每次海默看到我的小说初稿或是发表的作品时，总是长吁短叹地叫道：这样不行啊！语言不通啊！语法不对啊！你得多买点儿书看啊！甚至有时讥讽嘲笑都让你受不了。我常常生气地把笔往桌上一摔，叫道：'我不再写了，行了吧！'于是海默又抱住我的肩膀，把我当成一个生气的小孩子一样哄我，说他没有恶意，他就是有意刺刺我，让我写出更好的发奋之作，终于我们又坐在一起哈哈大笑……""在我的朋友中，还没有一个像海默那样对我的作品当面进行那样尖锐的批评，有时简直使我恼怒。可是当他见到我发表了他认为满意的好作品时，也从来没有一个人像他那么眉飞色舞，高兴得简直叫唤起来。他并不只是对我这样，只要社会上出现了其他好作品，他便兴高采烈地向我介绍。他对别人的成绩总是欢喜若狂。"讲起这一切管桦是那么动情，那么怀念，那么留恋他创作生涯中的这些珍贵的往事。管桦曾十分痛苦地说："海默对时代充满爱，可他最后却遭到了他所爱的时代的报复。海默似一团火，给多少年轻人引路，照亮了他们前进的道路，把他们领上了成才之路，可最后，他却被这团他自己点燃的火烧死。"

粉碎"四人帮"后，管桦把我约到他的家里，沉重地和我讲述这一切，最后他提出一个要求，要我们出版《海默中短篇小说集》。这个三十多万字的集子，在他的指导下出版了，不仅赢得了社会上的好评和重视，更重要的是把海默在文学上的成就展示在人们眼前，为他正了名；同时也使管桦尽了一个朋友的义务，可以无愧地告慰九泉之下的好友海默了。

管桦珍重友情，对朋友的爱，爱得真挚，爱得赤诚，而朋友们也无比地爱他。不仅乐意和他接近、交谈，而且都有一见如故，相见恨晚之感。这是管桦身上的一种独有的魅力。他的这种朴实、真诚、实在的气质、作风、举止和表现，全都是发自心灵深处一种最真实的感情流露，没有这种真情和内涵，是做不出，也做不到的。除了他与海默的真挚友情外，还有他与周立波、萧军，端木蕻良以及诸多政协朋友们的深情厚谊。

谈起周立波，他充满了崇敬深爱之情，从一九四八年他与立波相识，到立波逝世，四十多年，他一直不忘立波对他的指导和鼓励。他的代表作，享誉中外的中篇小说《小英雄雨来》，最早是短篇小说《雨来没有死》，正是在立波的肯定、指点和鼓励下，他改写成中篇，而且一炮打响。他的另一个中篇小说《辛俊地》，也是立波读过后，拍案叫绝，在思想上、艺术上充分肯定，使管桦坚定了自己的构思和写作。四次作代会时，我到管桦房间聊天，管桦力荐立波的短篇小说，要中国青年出版社出版一本《周立波短篇小说选》。管桦的建议我是很重视的，立即采纳，同时立波也很支持，很快这个集子就出版了。这是粉碎“四人帮”后，周立波出版的第一个集子，也是立波病逝前的最后一个集子，要感谢管桦，这是继《海默中短篇小说选》之后，他做的另一件永远值得纪念的事。

管桦与萧军的熟识是在粉碎“四人帮”以后，他们都是政协委员，在一次政协会上，两人住在一个房间，白天开会，晚上说话谈天，他俩谈文学艺术，谈政治历史，谈苦难经历，谈经验教训……倾心交谈，谈得开心，谈得知心。管桦敬重萧军，萧军的坚强与豪气，乐观与幽默，风趣与老辣，鲜明与沉静，坚韧与安详深深地感染着管桦。萧军把管桦视为知己的小弟弟，把他深藏在内心的所思所想毫无保留的、全盘托给管桦。在回忆这段交往时，管桦说：萧老“对于我能倾诉衷肠的”。他是“怀着健壮的灵魂，以屈辱为代价，争得尊严的作家的出现”。在赠给萧军的墨竹上，他题了这样一首诗：

挺然一倔竹，
雪里更苍青。
久识天地心，
从不怨风雨。

管桦与端木蕻良相识于一九六三年，那时他们都在北京市作家协会，管桦对这位左联时期的老作家是格外敬重的。端木对朴实直率的管桦也很关心器重。“文化大革命”开始时，不知深浅的管桦，在学习会上发了一通不合“潮流”的议论，端木在他的耳边悄悄地说：“不清楚的事就不要说，我们都是老同志，别运动还没开始就把党籍丢了。”管桦立时惊醒过来，端木的提醒，似一股深情的暖流，温暖着管桦的心。不久红卫兵开始抄家，破四旧，端木有许多珍贵藏书和写作资料，真要被毁坏了、流失了，损失就大了！“这可怎么办?”端木不安地问管桦。管桦说，这好办，咱们也成立红卫兵，自己先贴上封条，李甡、李学鳌是工人，浩然是贫农，我是贫农加烈士子弟，还有李方立、康甦……于是一夜之间成立了红卫兵战斗组，胳臂上戴上了“红卫兵”的红袖箍，他们写了许多封条，分发给作家们，就这么免遭浩劫，把作家们的书籍、稿件、资料统统地保护住了。“文化大革命”中端木和其他老作家，还有北京市作协的领导，遭到红卫兵的冲击、批斗和毒打，统统被关进一间黑屋子里。管桦和李学鳌怕他们想不开自杀，偷偷地钻进去安慰他们。端木闷闷地坐在地上，管桦蹲下身来，在端木的耳边宽慰地说：“要相信党，相信群众，你们不是反革命!”端木感动地点点头，撩起衣襟让管桦看他身上的一道道鞭痕，缓缓地说：“你们放心，我不会自杀，也不怪罪这些孩子们，他们还以为自己是在保卫党中央，保卫毛主席呢!”没有咒骂，没有怨恨，就像叙说一件发生在别人身上的事，端木的自信和坚定深深地感动管桦。在端木危难之际管桦的豪侠之举，更加深了他们之间的友情，以致在后来的岁月里，他们的交往越来越亲密，在管桦七十岁生日时，端木提前给他画了两个大寿桃，早早裱起来，在生日那天，让管桦挂在墙上，与友人共赏。当端木逝世的噩耗传来的时候，管桦悲从心起，挥笔写下了这首悼念端木的哀诗：

秋风凄怆悲端木，
寒云雁叫唤诗魂。
沧海明月思高士，
超脱尘俗写“曹芹”。
写时熬干心和血，
病中伤感泪沾襟。
君不见文学创作多清苦，
却看富贵如浮云。
一字一句一寸心，
一页薄帛重如金。

全国政协每次开会时，管桦都非常高兴，因为那里有一批与他知心，让他思念的文友。红学家周汝昌教授看到他写的一篇关于《红学》的文章，便与他开怀畅谈，高兴地说：“我俩观点一致。”雕塑家张松鹤亲切地叫他“老朋友!”在赴外地视察时，他与同住一室的原联合国副秘书长唐明照委员相处十分和谐，互相照应，亲如兄弟。回京后，他拉着我去拜访唐老，约唐老给《中华儿女》杂志写稿。杜建时委员、沈醉委员知道他正在写反映抗日战争的长篇小说，主动给他提供素材，包括蒋介石在内的国民党统帅部的珍贵资料。管桦对朋友的这种感情，包含了真情和亲情，又充满了热情，可以说全都是他心灵和感情的最真实、最自然的流露。

一九八八年底管桦被选为北京市作协主席。谈起这件事，管桦是很动情、很激动的。他说："原主席阮章竞，副主席雷加、吴祖湘、端木蕻良，因为上了岁数，主动提出让位，他们在位时，那股认真劲、负责劲，让我感动。当时我年龄虽然还没有过线，但没多大能耐，没想到，大家推选我当主席，真是惭愧，怕挑不起这副担子。幸亏新当选的几位副主席很有能力。像浩然、刘绍棠、张洁、谢冕、林斤澜都是知名度很高的作家、评论家，有的还是年富力强的中年人。我要靠大家做好工作。"

这就是管桦，憨厚朴实，情意真挚，从他的自述中，会让人感到这是一个多么善于理解人，团结人的好人啊！最近北京市作协、北京市文联换届，他又被选为北京市作协名誉主席，北京市文联主席，担子不但没有减轻，反而加重了。这是为什么?！就因为他的人缘好，人们信任他，喜欢他，乐于和他交往、交谈，把他视为知己。做人，做到这步，着实叫人羡慕！

一九七九年，茅盾老知道管桦在编《管桦中短篇小说集》时，有说不出的高兴，亲自给他题写书名，一下写了三幅，让他选一幅满意的用。茅盾老如此厚爱管桦，这在文坛中尚是不多见的。著名的老诗人艾青，曾在管桦的一幅墨竹上题了这样几行字："我喜欢管桦的诗，也喜欢管桦的画，不管他的诗和画，都给人以豪爽的感觉——这正是他的性格。""人如其竹，竹如其人；我爱其竹，更爱其人。""更爱其人"四个大字，道出了一切与管桦相识、相交的朋友们的共同心声。管桦赠给沈醉先生一幅在风雨中摇曳的墨竹，称为"醉竹"。沈醉赞不绝口，悬挂在客厅的中央，凡海内外宾客到他家做客留影时，沈醉都拉着客人在这幅醉竹前拍照。管桦在《我的政协委员朋友们》一文中，写启功老见他在小组发言激动时，便起身赶忙坐到他身边，握着他的手，提醒他注意身体，不要激动，那情那景，有多么动人！启功老兄长般的温和亲切之举，胜过了多少感人肺腑的语言，那才是感情的融合，真情的展露，灵魂的相见！生活中能有这样一二知己，能在紧要时刻得到这样的宽慰和快感，足矣！

管桦是一个讨人喜欢，又充满了人格魅力，让人十分乐意接近的人。

为什么管桦能有这样的吸引力呢？

我想，这也许因为豪气与坦诚，坚韧与奋发，深沉与诙谐，平实与潇洒，阳刚与严谨等特征，在管桦身上既非常突出显著，又十分协调自然，组成了一个有血有肉、真诚实在的人的缘故。

李婉是我最伟大的伙伴，是我为之骄傲和幸福的妻子，我在重病中深深地感受到家庭中的无限的爱，使我的伤口愈合

管桦有欢乐、有成就、有荣誉，但他也遭到过明枪与暗箭、艰难与挫折、痛苦与磨难……一九七二年管桦突发心肌梗塞，病情来势凶猛，一下就把管桦推到了死亡的边缘。管桦是幸福的，如果不是他的妻子李婉及时把他送到大夫的跟前，再晚一点儿就没救了。

管桦突发心肌梗塞，这是降临到他们家的最大灾难。李婉放下一切，日夜守在他的身边，给他接屎接尿，喂吃喂喝，整整四十天，没有离开他的身边，终于使管桦闯过了生死关。管桦出院后，仍要躺在床上稳定病情，这时他的身体已十分虚弱，李婉便早早起床，冒着呼啸的寒风，到西单菜市场买活鸡，补养他的身子。当管桦能够下地走动时，她便给管桦买张进公园的月票，陪伴着他到公园去散步。就这样使重病中的管桦，从心灵到身体都得到恢复。李婉不仅是位贤惠能干的妻子，还是一位面对险恶不惊不惧的坚强女性，在管桦遭到迫害、突发心脏病时，她没有惊慌，没有恐惧，没有不知所措，她沉着冷静，充满信心和勇气，她以做妻子的亲情、深情、爱情，点燃了潜藏在管桦心灵深处的生命火焰和战斗激情，把管桦从郁郁烦闷的情绪之中，领进一个温馨、亲切、平和、开朗的心境之中，让管桦满怀勇气和信心，闯过生死关，迎接生活的挑战。管桦病愈后，十分感动地说："李婉是我最伟大的伙伴，是我为之骄傲和幸福的妻子"，"我在重病中深深地感受到家庭中的无限的爱，使我的伤口愈合，八个月后，我便开始继续写作《将军河》了。"

李婉对管桦的爱，是方方面面的。可以说，没有李婉，管桦很难有

管桦和夫人李婉

今天的成就。对李婉来说，她不仅是管桦生活上的知心伴侣，也是管桦工作上不可缺少的得力助手。她给管桦抄写稿子，帮管桦安排社会活动日程，甚至哪个会需要准备发言，什么时候要和谁联系，她都事先为管桦想好，适时地提醒他。更重要的是李婉走进了管桦文学创作的艺术殿堂，成了他最直接、最热情、最严格、最知心的评论者、鉴赏者。她以自己的真挚和才气、亲情和直率，让管桦在兴奋中保持冷静，在烦苦中享受甘甜，在灰心时看到希望。只要有李婉在管桦的身边，他就能得到启示和鼓舞，自信和灵感，勇气和力量。

想想李婉，也真不容易。一九五七年毛泽东号召作家到生活中去安家落户，管桦决定离开首都，到家乡河北省丰润县女过庄安家落户。为了让管桦安心深入生活和进行创作，李婉毅然放弃了进一步深造和被重用的机遇，随管桦一起回乡落户。这一去就是十年，管桦当时是以县委委员的身份在下面深入生活，李婉被任命为本村的小学校长。她一面要把乡村小学办好，让家家户户的适龄儿童接受普及教育；一面又要肩负起整个家庭生活的重担，三个儿子的衣、食、住、行，没一样不让她操心的，除此还要照顾好婆婆和丈夫的生活，每天从清晨忙到深夜，不知不觉地度过了她的青春年华。这十年，她吃的是农民饭，住的是农民房，穿的是农民衣裳，物质生活水平很低，她却和管桦共同创造了一个属于他们独有的充实丰富的精神世界。管桦除了写作、待客、外出调查和开会外，还要下田劳动。李婉除了当好小学校长，操持好家务外，还要抽空阅读中外文学作品，充当管桦的每一篇新作的第一审稿人。开始时，管桦抱着无足轻重的态度，后来管桦发现，报、刊编辑部回信中提出的修改意见，常常都是李婉早先指出的。渐渐地管桦对李婉的意见开始重视起来。在故乡这十年，管桦写下的短篇小说有三四十篇，其中《葛梅》、《待客》、《井台上》、《卖韭菜》、《老村长》等篇的诞生，就有李婉提供的生活素材。每每吃饭时，或饭后在月光下散步时，李婉便把村里发生的事，干部和村民之间的趣闻讲给管桦听，常常就是这些引发了管桦的创作念头。丰富的农村生活，充满魅力的趣事逸闻，使管桦的创作库藏源源不断地得到充实和丰富，让管桦永远保持高涨的创作激情，不断地写出生动有趣、新鲜深刻的感人作品。

一九八五年管桦夫妇从石板房胡同那个平房大杂院搬到东郊新建的三层小楼，他们有了自己的书房、画室、会客间、餐厅，大大改善了居住条件。但使管桦别扭的是没有石板房那样的庭院，没有地方栽培养育翠竹。“有竹人家”怎能无竹呢？李婉便把茂盛的翠竹移栽到大木箱里，搬到宽大的凉台上养育。可哪里想到，那翠竹离开了生养它的大地，是无法成活的，苍翠葱茏的翠竹枯干变黄了。“宁可食无肉，不可居无竹。”管桦更加郁闷和不安，这一切李婉都看在眼里。一天，管桦开会回来，只见李婉冒着大雨，挥锹抡镐，把凉台上奄奄一息的翠竹栽到楼下门前两边的土地上，看着一身雨水、一身泥的李婉，管桦激动不已，赶忙拿起雨伞给妻子遮雨。一个月后，这片小小的竹林成活了，有竹人家，终于有竹了，望着翠绿葱茏的竹林，一股亲情、一股暖流涌上心头，管桦画了一幅墨竹，题写了一首诗：“妻子雨中栽竹篁，说我爱竹已颠狂。倾盆滂沱汪洋里，锹挖镐刨溅泥浆。一丛遮没门前草，几竿苍绿染西墙。夫妻谈笑竹解事，炎风筛过清凉风。夫妻不思青云客，碧叶捧来明月光。”

如今这两丛翠竹，长得葱绿茁壮，已经高高地超过了二层楼，成了管家楼门前的一道独有的风景线。现在管桦无论是出门入户，还是在室内会客、作画，抬头便能从窗前望到摇曳多姿的翠竹，可说是朝夕相处，形影不离了。

一九九五年六月我去看望管桦夫妇，谈起《管桦文集》六卷本出版后的良好反映，我说：“你们这个想法好，决心也下得好，这步棋走对了。”管桦笑了，笑得那么天真，那么开心，望着李婉对我说：“这都是她的功劳！”李婉说：“出这套文集也难为老管了，出版社的朋友们答应出，可也不能让人家亏损，我便向老管提出拿出一批藏画，赠送给赞助文集出版的企业家。老管一听就炸了，‘要我拿出画？不行！’我问老管，‘你是一个画家，还是一个作家？你首先是个作家。对你来说，你的作品和你的藏画，哪个重要?！既然是个作家，应不应该出套‘文集’……”李婉的一席话，让管桦心服口服，夫妇俩思想统一了，他们一起研究“文集”的构成和入选的篇目，然后便由李婉承担起全部稿件的收集、整理、筛选工作。在如山的纸堆中，翻找管桦各个时期发表的作品，然后分门别类，剪贴抄写，统计字数，弄得整整齐齐，经管桦审定过目后，交出版社出版。当时正是炎热的夏天，李婉每天从早晨干到黄昏，累得头昏目眩，几次几乎晕倒。管桦知心地说：“我的整个文学事业，李婉都付出了巨大心血，表现了非凡的奉献精神。”

管桦是幸福的，讲起他与李婉的相识相爱的过程，他充满了幸福感和甜蜜感。他说：那时李婉刚刚十九岁，是空军宣传科的一名干事，她酷爱文学，工作也干得十分出色。我的老战友刘大为把这姑娘引到我跟前，她站在那里，美得让我惊奇！她的谈吐气质，一举一动，让我激动。我们终于相爱了，于一九五一年初春结婚了。四十多年过去了，在爱的长河中，他们相处得是那么知心和谐，幸福甜蜜。管桦常说：“我的文学事业，融化在我们度过的青年、壮年和刚刚开始的老年途程中。”“遇到丛莽和险境，前面为我披荆斩棘的是我的妻子，她不断地在险境中伸过手来扶着我，并在我心中吹进勇气。”在李婉五十寿诞时，管桦怀着亲情爱意画了一幅竹梅图，题写了两句情意深长、感触万端的话：“如果说爱情是幸福的，请问你的爱情经历过风霜雨雪吗?”是的，快半个世纪了，他们的爱情，所以是坚贞的、充实的、幸福的，就是因为经历了风霜雨雪的磨难和考验。没有冬日里的严寒，秋日里的凄凉，哪有春日的和煦，夏日的炽烈！

同样，李婉也是幸福的。丈夫不仅事成大业，为文学界著名老作家，而且在绘画上也成了名家，他画的墨竹，享誉中外。

他们有三个儿子，如今都已成家立业。大儿子——大跳，经过苦苦奋斗，子承父业，已是京城小有名气的青年作家，他写出的具有浓郁生活气息和有血有肉、有个性特征的小说，不仅在报刊上陆续发表，而且出版了个人专集。而今他正踏着父亲的足迹，在农村深入生活，为创作反映新时期的长篇小说作准备。小儿子——小跳，在北京航空学院毕业时，便被美国一所名牌大学录取，而今已取得了博士学位，成了一名高科技研究人员。这一切都与管桦和李婉言传身教、正派做人和对孩子的精心教育分不开。

他们的大儿子大跳自小在京上学，一入学父母就让他住校，在集体生活中成长。但在寒暑假期间，李婉便将他接到农村，让他每天和叔叔阿姨一起下地劳动半天，从小就经受劳动锻炼，学会了薅苗、拔草、打场……另个半天，让孩子去完成学校的假期作业；晚上还要孩子写下一天的日记。农村的早晨和傍晚，村庄和原野，浓阴和小溪，大田和山川，愉悦着孩子们的心灵，陶冶着孩子们的情操，培养了孩子们热爱生活、热爱劳动、热爱自然、热爱写作的情趣。后来大跳走上文学创作道路，与童年的这段生活有密切的关系。他们的小儿子，直到上大学，每年暑假都要邀上几个同学到农村住上几天。让李婉和管桦内疚和不安的，是他们的二儿子——二跳，二跳生在农村，幼时患大脑炎，由于农村医疗条件太差，延误了治疗的时间，虽从死亡线上把孩子抢救回来，但智力受到损害，所以管桦夫妇对二跳格外关心照顾，每年老俩口都要回乡去看望他们，节假日便要二跳夫妇带着孩子到北京来过年过节。现在二跳已成为一名熟练的技术工人，组成了一个美满的家庭，过着幸福的生活。在孩子们成长的过程中，他们夫妇也遭受过沉重的打击，“文化大革命”中，刚刚十八岁的大跳，因说了一句“江青不如武则天”的话，被定为“现行反革命”，判了三年徒刑，投进监狱劳改。当时管桦刚刚患过心肌梗塞，正在恢复调养阶段，李婉不敢把孩子坐大牢、受大罪的事如实告诉管桦。当着管桦的面，满脸笑容地宽慰他，把大事说小，把小事说了。背着管桦，她悲伤，她痛苦，实在难以忍受时，就跑到另一间屋里暗暗哭泣。每到节假日，李婉带着身边的两个儿子，冒着严寒酷暑，到劳改所去探视大跳。一次管桦也跟着他们去了，乘完了火车又步行十多里，管桦走走停停，好不容易才到了劳改所，这时他才体会到李婉每次探监的艰难。看到大跳戴着沉重的镣铐，挎着劳动中被砸折的膀骨，管桦无比心痛难受，他问大跳："怎么表现才能提前释放?"大跳说："不断地打小报告。"管桦一惊，连连摆手，"那就不要提前释放。"大跳笑了，黑亮的眼睛，闪着无畏的光芒，那神情是在告诉父亲，他的儿子是做不出这种事的！

从李婉和管桦对孩子的教育上，我深深地感到，他们对待孩子，既有挚爱亲情的感性的爱，又有言传身教理性的爱，两种爱所产生的潜移默化的作用，不仅是持久的，深远的，而且是有力量的。

管桦兄走好

二〇〇二年八月十七日中午，管桦的侄女打来电话，告诉我管桦于十七日晨猝然逝世。这噩耗来得太突然，太意外了，我立时呆了，脑海中一片空白，只感到一阵胸闷，手抖得几乎握不住电话，这时我完全沉溺在悲伤沉痛的思念之中。

这年五月二十一日，我打电话给管桦，告诉他为纪念毛泽东《在延安文艺座谈会上的讲话》发表六十周年，中国传记文学学会和《中华儿女》杂志社将在五月二十三日下午联合召开座谈会，我邀请他参加，并请他讲话。他爽快地一口答应。我也高兴地说："二十三日中午我来接你，你就在家等着吧！"管桦说："好！我等着。"管桦朴实憨厚，办事认真，特别是他答应了的事，绝不马虎从事。就在那天他发言时，我发现他竟用毛笔在八开的大稿纸上写了五页之多，当时天气已经很热了，从我邀请他参加座谈会到他发言，只有两天时间，他竟写出了这么完整的一篇讲稿。当他平和地、清晰地讲道："古语云，文之患在道少，人之患在病多。教育为文者不学道理是不行的，我们学习贯彻《讲话》精神的中心点，就是为人民服务和如何为人民服务。国家、民族、个人要生存，要前进，精神力量是很重要的，我给朋友们写字，常写这么一句话：'精神乃生命自身搏击之力量。'要是没有为人民服务的精神，就没有了生命自身搏击之力量，特别为文不行，你就是党、政、军干部，一个小姑娘就可以把你打倒，几张钞票就把你压趴下。所以我认为学习《讲话》首先要学它为人民服务和如何为人民服务的精神。”管桦这段话得到了与会者强烈赞同，在以后的发言中，不少人都重复管桦这段话。新华社第二天还专门派人来把他讲稿中的一些话，编发在一篇综合报道中。

六月六日，我打电话给管桦，告诉他：我将出版一个集子，其中收进我写他的那篇文章，我想配发几张照片……没等我说完，管桦就接过话茬：“你早就应该出集子了，明天来吧，照片由你挑！”第二天上午我早早地来到管桦家，他又一次谈起“五·二三”的会，他说：“那天的会开得多好！你们组织的座谈会与我参加的几个座谈会不同，参加座谈会的不仅有文艺界人士，还有教授、学者、医生、记者、现役军人和宗教界的人士，这就说明纪念《讲话》不光是文艺界的事。重温《讲话》，就是要与时俱进，团结各方面人士，开创一个文学繁荣的新局面，才能弘扬先进文化……”讲到这里，管桦很有兴致地说：“今后有这样的活动我还参加……”然后，管桦抱出几大本相册，他也挑，我也选，让我难忘的是，他选了四张他在丰润老家的照片，对我说：“你看，你看，多美的环境！北京这么热，下月我和李婉就准备回去住上一段时间，你也去吧！”管桦这已经不是第一次向我发出邀请了，我说：“真想去，等我忙过了这一阵子吧！”他说：“好，说定了，你定了时间，我让大跳接你过去。”

这天，他很兴奋，告诉我大众文艺出版社最近要出版《管桦墨竹》画集，在他已经出版的两本画集中，这本画集的分量最重，他也最看重。说着他站起来，从书房中拿过来一页打字纸。“写不写序，找谁写序，我还没考虑好，大跳写了一篇，我看了很满意。想用他这篇，你看看。”大跳的序，写得很有感情，也很有见地，从文学到艺术，全文只有一千字，我看过后，爱不释手，脑子里立时闪出来一个标题“父亲管桦的书和画”，于是我便对管桦说：“好文章，给我吧！我先找个地方发一下。”

这个上午我俩谈得很愉快，他告诉我，最近到医院检查身体，血压、血脂、血糖都还正常，看得出他对自己的身体是很自信的。但他对我的心脏病、糖尿病却表现出不安的神色。“你也是个七十岁的人了，不能太累了，一定要有足够的休息时间，你啊，事太多！活动太多！”虽然他比我大十岁，但从他当时谈话的神情、气色，我感觉他的精气神越来越好，没让我有一丝的危机感，没想到这次会面竟是我与管桦的最后诀别！

回来后，我便在大跳写的序上，加上“父亲管桦的书和画”标题，转给了《中华儿女》杂志海外版主编马林。管桦曾为《中华儿女》写过一篇纪念母亲的文章，是马林编辑的，他当时根据管桦一张跪在家乡母亲墓前的照片，把文章的题目改为“只跪大地，只跪母亲”，管桦对这个标题非常满意。

马林看过大跳的文章和我附去的照片，当即决定发稿，于当月的海外版上刊出。不巧的是我于六月底连续发作心绞痛，七月一日到医院检查时，当即被收下住院了，这一住就是一个月。中间《中华儿女》杂志社给我送刊物时，我看到海外版上刊出的大跳的文章，立即给管桦家去电话，一连几天都没人接，我恍然想到，他一定回老家避暑去了。没想到他这一去，就真的是魂归故里，永远不再回来了。

管桦永远是平和善良的，朴实憨厚的，待人真诚和蔼，让人非常乐意和他亲近的老人。他是中青社的老作者，半个世纪以来，他的中篇小说《辛俊地》、作品集《管桦中短篇小说集》、长篇小说《将军河》三部曲，诗歌散文集《生命的呐喊与爱》和他的六卷集《管桦文集》都是在中青社出版的。中青社有他一大批老朋友、好朋友，每每过年、过节时，我们都去他家聚会，那充满了真情、友情的场面，那真挚和谐的气氛，是人生旅途中永远怀念、永难忘怀的！

管桦是中国传记文学学会的顾问，他是两届全国优秀传记文学作品奖的评委，两次给全国获奖作者发奖。《中华儿女》杂志一创刊，便邀请他担任编委，十多年来，他对《中华儿女》视如己著，不仅约文给文，要画给画，而且还不断地给《中华儿女》推荐新作者、新文章。发表在二〇〇二年第八期上的《川岛芳子胞弟艾克的红色履历》就是他推荐的。

管桦的这种平和、善良、乐观、幽默的性格，无论是在逆境时，还是顺境时，始终如一，表现了他对生活的热爱和信心。听他的孩子说，就在他西行前那个晚上，还一边看电视，一边和孩子们说笑话。当时他在咳两口痰时，十分费劲，但终于还是咳出来了，没想到第二天一早，又是哮喘，又要咳痰，孩子们赶忙把他送到县医院抢救，终因心力衰竭而逝世。管桦走得突然，走得意外，让亲人、友人们感到无比的悲伤和沉重！但我想，管桦一生热爱家乡，热爱故土，热爱他的父亲、母亲，热爱家乡的父老乡亲们！这次他真的是从故里驾鹤西去，虽令人无限的悲痛和深切的怀念，但也如了他落叶归根的心愿。

管桦兄，我这样理解对不?!

韶华，一个永驻青春追踪时代的跋涉者

韶华中等身材，敦实健壮，行动敏捷，虽一头华发，但有一双灵活的、聪明的眼睛，他一九二五年生人，到二〇〇八年，八十有三了，已是寿登耄耋之年的老人了，但我怎么也感觉不到他老矣！

韶华十四岁时，就参加了八路军，当时他只有“大盖枪”那么高。一九四一年日寇开始对豫北抗日根据地进行杀光、烧光、抢光的“大扫荡”，韶华所在的部队要和敌人周旋，怕他掉队，又因为小孩子不引人注意，便把他安插在敌占区一个“关系户”家里，让他做些传密信、送情报、散传单之类的秘密工作。小小年纪的韶华聪明、勇敢、伶俐，出色地完成了领导交下的一切任务。就在这期间，他在房东家里发现一本书，书名叫《鸡的日记》，是三十年代上海儿童书局出版的读物，写一只小鸡从破壳出世，到长成大母鸡所经历的“惊险”故事。韶华读得很有兴趣，但也让他想到，他在敌占区的秘密活动，所经历的故事，如夜晚摸进敌人据点，把抗日标语贴在炮楼上；和伪军混在一起吃饭，并传“谣言”，说八路军的大部队要打县城，搞得日寇和伪军惶惶不安，等等，要比这小鸡遇到黄鼠狼、暴风雨惊险得多了。于是他就模仿《鸡的日记》的笔法写了一本《日记》。后来，回到抗日根据地，他拿给队长让他帮助改错别字，队长看过后，对他说：“你这日记写得还真有点文艺笔法哩！”只可惜韶华的这本“处女作”，在后来打游击时，丢掉了。

韶华当时根本不懂得什么叫“文艺笔法”，但队长的话，对他却是很大的鼓励。从此，他开始不断地写东西。韶华说，当时一点也没有想到去发表，只是觉得肚里有些生活需要表达出来。一九四四年，形势好转，冀鲁豫抗日根据地创办了一个文艺刊物叫《文化生活》，韶华写的短篇小说《石滚》，首次发表，当时他十八岁。

要当作家，就要到生活的第一线去，为生活付出代价。要写好战争，自己就要流一点血。要写好建设，就要流一点汗

抗日战争胜利后，一九四六年他进入大城市，对韶华最有吸引力的就是书店里的大书架，这时，他就像饿汉逢食一样，拼命读书，二三百页的书，一天一本，并试验着，模仿着，继续学习写作。

苍天不负有心人。不久，韶华被调进东北解放区办的《西满日报》，当了战地记者；后来抗美援朝开始，他又去了朝鲜。一九五六年出版的长篇小说《燃烧的土地》就是以反映朝鲜战场的生活为内容的。这时韶华已被人们称之为“作家”了。但韶华想得朴实，说得精辟。他说，要当作家，就要有深厚的生活基础，有丰富的生活积累，要到生活的第一线去，为生活付出代价。要写好战争，自己就要流一点血。要写好建设，就要流一点汗。反之，就当不成作家。韶华是这么说的，也是这么做的。不久，他就到一个大型水利工地担任职务，体验生活，他为自己开凿了一口生活的矿井，他在这个生活环境里，熟悉生活和周边的人物，展开想象的翅膀，建造他的艺术世界。

韶华在水利战线生活五年多，参加建设两个水库，六十年代他写出的长篇小说《浪涛滚滚》和八十年代他写出的长篇小说《过渡年代》都是对这段生活的反映。

“文化大革命”中，韶华被揪出“打倒”，他当时怎么也想不通，一个从少年就参加革命和党、从来没有二心的共产党员，怎么一夜之间就变成“反革命”了。开始时，他紧张，他不安，但很快他就沉稳下来，而且受的折磨越大、越多，他越沉稳，越坦然，越看得清楚，看得明白。他自信自己走过的路，没有错；自己的一言一行没有可指责的！他冷眼观世界，决心承受一切压力和痛苦，要坚强地活下去！“我要看看这场把一切规律、法律、道德、准则都破坏殆尽的‘文化大革命’如何收场！”后来，韶华被“解放”了，仍要他当专业作家。韶华心里明白，现在什么也不能当，什么也不能写！他为了远离文艺界，到石油系统参加工作，连工资、户口都转过去了。文艺界再也管不着他，这样的生活前后有十年之久，生活没有亏待他，粉碎“四人帮”后，他最早拿出的长篇小说《沧海横流》，就是反映他这一段生活的，这部长篇小说为他在石油战线深入生活，画上了一个完美的句号。

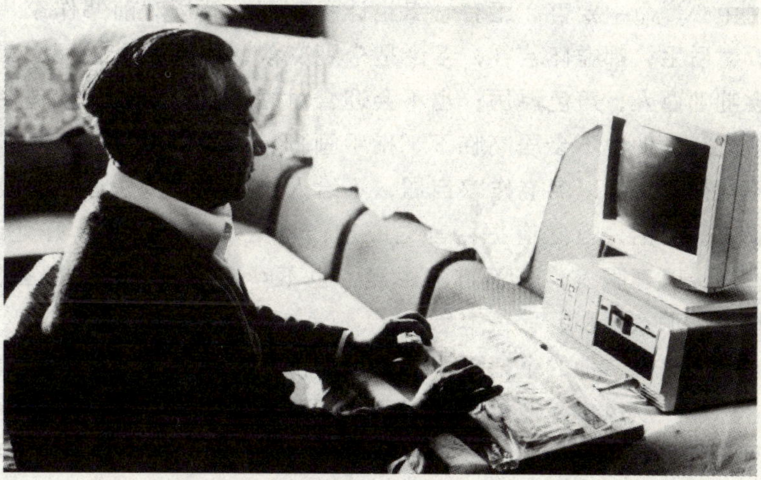

一九八八年韶华就开始使用电脑写作

此后，他担任辽宁省作协副主席、党组书记等重要职务，二十世纪八十年代他被选调进京担任中国作协书记处书记。在这期间，他写下了好几部长篇小说，还有一批中、短篇小说和散文、随笔。他的长篇小说《过渡年代》荣获辽宁省一九八六年文学一等奖。他算得上是个年轻的老干部，硕果累累的年轻的老作家。他喜欢热闹，但不慕荣利名位；他喜欢交友，待人淳朴无华，以诚相见。恐怕就是因为他这平和的形象，平和的为人，平和的心态，使他永远保持一颗平常人的平常心。韶华得益于此，我想，他就是到了耄耋之年，也还是个平和、生动、开朗、健壮、有人缘、不寂寞、充满生活乐趣的老人。

与韶华相识相交五十多年了，从一开始，我就感到他是一个充满创造性构思的人，在以后的交往中，证明我的判断是正确的。他的经历与职业，个性与追求，决定了他的性格。他喜欢深入生活，特别是到生产建设的第一线去；他喜欢和人们交流与畅谈，喜欢读书，喜欢思考；正是这样的生活乳汁，抚育着他成长、成熟，让他练就了一种过人的聪明和敏锐，在同等条件下，他能捕捉到许多新鲜和闪光的东西，让人羡慕，让人感叹。韶华还有个特点，就是记忆力极强，他读过的书籍和文件，学到手的知识和技巧，是不会再还给老师的，而成为他的血肉，他的精神财富。和韶华谈文论政，滔滔如流，讲得有滋有味，常常三言五语，就抓住中心，命中要害。还有一点也让我敬慕，韶华对前辈作家，对同龄人，对后生，都虚怀若谷，无论是个别交谈，还是开会，写文章，他从不会咄咄逼人，声色俱厉；也不会迎合讨好，自轻自贱。就是在他身居高位之时，他也不会居高临下、指手画脚。对人对事，他从不装腔作势，不摆架子，不以名老作家自居，不给人一种大家的压迫感，没有骄气、霸气。讲话，言之有据，言之成理；著文，实事求是，好处说好，坏处说坏，以理服人，既不言不由衷，也不哗众取宠。总是那么自然，那么朴实，那么平和，那么本色。

对韶华来说，他的全部创作活动，全都是同共和国的成长和建设联系在一起的。从风华正茂的青年时代，到华发苍苍的古稀之年，他始终跟着时代的步伐前进，始终保持着一颗炽热的心，投身在经济建设的潮流之中。他的艺术修养，创作激情，以及追求完美，追求创造之心，直接来自水利、石油、化工建设的第一线，来自工人和技术人员的情怀，来自指挥者和建设者的心声，从长篇小说《浪涛滚滚》开始，到《沧海横流》、《过渡年代》、《银河群星》……都洋溢着他对建设者的情与爱，充满回顾与实录，精心剪裁与提炼，以及他对生活的探索，对人生的感悟，对真理的追求。对一名当代有成就的著名作家来说，他这几十年的生活体验，心灵体验，艺术体验，是十分珍贵的。

《浪涛滚滚》鲜明强烈的艺术风格，一炮打响，从此确定了韶华在经济建设战线上走下去

以创作抗美援朝的长篇小说《燃烧的土地》而著名的韶华，经过了几年的生活，几年的准备，把自己的创作从战争题材转向经济建设。

一九六一年当我读到《浪涛滚滚》初稿时，实在让我激动，我完全没有注意语言辞章的推敲和修饰，而是被一种跃然纸上的生活气息，一种深入水利建设生活底层，深入第一线领导者、建设者的心灵深处，体验他们的喜怒哀乐，苦辣酸甜……这一切一切，写得是那么浓重，那么动情，那么强烈，那么可读。我只感到他写得泼辣，写得大胆，写得真实，写得淋漓尽致，然而他又是写得那么严肃，那么厚实，那么恰到好处，我被作品中回荡着的那种激情和境界所激动、所陶醉。

《浪涛滚滚》集中写的是一个省的水利局长和水库建设工地的领导层，塑造了几个栩栩如生的人物，写出了看似平常，却惊心动魄的故事。至今四十多年过去了，当我们重新翻看此书时，那生活的浪涛，依然是那么扣人心弦而不让我们感到陌生。

《浪涛滚滚》突出的特点之一就是情节和结构紧凑，以致拿起来就放不下。许多章节写得惊心动魄，扣人心弦，仅仅是一个水库建设的前后经历，却在领导层中发生了那么深刻、尖锐的冲突，而且这种冲突的发生、发展、激化又是那么变幻莫测，冷酷无情。崇高与卑鄙，成就与牺牲交织在一起。几个主要人物血肉饱满，性格鲜明；他们的经历与挫折，遭遇与命运叫人惊讶和感叹，叫人激动和义愤。可以这么说，韶华在这部作品中，把他笔下人物的思想和性格，精神和风貌展示得无比的鲜明和强烈，从头至尾，字里行间都燃烧着一种激动人心，又发人深省的炽烈之情。这种充溢在整个作品中的激情，形成了这部作品和韶华以后写出的《沧海横流》和《过渡年代》的特色和风格。一种在韶华创作道路上体现出来的个人风采、艺术气质和文学风格。这种风格和气质，不仅仅表现在描写雄伟宏大的工地建设场景上，还表现在对那些性格突出的人物形象的刻画上，特别是对那些把一切都献给了建设事业，日日夜夜拼搏劳动在工地上的人们，韶华对他们怀有强烈的深情挚爱，他把他的情，他的爱，全都投入到这些人物的身上，就是对陈超人这样的形象，他在揭露、鞭挞之时，也还是在字里行间充满了惋惜和遗憾，这种浓厚的人情味震撼着读者的心，也抓住了读者的心，使读者不能不为作品中急遽展开的矛盾和冲突所激动，不能不为那些人物的生活和命运或震惊，或惋惜、或愤慨、或同情。把广大读者的感情和现实生活紧密地结合在一起。也许有人对这种风格并不以为然，然而这正是为大多数读者所能接受的。当然，客观地冷静地反映生活、描写人物，也是一种风格。但如果客观、冷静到无动于衷，甚至作家和作品的思想隐蔽，文字晦涩到不知所云，必须借助于猜测来理解时，我倒欣赏韶华这种能为广大读者接受的鲜明强烈的艺术风格。

《浪涛滚滚》开了一个好头，给我留下了难以磨灭的印象。当这部作品出版后，文学界的关注和叫好，电影界的欢呼和拍摄，广大读者踊跃购买，争先阅读等等现象发生时，我并不感到意外和惊讶。一九七六年韶华给我来信，告诉我他正在写《沧海横流》时，我无比高兴，对他的创作充满信任感，自信我的判断不会有错。

从水利到石油，韶华经受了两条战线的考验。“沧海横流，方显出英雄本色”

一九七八年一月十九日我收到韶华的来信：

送上《龙卷风雷》（后改名为《沧海横流》）打字稿。这部稿子写得比较顺，比较快，但有些还可以展开的地方，粗了些。开头写得不大满意。草稿写出后，曾给辽宁文学界的一些同志读过，大家的看法是比《浪涛滚滚》略有进步，我自己不知怎样，只是写作时比《浪涛滚滚》激动。

这部以一九七三年秋天，铺设一条横贯东北大地的石油输油管道的大会战为背景，反映从各个石油战场抽调来的带着大庆“铁人”精神的输油队伍，开到绵延千里的建设工地，在与大自然英勇搏斗的同时，也同混进会战队伍中的几个阴谋家、野心家、投机分子展开了一场光明与黑暗、真理与谬误、英雄与丑类极其尖锐复杂的真善美与假恶丑的斗争。韶华的写作意图是毫不隐讳的，出于革命的义愤和对正义的呼唤，他是想在这部作品中塑造一批和“四人帮”顶着干的石油战线的英雄们，以此来影响和推进当时正在开展的揭批“四人帮”的斗争。韶华一再向我表示，“对这部书，不想花太大力量，我的写作重点放在《过渡年代》上。”当时以写与“四人帮”斗争为内容的作品在陆续问世。我最担心的就是怕作者从概念出发，生搬硬套，浅层次地反映生活，写一些脸谱化的人物。但我在看过全稿之后，不仅安心了，而且被作者鲜明强烈的爱憎所感动。作品着重是写人，无论是老一代革命家刘征远，还是青年干部赵春光，以及郑启林、姜振光、冯德奎、刘银滨等“铁人”式的干部和工人形象，和杨建同、王书栋那样的正直可爱的知识分子形象，包括对阴谋家、野心家、投机分子徐殿卿、马士才、魏克俭的刻画，都有血有肉、有声有色。反映出那场尖锐复杂的斗争，那个风云变幻的时代，像一面历史的镜子检验着每一个人，“沧海横流，方显出英雄本色。”又一次让我感到韶华有深厚的生活基础，有敏锐的洞察力，有难能可贵的革命的激情和义愤，所以从作品中不只是看到了一幕幕惊心动魄的闹剧，也看到了现实生活中，引起我们的沉思和反省的东西。小说已经定型，也没有发现需要做大手术的地方，我们在作了文字整理工作之后，便发稿了。

清样出来时已是一九七九年初，二月二十二日我收到韶华看过清样后的来信：

我二月十五日即接到寄来的清样，因为过一、二天要开党委扩大会，会上我还有工作，而且要开好多天，《沧海横流》的校对，只好日夜兼程，争取在会前把它看完。

这次看清样，与定稿时又过了半年，时代发展很快，特别是三中全会后，政治思想又进一步拨乱反正。我还想到，中央正开务虚会，会后怎么样？再过两年又是什么形势？这次看清样，主要考虑这个问题。看了一遍后，改了一些错字，除个别地方，改了几句话外，整个小说的故事、人物、情节是没有问题，是站得住脚的，甚至不管将来在几个重大的理论问题方面有什么新的提法，小说还是能够站得住脚的。因为，《沧海横流》不是“配合”某项中心，不是图解某项政策，它是写人，写人物的性格、思想、命运、感情，是写那个时代的生活，这样就不会过时，就能经得起检验。其中借人物之口对社会生活发表的议论，也仍然是党目前和将来要解决的问题，不知你们以为如何？

看过韶华的信，我便想到，《沧海横流》的草稿是一九七七年下半年写出的，定稿是在一九七八年的上半年。当时，随着揭批林彪、“四人帮”罪行的深入和发展，理论战线、政治思想战线上的拨乱反正正在深入进行，此时，无论是作者，还是编者，对于这部书稿，写些什么？表现些什么？思想上是明确的，这是我们从当时的历史发展的大趋势看到的。

当时写“文化大革命”还是一个十分敏感的内容。但我想到，《沧海横

一九七九年在四次文代会上，留华(右)马加(中)王维玲(左)

流》的时间背景是一九七三至一九七四年，既然以这段历史为背景，就不能回避当时的重大事件，而这些事件正有待人们去总结，去评价。许多当时被当作错误的加以批判和否定的东西，而今证明是正确的；而当时许多被当作正确的加以歌颂和肯定的东西，而今证明是错误的。《沧海横流》还是比较早地表现这段历史，有一定难度。既然写，就不能离开当时的历史条件和当时的社会矛盾；既不能改变、粉饰历史，也不能离开当时的社会环境，离开当时人们的思维方式和生活方式，让人物做他们所不可能做的事，说他们所不可能说的话。任何违背历史真实，另外设置虚构矛盾的作品都是没有价值的。但是，作者可以而且也应该站在新的历史的高度，通过对人物和故事的描写去评价那段历史，展示自己的倾向和爱憎。所以《沧海横流》在描写人物性格、人物命运、人物情感上，不仅再现了当时的历史生活，而且是真实的、艺术的、有生命力的。想到这里我便在清样上签字批准付印。与此同时，我给留华写了一封短信：

《沧海横流》清样，我又仔细地读了一遍，除了个别词、句和标点符号动了一些外，无大改动，我已签字批准付印。这次我是第四次读尊作了，书中所写人物，依然感到栩栩如生，如在眼前；所写到的故事，有声有色；所涉及到的问题，发人深思。这是一部让人很有兴致阅读的作品，作品出版后，会引起读者的兴趣、文学界的重视。

《沧海横流》于一九七九年八月正式出版，韶华收到样本后，立即给我来了一封信：

《沧海横流》样本收到，经过五、六年的生活实践，一年多的创作劳动，看到拙作出版是高兴的；另一方面也有些忐忑不安——客观将是怎样反映呢？

我是个作者，但也做过编辑。许多作品编辑添了心血，起了接生、助产作用。新书出版，对你们怀着感谢心情。我不会写旧体诗，前两个月吧，曾写给您一首旧体诗，原诗已记不得，但意思还想得起来，接新书样本后，我写了几句旧体诗，专家看了也许要笑话我，但可以表示我的心情。

《作者致编辑》

堆山稿卷欲埋身，
沙海石山鉴玉金。
拂尘洒露添光彩，
指疵补漏磨瑕纹。
章章沉浸千滴汗，
页页织进一片心。
虽是忐忑捧新卷，
尤谢埋名助产人。

不久我收到韶华签名的《沧海横流》，他又把这首情义真挚的诗，题写在书上，让我感念不已。

果然不出所料，《沧》书出版后，很快就听到社会上反响。辽宁的文学刊物《鸭绿江》率先刊出长篇评论，祝贺《沧》书的诞生。接着辽宁作家协会组织有作家、评论家、石油战线上的领导和职工，报、刊、电台、电视台记者四十余人参加的座谈会，对《沧》书的成就和价值进行了认真的研讨。此后，北京的《光明日报》、《文艺报》，上海的《文学报》，发表了冯牧等评论家写的满怀欣喜、热情洋溢的评论文章，新华社向全国发了《沧》书出版的通稿，第一版七万七千册不到三个月就已告罄，到一九七九年底已在安排第二版的印刷。

韶华对《沧》书出版后评论界的反映是很重视的，对社会各界的评论是很感动的。这一切对韶华来说，都是十分令人兴奋的。但他也十分理智，对他来说，更重要的是验证自己的艺术水准，在哪些方面已经达到了和可能争取达到的，而在哪些方面自己还没达到或远远没有达到的，使他能以清醒、冷静的心态进入他日程表上最重要的工程——长篇小说《过渡年代》的创作。所以无论是鼓励，还是建议；是希望，还是要求；他都认真思考，反复总结。韶华最大的长处，就是不因循守旧，不固步自封，勇于自辟新径，自创新风，他有很高的悟性，他的观察力，感受力，理解力，想象力，表现力都极强、极佳，以致反映在他的情致、趣味、感情、感觉、联想等等方面丰富而又深刻，新鲜而又敏锐，有蓬勃朝气，又充满活力。这一个时期韶华的心情是十分舒畅的，也可以说是进入《过渡年代》创作的最佳状态了。

《过渡年代》是他酝酿了三十年的重点工程，为在创作上达到一个新的水平，他三易其稿。最后一稿，集中了他对生活、对艺术的思考和创造

一九八〇年三月四日，我收到韶华的来信，信中详细地叙述了写《过渡年代》的想法：

现在我要集中全力写《过渡年代》了，我现在有些新的想法。"文化大革命"前搞的"设计"，只是写一部，时间背景是一九五三年～一九五七年。现在，我想写三部，总题目叫《风》。写建国三十年来一批人物在不断的运动中的命运。第一部《疾风》，写一九五三～一九五七；第二部《热风》，写一九五八～一九六二；第三部《台风》，写一九六六～一九七六。通过一批人物写出三十年历史和我国走过的曲折道路，也给我们的后代留下点真实历史面貌和可以借鉴的东西。考虑到要写第二部、第三部，第一部原八十万字要压缩到四十万～五十万字，以后的两部也都是四十万～五十万字之间。这是一些初步想法，书名也没有细细斟酌，六月份前做些大的设计工作，六月份后就可动笔写作了。

韶华的抱负无疑是很大的，《过渡年代》是他酝酿三十多年的重点工程，以他的丰富经历，他的写作水平，他的文学修养，他的生活积累，

我相信他是能够写好的，而且他总是在动笔之前千思百虑，一当动笔就已成竹在胸，绝不打无准备、无把握的仗。果不出所料，半个月后我又收到他的来信。

近日反复思考，对《过渡年代》的写作又有了一些新的具体想法。我想写解放后三十年来的“运动”，通过一些人物的命运，写出三十年的历史经验。……总题目叫《风》。第一部一九五三至一九五七年，想叫《疾风》，地点背景是水库（大伙房），还是原来的背景；第二部想叫《热风》，一九五八至一九六三年，正面写“五风”，三年困难。但水库那些人物已调省计委、建委、水电局，这时小说就离开了工地，背景就是整个社会了；第三部想叫《飓风》，写“文化大革命”的十年大动乱，我那一批人物又各自做了表演。不知您以为这个想法如何？《浪涛》、《沧海》都是为写《风》的试笔，艺术上没下大功夫，《风》要下些功夫，三部预计一百五十万字，希望能在一九八五年完成。

两封信对照，前后不过十四天，韶华在不停地思索着，到这封信时已经有眉有眼有了整体的形象设计了，对于这样一部篇幅浩大的多部头长篇小说，我只觉得不同一般，沉甸甸的。同时我有一种预感，只有韶华能够驾驭，他有胆有识有分寸有把握，我满怀希望和信心，鼓励韶华尽快上马。

一九八〇年九月二十六日，我怀着无比喜悦的心情读了韶华的来信：

《过渡年代》的写作已经开始，因酝酿了几十年，写作颇为顺利。今年十月末或十一月份，我想进京一趟，和您谈谈全盘的写作打算，并听听意见，因为这部书我想作为建国三十年来一个不断刮政治风暴的“记录”，并能给后代留下点经验教训，一定要写得比以前好一些才可出手。

但事与愿违，韶华这一段时间，不仅在东北石油管道局担任领导职务，而且还在辽宁省作家协会担任领导职务，身负重任，肩挑重担，一向以干实事出名的韶华，全身心地投入到行政工作中去了。他的长篇小说《过渡年代》不得不忍痛放下，这一放就是一年多。一直到一九八二年八月，他才又拿起笔来，九月十四日我收到他从沈阳寄来的一封信：

我的长篇小说，在大连这一段，又垒了一次“积木”，从头至尾，把五十年代以来形成的情节，重新串了一遍，好像演戏的彩排一样，立起来，就可以看到缺点和弱点了。回到沈阳，继续写作，因为不用现想情节，进展较为顺利。如果没有大的耽搁，可望在明年现在出第一卷新稿。不过，这次不是要仅仅达到出版水平，也不是比《浪涛》等提高一点，而是与我过去塑造的同代人相比，能达到一个新的水平，按道理，经过近三十年的酝酿，应该能够达到，如果达不到，那就怨自己低能了。

十一月二十日他又来信告诉我：

我已全力进入创作长篇小说。两个多月来，干扰少了，每天都有进展，因为酝酿多年，写得比较快，两个半月来，得十五万字。结构、人物、故事线索，都没有问题，只是文字功夫见拙。我想先把架子搭起来，回头再细细斟酌。如果没有意外耽搁，明年二季度可出初稿，届时当打字奉上，请您批评指正。

一九八三年一月韶华被省委任命为辽宁省作家协会党组书记，这次任命倒没太影响他的创作。一九八三年二月二十三日他来信中写到：

从去年七月着手写长篇，除了开会，细水长流式的，每天都有两千字的收获，既没有突击，也没有"搁浅"的时候，到目前，已有二十六万～二十七万字的草稿，估计没大的耽搁，六、七月份总可以有个眉目。

这次韶华是提前完成了任务，六月一日他写信告诉我：

五月底，第一部的草稿已经写完了，心里松了一口气。第一部共四十章，约四十四万字。

这本小说从去年七月算起，草稿写了十个月，看来是快的，但仔细一想，并不算快。第一部原来叫《过渡年代》，早在一九五四年，我决心写同代人的时候，就为其中主要人物作了"小传"了。一九五五年我在水库体验生活，是带着一批人物去的。一九五九年有了个通盘考虑，还写了个提纲。我估计到这本小说写内部矛盾比较复杂、尖锐，所以先搞一个写作中的"试产品"，那就是《浪涛滚滚》，取得了一点经验和教训。一九六二年写了一部详细故事提要，并且开始写草稿，到一九六四年写了二十万字。

又经过两年的酝酿准备，正要接着写下去，迎来了十年浩劫，这以后的情况你都知道了。

一九八〇年秋天，重又捡起《过渡年代》——现在的《风》。以前的二十万字是不要了，一九八〇年秋天又写了六万字，中间又隔了两年，到去年七月又捡起来时，这六万字也要不得了。一切都是从头开始的。现在的这个稿子，人物还是那批人物，故事也还是那些故事，除了个别问题的观点有改变的，基本上是写三十年来我对生活的思考和积累。

《风》的第一部草稿，开头写作时有点吃力，后来，越写越顺。以前写作，每天伏案，总有点“怯阵”，这次写作每天都是急于要坐下来，一坐到案头，情节就很自然地涌流出来。就竞技状态而言，这本书是最好的，“自我感觉”也比过去良好很多。如果明年能够出书，从开始给人物做小传算起，整整是三十一年，所以从全过程看，这本书写得很慢。

我现在正看通篇草稿，估计人物、故事、结构，不会有大的改动，但语言上还要下点功夫。我一面改，一面找人打字。找几个同志打，争取修改完了，同时也打印出了征求意见稿。

韶华这封信，写得平静，讲得客观，就好像在叙述别人经历的事。可我读的时候，却心潮起伏，很不平静。这部书的第一卷，从酝酿到完成，三易其稿，前后达三十年之久，在创作中他写提纲，写人物小传，又写“试验品”，在进入创作之后，他不怕推翻，不怕反复，不怕重写，不怕修改。他这是为什么？就是为了追求真实、深刻、完美、生动。追求生活的价值，艺术的价值。我想起柳青对我说过的一段话：对作家来说，推翻比推进更难。推翻意味着，作家又一次对自己写出的作品，经过一番深思熟虑之后，发现不称心，不如意，自己都不能容忍的地方；推翻意味着，作家发现自己的生活潜力，艺术潜力都没有发挥够，没有发挥到自己满意的水平；推翻还意味着，作家的责任心，在无情地鞭打着自己，不推翻就寝食不安，就无法再继续写下去。所以敢于推翻，又敢于推进，说明作家的清醒和自信，真正感觉到自己的实力，是一个明智清醒的作家，而不是一个糊里糊涂的作家。我觉得，韶华就是这样的作家，最早的二十万字，他抛弃了；新写的六万字，他放弃了。他以丰富的生活积累为基础，以艰苦的劳动付出使自己的心血之作一步步地推进，一步步地爬高，最后趋于完美，这实在是难能可贵的。

一九八三年八月《过渡年代》的初稿完成后，为了听取意见，韶华将全稿打字印刷了几十份。我看过初稿后，觉得有不少话要和韶华谈，便在这年的九月赴沈阳，就初稿的成就和下一步修改重点与韶华进行了长时间的交流。韶华把我安排在辽宁宾馆住下，这里距离他家很近，当时宾馆的伙食甚好，鸡鱼虾肉，味美量大，几天下来，我的肠胃便承受不了，我便到韶华家，让韶华夫人陶书琴大姐做些五谷杂粮、稀粥咸菜。书琴大姐知道我爱吃带馅的东西，便给我烙素馅馅饼，皮薄馅大，内香外脆，让我止不住口，吃了还想吃。以致几年后，他们夫妇调到北京工作时，只要在他家吃饭，我都点名要大姐做馅饼。

韶华的《过渡年代》无疑是一部厚实之作，又因与韶华相交多年，交谈开始后，我便有点不知深浅，指东道西，滔滔不绝地讲了大半天。韶华却很认真，竟把我讲话的录音，整理出来，拿去发表。事情过去十多年了，今天想起来，又羞又愧，这才叫妄自尊大，忘乎所以，要是现在，说什么我也不会这么做了。但由此，也可以看到韶华一个侧面，谦和平易，珍惜友情。

这次，我们还抽暇去大伙房水库参观，这是韶华写《浪涛滚滚》、《过渡年代》的生活基地之一。一到水库，韶华神采飞扬，有说有笑。湖上穿梭往来的船只，岸上大小干部、工人家属，不断有人和韶华打招呼。我们来到水库中一个小岛上，正赶上工人吃午饭，见韶华来，一拥而上，这个让他吃鱼，那个叫他喝酒，韶华一点不客气，端起碗就喝，拿起鱼就吃，不分彼此，亲如家人。这情这景，让我立时醒悟到，为什么韶华在《浪涛滚滚》、《过渡年代》这两部长篇小说中能把水利建设、地理环境、各色人物，写得那么有情有味，有形有貌，有说有笑，有血有肉；写得气韵生动，兴趣盎然；为什么看似枯燥，平平常常的工地生活，韶华写来，却舒展自如，娓娓动人，绘声绘色，惟妙惟肖呢？这都与这块大自然的生活宝地和生活在这块宝地上的人们分不开的。正是他们给韶华创造了一个属于他独有的艺术天地。

沈阳的工作结束后，我便去大连主持《青年文学》在旅顺举办的笔会。十月初回到北京后，我立即给韶华写了一封信，信中有这么一段话：

无论是从沈阳到大连的路上，还是在旅顺审读《青年文学》笔会上的小说稿子时，都时不时地想起您这部稿子，觉得稿子的基础甚好，难得的是贯穿全稿的创作者的激情，在人物描写上又如此整齐，望您在听取了各方面有代表性的意见后，一定要更上一层楼，把小说改得更好，力争出版后能产生一定影响，这应该是我们共同为之奋斗的目标。

这封信刚刚发出，我便收到韶华的来信，一看写信的日期，他也是十月五日写的，真是无巧不成书，他在信中告诉我：

辽宁作协的金河、陈屿、《鸭绿江》编辑部和创研室的同志，有的已经看完打印稿，有的正在看，已陆续地给我谈过意见，大家比较一致的看法是：无论是反映生活的深度、广度，人物形象的力度，结构上的严密，都比《浪涛滚滚》提高了一大截，缺点是，有些章节应更精雕细刻一些，个别语言运用粗糙，尚需进行细致的加工润色。

您走后，我又把您提意见的录音听了两遍，我自己做过编辑，我也接触过不少编辑，像您这样理解作者的用心，理解作品的构思，并且提出恰如其分的修改意见的，还不多见。现在大体上可以肯定的是《过渡年代》比《浪涛滚滚》有所提高（自己比自己有所提高）。不是这样我宁肯不出版。那么比我同代作家呢？比当前的"工业题材"的作品呢？有没有提高？提高了多少？这就要看出版后的社会效果了。如果能够达到像我想追求的那样的水平，那么您的谈话录音和我的谈话录音，都是一种资料。我甚至想，它们是可以发表的。因此您的提意见的录音（也有我不少插话），我想保留下来。

现在大体上可以动手修改了——先挑我比较容易接受的、好改的章节做修改。先易后难，也许不失为一条捷径，会使我的修改工作一步步地活跃起来，到攻克难点时，已在思想、精神、技巧等方面都作好了充分的准备。

很快韶华就开始修改《过渡年代》了，为了集中精力，避免干扰，他把作协工作安排妥善后，便起身到河北廊坊管道局招待所住下，这里吃住方便，环境也安静。韶华曾在此办过公，人熟地熟，熟门熟路，心情舒畅，精神专一，修改工作进展很顺利。但好景不长，十二月初作协就把他请回了辽宁。十二月十日他给我的信中，反映了他当时的所思所想。

我回沈阳后，"清理精神污染"已到尾声，作协的工作及其刊物没有发现什么大问题。我个人和作协的领导同志都主张实事求是，不要一说有蚂蚁，到处是蚂蚁。省委宣传部也很稳，现在，好像事情已经过去了。

现在看我再回廊坊的可能性已不大，我打算找个离沈阳近的地方，躲起来，再集中改一段时间，作协有事，找我也方便。

在我听到的对《过渡年代》的意见中，最令人感动的是蒋颂涛。他原是大伙房水库试验室主任，现在是省水利科学研究所的所长。他是一字一句地看的稿子，连"削坡"应改为"削山皮"，和一九五四年没有"折叠椅”都提了。特别是秦可道为什么敢于坚持把含水量高的松土回填填坎，他都提出了合理的意见。杨东明的“上书”，他是一字一句为我修改的。经他看后，起码在技术上，我就放心了。当然，他还不只是就技术上提了意见。秦可道写的宋词和在龙王庙碑文，我也请精于此道的同志斟酌了。

总的说，修改比较顺利。但有一个问题：我写作的习惯是构思时间长。一旦构思完成，写了稿子，像烧成的砖，可塑性就很小了。有些意见，即使正确，因缺乏生活和艺术准备，也容纳不进来。现在，只是在原来的基础上删、增、改。未知结果如何？但可以肯定的是，比上一稿有提高。

我想请你为《过渡年代》写篇序，请人写序，在我是第一次，因为你对《过渡年代》的理解，所提出的宝贵意见，最适合写序，不知你意如何？

我因为参加共青团二中全会，一去七天，会后回到社里，才看到留华的来信，心中感触颇多，在异常感奋的心情下，写下了这封回信：

您的估计是对的，“清理精神污染”的目的在于建设社会主义的精神文明，在于繁荣和发展文学事业，在于丰富人民的文化生活，按照有些人的想法和做法，又要回到单调、贫乏的文化生活中去了，说明“极左”思潮的权势和封建思想意识的根基还很牢，市场还很大，不能低估。中央是不会同意走回老路上去的，稳一点，冷一点，尤其是领导比什么都强。近两个多月来，我在精神上、工作上承受的压力是很大的，只是心里有底，对我和我编辑部的同仁，对我们走过的路，坚信是符合三中全会精神的，所以我不紧张、不慌乱，就思想和精神状态而言，已与“文化大革命”那时完全不一样了。这次对我来说，也是一次检验，说明我提高了，进步了。现在不同了，中央的精神和政策界限越来越清楚了。自信和坚定，应是革命者最起码的品德，如果连这一点都不具备，还谈得上什么党性和原则呢?！您应该坚定不移地去修改《过渡年代》，对一个作家来说，职务和地位如过眼烟云，都是暂时的，不是他应该追求的目标，而作品，却是实实在在的，摆在那里，吹不动，刮不跑，有斤有两的。看清楚这一点，您就会应付一切，心情舒畅，轻松愉快地投入小说的修改，没有再比完成小说修改的任务更重的了。

您的书，我怎能写序呢？于我的身份、学识和影响不协调。梁斌老的《笔耕余录》执意让我写序，我也没有写，只写了一篇“跋”，排在书的最后边。我从不把自己看得太重。我习惯，也十分乐意默默地工作，这是我的性格，我喜欢这样。天生来是一块铺路的碎石，而不是隆隆作响的压路机。但我对您的作品，确实有极大的热情，有感触、有想法，我准备写篇有点分量的文章，但那不是序，仅仅是一篇读后感。序，我是不写的。我们是多年的朋友了，您是理解我的。

韶华收到我的信后，几乎没有放下，就给我写来了回信。

我完全同意您的意见，对这次“运动”，一开始我就有个预计，有个态度，自己没受影响，辽宁作协也没受影响，搞得凶的地方，大约又要一段时间才能缓过气来。我们在坚定不移地抓精神文明建设。现在看，事物的规律、人心，在起作用。反右，“左”会抬头，但不能持久，中央了解情况还是很及时的。有些同志，还要热一阵，不奇怪。

《过渡时代》打印稿，《十月》看了，他们要选十来万字发表。《鸭绿江》早就提出，我是必须要给的，准备按人物命运线索选发一些章节。其他刊物，也有索稿的，我准备选一些相对独立的篇章给他们。

序言，我还是想请您来写，您不要过谦，理解作品和作者，再没有比您更合适的了。

一九八四年一月十五日我们收到了《过渡年代》修改后的定稿，随着稿子还来了一封短信：

《过渡年代》按计划改完了，个别章节仍不够满意，总的说修改还算顺利。您和作协朋友们所提意见，凡是生活基础、艺术构思有准备的，都进行了修改。有的地方，思想缺乏准备，则没有达到期望的效果。您再看看，还有什么要修改补充的地方。

我还是想请您写个序言，您如果不写，我也就不请别人写了。

辽宁“清污”很稳，作协未发现大问题。现在除了整党，我们着重抓精神产品——《当代作家评论》、辽宁文学院、鸭绿江函授中心、创作学习班、笔会等等，把精神产品搞上去，是最好的“清污”。我们着重在鼓干劲，出成果上。

我们立即进入编辑工作，同时组织插图，进行封面版式设计，以及安排印刷装帧发行等等一系列出版前的事宜。半年后，这部五十万字、分上下两册的长篇小说出版了。第一版分精平装两种版本，总印数三万七千册。韶华在收到样书后，有说不出的高兴，对封面、插图、装帧、版式都很满意。这段时间韶华的情绪很高，他因患有关节炎病，在熊岳疗养院治疗期间，便已开始写《过渡年代》的第二部——《热风寒潮》了。进展颇为顺利。而他的第一部——《过渡年代》在问世后，反响也十分热烈。一九八四年十一月十日他写信告诉我：

省委宣传部甚为重视《过渡年代》。《辽宁文艺界》（综合性月刊）十二月发个出版消息。《宣传动态》也要发份有关《过渡年代》情况的简报。《当代文学评论》明年第二期（第一期已发稿），发几篇评论文章，其中您在一九八三年九月对《过渡年代》初稿的谈话，拟以《生活·艺术·成就》为题发出。

上海《文学报》的一位记者，日前来辽宁登门采访，我把《过渡年代》的创作和大致内容向他作了介绍，记者颇感兴趣，写了一篇“专访”，不久即可见报。

对我个人来说，作品出版了，它本身是一个“客观”，读者反映又是一个“客观”，让实践、让时间去检验是最重要的。

新出版的《过渡年代》受到社会上的重视，评论文章蜂起。文学界、评论界一致认为《过渡年代》是成功的佳作，是工业题材文学创作的新突破，是一部具有里程碑意义的作品，在韶华的创作中占重要的地位。一些高手的评论文章纷纷指出：作品以高峡水库为背景，呈放射状展开情节，展示了我国当代社会生活的广阔画面，有丰富的历史内容和思想内涵，通过陶冶、秦可道、杨东明、陆希扬、姜之彤、吴升飞等三十几个人物的不同命运的描写，再现了我国一九五七年前后那一段特定历史时期的社会风貌和历史进程。可贵的是，作者没有回避那个历史时期的重大社会矛盾，没有像一些作品那样，把重大的政治事件推到远景，拉开距离去写，而是知难而进，迎刃而上，直接地、正面地写了那些令人难忘而又令人痛心的事件，显示了作家的胆略和气魄，以及把握和处理重大题材的水平、素质和艺术功力，也反映出了作家对那样一个“过渡年代”的独立思考、历史反思。作品中对当时那场“反右派”斗争的直接地、真实地、具体地描写，是在同类题材作品中不多见的，也是振聋发聩的。作家虽然站在了今天的高度，使作品充溢着现代意识，但作品中的人物并没有给人以“现代化”的感觉，而是非常符合那个年代，那种环境下的人物性格发展的自身逻辑。评论界还指出《过渡年代》的成功，是作家长期坚持深入生活的结果，是作家坚持现实主义的创作方法的艺术结晶，证明传统的现实主义的创作方法，没有过时，仍具有无限的生命力。

韶华奉命进京担任中国作协书记处书记，又一次把二部的创作放下。六年后，在他离休的前夕，意外地发现茅盾点评《浪涛滚滚》的珍本，令他无比欣喜

也就在这时，韶华奉命调京，担任中国作协书记处书记，大约是在一九八五年初，我到北京三元桥旁一座塔楼看望韶华夫妇。韶华夫妇住一室一厅，与他们沈阳的宽敞的住房相比可说是天壤之别。房内陈设要多简单有多简单，一床一桌，两把椅子，一个书架，不知怎么给我留下一种临时帮工的感觉。韶华在沈阳，写作办公以及住行生活条件，是相当不错的。调进京城，一头扎在事务性的工作中，迎来送往，开会出差，从早到晚，忙里忙外，干什么呢?！对一个年纪已不轻的六十岁的作家来说，正是写长篇的黄金时刻，放下二部不写，来当京“官”，干什么呢?！我对他说，作协书记处书记好找，韶华不来，自有人来；韶华不干，还有人干。但你的二部，除了韶华，可就没有人写了。“文化大革命”耽搁了十年，你六十岁了，不年轻了，干上一、二年就回去吧！我还对他说，当辽宁作协的党组书记，你可以有时间从事创作，在北京你只能干具体事，不可能有个完整时间，让你去从事创作。但韶华却不这么想，他是个传统的人，有很强的组织观念和纪律观念。他说，组织上决定的，辽宁省委也同意了，我只有服从，从参加革命那天起，就只知道服从分配，从没有向组织上讨价还价过，而今只能听天由命了。

一天，韶华突然打电话给我，他们夫妇要来家看我，我喜之又喜，赶紧准备饭菜。一见面，让我惊讶得张大了口，呆呆地站在他们夫妇的面前，不知如何是好。我住四楼，又无电梯，他们夫妇竟抱着五十斤从东北带来的大米，爬上楼梯，累得气喘吁吁，韶华待友的真挚、实在，让我永怀不忘。

韶华在京工作这段时间，到我家做客的次数并不多，但每次来，都

留下难忘的印象。我们每次都是无主题的自由交谈，松弛的气氛，宁静的环境，让我们全身心都感到轻松舒适，他坐在当时我那间摆满书橱前的沙发上，一边品着茶，一边有声有色地谈他对人、对事的发现和感受。这里有欢乐的、欣喜的往事；也有荒唐的、苦涩的回忆。不管是赞叹惊喜，还是惋惜感叹，都充满了对生活的激情、真诚和期望。哪怕是一针见血的直率批评，也满怀恨铁不成钢的痛惜之情，韶华的直率和真情，深深地感染了我当时上大学的小女儿，以致在他走后，小女儿涨红着脸说："多开明的老头，这么开朗，这么直率，真难得，他真好！"

韶华这人，就是这样，表里如一，言行一致。他总是热情的，充满干劲的。加上他又有长期从事党的文化工作的领导经验，有一套工作方法，工作办法多，工作效率高，所以在中国作协这几年，无论同级还是上级，无论作家还是各方面的文友，没有与他合不来的，对他都充满好感。

韶华是个对谁都不设防的人，始终以豁达态度待人，就是遇上一些不愉快的事，他也想得开，不计较，不怨天尤人。

他在中国作协这几年，工作是超负荷的，可他从不叫苦叫累，叫干什么，就干什么；而且尽力去干，能多干，绝不少干；就在他又忙又累之时，有件事，让他高兴不已。

这就是一九八九年下半年茅盾先生的长子韦韬，把他珍藏的茅盾先生一九六三年阅读过的《浪涛滚滚》，捐赠给"茅盾故居"。对这本仅有十七万字的小说，茅盾先生在书页空白所写的点评文字，就有一万五六千字之多。对一些精彩的句子，茅盾先生在行间画出的细线有两千多条。这些无比珍贵的点评文字虽然是针对《浪涛滚滚》写的，但点评内容极其广泛，涉及长篇小说的结构问题，人物性格刻画问题，故事情节发展中的起伏跌宕、张弛结合问题，环境、风景描写问题，语言运用问题等等。茅盾先生对《浪涛滚滚》的点评，不仅对韶华和他的作品，是很大的鼓励和肯定，而且对韶华今后的创作和发展，也有很重要的指导意义。而对广大读者，特别是文学爱好者研究茅盾先生的艺术思想，是很有价值的。要感谢中国现代文学馆的王增如，是她把点评本这一重要的信息告诉了韶华。韶华在读过点评本的内容后，又根据自己当时创作《浪涛滚滚》的真实想法和艺术追求，写下了一万多字的"作者自白"。这些自白是三十年后韶华对《浪涛滚滚》创作中得失成败的自我总结。茅盾先生针对作品内容，一段一段地写出点评，韶华以“自白”的形式，讲出自己的创作想法和艺术构想，两人的文字，均以不同的字体和不同的括号来排在内文之中，形成了一种生动有趣、虚实结合的讨论文学创作，进行文学评论的新鲜形式。

当韶华把点评本送给我后，我当即决定以《茅盾点评本——浪涛滚滚》为书名，出版这本书。

一九九一年二月二日我收到韶华从沈阳发来的信：

春节好！我一月十四日离开北京，一上火车，就有一种轻松的感觉。在沈阳这些日子，安排好家过年，人来客往，十分热闹。

二月份不会出门，在沈阳写点东西，我的辞职书已发出，可望得到批准，再去北京，就“无官一身轻”了。

韶华选择“仪化”长期落户，又给自己开辟了一个绚丽多彩的艺术天地。几年下来，他写出了仪化人速写一百零八篇，把根深深地扎在这片沃土上

韶华终于获准辞去中国作协书记处书记的职务，又回到作家的行列之中，一九九一年岁末，他到一个新的生活基地长期落户，我为他祝福，为他高兴。一九九三年一月九日他在来信中写道：

目前我在江苏仪征化纤工业联合公司生活，相当愉快。去年写了十万字的寓言、小品。从法国回来，写了十万字的一本报告文学，即出。也算创作丰收吧。不过现在写作，大部分是找一种生活乐趣和用电脑的兴趣。别的，无所谓的。你要有时间，在“烟花三月下扬州”时，来这里看琼花。仪征化纤工业联合公司还值得一看的。

写到这里，百感交集，我想到韶华身上除了文学细胞外，天生有一个聪明的科学头脑和一双灵巧的手，他经常围绕家庭生活搞一些科学小发明，之后，向这个推广，向那个介绍。在作家中，他是最早使用电脑的。一九八八年他就已经开始用电脑写作了。他的长篇小说《三角红黄白》，就是用电脑敲出来的。他在写这部长篇小说时，写信告诉我：“自

我感觉不错，每天两千字，免去抄稿誊写之苦，乐哉!”他也曾多次动员我用电脑，一晃十多年过去了，韶华已成为电脑能手，在一九八九年全国电脑输入比赛老年组竞赛中，还得了一个二等奖，而我到今天还是个电脑盲，想起来真惭愧，如果当时听韶华的话，也开始换笔，不知在写作上省多大的劲哩!

我终于在一九九三年夏天趁去南京开会的机会，到仪化看望韶华夫妇。虽然我只在仪化住了一天，但我兴奋不已，我觉得韶华真是一个有福气的人。张家港是江苏省农村中的城市，乡镇企业中的一颗明珠，许多全国知名的作家到那里深入生活是在一九九五、一九九六年开始的。仪化是江苏的一个规模宏大，在海内外享有盛名的化纤城市，韶华几乎比别人提前了四、五年就已到这里深入生活，埋头写作了。韶华选择仪化长期落户，真有眼力，简直太棒了。仪征化纤股份有限公司，是一个大型的化纤企业，每年为我国十二亿人民每人提供五米的化纤产品，为国家创造了巨大的财富。仪化环境好，既有现代化大企业的雄伟之美，又有江南水乡秀丽之美，由不同厂房、不同车间组成的生产区，和由公园、学校、医院、影院、商店，以及大片住宅楼组成的生活区，给人一种整齐、壮丽、清新、秀美的强烈印象。仪化人有情有味，特别看重韶华这样的老作家来落户，把他的生活安排照顾得好好的，韶华住一套三室一厅的民宅，生活用品一应俱全，吃的用的应有尽有，让我感动的，是他们夫妇已和这里的领导和干部，工人和技术人员，家属和小孩打成一片，已分不出他们是仪化人，还是外来户。他们从爱仪化到写仪化，从爱仪化人到写仪化人，韶华运用小说、散文的艺术手法，写了一百零八位“仪化人速写系列”，这里有厂长、经理、车间主任、工程师、教师、医生、普通工人……就是没有公司一级的最高领导人。我问韶华，为什么不写他们？他们不是更能反映一个企业的形象吗？韶华有他的想法，他说，我写这一百零八将，是仪化各个方面的代表人物，我从不同的侧面，不同的角度刻画他们、描写他们，从他们每一个人的身上，都能感受到仪化和仪化领导人的思想、精神的烙印，把他们写好了，也就写出了“仪化精神”。韶华这话，说得朴实，说得深刻，深深地表达了一位老作家对仪化的挚爱真情。韶华著文，他的夫人、画家陶书琴作画，一张张生动传神的素描，一张张充满生气的仪化小景，使韶华的人物速写更加真实生动，增色不少。

当时韶华在仪化已经六年了。他们夫妇跑遍了仪化的工厂、机关、学校，乃至车间、工段、班组，以及仪化人的家庭……一个写仪化人，一个画仪化人，他们受到了仪化人的尊敬和信赖，关心和支持，仪化人把他们当亲人，当朋友，当成自家人，而在韶华夫妇的心中，也早已“仪化”了。

我来仪化时，正是盛夏，我俩兴致勃勃地一起散步，逛马路，遊公园，我已记不起那个公园的名字，但这公园小巧玲珑，有山有水，具有江南水乡庭院的特色，我们在花丛树林之中边走边谈，谈写作，谈人生，谈机遇，谈未来，谈各自经历的人和事，那情那景，至今如在眼前，与挚友相聚，与益友畅谈，也是人生难得的一乐。

这天韶华还拉我去他的电脑室，指着吊在电脑前的小吊扇对我说，用空调、电扇都觉得不适，昨天我意外地在商店里发现这种袖珍电扇，微微细风，柔和舒适，我买了两台，一台你带回去，吊在床头，看书睡觉，微风习习，飘来飘去，很舒服的……事情已经过去许多年了，每当夏季来临的时候，看到这台小吊扇，我就想起了韶华，仿佛又看到他的身影，听到他的声音，这时似一股清新凉爽的空气，吹在身上，淌过心头，让我无比开心。

我在离开仪化返京的途中，百感交集，联想翩翩……我想到，韶华担任中国作协书记时，一会国内，一会国外，走遍了东西南北，不断地出国、出差；不出差时，也被各种大小会议，各样的社会活动，排得满满当当。可就是这样，韶华也没有把笔丢下，不时地写些散文、随笔、短篇、特写，发表在报刊上。有人说他勤奋，我说，他心灵开放，思想活跃，热爱人生，追求创造。这几年，他离开了领导岗位，来到仪化，但他讲话著文，依然保持着鲜活的语言，蓬勃的朝气，对美的追求和创造，以及涌动在字里行间的才情和活力，这些一点不减当年，毫无枯竭干瘪之感！在和韶华交谈时，我还感到，这些年他人在仪化，远离大城市，但对刚刚露出嫩芽的新事物，刚刚崭露头角的新人物，刚刚推出的新产品、新技术，刚刚起步的新举措，他都以极大热情，极大兴趣，极其敏锐的观察力，对这些新事物、新人物、新技术、新产品进行深入理解，从而使自己的思想跟上新形势的发展。韶华是个对生活充满爱心，充满激情，又绝顶聪明的人。他在仪化落户，心和仪化人想在一起，血和仪化人流在一起，和仪化人过着有血有肉的、有情有味的生活，仪化人提供给韶华的这些丰富的生活宝藏，韶华是绝不会白白扔掉的，他不会亏待生活对他的厚爱，他会加倍偿还，最终把那些闪光的宝藏提炼出来，回报给仪化的亲人和生活的大地。如果不是这样，那就不是韶华了。

韶华常说："当我从事文学工作的时候，还不知道什么是文学，当我写小说的时候，也不知道什么是小说，是生活的巨浪把我推上文坛，推上这个令人羡慕的作家岗位的。我在开始写作的时候，却没有想过要当作家，现在当了作家，我也不觉得有什么荣耀。每一个工作岗位，都会对社会有贡献，我写作品，只是尽自己对社会的一份责任罢了。"

"我觉得人的一生只要过得充实，不虚度年华，便问心无愧。我自己的大半生，无论是抗日战争，解放战争，抗美援朝，经济建设，都生活在第一线，都有作品问世，至今我已经出版了十来本书，作为一个作家，就文化素养来说，功底不厚，但我的生活库存不薄。"

"若说这几年我生活中最得意的一件事，就是在我六十多岁的时候，居然学会了用电脑写作，而且'玩'得很'油'，觉得其中有无穷的乐趣。从小米加步枪，到电子计算机时代，我一直跟着时代往前走，并时刻警惕自己的思想不要老化。我希望在有生之年，多留下几部作品给社会。"

"从社会索取的，你不能带走，留给社会，则可永存。"

韶华是开朗的，乐观的，对生活充满了爱，充满了乐趣；韶华又是开明的，永不止步，永要进取；无论是过去，还是现在，他总是跟着时代前进的步伐，寻找新的创造，新的追求，新的目标。

我对韶华这个看法，是一点也不过分的。二〇〇二年三月，他来到北京，来到我家。他告诉我，他刚刚脱稿的长篇小说《省委书记和他的秘书们》，被人民文学出版社看中，拟作小的充实修改之后，将由他们出版。听到这个喜人的消息，真让我为韶华高兴。不要看韶华当时已经七十七岁了，他永远不会做时代的旁观者，他是一个永驻青春追踪时代的跋涉者，就是在这部长篇小说出版以后，他也闲不住，还会有所作为的，一定会。

路遥，一颗不该早陨的星

一九九二年十一月十七日传来了路遥逝世的噩耗，我先是震惊，而后感到十分沉重，沉重得心中一片空白。当时，正是我经历丧母之痛的最悲伤的日子。我已经被悲痛之情麻醉了，只感到在我那无比悲痛的心上，又无情地重重地留下了一道深深的伤痕。在路遥去世的半个月之前，我和弟妹们日夜守护在母亲的病床前，但我亲爱的母亲还是离我们而去。母亲的去世，使我体会到什么叫悲痛，那就是不仅人在哭泣，心也在哭泣！想到我自十八岁参加工作以来，陪伴母亲的时间太少了，太少了，以致母亲临终前的一日还对我说："你坐下，我们母子好好说说话！"话刚说完，便昏睡过去，从此就没再醒过来。我悔恨极了，怎么在四十多年的时间里，就没想到和母亲像儿时那样经常地、亲亲热热地说说话呢?!特别是近四五年来，母亲体质日衰，我没及时把老人家接到家中长住，同享儿孙满堂的天伦之乐。母亲爱我，我爱母亲，这并不完全是物质上的享受，更重要的是精神上的交流和慰藉。人到老年(而今我也步入老年行列)，更需要亲情和深情，抚慰她那操劳了一生的疲惫的心，可我怎么就没有在母亲在世时想到这些呢？我无比悔恨，无比悲痛。以致母亲的后事全部料理完毕，我仍在恍惚、悲痛之中，而不能自拔。正是在这个时候，得知路遥去世，我只能在心中默默地悼念他……

一晃两年多过去了。一九九四年长篇传记文学《谢子长》出版，在北京举行的首发式上，陕西专程来京的文友们告诉我，路遥逝世后，陕西出了一本纪念集《星的陨落》，全都是路遥生前友好写的回忆文章，其中有二三处提到我。不久陕西的文友把这本书寄来，我捧着这本书，一件件往事，展现在眼前。特别让我激动不已的是从一九八〇到一九八三年在《人生》出版的前后，我竟然还保存下路遥给我的十多封珍贵的来信，从这些信里，唤起我许多回忆，唤起我无尽的思念。

路遥个头不高，敦敦实实，显得十分健壮。一脸淳朴憨厚相，不了解他，不与他接触，谁也感觉不到他的艺术气质和才华

“文化大革命”前，在我国文学界已享有很高声誉的陕西省的胡采、柳青、杜鹏程、王汶石、李若冰、魏钢焰等著名的理论家、作家，都是中国青年出版社的作者，他们创作的长篇小说、中篇小说、短篇小说集和散文集，大多在中青社出版。我当时分工负责联系陕西这块宝地上的作家们，由于工作关系，我与他们结下了深厚友谊。这种友情一直延续到“文化大革命”以后，延续到今天……

一九八一年我应邀担任中国作家协会首届全国优秀中篇小说奖的评委，在入选的篇目中，我发现有一部陕西青年作者路遥写的中篇小说《惊心动魄的一幕》。列入选目中的作者和作品，我大都比较熟悉，或有一些印象，但对路遥和他的作品，我是完全陌生的。由于我对陕西文学界的特殊感情，我首先读了这部作品，读过之后，我为路遥高兴，也为陕西文学界高兴，我确信这是一部有特色、有水平的作品。当时文学界正流行“伤痕文学”，路遥写的也是“文化大革命”，但他取材的角度完全不同，他写一个县委书记，在腥风血雨、互相屠杀的动乱年月里，为了制止武斗、制止流血，唤醒被蒙骗的人民大众，他自投罗网，以自己的牺牲，扭转了局势，防止了无辜人民的流血牺牲。当时这个被称之为走资本主义道路的十恶不赦的当权派，竟舍生取义，从容赴死，结局是悲惨的，可又是悲壮的！这惊心动魄的一幕，既让人心潮澎湃，又给人留下了思考余地。这是路遥写的第一个中篇，尽管作品还有稚嫩之处，但最终还是被评上了。在发奖会上，我特别留意路遥，他个头不高，敦敦实实，显得十分健壮。当时路遥的知名度还不够高，再加上他总是坐在后排，一脸淳朴憨厚相，不了解他，不与他接触，谁也感觉不到他的艺术气质

路遥在写作

和才华。当时文学界、新闻出版界向他采访约稿的人很少，路遥有一种被冷落的感觉。在这次发奖会上，他有些孤独，有些寂寞。在座谈会上，面对那些潇洒自如，侃侃而谈的知名的中青年作者，路遥显得很沉默，大小会上，一言不发，专注地听每一位获奖作者的发言。路遥的专注表现，引起了我的注意，一次我把他约到休息厅，进行了长时间的推心置腹的交谈，这时我才真正认识了路遥。他是一个很有头脑很有才气的青年，一个聪明绝顶又很有潜力的青年，一个自尊心上进心都很强的青年。我由衷地喜欢上了他，发自内心地敬佩他，甚至有点儿偏爱，这年路遥刚刚三十一岁，从此我们两人便结下了不解之缘。

正是在这次交谈中，他告诉我，他准备花大力气写一部中篇小说。他说，他的祖祖辈辈全是农民，从小在陕北高原的山沟里长大，一直到十七岁才离开家乡，读了三年中学，又回到农村教书，后来在县剧团当编剧，以后考入延安大学中文系，毕业后分配在《延河》编辑部工作，现在是小说散文组的副组长。他告诉我，他熟悉农村生活，也熟悉城市生活，但两者相比，他最熟悉的是农村和城市"交叉地带"的生活，他曾长时间的往返其间，生活在这一领域，他自己就是一个既带着“农村味”，又带着“城市味”的人，他试图在这个生活领域里，作一次较深的探索，表现城乡交叉地带的生活，把农村生活和城市生活交织在一起，写一部既有城里人，又有农村人，还有混合着城乡色彩的人的中篇小说。不管这种探索是成功还是失败，他也要写。他觉得这么写才不雷同，才有创意，才能给人留下新鲜的感觉。他相信自己写进作品的生活面会是宽阔的，艺术概括的天地也会很大，更重要的是这个领域内的矛盾冲突有特点，社会上的某些重要的动向往往首先在这个领域内反映出来，写好了会有一定的深度和广度，就是人物形象的刻画也不会那么简单。他说，他过去写的作品含金量都较轻，也显得单薄，他要在这部青年题材的小说里，追求一种多义性，包含了青年问题，爱情婚姻问题，党风问题，城乡差别问题，知识分子的出路和命运问题，以及社会关系等方面的问题。路遥一边不停地吸着烟，一边不紧不慢从从容容地谈着。路遥讲话，有声有色，有起有伏，让我高兴，也让我感动。在听他讲话的过程中，我突然产生了一种职业性的预感，我觉得眼前这位青年作者的所思所想很不一般。我确信他能够把这个中篇写好，我热情地鼓励他写，要他排除一切杂念，下功夫去写，为了证明自己确有实力，不愧是全国优秀中篇小说奖的得主，也应更上一层楼，把这部小说写好，我对他说，对于一个献身于文学事业的人来说，如同参加一场马拉松竞赛，不是看谁起跑得快，而是看后劲，我口气坚决，态度也坚决，敲定了这部书稿。路遥深受感动，一口应允。

这就是《人生》的最初的约稿。后来我才知道，实际上路遥在一九七九年就动笔了，由于构思不成熟，开了个头，就写不下去了。一九八〇年又重写了一次，还是因为开掘不深，又放下了。一九八一年春的我们这次交谈，起了催生的作用，坚定了路遥的信心，他从北京回到西安以后，心里一直在翻腾，他把编辑工作安排好了以后，便又一次返回陕北住进了甘泉县招待所的一间普通的客房里，一连苦斗了二十一天，从早到晚，闭门不出，几乎每天都写十多个小时，饿了，啃口干粮；渴了，喝口浓茶。写得激动时泪流满面，写得顺手时，忘记了白天和黑夜，写不下去时，痛不欲生。写完最后一个字，他兴奋地对朋友说：“就是现在让我死也值得了。”由于久坐，他的两条腿发僵而抬不起来，由于营养跟不上，加上睡眠不足，神经出现紊乱，嘴角溃烂，大小便不畅，脸色又黄又肿，就像生了一场大病。但他毕竟了却了多年来的一桩心事，他不顾病体和疲劳，把初稿装进背包，沿着陕北高原，走了半个月，对刚刚写成的稿子进行回顾与体验，思考与生发，最后回到西安，准备进一步修改润色。这期间我不断地写信给他。一九八一年九月二十一日我收到路遥的来信：

非常感谢您对我的信任和关怀，我甚至有点不安，觉得愧对您一片好心。以前的短篇，我自己都不很满意，因此不敢给您寄来，不过，在所有的约稿中，我对您的约稿看得最重，已经使我有点恐惧，我生怕不能使您满意，因此，每写出一篇，犹豫半天，还是不敢寄来。

我现在给您谈谈我的中篇，这个中篇是您在北京给我谈后，促我写的，初稿已完，约十三万多字，主题、人物都很复杂，我搞得很苦，很吃力，大概还得一个多月才能脱稿，我想写完后，直接寄您给我看看，这并不是要您给我发表，只是想让您给我启示和判断，当然，这样的作品若能和读者见面，我是非常高兴的，因为我们探讨的东西并不一定会使一些同志接受。我写得是青年题材。我先给您打个招呼，等稿完后，我就直接寄给您。

一九八〇年，中国青年出版社办《小说季刊》，专门转载青年作者发表的优秀的中短篇小说，到一九八一年已不能适应青年作者蓬勃成长和我社业务迅速发展的形势，从一九八二年一月开始改名为《青年文学》，专门发表青年作者的新作。这本刊物一问世，就很红火，许多知名的青年作家的作品纷纷在刊物上亮相，赢得了巨大反响和社会好评，刊物的发行量一度接近四十万份。我当时任《青年文学》的主编，曾几次给路遥写信，约他给《青年文学》写短篇小说，路遥信中讲的“短篇”，就是在这样背景下提出的。关于《人生》，他在信中提到“大概还得一个多月才能脱稿”，我完全能够理解。路遥写作，从来是从难从严，高质量、高水准地要求自己，写成的稿子，不等于初稿，更不是定稿。面对丰富的、错综复杂的生活，路遥绝不会允许自己作肤浅的反映，不登上理想的殿堂他是不甘心的。正因此，他在创作时，总要经历一场艰难的跋涉，痛苦的历程。路遥说过，他在创作中有时因为过不了这些关卡，而无比烦恼、气愤，甚至对自己的创作前途都产生悲观、恐惧的心理。一旦他闯过了这些关卡之后，有如大病一场一样，筋疲力尽，浑身软塌塌的。

路遥的艰难痛苦的创作历程，是千真万确的，绝非夸张，我理解。

生活在任何地方都不会是一个平面，它是一个多棱角的“立锥体”，有光面的，也有投影，更多的是一种复杂相互的折射

一九八一年十月十七日我终于收到盼望已久的《人生》初稿，路遥在信中写道：

您的信鼓舞和促进了我的工作进度。现在我把这部稿子寄上，请您过目。

这部作品我思考了两年，去年我想写，但准备不成熟，拖到今年才算写完了。……我自己想在这个不大的作品里，努力试图展示一种较为复杂的社会生活图景，人物也都具有复杂性。我感到，在艺术作品里，生活既不应该虚假地美化；也不应该不负责任地丑化。生活的面貌是复杂的，应该通过揭示主要的矛盾和冲突，真实正确和积极地反映它的面貌，这样的作品才可能是有力量的。生活在任何地方都不会是一个平面；它是一个多棱角的“立锥体”，有光面的，也有投影，更多的是一种复杂相互的折射。

问题还在于写什么，关键是怎么写，作家本身的立场——可以写“破碎”的灵魂，但作家的灵魂不能破碎。

已经谈得太多了，也不一定正确，只是自己的一些认识，不对处，请您批评。至于这部作品本身，您会判断的。我等着您的意见。

我怀着无比喜悦的心情，很快就把《人生》初稿读完了。我又请编辑室的许岱、南云瑞看了这部书稿。他们与我一样，同样是怀着巨大的热情和浓厚的兴趣读完这部书稿的。之后我们坐在一起，认认真真地进行了一次讨论。现在回忆起当年那种对作者的真挚的感情和对作品炽热的激情，还感奋不已。大家一致认为稿子已十分成熟，只是个别地方还需要调整一下，结尾较弱，如能对全稿再作一次充实调整、修饰润色，把结尾推上去，则这又会是路遥一部喜人之作。我满怀信心地给路遥写了

封回信，我写给路遥的许多封信，都没有留下底稿，独独留下了这封信的底稿，为什么?! 至今我也说不清楚。这封信给路遥很大鼓舞和信心，使《人生》在已有的基础上，又上一层楼。现把这封信抄录如下：

路遥同志：

近来好！

我和编辑室的同志怀着极大兴趣，一口气把你的中篇读完了。你文字好，十分流畅，又有强烈的生活气息和时代特色，让我们一读起来就放不下。虽然我生活在城市，对今天的农村生活变化不很了解，但读你的作品时，没有一点陌生的感觉，就像全都是发生在我身边的事一样，让我关心事件的发展，关心人物的命运，为你笔下人物的遭遇和命运，一时兴奋，一时赞叹，一时惋惜，一时愤慨，我的心，我的情，完全被你左右了。读完你的作品，让我对你的创作更加注目和关心，对你的文学才华更加充满信心。我相信，你今后一定还能写出更为喜人的，同时也是惊人的作品，我期望着，等待着！

《生活的乐章》(注：即《人生》)出版以后，会在文学界和青年读者中引起重视和反响。就我们看到的近似你这样题材的作品，还没有一部能达到这样的艺术水准。为使你的作品更加完美，我们讨论了一下，有几点想法提供给你参考。

①小说现在的结尾，不理想，应回到作品的主题上去。加林、巧珍、巧玲等不同的人物都应对自己的经历与遭遇，行动与结果，挫折与命运，追求与现实作一次理智的回顾与反省，从各自不同的角度总结过去，总结自己，总结旁人走过的道路，给人以较深刻的启示和感受，让人读后思之不尽，联想翩翩。

现在的结尾较肤浅，加林一进村，巧玲就把民办教师的职位让给他，并且对他表现出了不一般的感情，给人的感觉，好像这一切都是巧珍的安排，让自己的妹妹填补感情上的遗憾。巧珍会这么做吗?! 读过后感到很不自然。加林对巧珍的内疚和自我谴责；与黄亚萍一段交往和所作所为，以及最后的反省和悔恨都还应再往上推一推。现实生活给予他这么重的惩罚，他应有所觉醒，有所认识，现在稿子发掘还不深，弱而无力。而缠绵的感情又显得多余，读者读到最后，想到的是加林和巧珍如何对自己、对生活作出评价，而不是其他！

②关于巧珍。这是一个非常可爱的人物，应该贯彻始终。桥头断交，她显得比加林更真实更感人，描写人物就是要在这些地方下功夫，显示人物的高尚和光彩。在她回村以后，可以写她感情上的痛苦，但不应过多、过重，现在把她写得不能自拔，过了。她是个感情无比丰富的女性，同时又是一个理智的女性，两个方面都应显示出这个人物的光彩，现在对她的理智的一面展示不够，发掘不深，人物的血肉就显得不够丰满。她决定嫁给马栓，从不爱到爱，是她从理性的思索到感性的变化结果，要准确表现出人物的感情转变。巧珍与加林不同之处，她是一个爱情专一的青年，但同时她也是一个自尊自爱，又实际，又理智的青年，要在最后的篇幅里，将这两方面充实丰满起来。

③关于马栓，对他的性格描写还不够统一，他出场时，给人的印象是一个善于逢迎拍马，很会投机钻营，滑头滑脑的人，但在结尾和巧珍成亲时，又是一个朴朴实实，讲究实际，心地善良的青年农民形象。前后要统一，还是把他写得朴实可爱一点好。

④关于加林，总的说来，写得很好，但有几个关键转折之处，还显得有些表面，发掘不深。他对巧珍是有感情的，为了与亚萍好，扔掉巧珍，他事前用尽心思，作了各种准备，没想到在大桥，仅三言两语，巧珍就明白了，那么轻易解决，这时他应感到意外，感到震惊，事后他应感到痛苦、感到不安！而且这种内疚的心情，应该越来越强烈，直到从省城回来，知道将要把他遣返回乡的冷酷现实不可改变，知道巧珍嫁给马栓，想到他与亚萍的关系不可能继续，他的失望悔恨，惋惜痛苦的心情应更强烈，他去找亚萍，告诉亚萍他心里真正爱的还是巧珍，这应是他不断反省，发自内心的话！这才符合人物当时处境，才能造成悲剧气氛。现在的稿子无论气氛，还是环境，无论加林，还是他周围的人物，写得都不够充分，不够强烈。

小说中，围绕加林与巧珍，加林与亚萍的爱情描写上，有重复的地方，也有刺眼的东西。还是含蓄一些更好，可适当作些修改。

⑤德顺爷爷写得实在可爱，但他与加林的父亲到县里找加林说理，为巧珍抱不平等描写又过于简单，分量不够，应再深一点、重一点才好。

以上意见提供给你参考，想好后，修改起来也很便利。总的来说，不伤筋、不动骨，也没大工程，只是加强加深，加浓加细，弥补一些漏洞，使人物的发展更加顺理成章，合理可信。

关于下一步有两种考虑：一是你到我社来改，有一个星期时间足够了。二是先把稿子给刊物上发表，广泛听听意见之后再动手修改，之后再出书。我个人倾向第一种方案。现在情况你也知道，常常围绕作品中个别人物，个别情节，争论不休，使整个作品在社会上的影响受到伤害。我想，发表的作品和出书的作品都应该尽可能地避免这种情况发生才好。不知我的这些想法，你以为如何？

祝

好！

王维玲

一九八一年十一月十一日

很快我就收到路遥的回信，信中写道："非常高兴地收读了您的信，感谢您认真看了我的稿子，并提出了许多宝贵意见。我同意您的安排。我想来出版社，在你们的具体指导下改这部稿子，因为我刚从这部作品中出来，大有'身在庐山'之感。我现在就开始思考你们的意见。您接我的信后，可尽快给丕祥和鸿钧写信。估计他们会让我来的。"

我与丕祥、鸿钧是老朋友了，他们当时主持作协和《延河》杂志的工作，对文学创作，特别是对青年作者一直持热情扶持的态度。果不出我所料，我的信发出不久，路遥就来京了。时间是一九八一年十二月。

他是一个富有创造性的人，一个艺术细胞十分活跃、天赋条件再好不过的人。我从事文学编辑工作几十年，最喜欢与路遥这样的作者合作

我这是第二次与路遥相见。

路遥到京的第二天，来到我的办公室，他没有坐沙发，搬了把椅子坐在我的办公桌旁，又从茶几上把烟灰缸拿过来，从口袋里摸出一包香烟，他的烟抽得很凶，这一个上午就没停过，路遥一边一支接着一支吸烟，一边就我写给他的信，谈他的想法，一进入正式话题，他显得那么专注，深邃的目光凝视着我，情绪热烈而亢奋，讲话很自信。我立时就被他的这种艺术气质感染了。他给我讲他对高加林的理解和设计，他现在已经完成的和完成得不理想的，以及尚未完成的地方。他讲，高加林经历了两起两落，经历了那么多磨难，满身伤痕，付出的代价很大，最后又回到了原先的起点。这时他才对他珍惜过的和他轻意抛弃的，他无比厌烦的和无比羡慕的，他痴心追求的和一心向往的，他拼搏奋斗的和一瞬间全部丧失的……觉醒过来，明白过来……他懊悔内疚，痛苦万分，作为小说到此就可以结束了。但高加林有没有从自身走过的道路吸取足够的经验？今后能否严肃地面对人生？今后的路又怎么走？能否在紧要处迈稳步子，走上生活和事业的坦途，不再走弯路、岔路？从这些方面来说，小说又没有完。路遥说，后面的这些问题，留给读者去思考，他只想在这部作品中告诫人们："人生的道路虽然漫长，但紧要处只有几步。有些岔道口你走错一步，将会造成无可挽回的损失。"(柳青语)。路遥告诉我，在陕北这块贫瘠的黄土地上，有不少有文化、有知识，向往现代文明，向往城市生活的知识青年，与农村青年相比，他们有更大的抱负，更高的追求，连做梦都想有所作为。但他们没有这样的机会、条件和环境，高加林就是这一类的典型。黄土地养育了他，给了他爱，但他不眷恋，他在黄土地上徘徊、苦闷、厌烦、失望，甚至丧失理性，但最后还是这块黄土地使他恢复理性、恢复正常、回到现实中来。高加林尝的苦果，受的折磨，承受的痛苦和压力，够大的了，我不忍心再让亲人鞭打他，让社会谴责他，而是让他内疚、悔恨、痛惜、觉醒。巧珍、巧玲一家与高加林、德顺爷爷，我都想这么处理。

我完全被路遥征服了，对于他的艺术构想和人物把握，我惊喜不已。路遥对高加林是同情的、谅解的、宽厚的、等待的，给高加林留下了很大的余地，这是作家的生活、思想、技巧都达到了一定的水平线时，才会出现的结果。

路遥给我讲对巧珍的设想，以及最后结尾的安排。巧珍不找大户、富家子弟，爱上了失业回乡的贫户高加林，有人惊讶！有人愤怒！有人惋惜！有人为她着急！但巧珍毫无顾忌，敢于向一切传统思想和习惯势力挑战，倾心爱上有知识、有文化的高加林。她爱得大胆，爱得主动，爱得真挚，爱得赤诚，巧珍对高加林的真情、深情、柔情发自内心，小说要写得有滋有味。这一切也反映了巧珍对新生活的向往，对现代文明的渴望，对贫穷落后的家乡面貌的不满，对要改变贫瘠愚昧的农村现实，走上文明富裕道路的决心。高加林抛弃她，是把一块金子丢了，要让人心酸心涩，心痛难忍。但巧珍又是个勇者，她能从痛苦的深渊中保持冷静，控制自己，理性地回到现实中来，而不感情用事。她最终还是嫁给了一个大字不识的庄稼汉。当她知道高加林的遭遇，又一次返回农村时，她阻止母亲和妹妹将要采取的报复行动，主动为高加林的日后工作操心……

听路遥说的这些，我深深地感到，如果路遥不熟悉农村的生活，对当代农村青年缺少深刻的思考，哪能有这样的构思！巧珍的遭遇，扣人心弦；巧珍的归宿，叫人目瞪口呆；巧珍的自我克制，让人肝肠撕裂！最后的构思，增强了小说自身的新鲜性和独特性，路遥是把他的全部爱心和感情，心血和技巧，投入到巧珍身上，奏出了一曲如泣如诉，催人泪下的乐章。我敢说这样的构思，这样的人物命运，就是今天来看，依然魅力不衰！在写这篇文章的时候，我想到一点，从巧珍的命运和小说最后的艺术效果来看，高加林抛弃巧珍，造成了巧珍终身的爱情悲剧！所以巧珍的命运，让人感叹，让人惋惜，让人愤怒，让人不平。但从历史的、社会的、黄土地的现实来说，从黄土地上千千万万个巧珍这样的女子来说，也许巧珍与忠诚老实，对他们的婚姻无比称心和满意的马栓结合，是一个要比人们的想象和美好的愿望都要好得多的归宿。对这一点，二十多年前我们交谈时，我没想到，也没谈到。我不知在路遥的潜意识中有没有想到这一点，也许有个朦朦胧胧的想法，不然为何最后把马栓塑造成一个对巧珍绝对满意，绝对理解的憨厚可爱的形象呢？

路遥给我讲德顺爷爷的形象的加强和发展。他虽是个庄稼人，一生献给黄土地，但黄土地也给了他智慧与经验，体验与感受，他有如一部内容无比丰富的人生宝鉴，给高加林指出了生命的价值，人生的意义，做人的道理，处世的哲学，他用庄稼人的语言，令人信服地讲了当今农

路 遥

村中知识青年如何开拓自己的人生道路，去获得人生幸福……

我完全被路遥绘制的这幅丰富多彩而又变幻莫测的人生彩卷吸引住了，以致高加林、巧珍、德顺爷爷的形象不时在眼前闪动。我想起柳青说过的两句话："思想是反映事物发展的内在规律性，艺术力量是反映事物发展的表现特征。"路遥不就是这样吗！他的《人生》构想新鲜，大胆不俗，既从生活出发，又揭示了生活中复杂事物的本质和复杂事物的发展；既塑造出了活生生的真实人物形象，又揭示了他(她)们的复杂心理变化。一个十几万字的中篇小说，展示的内容如此复杂，如此曲折，如此深刻，如此动人心弦，这真是够难的。正因此我眼前的路遥，一下子变得高大起来，变得亲近起来，变得我又熟悉，又不敢说熟悉。事实上这个上午他谈的这些构想，几乎没有一条是原封不动地采纳我们的建议，但他谈的这些，又与我们的建议和想法那么吻合。听他讲时，我连连叫好；听完之后，我击掌叫绝。路遥悟性极高，不但善解人意，而且能从别人的意见、建议之中抓住要点和本质，融会贯通，化为自己的血肉，融化到小说中去，他是一个富有创造性的人，一个艺术细胞十分活跃，天赋条件再好不过的人。我从事文学编辑几十年，最喜欢与路遥这样的作者合作，这种合作，随时能让我看到从作家身上爆发出来的创造性的火花；这样的创造性，让我激动，让我兴奋，让我痴迷，让我看到信心，看到希望，看到成功，对一个编辑来说，再没有比这高兴的事，这是一种难得的美的享受。

这次谈话以后，路遥便开始了小说的修改，我们把他安置在出版社大院内一间高大明亮，有沙发、写字台、席梦思床、木地板的客房住。

这间房当时是用来专门接待老作家的，现在路遥住进去，但这一切并没有引起路遥的注意。他大约在这间房住了十天左右，期间有一个星期的时间，他竟没有离开过书桌。累了，伏案而息；困了，伏案而眠，直到把稿子改完抄好。而那张舒适的大床，就那么白白地空着。路遥的这种对文学事业执著投入，在写作上苦拼苦搏的精神，让出版社熟悉他、认识他、知道他的人无不十分感动和敬佩。

关于《人生》下部，其他的人物我仍然有把握发展他(她)们，唯独我的主人公高加林，我现在还没有考虑清楚。任何俗套都可能整个地毁了这部作品，前功尽弃

修改后的《人生》很理想，我们很快就定稿发排了。路遥当时是《延河》小说散文组的副组长，有编刊业务在身，没在北京多留，便返回西安了。当时这部小说的名叫《生活的乐章》，我们都觉得不理想，但一时又想不出一个更好的名字，约定信件联系。一九八二年一月六日南云瑞转给我一封路遥的来信，信里写道："我突然想起一个题目，看能不能安在那部作品上，《你得到了什么?》或者不要问号。有点像柯切托夫的《你到底要什么?》格式有点相似，但内涵不一样。这个题目一方面从内容上说，对书中的每个人都适用，因为大家都失去了一些东西，但都得到了一些东西，有些人得到了切身的利益，有些人得到的是精神上的收获；有些人得到的是教训，有些人得到的是惩罚。另外，也是向看完此书的读者提问。我觉得这题目也还别致。请您很快和老王商量一下，看能不能用，也许我考虑不周，这方面实在低能。"

我和南云瑞一起讨论了路遥的来信，他提出的书名，虽然切题，但套用《你到底要什么?》太明显了。我从路遥稿前引用柳青的一段话里，看中了开头的两个字"人生"。想到"人生"既切题、明快，又好记。大家都觉得这个书名好，于是便初步定下来，我写信征求路遥的意见。

我一直鼓励路遥写《人生》下部，并且要他尽快上马，趁热打铁，一鼓作气干下去。我的这些考虑也全都写进信里。一九八二年一月三十一日，我收到路遥的回信：

您的信已收读，想到自己进步微小，愧对您的关怀，深感内疚，这是一种真实的心情，一切都有待今后的努力，争取使自己的创作水平再能提高一点。

关于那部稿子的安排，我完全同意您的意见，一切就按您的意见安排好了。你们对这部作品的重视，使我很高兴。作品的题目叫《人生》很好，感谢您想了好书名，这个名字有气魄，正合我意。至于下部作品，我争取能早一点进入，当然一切都会很艰难的，列夫·托尔斯泰说过："艺术的打击力量应该放在作品的最后"(大意)，因此这部作品的下部如果写不好，将是很严重的，我一定慎重考虑，认真对待。一旦进入创作过程，我会随时和您通气，并取得您的指导。上半年看来不行，因为我要带班。

这几天我的小孩得肺炎住院，大年三十到现在感情非常痛苦，就先写这些，有什么事情您随时写信给我。

为了扩大《人生》的社会影响，我们想在出书前先在一家有影响的刊物上作重点稿推出。我想到了《收获》杂志。但不知路遥的想法如何？我把我的想法写信给路遥，同时，我在信中又一次提起《人生》下部的写作，希望他尽快上手。路遥在四月二日的回信中写道：

非常高兴地收读了您的信……我感到极大的愉快，也使我对所要进行的工作更具有信心，同时也增加了责任感；仅仅为了您的关怀和好意，我也应该把一切做得更好一些。对于我来说，各方面的素养很不够，面临许多困难需要克服，精神紧张，但又不敢操之过急。不断提高只能在不断的创作实践过程中才能实现，您的支持是一个很大的动力。

关于《人生》的处理我很满意，您总是考虑得很周到，唯一不安的是我的作品不值得您这样操心，这决不是自谦。为此，我很感激您。

我上半年一直忙于发稿，一切写作方面的计划，只能在下半年开始，如果搞专业，条件将会好一些，可以更深入地研究生活，研究艺术，光处于盲目的写作状态是不行的，面对一个题材要反复地思考，这是我的习惯。我今后的工作进展，随时都会告诉您的。但我不愿经常无谓地打扰您。

《收获》杂志于一九八二年的第三期，作为首篇重点推出了路遥的这部作品。《人生》以它自身的魅力，引起了新闻界、影视界、评论界的注意，赢得了广大读者的好评，人们争购《收获》，传阅《收获》，一时《人生》闹得沸沸扬扬，八月二十三日路遥以十分欣喜又十分理智的心情，给我写来了一封长信：

《人生》得以顺利和叫人满意的方式发表，全靠您的真诚和费心费力的工作造成的。现在这部小说得到注意和一些好评，我是首先要感谢您的。实际上，这部小说我终于能写完，最先正是您促进的。因为写作的人，尤其是大量耗费精力的作品，作者在动笔时不可避免地要考虑自己劳动的结果的出路。因为我深感您是可靠的、信任我的，我才能既有信心，又心平气静地写完了初稿。现在的结果和我当时的一些想法完全一样。您总是那么真诚和热忱，对别人的劳动格外地关怀，尤其是对我，这些都成了一种压力，我意识到我只能更严肃地工作，往日时不时出现的随便态度现在不敢轻易出现了。

南云瑞不断地向我转达了您的一些意见，尤其关于《人生》下部的意见。这是一个很重要的问题，需要我反复思考和有一定的时间给予各方面的东西的判断。我感到，下部书，其他的人物我仍然有把握发展他(她)们，并分别能给予一定的总结。唯独我的主人公高加林，他的发展趋向以及中间一些波折的分寸，我现在还没有考虑清楚，既不是情节，也不是细节，也不是作品总的主题，而是高加林这个人物的思想发展需要斟酌处，任何俗套都可能整个地毁了这部作品，前功尽弃。

鉴于这种状况，我需要认真思考，这当然需要时间，请您准许我有这个考虑的时间，我想您会谅解我的。我自己在一切方面都应保持一种严肃的态度，这肯定是您希望我的。本来，如果去年完成上部后，立即上马搞下部，我敢说我能够完成它，并且现在大概就会拿出初稿来了。但当时我要专心搞好本职工作。八月一日已正式宣布让我搞专业，这部作品一下子中间隔了一年，各方面的衔接怎能一下子完成呢？但所有这一切苦处只能向您诉诉。我为失去这段黄金般的工作时间(最佳状态)常忍不住眼睛发潮！因为要造成一种极佳的精神状态和工作状态多么地难啊！

我现在打算冬天去陕北，去搞什么？是《人生》下部还是其他？我现在还不清楚，要到那里后根据情况再说。

另外，我还有这样的想法：既然下部难度很大，已经完成的作品也可以说是完整的，那么究竟有无必要搞下部？这都应该是考虑的重要问题。当然，这方案，我愿意听从您的意见。

我也有另外的长篇构思，这当然需要做许多准备才可开工。

《人生》书稿听南云瑞来信说征订数为十二万册，叫我大吃一惊，我原来根本不敢想上十万册。不知最后确定的印数为多少？您估计什么时候能出书？请您告诉我一下。另外，您对我还有些什么要求，也请告诉我。

又及：《人生》目前的情况是：我个人收到五六十封读者来信了，还继续有；几乎有七八个电视台和我联系要改电视剧，许多读者寄来了他们改编的影、视本。我不“触电”。评论方面：除《中国青年报》外，《文汇报》已有作品介绍；陕报准备发两千字(算是破格)的文章；《文论报》创刊号将发阎纲和我的通讯；《文艺报》听说已发了文章。另外，曾镇南、白烨等同志都表示想写文章。西安多数同志对这作品有较高评价。还有个有趣现象：一般说，似乎这部作品文学界不同观点的两方都能接受——这是未料到的。

我绝不可能在这种过分戏剧化的生活中长期满足。我渴望重新投入一种沉重，只有在无比沉重的劳动中，人才会活得更为充实

《人生》于一九八二年十二月正式出版，第一版印了十三万册，上市不久就脱销，第二版印了十二万五千册，一年后又印了七千二百册，总印数二十五万七千二百册。我把《人生》出版后北京文学界、新闻界的评价，以及青年读者对这本书的反映，写信告诉了路遥。这期间我知道路遥新写一个中篇，我向他约稿，建议在《青年文学》上发表。这封信发出后，不久就收到了路遥的回信，他在信中写道：

很高兴收读了您的信。您告诉了我有关《人生》的一些反映，这使我心里踏实了不少。当然这部作品我自己心中也是有数的。使我愉快的是，它首先拥有了广泛的读者。这和各方面的支持是分不开的。《收获》发表后，《中篇小说选刊》和《新华文摘》都转载了。这是几家发行量很大的刊

物。另外，《文摘报》、《文艺报》和上海的几家报纸的评论和介绍，都起了很大作用。评论家的意见当然应该重视，但对作家来说，主要是写给广大读者看的，只有大家看，这就是一种最大的安慰。今天接北京广播电台来信，说他们要从十一月二十一日开始播出这篇小说，可惜陕西听不到。就我知道，还会有些评论出来。

我新写的中篇还是个很不像样的初稿，这部小说我极不满意，我羞于拿给《青年文学》。是否有勇气寄给您看看，等我改完再说吧(我不久就着手搞这个令人头痛的东西)。

我明年计划较广泛地到生活中去，一方面写中篇，一方面准备长篇的素材。创作走到这一步，需要更大的力量和耐心走下一步。我自己已到了"紧要的几步"了。使我踏实和有信心的是背后站着一两位年长的朋友为我鼓劲。我也希望您在我失败的时候能宽恕我。

收到这封信后，我立时给路遥回信。我还是希望他考虑《人生》下部的写作，我告诉他，柳青在《创业史》第一部出版之后，进入第二部创作时，就曾产生了一些新的想法和变动。我有这样的感觉，他若进入《人生》下部的写作，极有可能在下部的构思和创作上，对生活的开掘和延伸上，艺术描写和艺术处理上，都可能出新创新，再一次让人们惊讶和赞叹。我还告诉他，《青年文学》组织了一组《人生》评论，首篇是唐达成的。我又一次提到他新写的中篇小说，我说，《人生》出版后，读者更加关心和重视你的新作，希望寄给我看看，争取在《青年文学》上发表。

路遥在一九八二年十二月十五日给我回信：

感谢您在百忙中给我写信，首先给您解释一下，我新写完的这篇作品，我自己很不满意，加之快七万字了，我不好意思寄给您，您将来会知道我说的是实话。《青年文学》我一定要写稿的，否则我对不起这个刊物对我的关心。从主观上说，我想写一篇问心无愧的稿子给这个刊物，但总力不从心，请相信我下一步如果写出较满意的稿子，我一定寄上。《青年文学》信誉很高，作品是有质量的，这是一种普遍的看法，我自己也很为此高兴，因为我对你们有一种特殊的感情。

两个月后，一九八三年二月十八日我又收到路遥的来信。

自《人生》发表后，我的日子很不安宁，不能深入地研究生活和艺术中的一些难题。尽管主观上力避，但有些事还是回避不了，我希望过一段能好一点。

关于写作，目前的状况给我提出了高要求，但我不可能从一个山头跳到另一个山头，需要认真的准备和摸索，而最根本的是要保持心理上的一种宁静感，不能把《人生》当作包袱。

这部作品光今年元月份就发表了十来篇评论，看来还可能要讨论下去，就目前来看，评论界基本是公正的。作品已经引起广泛关注，再说，作品最后要经受的是历史的考验。《青年文学》所发三篇评论都看了，唐挚的文章写的很好。

我一直想给《青年文学》搞个差不多的作品，但老是弄不好，人往往是这样，太看重什么事，精神就紧张，反而搞不好，您就不必再提说这件事了，我实际上在心里一直当作一个重要任务。一旦搞出一个差不多的作品，一定寄上求正，因为我和你们的这种关系，请您相信我说的都是实话。

《人生》出版后，大量的读者来信如潮水一般涌向路遥，热情的青年读者，把路遥看成掌握人生奥妙的“导师”，纷纷来信向他求教“人应该怎样生活”，“如何走人生之路”，“人生的意义是什么”等等问题。青年读者毫无保留的把人生的体验与感受，经历与遭遇，坎坷与挫折告诉给路遥，让他指点迷津。甚至一些不曾向父母、向丈夫、向妻子说过的隐私，也毫无任何疑虑地向路遥袒露。路遥又是激动，又是紧张。他怎么也没有想到，一本《人生》竟能和读者这么贴心，成了他们无话不能谈的挚友。像小山一样堆积在路遥面前的读者来信，他不知道从何处下手，如何处理为好？三言两语，简单的回复，他觉得辜负了赤诚读者对他的信任，他不干。一封封的回复，他又没有时间和精力！更重要的许多问题，回答起来很棘手，他怕说不到点子上反而误事。路遥毕竟不是从事道德修养、素质教育的专家。最后还是采取写文章、答记者问的方式，通过《中国青年报》、《文汇报》、《文学报》公开发表，解决了问题。

从一九八二年下半年到一九八三年，路遥的《人生》风靡了文坛，路遥是兴奋的，也是幸福的，但同时他又很不适应。来自全国各报刊、出版社、剧团、电视台的约稿信，还有每天来自祖国四面八方的嘉宾、贵宾、同行、友好络绎不绝。路遥的知名度大大提高了，知名度越高，他的心就越躁动不安，他渴望立时就投入新的创作。心的冲动，血的沸腾，使他很难再安静下来，他急着要从这种温馨、热烈、喧嚣的生活中解脱出来。路遥说：“我绝不可能在这种过分戏剧化的生活中长期满足。我渴望重新投入一种沉重。只有在无比沉重的劳动中，人才会活得更为充实。”“我已经有一些所谓的‘写作经验’，但体会最深的倒不是欢乐，而是巨大的艰难和痛苦；每一次走向写字台，就好像被绑赴刑场；每一部作品的完成都像害了一场大病，人是有惰性的动物，一旦过多地沉湎于温柔之乡，就更削弱了重新投入风暴的勇气和力量，要从眼前《人生》所造成的暖融融的气氛中，再一次踏进冰天雪地去进行一次看不见的远征。”“尽管创作过程无比艰辛，而成功的结果无比荣耀，尽管一切艰辛都是为了成功，但是人生最大的幸福也许在于创作过程，而不在于那个结果。”路遥的这些体验与想法，无疑是非常深刻的、无比宝贵的，后来的实践也证明，路遥这么想的，这么说的，也是这么做的！

我知道，促使路遥冷静地对待现实，还有一个原因，就是《人生》在享誉海内外的同时，路遥也从文学界听到一些不同说法，比如说：《人生》现在达到的高度，是路遥再也不能逾越的高度了；《人生》已经写到尽头，再怎么写也难超过现在的水平了；路遥很难再有作品取得《人生》这样的轰动效应了等等。面对这些议论路遥很理智，他在给我们的信中不断流露：“《人生》本身就是一个独立的作品。下部写不写还没有定。不住笔，写下去，下部就要有独特的东西，质量上要非常有把握才行。”在对待《人生》下部的写作上，我在较长时间内都非常积极，力促路遥立即上马写作。后来随着路遥的不断来信，信中不断给我下毛毛雨，我才开始冷静下来，不再催他。但路遥对说他再也不能逾越《人生》这个高度的说法，是不同意的，也是不服气的。他说：“一个跳高运动员，一生中只有一个高度是他的最高度。但《人生》却不是我再也跃不过去的高度。”他下决心要在四十岁以前写一部“规模最大的书，干一生中最重要的一件事。”

一九八三年三月正式公布，中篇小说《人生》荣获第二届全国中篇小说奖，名列第四，进入了前五名。我记得在评委会上冯牧说过：“现在青年作者，学柳青的不少，但真正学到一些东西的，还是路遥。”这话对极了。路遥学习柳青，已非一日，他不是表面上的模仿、套用；他是深入到作品中去，逐章推敲，从结构设计到情节安排，从人物刻画到细节运用，从描写角度到语言运用，由表及里，方方面面的学习、领会、研究、消化。为什么《创业史》他读过七、八遍之多，就是为了看懂，把真功夫学到手。路遥不止一次重复柳青说过的这段话：“以主人公为中心，层次分明地安排他的左右人物和对立的人物，步步深入地组织复杂的矛盾和尖锐的冲突，这就从根本上改变了作品的质量。”“粗糙和零乱的构思，冗繁内容和平铺直叙的描写，人物刻画不讲究角度，场景描写不是通过人物的眼睛，而是客观的罗列，意义不大的人物过多，增加了许多不必要的细节，读这样的小说，不是一种美的享受，心灵共鸣，而是一种沉重负担，让人感到厌倦。”可以说，路遥是下大力气，下苦功夫学习柳青，加上他对柳青的崇敬之情，最终使他创造性地继承和发展了柳青艺术，不仅在他的创作中吸收柳青的艺术精华，而且有自己的个性和色彩，形成了自己的艺术风格，取得这样的成就是难得的，也是喜人的。

路遥走了，人们是不会忘记他的。他留下的作品不算多，但篇篇都叫响。无疑他是幸运的，成功的。只是他还没有充分享受这幸运和成功带来的喜悦，便去了

《人生》出版以后，路遥回到西安，本应好好休息一下，彻底放松放松，好好享受一下生活的乐趣和喜悦。同时丰富饮食，增加营养，把身体彻底恢复调整一下。当时全国各地的报、刊、出版社盛情邀请他，去广东、去海南、去黄山、去九寨沟、去桂林、去大连、去烟台……都是休闲的好地方，他可以到处走走看看，好好舒缓调节一下自己的精神和身体。但所有的邀请，他都没有接受。对他来说，《人生》的影响越大，他的知名度越高，他精神上的压力就越大，他的心就越躁动不安，他渴望立时就投入新的创作。心的冲动，血的沸腾，他很难再安静下来，终于在一九八五年他寻找到新的创作目标——《平凡的世界》。

一九八五年五月十八日路遥给我的信中写道：

很长时间未和您联系了。这两年诸事纷纭，一言难尽，有机会见面再说吧。目前，我自己的情况还可以。省委已任命我为作协陕西分会党组成员，前不久分会理事会上，又以最高票数当选为副主席。说起来很悲哀，作为一个从事文学事业的人来说，我不应该给您说这些，但对我

这两年的情况而言，最起码可以起到一点正视听的作用，所以我觉得有必要将这些情况给您谈一下，因为您一直是我最有力的帮助者。

《人生》这部作品，提高了我的知名度。这两年我一直为一部规模较大的作品做准备工作，我痛苦的是：我按我的想法写呢？还是按一种“要求”写呢？或者二者兼之呢？后两种状态不可能使我具备创作所需要的激情，前一种状况显然还要遭受无穷的麻烦，对一个作家来说，真正的文学追求极其艰难。当然，一切还取决于我自己，我一直在寻找勇气。年龄稍大一点，顾虑就会多一些，我想我还是可能战胜自己的。

如果我能写出一部分来，我当然还会先交给您，让您帮我判断。

我不久又去陕北补充素材，如果没有意外，我下半年可能可以动笔，估计写起来很艰难，在时间上也会拖得很长，有一点长处是，我还能沉住气。

我几年中大部分时间躲在家读长篇，(计划读一百五十部)，很少外出，如来北京，再去看您。祝您愉快。

从一九八五年开始路遥便走上了长篇小说《平凡的世界》的艰苦创作行程。第一部，他是在铜川煤矿一个深山里的矿区写的；第二部，是在陕北榆林完成的；第三部，也是在榆林完成的。一九八八年全部完成，一年一部，三年三部。写、抄、改近二百万字，工作量实在太大了。写完《平凡的世界》第一部，他的身体已经极度衰弱。这时他如果放下笔，好好休息一个时期，他的身体还是可以调整过来的。但他想到多部头的长篇小说，第二部至关重要，第二部质量上去了，全书的质量就上去了；第二部下来了，全书就没戏了。不能冷下来，要趁热打铁，于是他又全身心地忘我投入第二部的写作。写完第二部，他累得抬不起头来，瘫软得没一点儿力气，像个垂危病人。在一位有名的老中医调理下，他吞服了一百多剂汤药，居然转危为安。这时的路遥，只要坚持服药，继续调养，就不会是后来的悲壮结局。但路遥毕竟是路遥。他想到，一部要写出特色，二部是关键，三部是高潮，情绪不能割断，放不得。放，对多部头的长篇小说来说是致命的。于是他又不分白天黑夜地写起来，终于在一九八八年春节前，完成了第三部。他把三部初稿装进了背包，又来到陕北甘泉县招待所——他写出《人生》的这块风水宝地，完成最后的定稿任务，在这里一干三个月，于一九八八年五月完成了《平凡的世界》全部创作。

《平凡的世界》完成了，路遥的心情轻松了，但他的身体却到了崩溃的边缘。就是这样他对自己的身体依然估计不足，他没有停止活跃而又宏大的思考，他计划再写一部比《平凡的世界》更深刻的长篇小说，他要用十年时间，写“文化大革命”的十年，从中央写到地方，从城市写到农村，写一百万字，书名叫《十年》。

客观存在是无法回避的，残酷的现实，终于降临到路遥的头上，仅仅在《平凡的世界》问世两年后，他便病倒住院了，而且仅有七十三天，便匆匆离去了。

路遥的《平凡的世界》本应由中国青年出版社出版，然而没有。最后是在中国文联出版社出版的。当我知道这个情况时，心里很不是滋味，不知是对路遥，还是对我自己，有一种空荡荡的失落感。路遥是最早和我谈《平凡的世界》的构想，他在写作、修改的苦苦行程中，我们俩一直保持着联系，我知道他是一心一意要给中青社出版的，他对中青社充满了信任感、寄予了很深的情、很大的期望值。怎么突然之间对中青社的信任感发生了变化呢?!这件事一直苦恼着我。六年后，一九九五年，在第一届中国优秀传记文学作品奖召开的评委会上，中国文联出版社原副总编辑宋文郁先生告诉我：“路遥在把《平凡的世界》交给他们出版的时候，明确表示，假如王维玲来信、来电要稿子，他便要无条件地把《平凡的世界》抽出来给中青社出版。”老宋的话像个炸雷突然轰响在我的心头，让我受到难以承受的震撼！我想到在路遥身上陕北汉子的那种雄浑、淳朴和憨实的特点很突出，但在性格上自尊、自信、自强、自爱与执拗的个性也很鲜明。为什么在相当长的时间内，路遥没有给我写过一封信呢?肯定是在什么环节上与中青社发生了芥蒂，结下了扣子，产生了疑虑。当路遥在《平凡的世界》第一部定稿，修改二、三部时，广东《花城》杂志主编亲临西安敲定首发第一部，中央人民广播电台决定连播第一部，加上中国文联出版社不断地进行工作，外面的世界反映如此热烈，路遥有什么理由痴心不移迷恋中青社呢？最后他决定把《平凡的世界》交给中国文联出版社出版也是顺理成章的、很自然的事。事情发展到这一步，只怨我当时想的不深不细不及时，虽然我的心情很沉重，但我想对路遥这样重情义的作家来说，舍弃中青社，他的心情也不会轻松，甚至在精神上是很沉重的！正因此，他在把《平凡的世界》交给中国文联出版社时，仍对中青社抱有一线希望。所以才在交稿时说了那么一席感人肺腑、充满情谊的话。

我问自己，为什么我就没有及时主动给路遥写封信呢？原因很简单，一是我过于自信，在知道他的第一部定稿，二、三部还在修改时，我想路遥定稿后，一定会给我写信的。二是当时我正受命创办《中华儿女》杂志，为办好这本杂志，我几乎把白天和晚上的时间和精力都投进去了。就因为这样，我和中青社的同仁交流接触的时间少了，我和文学界许多文友(包括路遥在内)的联系少了。写到这里，我好悔啊！如果我当时不那么迟钝，主动给路遥去封信，路遥心中的困惑就可能化解，那不轻松的心情，也会因此轻松了许多，自然《平凡的世界》就有可能在中青社扎根开花，一切都会变得十分圆满！由于我的疏忽大意和盲目自信，本可以化解的矛盾，变成了沉重的遗憾！让路遥的期盼和信任落了空，让他失望，这是最让我悔恨和内疚的！

没想到的是，当千禧年到来的时候，由北京权威部门评选出的二十世纪“百年百种优秀中国图书”中有路遥的《平凡的世界》，这百种图书分别指定中央一级的几个出版社承担出版任务，而《平凡的世界》恰恰分配给中国青年出版社出版，从二〇〇〇年七月到二〇〇三年五月，这部冠名为“百年百种优秀中国图书”的《平凡的世界》竟在中青社印了三次，印了一万八千套。这样的结果，是巧合呢?！还是路遥与中青社不解的缘分呢?！虽然十年后才“归家”，迟了点儿，但对我这个一直忐忑不安的人来说，却是一个很大的安慰和精神上的补偿。我想老天爷一定会把这个喜讯，传递给路遥，化解了路遥心中的一切扣子，含笑九泉了。

路遥走了，人们是不会忘记他的。他的一生虽然留下的作品不算多，但几乎篇篇都叫响。十年期间，他的《惊心动魄的一幕》和《人生》连续两届荣获全国优秀中篇小说奖。他的长篇小说《平凡的世界》荣获第三届茅盾文学奖的榜首。在同辈作家中他遥遥领先，路遥无疑是幸运的，成功的。令人痛心的是他还没有充分享受这幸运和成功给他带来的喜悦和欢乐，便去了。有人说路遥简直就是为文学而来，又为文学而去！在他的心目中，文学胜过一切，也高于一切。他只想文学，只想写作，只想一个目标接着一个目标征服攀登，只想更上一层楼，再上一层楼……创作中遇到的所有困难他都征服了，所有的障碍他都逾越而过，所有的目标他都达到了，但是他也为这一切耗尽了全部心血和力气，最后奉献出了宝贵的生命。

路遥逝世整整十六年了，人们没有忘记他，反而更加怀念他，这是因为路遥对文学事业执著追求的精神和他留下的几部沉甸甸的作品，让人称赞，让人钦佩；他和他的作品所展示出来的人格魅力和艺术魅力，是那么光彩，那么夺目，影响不衰！

路遥的一生虽是短促的，是一颗早陨的星，但却是光彩夺目，无比辉煌的，让人永远怀念他。

谨以此追思怀念故友路遥。

克芹英年早逝，遗恨人间

克芹为人，既有中国农村人的朴实、厚道，又有传统知识分子重然诺、重道义、轻私利的作风

一九九〇年七月二十八日下午，来到成都，想到三十日一早便要赶回北京，于是便请绵阳市文联的同志帮我与克芹联系。我与克芹快两年没见面了，还是在一九八八年十一月，我来成都，他到招待所看我。当时他还记得一九八三年我去看他时的情景，那时他住在省文联的一间又小又黑的房子里，房子里边更简陋，连个多余的小凳子都没有，他让我坐在他用来写作的唯一一张椅子上，他自己坐在床上。克芹笑着说，如今与你五年前来时不同了，作协分给我一套三室一厅的房子，有地方约你喝茶吃饭了，我是专程来邀你到我家坐坐的。克芹讲这话时，言谈之中，乃至眉宇之间，都充满欢愉和轻松，这是我与克芹相识以来，他精神和情绪最好的一次。克芹相邀，使我想起四川友人给我的信中对克芹的评价："克芹为人，既有中国农村人的朴实、厚道，又有传统知识分子重然诺、重道义、轻私利的作风。"于是我慨然应允，当即起身与他同往。

克芹的家果然不同了。他们夫妇一间，孩子们一间，另一间是他的书房兼会客厅，虽不讲究，但布置得很实用。望着眼前这一切，我真高兴啊！我想如今克芹有了这样一个温馨的家庭环境，有了一个舒畅愉快的好心情，何愁写不出好作品呢？

望着好心情的克芹，我说："现在安定了，好好写你的长篇吧！"当时他正在写《饥饿平原》，我知道这是一部难度较大的长篇。克芹也很高

周克芹

兴，他说要争取一二年内拿出来，且把长篇的构思讲给我听。当我起身准备回招待所时，他执意要留我吃饭，并且拿出钱来，要他的夫人和女儿去准备。我感觉到他生活不宽裕，过着简朴节俭的生活，况且招待所也为我准备了饭菜，我不愿意再让他破费，真诚地感谢一番，便告辞了。没想到克芹却一直把这事记在心上。一个月以后，他来信中还提到："上次你来成都，我没能好好招待一下，心里很过意不去。"克芹如此重情谊，这次我计划和他好好地欢聚一下。联系的结果令我大吃一惊，克芹不仅住进了医院，而且病还不轻，拒绝亲友探视。第二天绵阳市作协主席吴因易了解到我与克芹的友谊和对他的病的不安，便对我说，他先去探探路，如能探视，便来约我一起去。直到吃晚饭时，才有了消息，克芹已转入肿瘤医院，可能是肝癌……从这时开始我的心就悬起来了，我因为次日一早返京，只好委托四川作协《当代文坛》的一位负责同志转达我对克芹的问候和祝愿。但我怎么也没有料到，这突来的噩耗，竟来得这样快！一个星期以后，我从报上看到克芹病逝的消息，让我感到万分沉痛，万分遗憾！我竟未能在他最后弥留之际和他再见上一面！想到他未完成的长篇小说《饥饿平原》，想到他计划中要写的《县城三述》等创作计划，心中留下一片无法填补的空白！克芹走得神速，走得匆忙，他的一生宛如一颗一闪即逝的流星，虽短促，却划过天空，留下一道璀璨光芒，让人注目，让人难忘！

我想起，早在一九八四年二月，那年他才四十八岁，就对我说过："身体状况很差，自知能为党的文学事业出力的年月已经不多了。党培养我这么多年，我不应该影响党交给我的创作任务，以党的事业为重，为我省的文学事业作出新的贡献，不辜负党的培养和同志们对我的希望。”回忆克芹这段话，我的心不禁悲咽起来！克芹是党一手培养起来的，是三中全会以后才得以很好地从事写作的专业作家，他留下的每一篇作品，都是他的心血之作。他留下的一言一行，都证明他是一名忠诚的共产党员，一位始终牢记自己的社会职责和社会义务的党员作家。可以说，克芹为党的文学事业，是在耗尽了自己的全部心血和精力之后，才离去的。

写得很慢，写得不多，总是考虑斟酌再三才下笔，不敢草率从事，约稿颇多，均不敢从命。自知绝非“多产”的料子

我和克芹的友谊是从一九八〇年初开始的。当时我从《红岩》杂志上看到《许茂和他的女儿们》(以下简称《许茂》)后，异常兴奋，忍不住便给他写了一封长信。不久收到他的回信，这封信写得真挚、实在，对我充满了信任感，一下子就使我们两个人的思想贴近了，从这时开始，我对他的感情就不一般了。为了便于读者了解克芹的为人品格和他的文艺观、审美观，我把这封信摘录如下：

二月二十三日来函收悉，感谢您对我的习作《许茂和他的女儿们》的称道。这是一个并不成熟的作品，酝酿的时日较长，本来打算再放些日子才拿出来的，只因为去年文艺界就一些问题的争论，人们要我表态，我不敢苟同各方观点，我认为各家都正确，但都有偏颇，依我看，恢复文学的现实主义传统，才是当今大计。而什么是真正的现实主义呢？自然主义的东西也出来冒充现实主义了，使不少文学青年误入迷途。鉴于此，我不便说，只得忙忙地将这个作品写出来，希望引起讨论。《红岩》杂志发表后，目前四川正在讨论这件事情。只是这个作品尚不成熟，是个初稿，八月二十六日脱稿，没有时间修改，《红岩》编辑部就拿去发排，还有许多不可原谅的缺点。

多年来在农村基层生活和工作，偶尔搞一点业余写作，作品很少。粉碎“四人帮”以后，调四川文联从事专业创作，叫我编选一个短篇集子，把过去的东西看了看，脸上发烧，可以留得下来的太少了，就那么几篇，这对我是一个鞭策，只有默默地努力学习，努力实践。

《创业史》可称建国以来最优秀的长篇，现在我在四川省简阳县红塔区长期体验生活写作，柳青的道路，是我所崇拜的，而且决心付诸实践，踏着这位前辈的足迹前进。虽然我们这一代人在各方面的修养都比他差得多，很可能到死的一天也追赶不上，但我愿努力并以此自勉。

就在这时，我去看望沙汀。沙汀是我十分敬重的长者，他在文学界不仅德高望重，而且他发现和培养了不少文学新人，被誉为文学界的伯乐、青年作者的良师益友。刚好这天沙汀正在看关于《许茂》给周扬的回信的清样。他兴致勃勃和我谈起《许茂》的突出成就，也谈了小说的不足之处。沙汀为四川出现一个周克芹非常高兴，但同时也有几分担心。沙汀期望克芹能够在赞扬面前，保持清醒头脑，经受住考验，依然像过去一样，坚持在基层工作、生活、写作。沙汀认为，《许茂》还有修改余地，不要匆忙出版，改一改再出版，会更好。我感到这不仅仅是沙汀对克芹的鼓励和期望，同时也体现了沙汀的一贯作风，和他对创作一丝不苟、严格要求的精神。我想到当年沙汀指导长篇小说《红岩》作者写作时，就是这么要求的。由此我就感到沙汀的建议十分重要，回到社里便给克芹打了个长途电话，把沙汀对《许茂》的评价、看法和建议告诉了他。克芹完全同意沙汀的建议，只是因为百花文艺出版社已经发稿，很快就要出书，没法改了。

放下电话，我仍觉得没有把沙汀的意见表达清楚，便又给克芹写了封信，大意是："既然第一部已经无法改了，现在最重要的是把第二部写好，汲取教训，不完善不要匆匆拿出去发表，应有这样的决心，第二部要比第一部更好。许多长篇第一部打响了，第二部就沉闷了，这种状况，可为数不少。"

克芹大概也觉得电话中言犹未尽，所以在接到我的信后，便写来了回信，信中说："沙老的意见是正确的。这个稿子发表得太快了些。本来《红岩》杂志拿去发表之前，就没有进行修改，加之全书的计划，不是在这里结束。所以现在看，结构上就有不少毛病，人物处理上也有些轻重不一、不完善的感觉。关于第二部，明眼人一看便知，从现在这十章的故事、人物安排等等猜也猜得出还有第二部，现在的问题是我的精力、水平，是否能使第二部不比第一部差些。下半年才能见分晓，我的打算是，写完之后，自己觉得差一些，就不拿出去了。不要去凑热闹，给人一种‘拉长’的印象，所以在《红岩》杂志发表时，第十章草草收场，不告诉谁还有第二部。按我的计划，还有十章，但我不愿意在没有写出来之前就告诉别人，这样的‘空头支票’还是不开为好，我很明白自己各方面都不行，得一步一个脚印地走。”

周克芹在农村

克芹的《许茂》出版后一炮打响，赢得了社会的好评，读者的认可，他的知名度也因此提高了。但克芹依然是克芹，依然和过去一样，一心一意地在简阳县红塔区工作与生活，白天和区社干部一样在生产队里工作，做些实际工作，或参加些会议、劳动，晚上写作。他在给我的信里说：“写得很慢，写得不多，总是考虑斟酌再三才下笔，不敢草率从事。约稿颇多，均不敢从命，婉言谢绝，自知绝非‘多产’的料子……”

克芹本是可以写出更多作品的，就因为反复斟酌，不敢草率从事，加上公务又占去了他不少宝贵时间，使得他没有如愿脱稿。我想，这除了让我对克芹的严谨扎实、精益求精的写作精神钦佩之外，只能怪罪老天爷给予他的生命旅程太短了。

克芹对沙汀不仅是敬重，而且怀有很深的感情。一九八〇年下半年，沙汀在成都期间，曾两次约克芹长谈。克芹在给我的信里谈到这件事时，充满感激之情。他说：“使我很受教益，看来在谈话之前，沙老对我过去的一些短篇作了细致的研究，指出了不少缺点，提出了中肯批评。”尊师敬老，不忘沙汀对他寄予的殷切希望，这是克芹一大长处。一九八二年十二月《许茂》荣获首届茅盾文学奖，他来京领奖时，先到沙汀府上，拜见老师。他这种不声不响的举动，完全是发自内心的自觉行动，不是做给人看的。

他是怀着一片深情，一腔感受，以他独具的眼光，反映他在生活实践中获得的真正属于他自己的真知灼见、艺术感受和创作发现

就在他领奖这一天，我们俩坐在人民大会堂的休息厅里，他给我讲了他正研究六十年代初期农村生活，联系今天农村的改革变化，农民们的所思所想，准备写的一部中篇小说。这是我接触克芹以来，他讲话最多的一次，也是破例的一次。他这人在没有动手，或没有写成作品时，是不大谈论自己的构思的。当时我既感到意外，又十分兴奋。听过他的构思，让我感到又新鲜，又厚实，人物情节总体构思都不同凡响，他是用自己的心灵去感受农村中发生的一切，用独特的眼光和角度去观察农村中发生的新事物，没有长期的农村生活，不熟悉农村中各色人物的心理，思想上就闪现不出这样的火花，艺术上就产生不出这样别致的构思。我鼓励他写，快写，写好。这就是后来发表在《青年文学》上的《果园的主人》。虽然发表的作品，已与他最初的构思有了不少变化，无论是情节的发展和人物的设计，乃至文字的运用上都有不少的变化，但小说的雏形早在这时便已孕育在他的心中。

一九八四年，也就是说他整整花了两年的时间，才把《果园的主人》拿出来。他写信告诉我："写得很苦，却又不满意，拿不出手，发表问题，由你安排。"事实上这个中篇是写得很不错的，我想到沙汀十分器重克芹的才华，一直关注他的新作，现在克芹写出了《果园的主人》这么好的作品，应该先送给沙汀看看，如果他能写篇评论文章与作品同时发表，那就太好了。但我也知道沙汀因胃出血，手术后仅半年，体质十分衰弱，而且还时常头晕，老人能否看作品、写文章，我实在没有把握。但我还是和沙汀通了电话，老人一口应允，我赶忙把《果园的主人》的清样寄去，很快就收到沙汀的文章。他在文中高兴写道："我实在放不下，是一口气

读完的。”“我感觉《许茂》有的情节处理，不如这部新作自然。”“这部作品不只题材好，主题思想好，在艺术上也相当成功。”“行文很流畅，充溢着清新之气。”“我不能不为周克芹在自己的创作道路上，又迈出了新的坚实一步感到高兴。”他在文中深有感触地写道：“据说，周克芹于前年下乡时，就开始酝酿这部作品了，构思时间久，生活依据充分，这些都是写好这部小说的重要保证。我衷心希望他从实际出发，经过深思熟虑，为我们写出更好更多的作品。”最后沙汀以《一幅描绘我国农村现实生活的生动画卷》为题，在这年的《青年文学》十一期上与《果园的主人》同时刊出。可以说，沙汀花在克芹身上的心血，结出了喜人的硕果，而克芹也没有辜负沙汀的期望。

四年后，克芹又推出《果园的主人》续篇《秋之惑》，我又一次怀着无比喜悦和兴奋的心情，一口气读完这个中篇！当时我兴奋得拍手，为克芹写出这个中篇叫好，应该说《秋之惑》较《果园的主人》，在文字和风格上，更加舒展自如，气势也更加不凡；乡风民俗、各色人物的描写，更富有地方特色，又色彩斑斓。如果说《许茂》是克芹对“文化大革命”十年，我国农村生活的深刻揭示的话，那么从《果园的主人》到《秋之惑》则是克芹对十年改革我国农村生活深刻变化的生动描述。他不是简单地歌颂和揭露，而是以他对农村生活独到的感受，和新鲜、准确、生动、有启示性的艺术构思，完成他绘制的这幅对农村改革和农民改变命运的历程的艺术画卷。克芹是怀着一片深情，一腔感受，以他独具的眼光，反映他在生活实践中获得的真正属于他自己的真知灼见、艺术感受和创造发现的。后来我们就是以《秋之惑》为书名，给他出了一本中短篇小说集。

克芹从事文学创作三十年，他始终坚定地、踏实地、从从容容地走他自己的路。他来自农民之中，扎根于农村的生活土壤之中，又经过长期实践，形成他自己的严谨的创作个性。在各种文艺思潮泛起之时，他泰然自若，既不追时髦、赶浪头，也不会对自身遵循的现实主义创作原则、精神和方法发生任何一点的动摇，而且他还会在创作实践中，不断地发展丰富、开拓创新现实主义的创作成果。正因此，他才在文学创作的道路上，迈出坚实有力的步伐，写出一篇又一篇真实深刻，激动人心的心血之作。

克芹是无比热爱自己从事的文学创作事业的，他埋头苦干，一丝不苟；他不追求数量，不图一时的虚名实利；每一部作品他都是写了改、改了写；不仅在小说的构思上反复考虑，而且十分注意文字的磨炼。在克芹的作品中，清丽秀逸的文字、四川特有的语言韵味，以及写景状物，如临其境；抒发情怀，深沉浓郁；各色人物，纵横驰骋，都与他在创作上追求精品的指导思想分不开的。

待人诚恳，谦和厚道，但他绝不是个窝囊人；能容忍，能谦让，但他绝不是个是非不分没原则的人

克芹是中国知识分子中很有代表性的一种类型，为人正直正派，不卑躬屈膝，不随波逐流，不媚俗阿世；他待人诚恳，谦和厚道，但他绝不是个窝囊人；他能容忍，能谦让，但他绝不是个是非不分没原则的人。生活的磨砺，使他饱经风霜和苦难，但却没有失去朴实和纯真、坦率和真诚。与他接触，总给人一种平淡朴实的感觉，就是在他穿上西装时，仍带有乡土气息。他受过挫折，但从不是个一蹶不振的人；他的一双眼睛，并不明亮，但永远是善良的、清纯的；他的两颊比一般人要高一点，看得出是经受过风风雨雨的磨砺，但却给人一种自信、自强、自立的气概；克芹是属于外冷内热型的人，他的头脑总是清醒冷静的，态度总是温顺和蔼的，就是在他情绪高涨、侃侃而谈时，给人留下的也不是锋芒毕露，而是庄重深沉的丰富感受。正因此，我一直认为克芹修养有素，心情和易，尽管他那憔悴的病容、清瘦苍白的面孔，让我担心，但是我总觉得克芹能够战胜病魔。现在想来，我恰恰在最重要的一点上忽略了，那就是克芹是无私的、忘我的，他对自己是很严格的，甚至可以说很苛刻。克芹是四川作协党组副书记、常务副主席，机关的行政工作，已经够他忙的了。一九九〇年二月又让他兼任《现代作家》文学月刊的主编。办刊物与行政工作不同。它要求思想要敏锐，作风要敏捷，别人想到的你要想到，别人没有想到的你也要想到，不仅要想在前面，而且要做在前面，这样才能在同类刊物中领先，才能保持刊物的新鲜、旺盛的生命力。克芹做什么工作都是实实在在的，他从不会取巧偷懒，从选题策划到选择作者，从审稿定稿到栏目设置，从版式设计到印刷发行，他都参与、过问、把关，是个名副其实干实事的主编。日日夜夜操劳忙碌，仅四个月，到六月初克芹的病情已很严重，但他依然顽强地带病坚持工作，直到七月十二日作协党组集体作出规定，必须住院治疗。他这才在七月十六日住进医院，但这时已是肝癌晚期，很快他就进入恶性突发期，身体全面衰竭，从轻度昏迷到深度昏迷，住院不到二十天，便于八月五日凌晨二时逝世，终年五十三岁。

这就是克芹啊！我在想，如果克芹能早一点儿为自己考虑，早一点儿就医服药，早一点儿住院治疗，也许不会被吞噬他生命的凶恶癌细胞这么快得逞！是不是这样？克芹！

初版后记

从事文学编辑工作几十年，回溯走过的路，觉得有许多值得回忆的人和事，其中让我最难以忘怀的，就是我的文友们。这里面有我的前辈和师长，有亲如兄弟般的同辈人，还有比我年轻的忘年交。我与我的文友们大多是从书稿的合作开始相识的，他们的书稿，经过我的手，一本又一本的出版了。正是在这个过程中，我们加深了了解，加深了感情。如孟子所说："人之相识，贵在相知；人之相知，贵在知心。"我们从相识到相知，又从相知到知心，以至这种真挚亲近的交往，一直延续到他们的晚年，有的一直延续到他们生命的最后一刻。甚至在他们去世后，我与他们的亲人，还在延续着我们的友谊。正因此，他们在我的感情世界里的分量就很重、很重。柳青逝世后，想起我们二十年的交往，想起他逝世前几年我们知心的交谈，想起他晚年不幸的遭遇和悲凉的处境，我的心就无比沉重。当时一些报刊约我写悼念柳青的文章，我都一一拒绝了。不是我不能写、不想写，而是我的心还在流血，我实在无法冷静下来伏案写作，一直到柳青逝世三周年时，《收获》杂志的郭卓大姐向我约稿，我才挥泪写下第一篇回忆柳青的文章，由此开始，再也收不住笔，一连写了七、八篇，现在经过重新编排都收进这本集子里了。我写梁斌、姚雪垠、沙汀、管桦、路遥、周克芹，以及我们的两位老社长朱语今、边春光也都是这样。在他们健在的时候，我们一起谈生活、谈创作，谈学习、谈工作，谈人生感悟、谈世事理解。而在他们离开人世间的那一瞬间，我突然发现，他们身上有许多不寻常的闪光亮点，有许多感人至深的事迹，有许多绝妙精辟的见解……而且随着岁月的流逝，我的这种感觉越来越强烈，越来越觉得他们每一个人都是一本厚厚的书，一本记录他们的生死情和人生路的书，一本留给我们的人生宝典。

这本集子收进的十一篇文稿，是从我写的文艺回忆录中选出来的，有德高望重的老干部、老作家，也有建国后和新时期成长起来的一代有影响、有成就的作家。虽然他们的成就、影响、经历、年龄不同，但他们的胸怀和视野，境界和节操，学识和才气，杰出和常青，是叫人难忘的。为文，他们贡献大；为人，他们品格高。所以我在写作时，没怎么修饰，也没怎么渲染，因为我觉得朴实的东西，是最真实的；而真实的东西，既是自然的、实在的，又是最感人、最有魅力的，所以我题名为《岁月传真》。我希望这些曾经让我对文学有了更深理解，对人生有了更深感悟的人和事，不仅仅属于我，也属于柳青、梁斌、姚雪垠等九位作家的读者，也能引起他们心灵上的共鸣。

在这里，我由衷地感谢孕育这本集子诞生的我的母社——中国青年出版社，是中青社这块沃土，成就了这本集子里写到的一切。

收进集子里的照片，有的是作家生前提供给我的，有的是作家去世后，他们的亲人和我的文友们提供给我的，在此一并致以谢意。

王维玲

二〇〇三年三月

新版后记

《岁月传真》二〇〇三年出版后，我收到一些文友(包括作家的亲人和儿女们)的来信来电，有祝贺，有鼓励，有感谢……重要的是他们给我提供了一些新的资料、新的照片、新的函件……让我更高兴的是一些热爱这九位作家的读者，读了我记录下的这些史料后，为他们进一步认识和了解、学习和研究这九位作家，提供了许多新的内容，使他们本已经十分崇敬的作家，而今在他们的心目之中，又上了一个新的台阶。

还有一些读者，得知这本书的出版信息后，走遍书摊、书店，也寻访不到一本。在期盼中给我写信，并把大于书价的书款邮寄给我，让我感奋不已！

鼓励产生力量，而力量的原动力是信任。于是我在这种鼓励和信任的推动下，又一次对《岁月传真》作了一次较大的充实和增补。特别是增加了“说罗杨、话《红岩》”一文，有关朱语今、沙汀关于《红岩》成书过程中的一些重要内容，大都收进这篇文章之中，因而就不再单篇立目。而记述边春光事迹的一文，因被收进本丛书《编辑之歌——纪念远去的英才》一书中，为避免重复，只好割爱。

经过这样的调整后，我发现新版《岁月传真》或许真的成了记述名人、名家、名作一些片段的集子了。假若能达到这样的客观效果，也算是表达我对文友和读者的一个至诚的回报吧！

在《岁月传真》初版成书的时候，柳青、梁斌、姚雪垠三位老作家和三位中年作家罗广斌、路遥、周克芹已经一一远行。就在《岁月传真》出版这五年当中，管桦、刘白羽又驾鹤西去。这就让我常常沉湎在深深的怀念之中，追忆他们给我留下的一道又一道多彩的风景线。人们常常说："夕阳无限好，只是近黄昏。"我总觉得这句子给人一种苍凉的味道。我喜欢"晚霞之后是朝霞"这句至理名言，柳、梁、姚、管、刘和罗、路、周虽离我们而去，但他们似乎又都没有远去，仿佛一直生活在我们当中，而且他们依然会生活在我们的后代中，因为他们写下的作品，都是竖立在中华大地上闪闪发光的艺术丰碑！这样的丰碑是中国文学的骄傲，也是中华民族的骄傲，中华儿女永远以他们的成就为荣，以他们写出的不朽之作自豪。

感谢中国出版工作者协会学术工作委员会和首都师范大学出版社对《岁月传真》的厚爱，决定收入《书林守望》丛书之中，这不仅是对我的鼓励，重要的是对本书记述的几位当代作家和他们的作品的肯定。他们还建议把新版的书名改为《岁月传真——我和当代作家》，这是个好建议，使之更切合书的实际内容，我高兴地采纳了。

在书稿出版之际，我特别要向为此书付出辛勤劳动的首都师范大学出版社——我的编辑同行们表示由衷的敬意和感谢。

王维玲

二〇〇八年七月